La France dans tous ses états

JEANNETTE D. BRAGGER
The Pennsylvania State University

DELPHINE CHARTIER
Université de Toulouse, Le Mirail

HH Heinle & Heinle Publishers

I Ⓣ P An International Thomson Publishing Company
Boston, Massachusetts 02116 USA

The publication of **La France dans tous ses états** was directed by the members of the Heinle & Heinle French, German, and Russian Publishing Team:

Erek Smith, Team Leader and Vice President of Electronic Publishing
Patricia L. Ménard, Editorial Director
A. Marisa Garman, Market Development Director
Gabrielle B. McDonald, Production Services Coordinator

Also participating in the publication of this program were:

Publisher:	Stanley J. Galek
Director of Production:	Elizabeth Holthaus
Managing Developmental Editor:	Amy Lawler
Project Manager:	Anita L. Raducanu/A+ Publishing Services
Associate Editor:	Susan Winer Slavin
Associate Market Development Director:	Melissa Tingley
Production Assistant:	Laura Ferry
Manufacturing Coordinator:	Barbara Stephan
Interior Designer:	ImageSet Design
Cover Illustrator:	Nicole Hupin-Otis
Cover Designer:	Kimberly Wedlake

Library of Congress Cataloging-in-Publication Data

Bragger, Jeannette D.
　　La France dans tous ses états / Jeannette D. Bragger, Delphine Chartier.
　　　p.　cm.
　　Includes index.
　　ISBN 0-8384-4540-3
　　1. France--Civilization.　2. France--Social conditions.
　I. Chartier, Delphine.　II. Title.
　DC33.B79　1995
　944–dc20　　　　　　　　　　　　　　　　　　95-7087
　　　　　　　　　　　　　　　　　　　　　　　CIP

ISBN: 0-8384-4540-3

10　9　8　7　6　5　4　3　2　1

Table des matières

Preface   xv

Acknowledgments   xviii

Chapitre 1: Culture et civilisation   1

Arrêt sur image   2

Analyse statistique: *Faisons parler les chiffres!*   7

Corinne Bouchard: *La vie des charançons est assez monotone* (extrait)   7

Pour nuancer votre expression (Comment identifier un document statistique / Comment parler des statistiques)   8

Pour lire «intelligemment»

Fiche méthodologique 1: Comment parler d'un document statistique   9

La France en statistiques   10

Etat des lieux   12

Le monde francophone   12

Pour lire «intelligemment» (Quelques conseils de lecture)   14

Les racines historiques du français   14

Charles de Gaulle: «Vive le Québec libre» (1967)   20

Points de vue   21

Qu'est-ce que la culture?   21

Définitions du mot «culture»   21

Claude Lévi-Strauss: «Diversité des cultures»   23

Définitions du mot «civilisation»   24

Définitions de la culture française   25

Pour lire «intelligemment»

Fiche méthodologique 2: Comment analyser une publicité   28

Michèle Fitoussi: «Vive la France!»   29

Socioscopie   31

Le bon Français   33

Identité française   33

Les mots racontent l'histoire   34

Roland Barthes: «La nouvelle Citroën»   35

Vue de l'extérieur   36

Pour nuancer votre expression (Comment parler d'un texte littéraire)   36

Pour lire «intelligemment»

Fiche méthodologique 3: Comment parler d'un texte littéraire   37

Oyono-Mbia: «Culture et camembert»   38

Rima Dragounova: «Comment peut-on être Français»   39

Faisons le point!   41

Umberto Eco: *La guerre du faux* (extrait)   41

Qui a peur de Mickey Mouse?   42

Lang: «Une culture n'en menace pas une autre»   43

Arrêt sur image 45

Napoléon 1er   46
Charles de Gaulle   46
François Mitterand   47

Points de vue 48

Eugen Weber: *My France* (extrait)   48
Louis XIV   48
Jacques Prévert: «L'éclipse»   49
Richard Bernstein: *Fragile Glory* (extrait)   49

Etat des lieux 50

La Révolution française   50
Les cahiers de doléances   51
Chronologie: La Révolution française (1789–1795)   51
La Marseillaise   52
Marianne: le visage de la République   52
Les révolutionnaires (Danton, Mirabeau, Marat, Robespierre, Corday d'Armont,
    La Fayette, Roland de la Platière, Talleyrand)   53
Les acquis de la Révolution (liberté, égalité, fraternité, universalité, unité nationale)   55
Déclaration des droits de l'homme et du citoyen (août 1789)   57
Constitution of the United States   58
La Constitution des Etats-Unis   58

Points de vue 60

1793: La fin tragique de Louis XVI et de Marie-Antoinette   60
Lettre de Marie-Antoinette, Reine de France et de Navarre,
    à S.A.R. Mme Elisabeth de France   61
Les femmes et la Révolution   62
Déclaration des droits de la femme et de la citoyenne   62

Etat des lieux 64

Chronologie: Napoléon 1er (1769–1821)   64
1799–1815: Napoléon 1er   64

Points de vue 65

Jacques Prévert: «Composition française» (extrait)   65
Honoré de Balzac: *La femme de trente ans* (extrait)   65

Repères historiques 66

De Louis XVIII à la IIIe République   66

Etat des lieux 67

«Guerre éclair» et «Drôle de guerre» / «L'Etat français» / Le statut des juifs /
    Travail, famille, patrie / Le Système D / Paris collabore / Les écrivains de
    la Résistance   67
Chronologie: La Deuxième Guerre mondiale   67

Points de vue   70

Jean-Paul Sartre: *Situations, III: Paris sous l'Occupation* (extraits)   70
Albert Camus: *Carnets* (extrait)   71
Paul Eluard: «Gabriel Péri»   71
Marguerite Duras: *La douleur* (extrait)   72

Repères historiques   73

IVe République – Ve République (de 1947 à 1995)   73

Etat des lieux   73

La Constitution de la Ve République   73

Point de vue   75

Julien Feydy: «Le modèle américain et la Ve République»   75

Etat des lieux   76

Chronologie: Le Vietnam   76

Point de vue   76

Pierre Schoendoerffer: «Devoir accompli»   76

Etat des lieux   78

Chronologie: l'Algérie   78
La guerre d'Algérie / 1959: Tournant dans la politique algérienne /
     1962: L'indépendance de l'Algérie   78
Charles de Gaulle: «Discours»   79

Points de vue   80

La limite de tolérance   80
Anne Tristan: *Le silence du fleuve* (extrait)   81
Marguerite Duras: «Les fleurs de l'Algérien»   82

Etat des lieux   83

Mai 1968   83
Chronologie: mai 68   83

Points de vue   84

Les étudiants écrivent sur les murs   84
André Malraux: *Hôtes de passage* (extraits)   84

Etat des lieux   86

Chronologie: L'Europe de De Gaulle à Mitterrand   86

Points de vue   86

De Gaulle et l'Europe   86
De Gaulle et Mitterrand: portraits croisés   87
La droite et la gauche   88
Cohabitation mode d'emploi   89

Etat des lieux   90

Qu'est-ce que le Traité de Maastricht?   90

Points de vue 91

Identité nationale: la crispation des Français / La France, les Français et l'Europe /
 L'Europe à craindre ou à aimer? (Simone Veil) 91
Union européenne 93
Philippe Séguin, le nom de l'été 94
Déclaration télévisée du président de la République 94
La France après le «oui» 95
Commentaire par Alain Duhamel: L'Europe ne peut plus attendre 95
Vœux du Président Mitterand pour l'année 1995 (extraits) 96

Vue de l'extérieur 97

Qui symbolise le plus la France? 97
Coca-Cola and the Cold War: The French Face Americanization, 1948–1953 98

Faisons le point! 99

Fernand Braudel: «L'identité déchirée» 99
Alain Touraine: «Pourquoi la France patine...» 100

Chapitre 3: L'Hexagone 101

Arrêt sur image 102

Pour nuancer votre expression (Pour parler d'une carte) 103
Pour lire «intelligemment»
 Fiche méthodologique 4: Comment analyser une carte 104

Analyse statistique: *Faisons parler les chiffres!* 108

La population de la France, c'est... / Population française... ou de la France? 108

Etat des lieux 111

La localisation: Où se trouve la France? 111

Points de vue 112

L'état de la France: Comment est le pays? 112
 James Walsh: "The New France" 112
 L'histoire inscrite dans le sol 113
 La France, elle est comment 113

Etat des lieux 114

De César à Napoléon 114
Les paysages: Des milieux naturels variés 115

Points de vue 115

«La fin des paysans»: entretien avec Henri Mendras 115
Alain Duhamel: *Les peurs françaises* (extrait) 116

Etat des lieux 117

Les régions, territoires politiques? 117
    Les provinces françaises 117
    La province et les provinces / Province et région 117
    Les divisions départementales 118
    Les régions et les grandes divisions de l'espace français 118
    Morphologies régionales 119

Etat des lieux 119

Langues et dialectes 119
La langue bretonne 119
La France à bicyclette, ou la naissance de la géographie linguistique 120
Cateau = château = castel 120
Un peu de picard: Le p'tit quinquin 121
La salade, la tournez-vous ou la touillez-vous? 121
Le Grand Turc de Molière ne parlait pas turc 122
Petit lexique franco-français (Suisse romande) 122
Petit lexique franco-français (Afrique du nord) 123
Petit lexique franco-français (Afrique noire) 123
Quelques phrases entendues au Canada 124
L'espace français: un patrimoine à sauvegarder? 125
La mise en place d'une politique de l'environnement 126

Analyse statistique: *Faisons parler les chiffres!* 127

Le regret nucléaire 127
Le consensus écologique 127
Poubelles: 330 kg par Français en 1991 128
Pollution et météo 128
Eau de vie 129

Etat des lieux 130

Les villes nouvelles 130
Les Français en mouvement: Comment garder le contact? 131
    La route 131
    Les transports aériens / Le lanceur spatial 132
    Les trains 133
Les mouvements vers la France: France, pays d'immigration? 134
    Plus de 120 000 étrangers se sont installés en France en 1991 134

Points de vue 135

Ce qu'ils disent... (François Mitterrand, Michel Rocard, Jacques Chirac, Valéry Giscard
    d'Estaing, Jack Lang, Arletty, Cheikh Abbas Bencheikh el-Hocine, Abbé Pierre) 135
Les styles régionaux 137
Michel Tournier: *Petites proses* (extrait) 138
Patrick Modiano: *Fleurs de ruine* (extrait) 140
François Maspero: *Les passagers du Roissy-Express* (extrait) 141
Claude Nougaro: «Toulouse» (chanson) 143
Réinventons la France: Le paysage et l'identité 144

Vue de l'extérieur   **145**

Image de la France: complexe et contradictoire 145
Tahar Ben Jelloun: *Hospitalité française* (extrait) 146

Faisons le point!   **147**

Micro-entretien: Haroun Tazieff 147
Georges Perec: Frontières 147
Alain Duhamel: *Les peurs françaises* (extrait) 148
Julia Kristeva: *Etrangers à nous-mêmes* (extrait) 149
Claude Imbert: «La Nation dans tous ses états» 150

Chapitre 4: Les jeunes — Ceux qui reçoivent?   **151**

Arrêt sur image   **152**

Analyse statistique: *Faisons parler les chiffres!*   **155**

La vie quotidienne des 8–14 ans 155
La vie quotidienne des 15–25 ans 155

Points de vue   **156**

Ecoutez-nous, disent-ils 156
    Les jeunes Français et l'avenir 156
    Les copains d'abord 157
    Les jeunes veulent que ça change 157
    Les ados choisissent les écolos 158

Etat des lieux   **159**

La loi 159
Le code de la nationalité 161
Repères: Les régimes étrangers 162

Points de vue   **164**

Trois jeunes en quête de patrie: leur idée de la France 164
Christian Delorme: «La chasse aux beurs est ouverte!» 165
Aïcha Benaïssa et Sophie Ponchelet: *Née en France* (extrait) 166

Etat des lieux   **167**

Les enfants de la crise 167
Alain Kimmel: «Culture(s) jeune(s)» 167

Points de vue   **169**

Annie Ernaux: «La gosse» 169
Suzanne Prou: «Fin de semaine en famille» 170
Elle écrit: Magali 171

Etat des lieux   **172**

L'école: Les principaux itinéraires de formation 172
«Passe ton bac d'abord!»: Le plus vieux diplôme français 173
Sujets de réflexion 174
La France qui planche 175
Pour nuancer votre expression (L'école; En langage jeune) 176

Points de vue 177

    Victor Hugo: *Les contemplations* (extrait) 177
    Jacques Prévert: «Le cancre» 177
    Emploi du temps d'un élève de Terminale C 178
    Lettre de Magali 179
    Daniel Pennac: «La rentrée» 179
    Azouz Bégag: «Le cours d'anglais» 180
    Corinne Bouchard: *La vie des charançons est assez monotone* (extrait) 182

Etat des lieux 184

    La consommation 184
        L'argent de poche des petits Français 184
        La technique de cofinancement 184
        Fils de pub 184
        Marchands d'uniformes / «Basics» et grigris 187

Etat des lieux 188

    Le temps libre 188
        Les genres de livres préférés 188
        La presse enfantine a perdu la moitié de ses lecteurs en 15 ans. 188
        Les jeunes lisent moins qu'avant, mais le déclin semble aujourd'hui enrayé. 188
        En général, qui vous aide à choisir vos lectures? / Qu'avez-vous lu entièrement
            ou partiellement ces sept derniers jours? 189
        Écouter n'est pas jouer 189
        Les instruments de la musique 189
    Les jeunes et le cinéma 190
        Qu'est-ce qu'un "bon film"? 190
        Les attentes à l'égard du film selon le sexe 190

Points de vue 191

    Lettres de Magali 191
    L'habit d'Arlequin de la chanson française 192
    Un bouquet de chanteurs 193
    La culture basket 194

Etat des lieux 195

    Le travail et le chômage 195
    Pour nuancer votre expression (Le travail; Langage familier) 195

Points de vue 196

    18–25 ans: Les Déboussolés 196
    Avoir 20 ans et des ambitions plein les poches: Quatre jeunes gens qui en veulent 197

Etat des lieux 199

    Fuite ou révolte? 199
        Drame: le suicide des jeunes 199
        Interview (avec Paul Yonnet): Toute la ville en tags 200

Points de vue 201

    Vingt ans, sans domicile fixe 201
    Etre adulte: Fodé Sylla 202

Analyse statistique: *Faisons parler les chiffres!* 203

30 000 sidéens   203
Le record d'Europe du sida   203
Médecins et patients: le désaccord   203
Pour nuancer votre expression (Le sida)   205

Points de vue 205

Une action musclée d'Act-Up Paris   205
Hervé Guibert: *A l'ami qui ne m'a pas sauvé la vie* (extrait)   206

Vue de l'extérieur 206

Catherine Vigor: *Hawa: l'Afrique à Paris* (extrait)   206
Calixthe Beyala: *Le petit prince de Belleville* (extraits)   207

Faisons le point! 209

Les 15–24 ans: les partis écologistes en tête   209
Paroles d'électeurs: Rêves noirs   210
Avoir 20 ans le dimanche de Maastricht   211
Les nôtres et les autres   212

Chapitre 5: Les actifs — Ceux qui paient? 213

Arrêt sur image 214

Analyse statistique: *Faisons parler les chiffres!* 216

Chercheur plutôt que ministre   216
Systèmes de valeurs   216
Les mots les plus appréciés des Français indiquent un besoin d'harmonie.   217
Plus de bachelières... mais plus de chômeuses   218
Les hommes gagnent un tiers de plus que les femmes   218

Repères historiques 219

Les droits sociaux   219
Pétition des femmes du tiers-état au roi (1er janvier 1789)   219
La conquête des droits sociaux   221
1. La longue marche des femmes françaises   221
2. La longue marche des travailleurs   221
400 000 travailleurs handicapés   222
Règlement intérieur (1830)   223
Pour nuancer votre expression (Les Français au travail)   224

Points de vue 225

Patrons et employés...   225
Partage du travail? Les avis sont partagés   227
Modes d'emplois partiels   228
Courrier des lecteurs   230
Boris Vian: «Pourquoi travailler?»   230

Etat des lieux — 231

Le travail des immigrés   231
   La grande peur de l'étranger   231
   Des sentiments contradictoires   232

Points de vue — 234

Vos papiers, s'il vous plaît...   234
   Raymond Devos: «Xénophobie»   235
   L'épicier arabe   235

Analyse statistique: *Faisons parler les chiffres!* — 236

Les Françaises au travail   236
   Femmes, travail et enfants   236
   La place des femmes dans les professions libérales   236

Points de vue — 237

Politique: les femmes au régime   237
Philippe Sollers: «Kate»   238
La télévision aime-t-elle les femmes?   240
Portraits de femmes   243
Baudelaire: *A une passante*   243
Yves Simon: *Jours ordinaires* (extrait)   244

Analyse statistique: *Faisons parler les chiffres!* — 244

Les Français et leurs occupations   244
   Loisirs et médias   244
   Les week-ends des Français   244
Les activités quotidiennes des Français   245

Etat des lieux — 247

Le temps libre   247
   Que faites-vous le dimanche?   247
   La cuisine est aussi un loisir.   247

Points de vue — 248

Jacques Prévert: «L'addition»   248
Les derniers cafés où l'on cause   249
Françoise Mallet-Joris: «Les joies simples d'un repas»   249
Que mangent les Français?   250
Culture: une valeur en hausse? (La télévision «super-star» / Le «boum» de la musique /
   La lecture en question / Un bilan mitigé)   252

Etat des lieux — 254

Les Français et le sport   254
   Une détente et une hygiène de vie   254
   Tour de France   254
   Tout s'arrête pendant Roland-Garros...   255

Points de vue — 255

José Maria de Heredia: «Le coureur»   255
Pierrette Fleutiaux: *Sauvée!* (extrait)   256
Pierre Sansot: «Le roi des carreaux»   257
Les Français en vacances   258
   Jeux de mots: Invitation aux vacances   258

Analyse statistique: *Faisons parler les chiffres!*   **259**

Destinations   259

Points de vue   **260**

Françoise Xenakis: *Moi, j'aime pas la mer* (extrait)   260
Christiane Rochefort: *Les petits enfants du siècle* (extrait)   261
Nathalie Sarraute: *Enfance* (extrait)   262

Analyse statistique: *Faisons parler les chiffres!*   **263**

Les Français et la famille   263
La crise du couple marié   263
Qui fait quoi?   263

Etat des lieux   **264**

Pour nuancer votre expression (La famille)   264
La famille «ouverte» bientôt majoritaire   264
Alain Duhamel: «L'évolution de la famille française»   265

Points de vue   **266**

Patriarche, comme papa   266
Un père pour quoi faire?   266

Analyse statistique: *Faisons parler les chiffres!*   **268**

L'environnement: le nucléaire   268
Le nucléaire, c'est drôle   268
Le regret nucléaire   269

Vue de l'extérieur   **270**

Michel Tournier: *La goutte d'or* (extrait)   270
Tahar Ben Jelloun: «Un homme venu d'une autre durée»   271

Faisons le point!   **272**

En un peu plus de vingt ans, la société française a connu six chocs importants: 1968, 1973, 1982, 1987, 1991, 1993.   272
Pierre Bourdieu: «Notre état de misère»   273
Comment vous voyez la France de demain   274

Chapitre 6: Les personnes âgées — Ceux qui en profitent?   276

Arrêt sur image   **277**

Analyse statistique: *Faisons parler les chiffres!*   **279**

La vieille Europe   279
La vieille France   279
Bientôt plus de seniors que de jeunes   279
Chronologie: Les grandes dates de la retraite   280
Des retraités plutôt urbains   280

Etat des lieux
281

L'Avancée des seniors   281
Pour nuancer votre expression (Les personnes âgées)   281
L'Europe des personnes âgées   282
Les retraités ont bien changé   283
Les retraites: Que fait-on à l'étranger?   283
Etats-Unis/France: que perçoivent les aînés?   283
Age de la retraite   284
L'avenir des retraites   285

Points de vue
287

«Vivre enfin à la lumière du jour...»   287
Simone de Beauvoir: *La vieillesse* (extrait)   288

Analyse statistique: *Faisons parler les chiffres!*
289

Les revenus   289
Gros salaires, petites retraites?   289
Les pensions: Qui touche quoi?   289
Les inégalités des retraites   290

Point de vue
290

«Il faut un service civique obligatoire pour les seniors»   290

Analyse statistique: *Faisons parler les chiffres!*
292

La consommation: Consommation: les meilleurs chiffres des retraités   292

Etat des lieux
293

"Consommer, c'est participer à la santé de notre pays"   293

Points de vue
294

Annie Ernaux: *La place* (extrait)   294
Ils consomment plus que les jeunes   295
Marks & Spencer: des vêtements à essayer chez soi   295
Le papy food: mythe ou réalité?   296

Analyse statistique: *Faisons parler les chiffres!*
297

Activités   297

Etat des lieux
297

Les occupations   297
Les occupations des personnes âgées   297
Des emplois nés du bénévolat   298
Les papies de l'aventure   299
Universités du 3e âge: Vingt ans et pas une ride   300
Les retraités changent de braquet   301
Le tourisme des seniors   302

Points de vue
304

Georges Perec: «Madame Moreau, chef d'entreprise»   304
Jean Rouaud. *Les champs d'honneur* (extrait)   305
Une violoncelliste: La musique n'a pas d'âge   305

Analyse statistique: *Faisons parler les chiffres!* 306

La santé 306
Le spectre de la dépendance 306

Etat des lieux 306

Micro-entretien: Louis Bériot 306
Les centenaires: Une espèce en voie d'expansion 307

Points de vue 308

Françoise Giroud: Le règne du "jeunisme" 308
Michel Déon: *Un déjeuner de soleil* (extrait) 308

Etat des lieux 309

Lieux de vie: Où demeurent-ils? 309
Maisons de retraite: Il vaut mieux être riche et bien portant 309
Domicile collectif pour personnes âgées 310
Publicité: Les Résidences Bleues 311
Aqua-gym, stretching, couture, théâtre 312
La solitude — entretien de Gabrielle Balazs avec une personne âgée 313

Points de vue 314

Plantu: *Wolfgang, tu feras informatique!* 314
Jean Vautrin: «Tante Girafe» 315

Etat des lieux 316

Portraits de la vieillesse 316
Les seniors plébiscités 316
Images de la vieillesse 317

Points de vue 318

«L'abbé Pierre a le plus marqué la vie sociale» 318
Le savant et le saint 318
Jean-Paul Sartre: *Les mots* (extrait) 319
Claire Gallois: *Une fille cousue de fil blanc* (extrait) 319
Tahar Ben Jelloun: *Les amandiers sont morts de leurs blessures* (extrait) 320
Charles Baudelaire: «La fin de la journée» 320

Vue de l'extérieur 321

Tahar Ben Jelloun: *Jour de silence à Tanger* (extrait) 321
Théodore Zeldin: *Les Français* (extrait) 321
Comment parler comme ses grands-parents 322
La communication entre générations se perd 322

Post-scriptum 323

Jean-Paul Aron: *Qu'est-ce que la culture française?* (extrait) 323
La France de 1993: Ce qui a changé 323
Pierre Bourdieu: *La misère du monde (post-scriptum)* 325
La France, un paradis sur terre? 326
René Philombe: «L'homme qui te ressemble» 328

Preface

La France dans tous ses états presents French culture through authentic readings from a variety of sources (satire, literature, newspapers, magazines, sociological passages, historical passages, geographical passages, etc.). The text is designed to give students the opportunity to continue their practice of French in a variety of cultural contexts while at the same time deepening and expanding their insights into French culture. In all phases of the book, students are asked to formulate hypotheses and inferences based on information learned. In addition, they are encouraged to draw comparisons to the United States and to see the points of view of people from francophone countries and regions. Furthermore, the cultural issues treated in the book represent a strong gender balance, including information on both men and women and texts written by both men and women.

La France dans tous ses états is designed for the intermediate to advanced levels of study. At the college level, it can be used as a single text for an introductory culture course, or it can be used in combination with a second text in conversation or writing courses. In secondary school programs, *La France dans tous ses états* is most appropriate for Levels 4 and 5.

A set of color overhead transparencies accompanies the *La France dans tous ses états*. The purpose of the transparencies is to provide authentic documents from the book in their original full-color version for discussion in class.

TEXT ORGANIZATION

La France dans tous ses états comprises six chapters, a **post-scriptum**, and a 16-page booklet dealing with the 1995 presidential elections. Given the timing of the printing of the book, the presidential elections are treated separately. In future editions, the information in the booklet will be incorporated into the main text.

All chapters in *La France dans tous ses états* are self-contained and may be covered in any order. While Chapters 1 (definitions of culture), 2 (history), and 3 (geography) can serve to enhance students' understanding of French culture, Chapters 4 (young people), 5 (working adults), and 6 (senior citizens) do not depend on the historical or geographical information presented in the earlier chapters. Availability of time, student interest and previous knowledge, and course goals should be the factors that determine which chapters are most appropriate for a particular course.

Chapitre 1: Culture et civilisation

The first chapter introduces the concept of culture. Students are exposed to various short readings from literature, sociology, anthropology, and history that seek to define culture/civilization in general and French culture/civilization in particular. In order to assist students in their analysis of documents, the chapter also contains three **fiches méthodologiques**: *1. Comment parler d'un document statistique; 2. Comment analyser une publicité; 3. Comment parler d'un texte littéraire.*

Chapitre 2: Françaises, Français...

As the title (taken from de Gaulle's speeches) suggests, this chapter focuses on documents that establish the identity of the French based on their historical heritage. Beginning with the French Revolution and ending with the identity crisis provoked by the unification of Europe, the chapter takes students through the major historical events and personalities that shaped France and French national identity.

Chapitre 3: L'Hexagone

In this chapter, France is examined as a physical entity through the perspective of human geography. Students learn about the interrelationships of geography (the environment) and people; they learn how to read maps (**Fiche méthodologique** 4: *Comment analyser une carte*) as texts that reveal more than place names and locations; and they are asked to make hypotheses based on the factual geographical information provided.

Chapitre 4: Les jeunes — Ceux qui reçoivent?

This chapter introduces students to the past, present, and future of French young people. Specific issues include legal status, school, family, homelessness, dreams and aspirations, entertainment, and so forth. They learn about the concerns, preoccupations, and problems of young people in France and are asked to discuss similarities and differences with the situation of the younger generations in the United States.

Chapitre 5: Les actifs — Ceux qui paient?

This chapter addresses the culture of working adults. Topics include work, unemployment, money, social programs, politics, family responsibilities, leisure time/vacation, attitudes toward immigration, etc. As in previous chapters, students are asked to think critically about the passages they read and to respond in terms of factual information, hypothesis formation, and inferences.

Chapitre 6: Les personnes âgées — Ceux qui en profitent?

This overview of the situation of senior citizens in France is designed to give students a balanced perspective on both the positive and negative aspects of the retirement years. Some emphasis is placed on programs that give senior citizens the opportunity to remain contributing and productive members of society. Students learn about the changing roles of the elderly, their activities, and their status.

Post-scriptum

This last section of the book summarizes the various themes through a series of texts. Students are asked to reflect on French **culture** in general terms and on French **cultures** more specifically. They are brought back to the idea of *La France dans tous ses états* in order to speculate about the future based on the past and present.

Les élections présidentielles de 1995

This 16-page addendum to the book provides the candidates and major issues in the 1995 presidential elections. It examines the platforms of the various candidates, public opinion polls, and the final election results. Students are asked to draw conclusions about the major issues of concern to the French based on voting patterns. They also compare the political trends in France to those of the United States.

CHAPTER ORGANIZATION

Each chapter in *La France dans tous ses états* is divided into six major segments that alternate with each subtheme presented. All segments are accompanied by exercises and activities designed to exploit the content and language of the authentic readings.

Arrêt sur image

The first section of each chapter presents a photo collage that serves as the introduction to the theme of the chapter.

Analyse statistique: Faisons parler les chiffres!

These sections present various types of data pertaining to aspects of the chapter theme. They include surveys, charts, demographic indices, etc.

Etat des lieux

The expression **"état des lieux"** (inventory of fixtures, as in lodging) is used figuratively here to present factual information about aspects of the chapter subthemes. When necessary and appropriate, these sections are supplemented by **Repères historiques** or **Chronologies** that document the chronology of events.

Points de vue

Each **Etat des lieux** is accompanied by a **Point(s) de vue** section containing readings that provide opinions and more subjective points of view about a particular topic. These sections are designed to encourage students to examine a variety of perspectives, particularly in light of the factual material they have acquired. They are also asked to formulate their own opinions, to agree and disagree, and to retrieve factual information to support their hypotheses.

Vue de l'extérieur

This section focuses on the opinions of francophone writers on the issues presented in the chapter.

Faisons le point!

The readings in this last section of each chapter function as a summary of the chapter theme. The section is preceded by a series of cumulative and integrative questions or observations that students are asked to reflect upon and discuss as they read the texts. The goal of this final section is to help students integrate their new knowledge with the language that is required to communicate their ideas.

OVERHEAD TRANSPARENCIES

The purpose of the transparencies is to provide the authentic color versions of various documents presented in the book for class discussion. Students should be encouraged to comment on the use or impact of the colors, on their supporting role in conveying messages, and on any other contributions they make to enhance the text of a document.

Acknowledgments

We would like to thank the following people at Heinle & Heinle Publishers who worked closely with us on *La France dans tous ses états:* Charles H. Heinle and Stan Galek, who enthusiastically accepted our proposal to write this French culture text; Pat Ménard, who oversaw the project as Editorial Director; Susan Winer Slavin, the Associate Director; Gabrielle McDonald, who smoothly and efficiently guided the material through production. We would also like to thank Lawrence Lipson, our very meticulous copy editor, and Esther Marshall, our proofreader and native reader.

We would like to acknowledge the contribution of the following colleagues who reviewed the manuscript and made numerous excellent suggestions:

Alex Silverman	*Center for International Training*
Janis Hennessey	*University of New Hampshire*
Joseph Marthan	*Stockton State College*
Alan Ranwez	*Metropolitan State College*

Our very special thanks go to Anita Raducanu of A+ Publishing Services, who expertly and creatively transformed our manuscript into an elegant and functional book. As so many times before, Anita is the person who brought our text to life.

We would be remiss in not giving special mention to: Tom Panken, for his many hours of typing and his suggestions; Yvan Rouard, for some much-needed photographs; and the students from Dickinson College, who provided us with their own comparative cultural insights during their study abroad program in Toulouse.

Finally, this collaborative project could not have been completed without the loving support and encouragement of Baiba, Jacques, and Daphné. They accepted without protest the many hours at the computer, the numerous lengthy and costly telephone conversations between the United States and France, and the trips that left them to fend for themselves. **Merci mille fois!**

J.D.B.
D.C.

Culture et civilisation

Arrêt sur image

L'objectif de cette rubrique est de vous familiariser visuellement avec les aspects de la culture qui seront traités dans le chapitre. Ces photos vous entraîneront à observer, à décrire, à analyser et à formuler des hypothèses.

Enfants à l'école primaire de Calmoutier (Haute-Saône)

La causette au jardin public

Les habitués du café du coin

Une manifestation

Au travail

Un sans-abri

A. Quoique chaque individu se fasse sa propre définition du mot «culture», il y a néanmoins des concepts de base qui nous aident à faire l'analyse culturelle d'un peuple. Regardez attentivement les photos ci-dessus et essayez d'en dégager des *questions générales* qui pourront servir de point de départ à l'analyse d'une culture.

MODÈLE: Quelles questions vous viennent à l'esprit quand vous regardez la photo des enfants à l'école primaire de Calmoutier?

Comment est-ce que les valeurs sont transmises dans une culture? Quelle est la responsabilité de la société vis-à-vis de ces enfants? L'école est-elle obligatoire? Tous les enfants, ont-ils les mêmes chances d'accéder à la culture? etc.

Maintenant choisissez deux photos. Décrivez-les et émettez des hypothèses sur ce que ces photos représentent de la France et des Français. *Attention:* N'oubliez pas que ce ne sont que des hypothèses qui seront validées ou non au fur et à mesure de l'élaboration de vos connaissances.

B. Analysez les diverses photos relatives à la culture des Etats-Unis. Ensuite émettez des hypothèses préliminaires sur la culture américaine. Pensez-vous que ces photos soient représentatives de votre culture? Quelles autres photos est-ce que vous ajouteriez? Pourquoi?

Les Etats-Unis

Un match de base-ball

Un sans-abri à New York

La fête de «Thanksgiving»

Comprendre et apprécier une culture autre que la sienne implique que l'on soit d'abord en mesure d'analyser sa propre culture, c'est-à-dire que l'on puisse comprendre et démonter le mécanisme de fonctionnement des images stéréotypées que l'on se fait de son propre pays.

Dans ce manuel, vous trouverez des conseils qui vous guideront dans votre démarche d'observation, d'analyse, de réflexion et d'expression. Vous constaterez que, parmi les hypothèses que vous formulerez à propos de phénomènes culturels propres à la France et à la francophonie, certaines seront validées par les documents étudiés, d'autres seront modifiées, d'autres enfin seront rejetées. Vous serez ainsi amené(e) à nuancer votre pensée et votre expression au fur et à mesure que vous prendrez conscience de la complexité de l'autre culture et que vous dépasserez le stade des représentations traditionnelles.

Reconnaître les différences entre les cultures ne signifie pas renoncer à sa propre singularité mais plutôt bien se nourrir de la diversité pour enrichir son individualité et sa culture.

Remue-méninges *(Brainstorming)*.　En petits groupes, faites une liste de dix mots qui représentent pour vous la culture des Etats-Unis. Puis comparez votre liste à celle d'un autre groupe. Enfin, après discussion, élaborez une liste commune de dix mots.

C. Faites une liste de dix *objets* représentatifs de la culture américaine et qui pourraient figurer dans un musée pour les visiteurs du vingt et unième siècle.

D. Expliquez et justifiez le choix des mots et des objets de votre liste.

MODÈLE:　　McDonald's

Nous pensons que McDonald's est représentatif de notre culture parce que c'est un endroit où on peut manger quand on est pressé. Les fast-foods reflètent notre façon de vivre. etc.

E. Choisissez dans cette liste les *dix* valeurs qui vous semblent être les plus importantes pour les Américains et justifiez vos choix.

l'esprit d'entreprise	l'art de la conversation
l'argent et la réussite matérielle	les arts et le sens du beau
la satisfaction dans le travail	le patrimoine *(heritage)*
la compétitivité	le sens de la fête
l'artisanat *(crafts)*	les valeurs religieuses
le travail d'équipe et la coopération	l'intimité *(privacy)*
les progrès scientifiques et technologiques	l'espace personnel
l'innovation et le changement	la politesse
la femme-femme *(feminine, passive)*	l'honnêteté
la femme indépendante	l'individualisme
l'énergie de la jeunesse	le patriotisme
le respect des personnes âgées	la tolérance
les loisirs et les sports	la liberté
l'efficacité et la ponctualité	l'égalité
l'apparence physique	la justice
la santé et la forme *(fitness)*	la morale et la vertu
l'hygiène et la propreté	l'esprit de famille
l'importance de l'histoire et des traditions	le sens du devoir *(duty)*
la protection de l'environnement	l'hospitalité

F. Maintenant, discutez du changement qui s'est opéré dans les valeurs en France et aux Etats-Unis ces vingt dernières années en vous inspirant du tableau ci-dessous.

1. Quelles valeurs les Français souhaiteraient-ils préserver?
2. Comment expliquez-vous l'importance grandissante accordée à la réussite matérielle? Cette valeur est-elle remise en cause?
3. A quels facteurs attribuez-vous les changements radicaux qui ont eu lieu ces 20 dernières années?

Valeurs d'hier, d'aujourd'hui et de demain

Dans l'évolution de la société française, au cours des vingt dernières années, quelles sont, selon vous, les valeurs qui ont **perdu** en importance ? (%)		Au cours des vingt dernières années, quelles sont, selon vous, les valeurs qui ont **gagné** en importance dans l'évolution de la société française ? (%)		Quelles sont, aujourd'hui, les valeurs qu'il vous paraît important et même nécessaire, de **sauvegarder** ou de **restaurer** pour l'avenir ? (%)	
• La politesse	64	• La réussite matérielle	60	• La justice	71
• L'honnêteté	56	• La compétitivité	59	• L'honnêteté	59
• Le respect du bien commun	49	• L'esprit d'entreprise	34	• La politesse	53
• La justice	44	• La liberté	20	• La liberté	52
• L'esprit de famille	42	• La solidarité	18	• L'esprit de famille	50
• Le respect de la tradition	40	• Le sens du beau	17	• Le respect du bien commun	47
• Le sens du devoir	37	• La responsabilité	14	• L'égalité	45
• L'honneur	34	• Le sens de la fête	14	• Le sens du devoir	45
• La solidarité	29	• L'autorité	14	• La solidarité	41
• L'égalité	25	• L'égalité	8	• La responsabilité	33
• Le sens de la fête	24	• L'esprit de famille	5	• L'hospitalité	31
• L'autorité	24	• L'hospitalité	5	• L'honneur	30
• La responsabilité	23	• La justice	4	• Le respect des traditions	22
• L'hospitalité	22	• Le sens du devoir	3	• La compétitivité	22
• Le pardon	14	• Le pardon	2	• L'esprit d'entreprise	20
• La liberté	12	• L'honneur	2	• Le sens du beau	19
• La compétitivité	12	• Le respect du bien commun	2	• L'autorité	19
• Le sens du beau	9	• Le respect de la tradition	2	• Le sens de la fête	13
• L'esprit d'entreprise	8	• La politesse	2	• Le pardon	17
• La réussite matérielle	3	• L'honnêteté	1	• La réussite matérielle	8

Le Pèlerin magazine/Sofres, octobre 1991

Gérard Mermet, *Francoscopie 1993,*
© Larousse 1992, p. 236

Paru pour la première fois en 1985 et publié tous les deux ans, *Francoscopie* **est un ouvrage qui présente des faits, des chiffres, des comparaisons et des analyses de la société française. Selon l'auteur, «***Francoscopie* **a pour ambition de décrire et d'analyser les modes de vie des Français et l'état de la société française. Il s'efforce de montrer, démontrer, ouvrir des pistes de réflexion plutôt que juger, condamner ou militer».**

G. Pour chacune des valeurs ci-dessus, trouvez un mot, une expression ou une phrase qui aurait une connotation négative.

MODÈLE: l'argent et la réussite matérielle

matérialiste (arriviste)

ou

uniquement préoccupé(e) par le fric (l'argent)

ou

Il n'y a que l'argent qui l'intéresse.

Analyse statistique
Faisons parler les chiffres!

Le monde dans lequel nous vivons semble submergé par les chiffres: les sondages et les statistiques cherchent à expliquer les phénomènes sociaux, les attitudes, les tendances économiques... Il est vrai que les statistiques peuvent nous apprendre beaucoup de choses. Mais il faut se méfier d'en tirer des conclusions trop hâtives ou simplistes. Les chiffres ne donnent qu'une vision partielle de la réalité à un moment donné. Ainsi un sondage peut être interprété différemment en fonction des opinions du lecteur.

H. Par exemple, regardez comment un écrivain présente les résultats de la session d'examen du baccalauréat de l'année. Ensuite répondez aux questions.

Dans l'ouvrage satirique intitulé La vie des charançons est assez monotone, *la narratrice, Corinne Bouchard, raconte la vie quotidienne des professeurs d'un lycée.*

[...] on se rend en troupeau dans la salle de réunion générale. Là, le proviseur fait le discours de rentrée, [...]

[...] le proviseur donne, section après section, les pourcentages de réussite au bac, assortis de commentaires: dans la section X, 80,6 p. 100 de réussite, c'est quatre dixièmes de mieux que l'année précédente, la Nation peut être fière de nous; dans la section Y, 76,9 p. 100, alors là ça chie, l'année précédente on avait 77,4 p. 100, va falloir faire un effort; et puis dans la section Z, on est les meilleurs de l'académie, 82,2 p. 100 de réussite alors que les autres n'ont que 81,5 p. 100, les minables. (A ce point du discours, il y a toujours un ancien du genre aigri pour chuchoter à l'oreille d'un nouveau que si on est les meilleurs, on n'y a pas de mérite, vu qu'il n'y a que deux lycées dans l'académie à avoir une section Z.)

La vie des charançons est assez monotone de Corinne Bouchard © Calmann-Lévy, 1992, pp. 20–21

VOCABULAIRE: charançons = *weevils (insects)* / le proviseur = *school principal* / là ça chie (vulgaire) = *it stinks* / l'académie = *school district* / minables = *jerks* / un ancien = *older teacher* / aigri = *embittered* / chuchoter = *whisper*

1. Qui est le «on» du texte?
2. A quel moment de l'année se situe cette réunion?
3. A votre avis, qui est la narratrice?
4. Qui préside la réunion et quel est le but de cette réunion?
5. Faites le résumé des résultats donnés par le proviseur.
6. Relevez les expressions utilisées par le proviseur et la narratrice pour commenter ces résultats.
7. Commentez le niveau de langue de la narratrice.
8. A votre avis, pourquoi le mot «Nation» est-il écrit avec une majuscule? L'emploi de cette majuscule vous paraît-il justifié?
9. Quelle est l'attitude des «profs» à l'égard du proviseur?
10. Si vous étiez sociologue, que diriez-vous des conclusions du proviseur?

Pour nuancer votre expression

Comment identifier un document statistique

un tableau	*statistical table*
un camembert	*pie chart*
une pyramide	*pyramid-shaped chart*
une courbe	*line graph*
un éventail	*fan-shaped chart*

Comment parler des statistiques

En analyse statistique, comme dans toute autre matière, il y a une certaine terminologie qui facilite la discussion. Consultez cette liste quand vous devrez commenter des chiffres.

Verbes

augmenter (s'accroître)	s'élever de
constater	progresser
diminuer (baisser, chuter)	stagner

Noms

un accroissement (une hausse)	un indicateur *(survey sample)*
une diminution (une baisse, une réduction)	l'explosion
	la moyenne *(average)*
la disparition	le pourcentage
les données *(f. pl.) (data)*	une progression
un échantillon *(sample)*	une stagnation
une section représentative de la population *(sample)*	le taux *(rate, level)*
une enquête par sondage *(sample survey)*	

Adjectifs

faible (léger)	sensible *(significant)*
moyen(ne) *(average)*	catastrophique

Expressions

On assiste à...	Selon ces chiffres,...
On constate (remarque, observe) que...	Selon mes calculs,...
	Vingt-trois pour cent des jeunes aiment...
On dirait que...	
On estime que...	être amplifié(e)
Il faut noter (On note) que...	être de l'ordre de...
Il paraît (semble) que...	être multiplié(e)
Les chiffres (Les statistiques) indiquent (montrent) que...	être (très) bas (haut)

Pour lire «intelligemment»

> **Fiche méthodologique 1:**
> **Comment parler d'un document statistique**
>
> Un document statistique se prête à l'analyse comme n'importe quel autre document (une publicité, une peinture, un poème, un article de journal, une carte, etc.). Il est donc important de suivre les étapes suivantes en répondant à des questions précises.

Première étape: Introduction

- Quelle est la source du document? Est-ce que c'est, par exemple, un document officiel (INSEE [Institut national de la statistique et des études économiques]), un sondage de magazine, un sondage commandité par une société, etc.?
- Quel est le sujet du document (données géographiques [historiques, sociales], sondage d'opinion, etc.)?
- Quelle en est la date?
- Pour quel pays (région, province, état, etc.)?
- Quels sont les moyens utilisés pour présenter l'information?
- Quels types de chiffres sont utilisés (pourcentages, fractions, nombres)?

Deuxième étape: Analyse des données (data)

- Quelles sont les circonstances historiques de la période du document (événements politiques, économiques, sociaux)?
- Quelle est la nature des indicateurs *(survey items)*?
- Quel est l'échantillon *(sample)* de population représentée (âge, sexe, état civil *[marital status]*, catégorie socio-professionnelle, urbain, rural, etc.)?
- Quelles sont les influences possibles du document?
- Quels chiffres ne sont pas en harmonie avec les autres chiffres?
- Quelles hypothèses pouvez-vous émettre?
- Si cela est pertinent, quelle est l'évolution des résultats dans le temps?
- Quelles comparaisons (similarités, contrastes) pouvez-vous faire?

Troisième étape: Conclusions

- Les résultats coïncident-ils avec ce que vous vous imaginiez?
- Pensez-vous que le moyen utilisé pour présenter cette information soit satisfaisant? Auriez-vous choisi un autre moyen? Lequel?
- Quel est l'intérêt de ce document statistique?

La France en statistiques

Les 15–20 ans

« Qu'aimez-vous faire quand vous ne travaillez pas ? »

Aller au cinéma	49 %	Faire les boutiques	17 %
Vous réunir avec des copains	46 %	Lire des bandes dessinées	10 %
Ecouter de la musique	44 %	Jouer avec des jeux électroniques	8 %
Pratiquer un sport	42 %	Avoir une réunion de famille	2 %
Voir votre petit(e) ami(e)	28 %	Rien	—
Regarder la télévision	24 %	Sans opinion	—
Aller danser	20 %		

Les 13–17 ans interrogés ont pu donner des réponses multiples.

Geneviève Welcomme et Claire Willerval, *Juniorscopie,*
© Larousse, p. 204

Juniorscopie est un ouvrage qui présente des faits, des chiffres, des comparaisons et des analyses de comportement des jeunes Français de 10 à 20 ans.

Les actifs

Evolution de quelques pratiques de loisirs (en %):

	1973	1981	1992
Proportion de Français ayant pratiqué l'activité suivante:			
Regarder la télévision tous les jours ou presque	65	69	73*
Ecouter la radio tous les jours ou presque	72	72	66*
Ecouter des disques ou cassettes au moins une fois par semaine	66	75	73*
Au moins une fois au cours des 12 derniers mois:			
Lire un livre	70	74	75*
Acheter un livre	51	56	62*
Aller au cinéma	52	50	49
Aller dans une fête foraine	47	43	34
Visiter un musée	27	30	28
Visiter un monument historique	32	32	30
Assister à un spectacle sportif (payant)	24	20	17
Aller à une exposition (peinture, sculpture)	19	21	23
Aller dans un zoo	30	23	24
Aller à un spectacle :			
- théâtre	12	10	12
- music-hall	11	10	9
- cirque	11	10	14
- danse	6	5	5
- opéra	3	2	3
- opérette	4	3	2
Aller à un concert :			
- rock ou jazz	7	10	14
- musique classique	7	7	8

Ministère de la Culture et de la Communication

* 1989

Gérard Mermet, *Francoscopie 1995,*
© Larousse 1994, p. 374

Les personnes âgées

Les pratiques culturelles des seniors et de la moyenne des Français

	40–59 ans	+ de 60 ans	Ensemble des Français
Lecture de plus de 20 livres par an	20	18	26
Cinéma: au moins 1 fois par an	10	4	23
Musée: au moins 1 fois par an	28	20	30
Sorties le soir: 2 à 3 fois par mois	51	37	64
Match sportif: au moins 1 fois par an	19	6	20
Bal public	23	5	28
Utilisation d'un magnétoscope	29	11	39
Utilisation d'un électrophone ou d'une chaîne hi-fi	46	19	54
Utilisation d'un appareil-photo	44	18	47
Utilisation d'un instrument de musique	9	2	13

Régis Louvet et Colette Tournès, *Seniorscopie,*
© Larousse 1987, p. 155

Seniorscopie **est un ouvrage qui présente des faits, des chiffres, des comparaisons et des analyses de comportement des personnes âgées en France.**

I. Qu'est-ce que ces tableaux vous apprennent sur les Français? Répondez aux questions suivantes:

Les 15–20 ans

1. Quelles sont les sources des tableaux?
2. Quels sont les sujets des tableaux?
3. Quels sont les moyens utilisés pour présenter l'information?
4. Quels types de chiffres sont utilisés?
5. Quelles sont les circonstances historiques de la période des documents?
6. Quel est l'échantillon de la population représentée?
7. Quelles sont les influences possibles des documents?
8. Quels chiffres ne sont pas en harmonie avec les autres chiffres?
9. Quelles hypothèses pouvez-vous émettre?
10. Quelles comparaisons pouvez-vous faire?
11. Les résultats coïncident-ils avec ce que vous vous imaginiez?
12. Pensez-vous que le moyen utilisé pour présenter cette information soit satisfaisant? Auriez-vous choisi un autre moyen? Lequel?
13. Quel est l'intérêt de ce document statistique?

Maintenant suivez la même démarche pour *les actifs* et *les personnes âgées*. Référez-vous à la *Fiche méthodologique 1* à la page 9.

Etat des lieux

Les documents présentés dans cette rubrique sont des documents de source officielle (textes de lois, statistiques, cartes géographiques, documents historiques). Le but de cette rubrique est de faire le constat le plus objectif possible de tel ou tel aspect de la société.

Le monde francophone

©1993 Magellan Geographix^{SM} Santa Barbara CA

J. Regardez la carte du monde francophone et faites-en l'analyse selon les indications suivantes:

1. Identifiez les continents dans lesquels se trouvent les pays ou régions francophones.
2. Quelles sont les deux parties du monde qui ont la plus grande concentration de francophones?
3. Identifiez les langues, autres que le français, associées aux différents pays ou régions francophones.
4. Quand on regarde la carte du monde francophone, on constate que le français est parlé aux quatre coins du monde. Qu'est-ce que cela révèle à propos de la politique de la France au cours des âges? Comparez cette politique à celle des Etats-Unis.
5. On utilise souvent le terme de «rayonnement» pour qualifier l'influence de la France dans le monde. Pourquoi? Donnez votre représentation graphique de ce phénomène. Est-il possible d'utiliser la même représentation pour la langue anglaise et la langue espagnole? Si non, pourquoi pas?

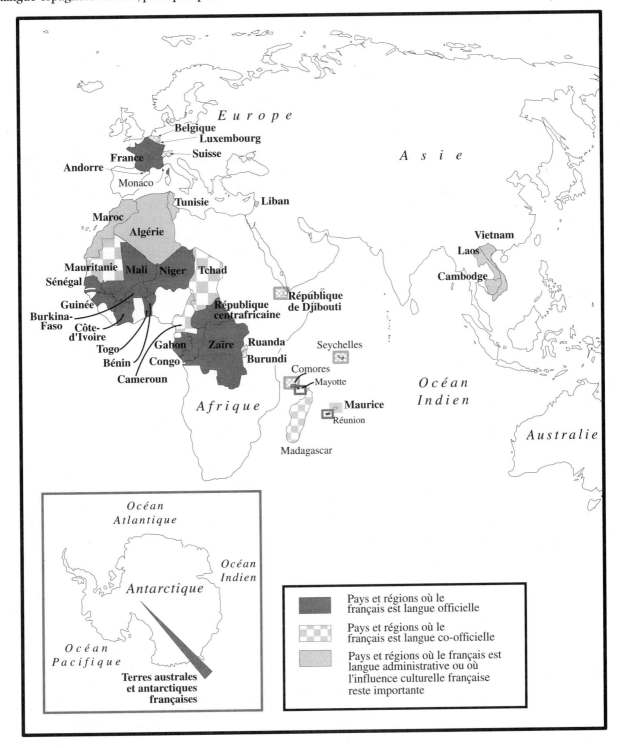

Les racines historiques du français

La langue française est le fruit du contact des peuples. La Gaule, partie de l'Europe qu'occupe aujourd'hui la France, fut pendant des siècles le centre démographique du monde celte. Ce peuple occupait presque toute l'Europe sauf le bassin de la Méditerranée où les Romains, après avoir conquis les Etrusques et assimilé leur civilisation, n'ont cessé d'y répandre leur contrôle militaire et politique ainsi que leur langue (le latin).

Après cinq siècles, toute l'Italie devient romaine, et cinq siècles plus tard, c'est le cas de toute l'Europe du sud et de la Gaule. Dans la Gaule celtophone, le contact entre Celtes et Romains a surtout lieu dans les villes issues des emplacements militaires, où pendant des siècles les légions romaines s'installent comme armée d'occupation permanente. Après une période de bilinguisme transitoire, les descendants de ces Gaulois installés dans des villes romaines parlent tous la variété locale du latin populaire des soldats romains. Dans le latin parlé restent quelques centaines de mots celtiques dont le système numérique à base de vingt. Ce même parler latin avait déjà absorbé un millier de mots grecs et absorbera une centaine de mots germaniques.

Après la chute de l'Empire romain au Ve siècle, ce sont les peuples germaniques (en particulier les Francs) qui envahissent l'Europe. Le plus grand des Francs, Charlemagne, converti au Christianisme, est sacré empereur. Son empire, couvrant une bonne partie de l'Europe de l'ouest, est reconnu par l'Eglise comme successeur de l'Empire romain. Voulant faire revivre la grandeur de Rome, il favorise (vers 780) la renaissance du latin classique. Cette renaissance ne touche cependant pas les parlers populaires qui commençaient à n'être plus reconnus comme du latin original. En 813, au Concile de Tours, les évêques ordonnent donc aux prêtres de faire leurs sermons dans la langue populaire, la *lingua romana rustica*, autrement dit, le roman.

Le français, langue des habitants

Après la mort de Charlemagne (en 814) et de son fils (en 840), ses trois petits-fils se partagent l'Empire selon une entente qui fera époque. Par cette entente, le Pays des Francs est divisé en trois Etats dont deux persistent jusqu'à nos jours. A l'Est, l'Allemagne (la Francie orientale) sous le contrôle de Louis (le Germanique) et à l'Ouest, la France (la Francie occidentale) sous Charles (le Chauve). Lothaire garde la partie centrale (la Lotharingie) ainsi que la couronne impériale. Afin de consacrer pour la postérité cette entente historique, les fonctionnaires de l'Empire préparent par écrit un document bilingue sous la forme d'un serment que chacun des chefs doit répéter dans la langue de l'autre, en présence des deux armées (à Strasbourg en 842). Les deux langues en question sont le tudesque, dialecte germanique de Charlemagne et une forme écrite des parlers romans de l'époque. C'est donc sur la base de ces parlers romans que ce premier document en «français» écrit, les *Serments de Strasbourg*, fut élaboré. Toutefois, il faut attendre encore un millénaire avant que la forme moderne de cette langue, le français, ne devienne la langue de tous les Français.

Le français, langue du roi

Dès 827, les Scandinaves commencent à s'installer dans le Nord de la France. En 911, Charles le Simple (fils de Charles le Chauve) leur cède la Normandie. Une génération plus tard, à l'instar des Francs, les conquérants abandonnent leur langue (le norrois) en faveur du français, non sans y avoir laissé une quarantaine de leurs mots. A la fin de la dynastie des Carolingiens germanophones (en 987), le français devient la seule langue de la cour royale.

Le français, langue littéraire

Au cours des XIIe et XIIIe siècles, le français devient le support d'une grande littérature épique et courtoise qui acquiert en Europe un prestige extraordinaire. Pour toutes sortes de raisons, la connaissance du français se répand à travers tout le continent et même au-delà. Des étrangers, tels Brunetto Latini et Marco Polo, se mettent à écrire en français. Ainsi, entre les XIe et XIVe siècles, le français était la langue littéraire de la France, de l'Angleterre, de même que l'instrument privilégié de chroniqueurs étrangers, sans oublier le rôle majeur que jouait cette langue, d'abord dans l'Europe de l'Ouest, puis dans la Méditerranée orientale, en Palestine, en Grèce, à Chypre et dans l'empire latin de Constantinople (1204–1261).

Le français, langue de l'administration royale

Par deux articles (110 et 111) d'une ordonnance proclamée en 1539 à Villers-Cotterêts, François Ier abolit le latin comme langue juridique en France en faveur du français. Le français devient alors la langue de la noblesse de robe.

■ **Ordonnance de Villers-Cotterêts.** 192 articles. Datée et signée de François Ier le 5-8-1539, rédigée par le chancelier Guillaume Poyet, enregistrée par le Parlement de Paris le 6-9-1539; elle a établi les registres d'état civil pour constater naissances et décès; déterminé les limites précises entre la juridiction ecclésiastique et la juridiction séculière; décidé, en matière pénale, que l'accusé répondrait lui-même aux interpellations qui lui seraient faites, qu'il pourrait entendre les dépositions avant de proposer ses répliques; a institué les « amendes de fol appel », pour dissuader les plaideurs d'interjeter des recours abusifs; ordonné que les actes notariés, procédures et jugements se feraient en français.

Article 110: « Afin qu'il n'y ait cause de douter sur l'intelligence des arrêts de justice, nous voulons et ordonnons qu'ils soient faits et écrits si clairement, qu'il n'y ait, ni puisse y avoir, aucune ambiguïté ou incertitude, ni lieu à demander interprétation. »

Article 111: « Et pour ce que telles choses sont souvent advenues sur l'intelligence des mots latins contenus dans lesdits arrêts, nous voulons dorénavant que tous arrêts, ensemble toutes autres procédures, soit de nos cours souveraines et autres subalternes et inférieures, soit de registres, enquêtes, contrats, commissions, sentences, testaments, et autres quelconques actes et exploits de justice, ou qui en dépendent, soient prononcés, enregistrés et délivrés aux parties, en langage maternel français et non autrement. »

Frémy, Dominique et Michèle, Quid 1994, Paris: © Editions Robert Laffont, p. 874

Quid est une encyclopédie annuelle de faits, de dates et de chiffres sur une multitude de sujets. «Quid» (latin) veut dire «Quoi?».

En 1541, Jean Calvin traduit et publie en français ses *Institutions chrétiennes*. Quelques années plus tard, durant la Réforme protestante, le culte adopte également la langue française. A la même époque, grâce à la Renaissance des lettres classiques, le français tend à imiter et à dépasser le latin comme langue littéraire. C'est en 1549 que Du Bellay, en collaboration avec Ronsard, publie sa célèbre *Défense et Illustration de la langue française*. Vers 1550, on commence à utiliser aussi le français comme langue scientifique (Ambroise Paré, 1561).

ॐ ॐ ॐ ॐ ॐ ॐ ॐ ॐ ॐ ॐ ॐ ॐ

Joachim du Bellay,
Défense et illustration de la langue française,
1549

« Le temps viendra (peut-être),
et je l'espère [...] que notre
langue [...] qui commence
encore à jeter ses racines,
sortira de terre, et s'élèvera
en telle hauteur et grosseur,
qu'elle se pourra égaler aux
mêmes Grecs et Romains... »

Du Bellay s'indigne d'abord contre ceux qui refusent au français le statut de langue de culture:

«Je ne puis assez blâmer la sotte arrogance et témérité d'aucuns de notre nation, qui, n'étant rien moins que Grecs ou Latins, déprisent et rejettent d'un sourcil plus que stoïque toutes choses écrites en français; et ne me puis assez émerveiller de l'étrange opinion d'aucuns savants, qui pensent que notre vulgaire soit incapable de toutes bonnes lettres et érudition.»

Du Bellay met en avant l'idée que le français (on sait maintenant qu'on peut en dire autant de toute langue) est capable de tout dire, et donc qu'il n'est pas, par nature, inférieur aux langues savantes que sont le grec et le latin: «Si notre langue n'est si copieuse et riche que la grecque ou latine, cela ne doit être imputé au défaut d'icelle», mais plutôt à nos aînés (l'argument est évidemment ironique) qui ont mieux aimé «le bien-faire que le bien-dire» et qui ont préféré agir plutôt que raconter et écrire leurs exploits. Il suffirait donc de développer la littérature en français pour que la langue acquière considération et «illustration», et qu'elle devienne aussi riche que le grec ou le latin.

Jean-Louis Joubert, *Littérature francophone: Anthologie*, Ed. Nathan, 1992, pp. 13, 15

VOCABULAIRE: aucuns = certains, quelques-uns / rien moins que = pas du tout / déprisent = méprisent / sourcil = air sévère / stoïque = dur / vulgaire = langue usuelle / lettres = littérature / défaut = insuffisance

ॐ ॐ ॐ ॐ ॐ ॐ ॐ ॐ ॐ ॐ ॐ ॐ

Le français, langue internationale

C'est à partir de 1600, lorsque les Bourbons installent définitivement la cour royale à Paris, que le français commence à devenir une langue de grande qualité. Pour ce faire, il faut purifier, simplifier et normaliser la langue (avec Malherbe et surtout Chapelain, Vaugelas, Bouhours et d'autres). On veut raffiner la langue de la cour, en y développant des caractères de clarté et de précision. On cherche à spécifier davantage les distinctions entre les sens des mots. On vise à éliminer les mots archaïques, les mots savants et les mots d'argot pour ne conserver que ce qui représente la langue orale de l'homme cultivé. Cet aménagement du français se fait en dehors des institutions scolaires, en dehors de l'Eglise et des universités. Un groupe de bourgeois cultivés se réunit régulièrement chez l'un de leur confrère, Valentin Conrart, pour discuter de questions de langue. Ce groupe, à l'instigation de Chapelain, se transforme en 1635, sous la protection du Cardinal de Richelieu, en institution officielle (l'Académie française) avec le mandat de veiller à la qualité de la langue française. Avec Descartes, le français devient aussi la langue de la logique. Il est par ailleurs assujetti, au milieu du siècle, à une grammaire raisonnée, celle de Port-Royal (de Nicole et Arnaud, 1660). C'est ce français qui devient au XVIIIe siècle l'instrument tout à fait indiqué pour la nouvelle science moderne, celle des Philosophes et de l'*Encyclopédie*, la langue des idées nouvelles de l'Age de Raison, la langue de Diderot et de Voltaire. Sous l'influence des œuvres de Rousseau et des émules de celui-ci, le français devient aussi la langue des grands sentiments de l'époque romantique.

Langue bien nantie, claire, précise et capable de tout exprimer, le français devient la langue de l'élite de l'Europe. En Allemagne, elle est adoptée par la cour et l'Académie de Berlin, laquelle, en 1784, offre un prix pour le meilleur essai sur l'universalité du français. Le prix est partagé par l'allemand Schwab et le français Rivarol, dont la phrase «Ce qui n'est pas clair n'est pas français» devint célèbre. En Russie, la cour de Catherine II et l'intelligentsia prennent également le français pour langue de culture (la bibliothèque de Voltaire se trouve toujours à Leningrad). En Italie, le français devient en

1759 la langue de l'Académie de Turin. En Autriche, elle est langue de la noblesse viennoise. Il n'est donc pas surprenant que le français, langue de la culture et de la civilisation européennes, devienne la seule langue privilégiée par l'élite de nombreuses nations, tout comme la langue de la diplomatie. Toutefois, cette élite ne représente, même à l'intérieur de la France, qu'une petite minorité. Le peuple quant à lui continue à utiliser exclusivement son parler naturel, c'est-à-dire les multiples dialectes et langues régionales. Tant et si bien qu'à l'aube du XIXe siècle, le rapport d'une enquête menée par l'abbé Grégoire pour le compte de l'Assemblée nationale (issue de la Révolution française) est présenté aux députés le 4 juin 1794, précédé de cet avant-propos:

> *La langue française a conquis l'estime de l'Europe, et depuis un siècle elle y est classique: mon but n'est pas d'assigner les causes qui lui ont assuré cette prérogative. [...] Mais cet idiome, admis dans les transactions politiques, usité dans plusieurs villes d'Allemagne, d'Italie, des Pays-Bas, dans une partie du pays de Liège, du Luxembourg, de la Suisse, même dans le Canada et sur les bords du Mississippi, par quelle fatalité est-il encore ignoré d'une très grande partie des Français?*

La réponse est claire. Les rois de France se sont satisfaits de l'unité politique du pays; l'unité linguistique ne les intéressait pas au premier chef.

L'expansion de l'influence de la France en Europe a répandu le français comme langue de la libération des peuples. Le français, langue de la révolution, langue du nouveau vocabulaire politique, après être devenu la langue internationale de l'Europe, pourra enfin se répandre en France même, comme la langue nationale du pays.

Le français, langue du peuple

A la suite du rapport de l'abbé Grégoire, la francisation de tous les Français devient le programme culturel le plus important de la Révolution. On implantera un système d'instruction publique à l'échelle de la nation, utilisant exclusivement pour ce faire le français comme langue d'enseignement; ainsi, les mêmes formes linguistiques se trouveront-elles diffusées dans toutes les régions de la France. Après des générations de scolarisation, cette politique finira, peu à peu, par faire triompher une langue commune à tous les Français, qui devait remplacer au cours des XIXe et XXe siècles les multiples parlers régionaux.

La création par Jules Ferry en 1881 d'un système centralisé de scolarisation obligatoire, l'extension du service militaire, la multiplication des journaux et des revues populaires, puis l'avènement de la radio et de la télévision, ainsi que l'importance accrue du baccalauréat national ont contribué plus que tout à l'uniformisation de l'usage linguistique en France, ainsi qu'à la propagation de la norme.

Le français, langue mondiale

Dans l'intervalle, à l'instar des autres grandes puissances, la France crée un empire colonial. Ses énergies sont d'abord dirigées vers l'Amérique du Nord (le Canada et la Louisiane), les Antilles et l'Inde. A l'exception des comptoirs en Inde qui avaient une vocation essentiellement commerciale, cet empire colonial des XVIIe et XVIIIe siècles fait appel à l'émigration des Français et au transfert d'esclaves africains. De ce premier empire sont nées d'importantes régions où le français est devenu langue maternelle de la population.

Le deuxième empire français prend forme au XIXe siècle. Il atteint son apogée à la veille de la Deuxième Guerre mondiale, avec des possessions couvrant près de 12 000 000 km^2, principalement en Afrique, mais aussi en Indochine, en Océanie et au Moyen-Orient. A titre de langue impériale, le français s'impose partout dans les écoles et les administrations coloniales et s'étend ainsi aux quatre coins du monde.

Enfin sont fondées l'Alliance française en 1883 et la Mission laïque française en 1907, dans le but de propager la langue et la culture françaises, dans les colonies et à l'étranger. L'objectif, dorénavant, c'est la promotion du français en tant que langue internationale, dans les divers pays du monde.

C'est cette évolution particulière de la langue française qui a donné naissance à une francophonie d'un seul tenant en Europe où elle est habituellement *langue première* et à une francophonie fragmentée ailleurs dans le monde où elle est tantôt *langue première* et tantôt *langue seconde*. Cette francophonie nouvelle est caractérisée par un grand pluralisme culturel.

Le français, un univers en évolution

Langue	Société	Territoire
Texte du serment prononcé par Louis le Germanique		

IXᵉ siècle

Roman

Pro deo amur et pro christian poblo et nostro commun saluament, d'ist di en avant, in quant Deus savir et podir me dunat, si salvarai eo cist meon fradre Karlo, et in aiudha et in cadhuna cosa, si cum om per dreit son frada salvar dift, in o quid il mi altresi fazet et ab Ludher nul plaid nunquam prindrai qui meon vol cist meon fradre Karle in damno sit.

L'Île-de-France et l'Orléanais

XVᵉ siècle

Moyen français

Pour l'amour Dieu et pour le sauvement du chrestien peuple et le nostre commun, de cest jour en avant, quan que Dieu savoir et pouvoir me done, si sauverai je cest mien frere Charle, et par mon aide et en chascune chose, si comme on doit par droit son frere sauver, en ce qu'il me face autresi, et avec Lothaire nul plaid onques ne prendrai, qui, au mien veuil, à ce mien frere Charles soit à dan.

La France à l'arrivée de Jeanne d'Arc (1429)

XXᵉ siècle

Français comtemporain

Pour l'amour de Dieu et pour le salut commun du peuple chrétien et le nôtre, à partir de ce jour, autant que Dieu m'en donne le savoir et le pouvoir, je soutiendrai mon frère Charles de mon aide et en toute chose, comme on doit justement soutenir son frère, à condition qu'il m'en fasse autant, et je ne prendrai jamais aucun arrangement avec Lothaire, qui, à ma volonté, soit au détriment de mon dit frère Charles.

Pays accordant un statut juridique au français

Source: CAPUT, Jean-Pol, *La langue française, histoire d'une institution*, Paris, Larousse, 1972.

Statut juridique du français

Français	Pays	Régions	Total
langue officielle	15	10	25
langue co-officielle	12	4	16
langue partiellement co-officielle	1	1	2
langue administrative ou supplétive	5	0	5
Total	**33**	**15**	**48**

Statut du français dans les pays et régions du monde.

Statut du français	Nombre de pays		Nombre de régions Provinces, cantons, départements d'outre-mer, territoires		Total	
Langue officielle	Afrique	12	Afrique	2	Afrique	14
	Europe	2	Europe	0	Europe	2
	Amérique	1	Amérique	5	Amérique	6
	Océanie	0	Océanie	3	Océanie	3
		15		**10**		**25**
Langue co-officielle	Afrique	7	Afrique	0	Afrique	7
	Europe	3	Europe	1	Europe	4
	Amérique	1	Amérique	3	Amérique	4
	Océanie	1	Océanie	0	Océanie	1
		12		**4**		**16**
Langue partiellement co-officielle	Afrique	1	Afrique	0	Afrique	1
	Europe	0	Europe	0	Europe	0
	Amérique	0	Amérique	1	Amérique	1
	Océanie	0	Océanie	0	Océanie	0
		1		**1**		**2**
Langue administrative	Afrique	5			Afrique	5
	Europe	0			Europe	0
	Amérique	0			Amérique	0
	Océanie	0			Océanie	0
		5				**5**
Nombre de pays et de régions accordant un statut particulier au français	Afrique	25	Afrique	2	Afrique	27
	Europe	5	Europe	1	Europe	6
	Amérique	2	Amérique	9	Amérique	11
	Océanie	1	Océanie	3	Océanie	4
		33 pays		**15** régions		**48** pays et régions

Atlas de la francophonie: Le monde francophone, Centre international de recherche sur le bilinguisme, Département de géographie, Université de Laval, 1989. Reproduit avec l'autorisation des Publications du Québec et de Les Éditions La Liberté.

K. Discutez des rôles que le français a joué au cours des siècles. A votre avis, dans quels domaines (politique, commerce, vie quotidienne, littérature, etc.) le français joue-t-il encore aujourd'hui un rôle prépondérant? Quels sont les facteurs politiques et économiques qui font qu'une langue change de statut pour devenir soit co-officielle, soit administrative à côté de la langue officielle? Donnez au moins un exemple.

L. Lors de sa visite officielle au Québec en 1967, le président de Gaulle a prononcé un discours dans lequel il réaffirmait le droit à l'autodétermination des anciennes colonies françaises. Lisez l'extrait du discours et répondez aux questions suivantes.

Charles de Gaulle: « *Vive le Québec libre* » (1967)

« C'est une immense émotion qui remplit mon cœur en voyant devant moi la ville de Montréal française. Au nom du vieux pays, au nom de la France, je vous salue de tout mon cœur.

« Je vais vous confier un secret que vous ne répéterez à personne. Ce soir, ici, et tout le long de ma route, je me suis trouvé dans une atmosphère du même genre que celle de la Libération.

« Et tout le long de ma route, outre cela, j'ai constaté quel immense effort de progrès, de développement et par conséquent d'affranchissement vous accomplissez ici, et c'est à Montréal qu'il faut que je le dise, parce que s'il y a eu au monde une ville exemplaire par ses réussites modernes, c'est la vôtre. Je dis: c'est la vôtre, et je me permets d'ajouter: c'est la nôtre.

« Si vous saviez quelle confiance la France, réveillée après d'immenses épreuves, porte maintenant vers vous! Si vous saviez quelle affection elle recommence à ressentir pour les Français du Canada! Et si vous saviez à quel point elle se sent obligée de concourir à votre marche en avant, à votre progrès! C'est pourquoi elle a conclu avec le gouvernement du Québec, avec celui de mon ami Johnson, des accords pour que les Français de part et d'autre de l'Atlantique travaillent ensemble à une même œuvre française. Et d'ailleurs, le concours que la France va tous les jours un peu plus prêter ici, elle sait bien que vous le lui rendrez parce que vous êtes en train de vous constituer des élites, des usines, des entreprises, des laboratoires qui feront l'étonnement de tous et qui un jour — j'en suis sûr, vous permettront d'aider la France.

« Voilà ce que je suis venu vous dire ce soir, en ajoutant que j'emporte de cette réunion inouïe de Montréal un souvenir inoubliable. La France entière sait, voit, entend ce qui se passe ici et je puis vous dire qu'elle en vaudra mieux.

« Vive Montréal, vive le Québec, vive le Québec libre, vive le Canada français, vive la France! »

C. Brichant, *Charles de Gaulle: Artiste de l'action,* 1969. Reproduced with permission of McGraw-Hill.

1. Quelles sont les idées principales de ce discours?

2. Quels sont quelques-uns des mots clés?

3. Quels sont les mots qui donnent l'impression que de Gaulle s'adresse non pas à une nation mais à des individus appartenant à la communauté francophone?

4. Quelles attitudes est-ce que de Gaulle révèle dans ce discours?

5. Tout discours peut donner lieu à des interprétations contradictoires selon qu'on est partisan ou non de l'orateur. Qu'est-ce qui pourrait être irritant dans le discours du président de Gaulle pour un Canadien ou même pour un Québécois? Par exemple, quel est le sous-entendu dans la déclaration: «Je dis: c'est la vôtre, et je me permets d'ajouter: c'est la nôtre.»?

Points de vue

Contrairement aux documents présentés dans la rubrique «Etat des lieux», les documents que vous trouverez ici sont de nature subjective et reflètent des points de vue contradictoires, voire provocateurs. L'objectif de cette rubrique est de vous sensibiliser à la diversité des opinions des membres d'une société.

Qu'est-ce que la culture?

Remue-méninges. En petits groupes, discutez de ce que signifie le mot «culture» pour vous. Etablissez une liste de mots clés issus de vos définitions.

Définitions du mot «culture»

 Ensemble des structures sociales et des manifestations artistiques, religieuses, intellectuelles qui définissent un groupe, une société par rapport à une autre.
 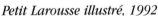
Petit Larousse illustré, 1992

 La culture est inhérente à la société des hommes, quel que soit le niveau de civilisation. Elle consiste en une foule de notions et de prescriptions, aussi en des interdits spécifiques; ce qu'une culture interdit la caractérise au moins autant que ce qu'elle prescrit.

La culture se définit comme un ensemble très complexe de représentations, organisées par un code de relations et de valeurs: traditions, religion, lois, politique, éthique, arts, tout cela dont l'homme, où qu'il naisse, sera imprégné dans sa conscience la plus profonde et qui dirigera son comportement dans toutes les formes de son activité, qu'est-ce donc sinon un univers de symboles intégrés en une structure spécifique et que le langage manifeste et transmet? Par la langue, l'homme assimile la culture, la perpétue ou la transforme.

Emile Benveniste, *Problèmes de linguistique générale,*
© Editions GALLIMARD, 1966, tome I, pp. 29-30

 [...] il faut des années de lecture attentive et intelligente pour goûter la prose et la poésie qui ont fait la gloire de nos civilisations. La culture ne s'improvise pas.
Julien Green, *La Bouteille à la mer*, Plon

 La culture, c'est ce qui demeure dans l'homme, lorsqu'il a tout oublié.

Edouard Herriot, *Notes et maximes*, Hachette

La culture, c'est la mémoire du peuple, la conscience collective de la continuité historique, le mode de pensée et de vivre. Les livres, les tableaux ne sont que le miroir où cette culture profonde se reflète, se concentre, se conserve.

Milan Kundera, *Le Monde*, 19 janvier 1979

(...) La culture n'est rien; c'est l'homme qui est tout. Dans sa vérité contradictoire, dans sa vérité multiforme et changeante. Ceux qui se croient cultivés parce qu'ils connaissent la mythologie grecque, la botanique, ou la poésie portugaise, se dupent d'eux-mêmes. Méconnaissant le domaine infini de la culture, ils ne savent pas ce qu'ils portent de vraiment grand en eux: la vie.

(...) La culture n'est pas une fin. La culture est une nourriture, parmi d'autres, une richesse malléable qui n'existe qu'à travers l'homme. L'homme doit se servir d'elle pour se former, non pour s'oublier. Surtout, il ne doit jamais perdre de vue que, bien plus important que l'art et la philosophie, il y a le monde où il vit. Un monde précis, ingénieux, infini lui aussi, où chaque seconde qui passe lui apporte quelque chose, le transforme, le fabrique. Où l'angle d'une table a plus de réalité que l'histoire d'une civilisation, où la rue, avec ses mouvements, ses visages familiers, hostiles, ses séries de petits drames rapides et burlesques, a mille fois plus de secret et de pénétrabilité que l'art qui pourrait l'exprimer.

Jean-Marie Le Clézio, *L'Extase matérielle,*
© Editions GALLIMARD

Je ne dis pas qu'un homme est cultivé lorsqu'il connaît Racine ou Théocrate mais lorsqu'il dispose du savoir et des méthodes qui lui permettront de comprendre sa situation dans le monde.

Jean-Paul Sartre

Qu'est-ce qu'un esprit cultivé? C'est celui qui a traversé un grand nombre d'apprentissages de la réflexion et qui peut regarder un grand nombre de points de vue. La culture est proportionnelle à la quantité de catégories dont dispose une intelligence.

Henri Frédéric Amiel, *Journal intime*

M. Lisez les définitions du mot «culture» avant de traiter les points suivants:

1. Choisissez la définition qui correspond le mieux à votre propre conception de la culture (**Remue-méninges**, p. 21). Défendez votre point de vue tout en faisant l'effort de comprendre un point divergent exprimé par un(e) de vos camarades.
2. Trouvez les mots clés de chacune des citations et reformulez votre première définition (**Remue-méninges**, p. 21) en fonction de cette lecture approfondie. Dans quelle mesure votre définition s'est-elle enrichie?

Claude Lévi-Strauss:
«*Diversité des cultures*»

C'est dans le cadre d'une série de publications de l'UNESCO, ayant pour thème le racisme dans le monde, que Lévi-Strauss s'est livré à une réflexion sur la diversité des cultures et la place de la civilisation dans l'histoire des sociétés.

Claude Lévi-Strauss: anthropologue français (Bruxelles, 1908); membre de l'Académie française; *Les structures élémentaires de la parenté* (1949); *Tristes tropiques* (1955); *La pensée sauvage* (1962); *Mythologies* (1964–1971). Professeur au Collège de France de 1959 à 1982. L'un des fondateurs du structuralisme.

Pour comprendre comment, et dans quelle mesure, les cultures humaines diffèrent entre elles, si ces différences s'annulent ou se contredisent, ou si elles concourent à former un ensemble harmonieux, il faut d'abord essayer d'en dresser l'inventaire. Mais c'est ici que les difficultés commencent, car nous devons nous rendre compte que les cultures humaines ne diffèrent pas entre elles de la même façon, ni sur le même plan. Nous sommes d'abord en présence de sociétés juxtaposées dans l'espace, les unes proches, les autres lointaines, mais, à tout prendre, contemporaines. Ensuite nous devons compter avec des formes de la vie sociale qui se sont succédé dans le temps et que nous sommes empêchés de connaître par expérience directe. Tout homme peut se transformer en ethnographe et aller partager sur place l'existence d'une société qui l'intéresse; par contre, même s'il devient historien ou archéologue, il n'entrera jamais directement en contact avec une civilisation disparue, mais seulement à travers les documents écrits ou les monuments figurés que cette société — ou d'autres — auront laissés à son sujet. Enfin, il ne faut pas oublier que les sociétés contemporaines restées ignorantes de l'écriture, comme celles que nous appelons «sauvages» ou «primitives», furent, elles aussi, précédées par d'autres formes, dont la connaissance est pratiquement impossible, fût-ce de manière indirecte; un inventaire consciencieux se doit de leur réserver des cases blanches sans doute en nombre infiniment plus élevé que celui des causes où nous nous sentons capables d'inscrire quelque chose. Une première constatation s'impose: la diversité des cultures humaines est, en fait dans le présent, en fait et aussi en droit dans le passé, beaucoup plus grande et plus riche que tout ce que nous sommes destinés à en connaître jamais.

Mais, même pénétrés d'un sentiment d'humilité et convaincus de cette limitation, nous rencontrons d'autres problèmes. Que faut-il entendre par cultures différentes? Certaines semblent l'être, mais si elles émergent d'un tronc commun elles ne diffèrent pas au même titre que deux sociétés qui à aucun moment de leur développement n'ont entretenu de rapports. Ainsi l'ancien empire des Incas du Pérou et celui du Dahomey en Afrique diffèrent entre eux de façon plus absolue que, disons, l'Angleterre et les Etats-Unis d'aujourd'hui, bien que ces deux sociétés doivent aussi être traitées comme des sociétés distinctes. Inversement, des sociétés entrées récemment en contact très intime paraissent offrir l'image de la même civilisation alors qu'elles y ont accédé par des chemins différents, que l'on n'a pas le droit de négliger. Il y a simultanément à l'œuvre, dans les sociétés humaines, des forces travaillant dans des directions opposées: les unes tendant au maintien et même à l'accentuation des particularismes; les autres agissant dans le sens de la convergence et de l'affinité. L'étude du langage offre des exemples frappants de tels phénomènes: ainsi, en même temps que des langues de même origine ont tendance à se différencier les unes par rapport aux autres (tels: le russe, le français et l'anglais), des langues d'origines variées, mais parlées dans des territoires contigus, développent des caractères communs: par exemple, le russe s'est, à certains égards, différencié d'autres langues slaves pour se rapprocher, au moins par certains traits phonétiques, des langues finno-ougriennes et turques parlées dans son voisinage géographique immédiat.

Quand on étudie de tels faits — et d'autres domaines de la civilisation, comme les institutions sociales, l'art, la religion, en fourniraient aisément de semblables — on en vient à se demander si les sociétés humaines ne se définissent pas, en égard à leurs relations mutuelles, par un certain *optimum* de diversité au-delà duquel elles ne sauraient aller, mais en dessous duquel elles ne peuvent, non plus, descendre sans danger. Cet optimum varierait en fonction du nombre des sociétés, de leur importance numérique, de leur éloignement géographique et des moyens de communication (matériels et intellectuels) dont elles disposent. En effet, le problème de la diversité ne se pose pas seulement à propos des cultures envisagées dans leurs rapports réciproques; il existe aussi au sein de chaque société, dans tous les groupes qui la constituent: castes, classes, milieux professionnels ou confessionnels, etc., développent certaines différences auxquelles chacun d'eux attache une extrême importance. On peut se demander si cette *diversification* interne ne tend pas à s'accroître lorsque la société devient, sous d'autres rapports, plus volumineuse et plus homogène; tel fut, peut-être, le cas de l'Inde ancienne, avec son système de castes s'épanouissant à la suite de l'établissement de l'hégémonie aryenne.

On voit donc que la notion de la diversité des cultures

humaines ne doit pas être conçue d'une manière statique. Cette diversité n'est pas celle d'un échantillonnage inerte ou d'un catalogue desséché. Sans doute les hommes ont-ils élaboré des cultures différentes en raison de l'éloignement géographique, des propriétés particulières du milieu et de l'ignorance où ils étaient du reste de l'humanité; mais cela ne serait rigoureusement vrai que si chaque culture ou chaque société était liée et s'était développée dans l'isolement de toutes les autres. Or cela n'est jamais le cas, sauf peut-être dans des exemples exceptionnels comme celui des Tasmaniens (et là encore, pour une période limitée). Les sociétés humaines ne sont jamais seules; quand elles semblent le plus séparées, c'est encore sous forme de groupes ou de paquets. Ainsi, il n'est pas exagéré de supposer que les cultures nord-américaines et sud-américaines ont été coupées de presque tout contact avec le reste du monde pendant une période dont la durée se situe entre dix mille et vingt-cinq mille années. Mais ce gros fragment d'humanité détachée consistait en une multitude de sociétés, grandes et petites, qui avaient entre elles des contacts fort étroits. Et à côté des différences dues à l'isolement, il y a celles, tout aussi importantes, dues à la proximité: désir de s'opposer, de se distinguer, d'être soi. Beaucoup de coutumes sont nées, non de quelque nécessité interne ou accident favorable, mais de la seule volonté de ne pas demeurer en reste par rapport à un groupe voisin qui soumettait à un usage précis un domaine où l'on n'avait pas songé soi-même à édicter des règles. Par conséquent, la diversité des cultures humaines ne doit pas nous inviter à une observation morcelante ou morcelée. Elle est moins fonction de l'isolement de groupes que des relations qui les unissent.

Race et histoire, © Les Editions UNESCO, 1952

N. Les idées de Lévi-Strauss. A quelles difficultés est confronté un chercheur qui veut rendre compte de la diversité des cultures humaines? Selon Lévi-Strauss, quels sont les moyens dont dispose un chercheur pour rendre compte de cette diversité; qu'il ou elle soit historien(ne), ethnologue, archéologue, linguiste ou sociologue? Comment interprétez-vous les deux dernières phrases du texte et comment pouvez-vous lier ces idées aux définitions précédentes du mot «culture»?

O. Lisez les définitions du mot «civilisation» et dégagez les similarités et les différences entre «civilisation» et «culture». A votre avis, est-ce qu'une distinction entre «civilisation» et «culture» est pertinente? Pourquoi? Pourquoi pas?

Définitions du mot «civilisation»

  Ensemble des caractères propres à la vie culturelle et matérielle d'une société humaine.

Petit Larousse illustré, 1992

 L'ensemble des formes acquises de comportement qu'un groupe d'individus, unis par une tradition commune, transmettent à leurs enfants... Ce mot désigne donc, non seulement les traditions artistiques, scientifiques, religieuses et philosophiques d'une société, mais encore ses techniques propres, ses coutumes politiques et mille usages qui caractérisent la vie quotidienne.

Margaret Mead, *Sociétés, traditions et techniques*

 La civilisation est un trésor lentement formé, c'est un legs. J'entends par civilisation les objets, les richesses créées, les institutions.

Maurice Barrès, *Mes cahiers*, Plon

 Une civilisation est un héritage de croyances, de coutumes et de connaissances, lentement acquises au cours des siècles, difficiles parfois à justifier par la logique, mais qui se justifient d'elles-mêmes, comme des chemins, s'ils conduisent quelque part, puisqu'elles ouvrent à l'homme son étendue intérieure.

Antoine de Saint-Exupéry, *Pilote de guerre*, © Editions GALLIMARD

La civilisation n'est autre chose que l'acceptation, par les hommes, de conventions communes.

André Maurois, *Un art de vivre*, Plon

 Après tout, la civilisation a pour but, non pas le progrès de la science et des machines, mais celui de l'homme.

Alexis Carrel, *L'Homme, cet inconnu*, Plon

 La civilisation ne marche pas en ligne droite; elle a des temps d'arrêt et des reculs qui feraient désespérer, si l'on ne savait pas que la vie de l'humanité est un long voyage sur une route difficile, où l'éternel voyageur monte et redescend en avançant toujours.

Victor Duruy (1811-1894)

 Une civilisation peut mourir. *La* civilisation ne meurt pas.

Lucien Febvre (1878-1956)

 Si la civilisation n'est pas dans le cœur de l'homme, eh bien! elle n'est nulle part.

Georges Duhamel (1884-1966)

 Les éléments dont se compose l'idée de civilisation sont: les sciences, les beaux-arts et l'industrie; cette dernière expression étant prise dans le sens le plus étendu, celui que je lui ai toujours donné.

Auguste Comte (1798-1857)

Définitions de la culture française

 Le naturel des Français est de n'aimer point ce qu'ils voient.

Henri IV, *Lettres*

 Ce n'est pas bon pour moi, mais c'est bon pour la France.

Napoléon Ier, à propos du Pacte fédératif de 1815

 Les Français vont indistinctement au pouvoir; ils n'aiment point la liberté; l'égalité seule est leur idole.

François René de Chateaubriand, *Mémoires d'outre-tombe*

 La France a fait la France, et l'élément fatal de race m'y semble secondaire. Elle est fille de sa liberté.

L'Angleterre est un empire, l'Allemagne un pays, une race, la France est une Personne.

Jules Michelet, *Histoire de France*

 FRANÇAIS. — Le premier peuple de l'univers.

Gustave Flaubert, *Dictionnaire des idées reçues*

La France ne peut être la France sans la grandeur.

> Charles de Gaulle, *Mémoires de guerre*, «*L'appel*», Plon

Les Français, où qu'ils le cherchent, ont besoin de merveilleux.

> Charles de Gaulle, *La France et son armée*, Plon

La France est le seul pays du monde où, si vous ajoutez dix citoyens à dix autres, vous ne faites pas une addition, mais vingt divisions.

De tous les pays du monde, la France est peut-être celui où il est le plus simple d'avoir une vie compliquée et le plus compliqué d'avoir une vie simple.

Comment définir ces gens [les Français] qui passent leurs dimanches à se proclamer républicains et leur semaine à adorer la Reine d'Angleterre, qui se disent modestes, mais parlent toujours de détenir le flambeau de la civilisation [...], qui placent la France dans leur cœur, mais leurs fortunes à l'étranger [...], qui détestent que l'on critique leurs travers, mais ne cessent de les dénigrer eux-mêmes [...].

Les Français peuvent être considérés comme les gens les plus hospitaliers du monde, pourvu que l'on ne veuille pas entrer chez eux.

> Pierre Daninos, *Les carnets du major Thompson*, Hachette

On ne disait plus «la France» mais «l'hexagone». Un de ces polygones obsessionnels que dessinent les fous. On peut vivre et mourir pour la France. Mais pour un polygone!...

> Paul Guth, *Lettres à votre fils qui en a ras-le-bol*, Albin Michel

La France est, depuis la Révolution, un ensemble administratif unitaire, merveilleusement centralisé, obsédé de rationalité. [...] Nulle part ailleurs, en Europe occidentale, l'Etat n'est plus puissant, plus dirigiste.

> Henri Le Bras et Emmanuel Todd, *L'invention de la France*, L.G.F.

Tout homme a deux pays, le sien et puis la France.

> Henri de Bornier, *La fille de Roland*, Dentu

Les Français se perçoivent comme des gens légers, frivoles et bons vivants, alors qu'ils sont anxieux, tendus, fragiles, travailleurs.

> Emmanuel Todd, *Le Fou et le Prolétaire*, Laffont

La culture française reste aujourd'hui très largement un produit de luxe, au même titre que le champagne ou les parfums.

> Un représentant du ministère des affaires culturelles,
> cité par *le Monde*, 10-11 juillet 1983

[...] quand la France rencontre une grande idée, elles font ensemble le tour du monde.

> François Mitterrand, *Ici et maintenant*, Fayard

P. Lisez les citations relatives à la culture française et trouvez une ou plusieurs définitions qui correspondent aux catégories suivantes.

1. les contradictions
2. la grandeur
3. la liberté
4. l'individualisme
5. l'égalité
6. l'ethnocentrisme
7. «l'hexagone»

Maintenant, recherchez dans les diverses citations les mots clés qui ne correspondent à aucune des catégories mentionnées ci-dessus.

Enfin, quelle définition donneriez-vous de la culture française à partir de ces deux publicités?

Courtesy of Monoprix

Pour lire «intelligemment»

> **Fiche méthodologique 2:**
> **Comment analyser une publicité**
> L'analyse d'une publicité doit être conduite de façon rigoureuse. Cette analyse sera facilitée si vous gardez en mémoire les points suivants:

Première étape: Introduction
- préciser la nature du document (magazine ou journal, affiche, télévision, etc.)
- date et pays

Deuxième étape: Description / Composition
- cadre *(format)*: images, lettres, couleurs, slogans, légende, photos, taille respective des photos et du texte, taille et emplacement des slogans, etc.
- décor *(setting)* et objets: paysage, ville, maison, jardin, école, etc.

  MODÈLE: *Au premier plan on voit une jeune femme assise dans un fauteuil. En arrière plan, une fenêtre donnant sur un jardin.*

- personnages: âge, aspect physique, vêtements, attitude *(stance)*, gestes, expressions du visage, etc.

Troisième étape: Interprétations
- émettre des hypothèses sur ce que font, disent ou représentent les personnages
- dégager la signification symbolique
- les intentions du publiciste
- le public cible *(target audience)*
- niveau de langue utilisé: familier, technique, argot, argumentatif, littéraire, etc.

Quatrième étape: Conclusions
- la publicité comme reflet des codes culturels d'une société
- l'efficacité de la publicité
- la comparaison (si pertinente) entre la publicité française et une publicité américaine du même genre

Q. Analysez les deux publicités de Monoprix en traitant les points suivants:

1. Où et quand ces publicités ont-elles été publiées?
2. A votre avis, qu'est-ce que Monoprix? Justifiez votre réponse.
3. Analysez la composition des publicités (cadre, décor, objets, personnages).

Publicité 1
4. Quels sont les deux mots les plus importants? Qu'est-ce qui les distingue des autres mots et en quoi se ressemblent-ils?
5. Est-ce que le mot «Bronx» a ici une connotation positive ou négative? Justifiez votre réponse.
6. Quel est le public cible?
7. A votre avis, pourquoi choisir des symboles américains pour convaincre un public français?
8. Quel nom de lieu serait utilisé par un publiciste chargé de vendre des vêtements à des jeunes Américains?

Publicité 2
9. Faites l'analyse de la deuxième publicité en suivant les conseils de la *Fiche méthodologique 2*.

Remue-méninges. Faites une liste de dix mots que vous associez à la France. N'oubliez pas que votre liste reflétera probablement un certain nombre de stéréotypes qu'il vous faudra analyser et peut-être corriger!

VIVE LA FRANCE!
(Michèle Fitoussi)

66 VIVE LA FRANCE POUR SES DÉBATS FONDAMENTAUX QUI METTENT À CHAQUE FOIS LE PAYS AU BORD DE LA GUERRE CIVILE: LES PAROLES DE «LA MARSEILLAISE», LA RÉFORME DE L'ORTHOGRAPHE, LE PERMIS À POINTS... 99

① **V**ive la France pour la pyramide du Louvre, les marchés de Provence, les jambes des Parisiennes, les sentiers de grande randonnée, Astérix le Gaulois, Saint-Tropez, Saint-Malo, [...], Madame Soleil, les dames pipi, les croissants pur beurre, le pain, le vin, le Boursin, la mer qu'on voit danser...

Madame Soleil = fortune-teller on the radio

② **V**ive la France pour sa formidable capacité à s'autoparalyser, de préférence à l'époque des grandes transhumances estivales.

transhumances estivales = summer vacation exodus from cities
Alaïa, Lagerfeld, Kenzo, Miyake = clothing designers / Adjani, Birkin = actresses / Platini = soccer star / Noah = tennis star / Bianciotti, Ben Jelloun = writers / Smaïn = humorist / Grimaldi = princesses of Monaco

③ **V**ive la France pour Azzedine Alaïa, Karl Lagerfeld, Kenzo, Issey Miyake, Isabelle Adjani, Michel Platini, Jane Birkin, [...], Yannick Noah, Hector Bianciotti, Tahar Ben Jelloun, Smaïn, Caroline et Stéphanie Grimaldi.

tiercé = betting on horse races

④ **V**ive la France pour quelques inventions sans lesquelles on ne saurait survivre: le Minitel, le tiercé, la carte à puce, le Top 50, le soutien-gorge et le préservatif.

carte à puce = credit card with a round imprint (customer can punch in personal ID number in small machine used in business establishments)
préservatif = condom

⑤ **V**ive la France pour le doux mois d'août qui met en vacances forcées une nation entière. [...]

⑥ **V**ive la France pour ses débats fondamentaux qui mettent à chaque fois le pays au bord de la guerre civile: les paroles de «La Marseillaise», la réforme de l'orthographe, le permis à points...

permis à points = point system for traffic tickets
acronyms = illustrate the French penchant for using acronyms

⑦ **V**ive la France pour les BCBG, le TGV, les GO, le BEPC, les TUC, la SNCF, la RATP, le RER, le PS, l'UDF, etc.

⑧ **V**ive la France pour l'amour que les étrangers ont pour elle et qui n'est pas forcément réciproque.

Carensac, etc. = brand names of candies

⑨ **V**ive la France pour les Carensac, les roudoudous, les Malabars, les boules de coco, les Mistrals gagnants, tous les bonbecs qui enchantent l'enfance.

LE CAMEMBERT. Tout l'art est de le choisir. A cœur, naturellement.

LE COQ GAULOIS, ce braillard de clocher qui, lorsqu'il devient sportif, casse un peu les oreilles avec son cocorico.

LE 14 JUILLET, où danses et flonflons nous rappellent nos premiers pas vers la démocratie.

EDITH PIAF, l'enfant des rues qui ne finira jamais de nous chanter l'amour-toujours.

LA PÉTANQUE, qui réunit les copains à l'heure du pastis sous les platanes du Midi.

(§3)/4-5/6§9/7§8/10-12/13§14/15§16/17-19

SARTRE. Et Lacan, et Barthes... la pensée habillée par ce goût si français des mots.

LA BOULANGERIE. Parfois encore une si bonne odeur de fournil.

L'ESCARGOT. Fleuron de notre gastronomie, il se dit de Bourgogne mais vient souvent des pays de l'Est.

10. **V**ive la France pour Mitterrand à Sarajevo.

11. **V**ive la France pour la langue d'oc et la langue d'oïl, le breton, le basque, l'alsacien, le corse, le wolof, l'arabe, le vietnamien, et le créole.

12. **V**ive la France pour Albertville en 92 et la Coupe du monde de foot en 98.

13. **V**ive la France pour le rap, les beurs, les blacks, les beaufs, les keufs et les meufs, les kepons, la baston, les tags, les tiags.

> le rap, etc. = *slang words used by young people*

14. **V**ive la France pour ses chauffeurs de taxi parisiens, les plus râleurs de la planète.

> râleurs = *complainers, malcontents*

15. **V**ive la France pour ses terrasses de bistrots qui se remplissent au premier soleil.

16. **V**ive la France pour ses pizzas, son couscous, son riz cantonais, son taboulé, ses merguez, son tarama érigés en plats nationaux.

17. **V**ive la France pour avoir breveté le bordeaux, le Perrier, les tartines dans le p'tit crème.

18. **V**ive la France pour le 14 Juillet, le 15 Août, le 1er Mai et toutes les occases en or pour ne pas aller travailler.

19. **V**ive la France pour le bol qu'on a d'y vivre aujourd'hui.

> le bol = *luck*

TEXT: *Elle,* 13 juillet 1992

ILLUSTRATIONS: J.C. Beacco, S. Lieutaud, *Tours de France,* © Hachette

R. Pour chaque élément de la liste suivante, trouvez un autre élément dans le même paragraphe du texte qui détruit l'image positive évoquée.

1. formidable capacité
2. inventions
3. doux mois d'août
4. débats fondamentaux
5. l'amour que les étrangers ont pour elle
6. les chauffeurs de taxi
7. le 14 juillet, le 15 août, le 1er mai

S. Faites l'analyse des documents précédents.

1. Identifiez les symboles qui correspondent à votre liste personnelle du **Remue-méninges** (p. 29).
2. Quelle représentation de la France vous faites-vous à partir de ces symboles?
3. Pensez-vous que ce soit, en partie, une représentation significative? Pourquoi? Pourquoi pas?
4. Après la lecture du titre «Vive la France!», à quoi s'attend le lecteur?
5. Est-ce que le texte répond aux attentes du lecteur? Pourquoi? Pourquoi pas?
6. Identifiez les paragraphes qui reflètent une opinion positive de la France.
7. Du point de vue américain, quels mots ont une connotation positive de la société française?
8. Y a-t-il concordance entre les points jugés positifs par la journaliste française et votre point de vue d'Américain(e)? S'il y a désaccord entre les deux points de vue, discutez-en.
9. A votre avis, quelles idées générales est-ce que la journaliste veut souligner à propos de la France?

SOCIOSCOPIE

LE RENDEZ-VOUS AVEC L'HISTOIRE

Après plusieurs décennies de déconstruction progressive, la société française se trouve à un carrefour de son histoire. Les citoyens sont aujourd'hui prêts à accepter des réformes en profondeur, à mettre en cause les avantages acquis. Le temps du partage est arrivé, qui commence par celui du travail et des revenus. Bien plus qu'une menace, le retournement en cours constitue une formidable opportunité, à condition que les aspirations nouvelles soient prises en compte par les acteurs politiques et économiques par le biais d'un «grand projet», courageux, innovateur et mobilisateur.

LES FONDATIONS RENVERSÉES

Au crépuscule d'un siècle qui n'est comparable à aucun autre, la France est arrivée aussi au terme d'une époque, et même d'une civilisation. De véritables mutations se sont produites au cours des trois ou quatre dernières décennies, qui pèsent sans doute plus que celles de tous les siècles passés. L'affirmation peut paraître excessive; elle est pourtant vérifiable en matière **technologique**; l'électronique a bouleversé la capacité humaine de produire, traiter et diffuser cette nouvelle matière première qu'est l'information. Bien que plus difficile à mesurer, l'affirmation est également valable sur le plan **sociologique**. L'évolution de la condition féminine en est une indéniable illustration.

Le système social et les mentalités ont connu aussi, récemment, de véritables bouleversements. Ils ont abouti à ce qui a d'abord semblé être un effondrement de valeurs. Il s'agissait en réalité d'une **inversion** des fondements sur lesquels reposent jusqu'ici la vie collective et individuelle. Cette inversion est apparente lorsqu'on observe ce que sont devenus les principes et les privilèges fondateurs de la société et les éléments d'appartenance individuelle*. Aux **caractéristiques fondatrices de l'identité** se sont ainsi substituées des valeurs opposées:

• L'importance du **lignage** s'est affaiblie avec le développement de la «**famille éclatée**».
• Le **lieu de naissance** n'est plus un facteur de stabilité, du fait des **déracinements** de plus en plus fréquents, liés aux contraintes professionnelles.
• La **transcendance** a été remplacée par une vision **matérialiste** de la vie et de l'Univers.

Les **principes** fondateurs de la société ont, eux aussi, connu un véritable retournement:

• La **solidarité**, vertu des sociétés traditionnelles, a fait place à l'**individualisme**.
• Le **sens du sacré** a été peu à peu remplacé par le goût du **profane**.
• Le présupposé de **continuité** a été mis à mal par l'apparition et la généralisation des **ruptures**.
• Le principe d'**autorité** sur lequel reposaient les sociétés antérieures a été refoulé par l'idéologie libertaire, avec sa dimension économique, le **libéralisme**.

Enfin, les **privilèges** fondateurs des rapports sociaux ont été balayés par les conceptions de la modernité:

• La notion de **qualité**, liée au statut social de l'individu, a cédé la place au principe d'**égalité**.
• La **séniorité**, qui traduisait le respect pour l'expérience des personnes âgées, s'est transformée en **culte de la jeunesse**.
• Le privilège de **masculinité** tend à se transformer en un éloge de la **féminité** et des valeurs qui lui sont associées.

---

* Ce texte reprend la terminologie utilisée par Jean Poirier dans la remarquable synthèse qu'il a rédigée pour *L'Histoire des mœurs* dont il a dirigé la publication à la Pléiade (*La Machine à civiliser,* tome III, 1991).

Gérard Mermet, *Francoscopie 1995,* © Larousse, p. 12

T. Dites si, parmi les grandes tendances qui se font jour dans la société française, certaines apparaissent également dans la société américaine. Si oui, lesquelles? Justifiez votre réponse.

U. Faites l'analyse des vignettes suivantes:

Les Dingodossiers, tome 2, © Dargaud Editeur 1972 by Goscinny & Gotlib, p. 26

1. En supposant que les textes d'accompagnement des images correspondent à un devoir donné à des élèves français, devinez le sujet.
2. Corrigez les fautes de langue de ce devoir: orthographe, ponctuation, grammaire.
3. Quels stéréotypes de la culture américaine sont reflétés ici?
4. Si vous utilisiez uniquement ces mêmes sources, quelles images *de la France* auriez-vous?

V. Prélecture. Pour faciliter votre lecture du texte «Le bon Français» (p. 33), il vous faudra comprendre certaines expressions idiomatiques. Dans les deux listes suivantes, appariez les expressions équivalentes.

1. cheerfully
2. not to spare any efforts
3. to roll up one's sleeves
4. that's how it goes
5. to be stubborn
6. to tighten one's belt
7. to be a bigmouth
8. to have one's cake and eat it too
9. to present an important idea
10. to pay for a round of drinks
11. to go off to a hard day at work

A. avoir une tête de cochon
B. remettre une tournée
C. se serrer la ceinture
D. la fleur à la boutonnière
E. avoir le beurre et l'argent du beurre
F. à la guerre comme à la guerre
G. en lâcher une bonne
H. retrousser ses manches
I. aller au charbon
J. être fort en gueule
K. ne pas ménager ses efforts

Le bon Français

(Pierre Combescot)

Le Point, Ipsos

Gérard Mermet, *Francoscopie 1991*

Identité française	
« Si vous deviez caractériser l'identité française aujourd'hui, par quelles valeurs le feriez-vous ? » :	
• Liberté d'opinion	51 %
• Démocratie	33 %
• Culture	26 %
• Tolérance	26 %
• Langue	18 %
• Laïcité	13 %
• Patriotisme	13 %
• Religion	6 %

Il ne ménage pas ses efforts. Quand il faut aller au charbon, il y va la fleur à la boutonnière. A la guerre comme à la guerre, dit-il en retroussant ses manches. Mouton, le bon Français? Pas une seconde. Il serait même un peu tête de cochon. En tout cas, il ne s'en laisse pas accroire. «Vous m'en direz tant, mais j'ai ma petite idée là-dessus...», fait-il en regardant d'un air entendu son ballon de beaujolais [...]. A cet instant, dans le fond de son verre, se décide le destin du monde. Accoudé au bar, chacun retient son souffle. On le sent sur le point d'en lâcher une bonne. Personne ne voudrait manquer ça. C'est une vedette. Le fort en gueule, le rouspétard de service. C'est pas lui qui se serait laissé refiler de l'emprunt russe comme le grand-père qu'il n'a pas connu, mais dont il a la photo dans sa chambre. Les russkofs, il connaît. Il y a encore quelques années, il voyait l'«œil de Moscou» un peu partout, comme son père, jadis la «troisième colonne». Il connaît forcément, il a eu sa carte du Parti. Une erreur de jeunesse, mais qu'il ne regrette pas. Y avait de la camaraderie, en ce temps-là. Maintenant, c'est la chienlit. Y a que le fric qui compte, avec ces vendus. «Allez, patron, remettez-moi encore un petit rouquin!» C'est sa façon de prendre son élan. Faut dire qu'il en a besoin pour refaire, à sa manière, l'Europe de l'Atlantique à l'Oural, malgré les polaks, les Grands-Russes et les Petits-Russes (XIIe-XVe), les rosbifs, les yougos, Croates et Serbes confondus, le boche, évidemment, sans oublier les espingos et les ritals, l'«internationale juive» et surtout le «petit bougnoul», grand responsable, selon lui, de la démoralisation de la France. Le chômage? la crise...? Il les balaie d'un revers de la main. «Broutilles que tout cela. "Yaka" se serrer la ceinture. On peut pas avoir le beurre et l'argent du beurre. Avec tous ces métèques, on a oublié qu'on était français.» Le bon Français a mal à la France. En vieillissant, il est devenu gaulliste. La photo du Général trône dans sa chambre, à côté de celle du grand-père. Bientôt les rejoindra celle du Maréchal. «Ce pauv' vieux, faut le laisser tranquille. Verdun, c'est tout de même lui... » C'est un rassembleur. Il bouffe de l'Arabe, mais qu'il y ait la menace d'une ratonnade et le voilà qui défile. Le bon Français a une grand-mère italienne et une mère espagnole, mais, en Auvergnat, il a le porte-monnaie paresseux quand il s'agit de remettre une tournée. L'atavisme.

L'Express, 13 mai 1993

VOCABULAIRE: mouton = *sheep* / il ne s'en laisse pas accroire = *he isn't gullible* / le rouspétard = *complainer* / troisième colonne = *Germans during World War I* / la chienlit = *chaos* / rouquin = *Beaujolais* / balaie = *sweeps away* / Broutilles = *trifles, things of no importance* / Yaka = Il n'y a qu'à / métèques = *pejorative for "foreigners"* / Maréchal = Maréchal Pétain *(head of the collaborationist Vichy government during World War II)* / Verdun = *site of the bloodiest battle of World War I (1916) during which the French held off the Germans* / rassembleur = *person who unifies contradictions* / ratonnade = *persecution of (going after) minority peoples* / atavisme = *appearance in an individual of some characteristic found in a remote ancestor but not in more recent ancestors*

W. Dites si les affirmations suivantes sont vraies ou fausses. Corrigez celles qui sont fausses et justifiez vos réponses en citant le texte.

1. Le bon Français est prêt à manifester pour défendre les travailleurs immigrés.
2. Le bon Français en sait toujours plus que les hommes politiques.
3. C'est au café que les Français refont le monde.
4. Les Français utilisent des noms à connotation positive pour désigner les autres peuples.
5. Plus les Français sont vieux, moins ils sont fiers d'être français.
6. Pour le bon Français, de Gaulle est un héros.

X. Dans les deux listes suivantes, appariez les nationalités et les mots péjoratifs par lesquels, selon l'article, «le bon Français» a tendance à les désigner. N'oubliez pas que ces noms révèlent une attitude ethnocentrique contre laquelle il faudra lutter!

1.	Arabes	A.	Rosbifs
2.	Allemands	B.	Yougos
3.	Anglais	C.	Boches
4.	Polonais	D.	Russkofs
5.	Yougoslaves	E.	Espingos
6.	Italiens	F.	Bougnouls
7.	Espagnols	G.	Polaks
8.	Russes	H.	Ritals

— On s'américanise de plus en plus...

Sempé, *Quelques philosophes,* © copyright C. Charillon – Paris

Les mots racontent l'histoire

Les mots qui font leur entrée chaque année dans le *Petit Larousse* racontent le cheminement économique, social, politique, technique et culturel de la France. En voici une sélection, depuis le début des années 80 :

- **1980 :** bande-vidéo, défonce, extraterrestre, gratifiant, micro-ordinateur, overdose, régionalisation, somatiser, squattériser, valorisant.
- **1981 :** après-vente, assurance-crédit, antihéros, antisyndical, bénévolat, bioénergie, bisexualité, centrisme, chronobiologie, consumérisme, convivial, deltaplane, demi-volée, dénucléariser, doudoune.
- **1982 :** antitabac, biotechnologie, bureautique, charentaise, dealer, Dow Jones, géostratégie, incontournable, I.V.G., jogging, sponsoriser, walkman.
- **1983 :** assisté, baba cool, clonage, coke, disquette, hyperréalisme, multimédia, must, péritélévision, piratage, santiag, skinhead, soixante-huitard, tiers-mondiste.
- **1984 :** cibler, déprogrammer, déqualification, dévalorisant, fast-food, intoxiqué, mamy, méritocratie, papy, pub, réunionite.
- **1985 :** aérobic, amincissant, automédication, crédibiliser, écolo, épanouissant, eurodevise, hypocalorique, look, monocoque, non-résident, recentrage, sida, surendettement, télétravail, vidéoclub.
- **1986 :** clip, déréglementation, désyndicalisation, médiatique, Minitel, monétique, pole position, postmodernisme, progiciel, provisionner, rééchelonnement, smurf, sureffectif, téléimpression, turbo, vidéo clip, visioconférence.
- **1987 :** aromathérapie, bêtabloquant, bicross, bioéthique, capital-risque, démotivation, désindexer, fun, non-dit, présidentiable, repreneur, unipersonnel, vidéogramme.
- **1988 :** autodérision, bancarisation, Caméscope, cogniticien, dérégulation, domotique, franco-français, frilosité, handicapant, inconvertibilité, interactivité, micro-ondes, raider, séropositif, vidéothèque.
- **1989 :** aspartam, beauf, crasher (se), défiscaliser, désindexation, désinformer, eurocentrisme, euroterrorisme, feeling, fivete, franchouillard, high-tech, husky, ludologue, mercaticien, minitéliste, parapente, rurbain, sidatique, sidéen, technopole, top niveau, zapping.
- **1990 :** Audimat, CD-Rom, C.F.C., délocalisation, glasnost, I.S.F., médiaplanning, narcodollar, numérologie, perestroïka, profitabilité, R.M.I., sitcom, surimi, téléachat, titrisation, transfrontalier, zoner.
- **1991 :** AZT, bifidus, C.D., cliquer, concouriste, déchetterie, démotivant, fax, dynamisant, lobbying, mal-être, multiracial, narcotrafiquant, ripou, V.I.H.
- **1992 :** C.A.C. 40, confiscatoire, écologue, imprédictible, jacuzzi, libanisation, multiconfessionnel, postcommunisme, postmoderne, rap, revisiter, tag, T.V.H.D., vrai-faux.
- **1993 :** accréditation, biocarburant, coévolution, déremboursement, écoproduit, graffeur, hypertexte, interleukine, maximalisme, minimalisme, négationnisme, Péritel, pin's, redéfinition, saisonnalité, suicidant, transversalité.
- **1994 :** agritourisme, Air Bag, biodiversité, CD-I, cognitivisme, délocaliser, intracommunautaire, mal-vivre, monocorps, monospace, oligothérapie, prime time, rappeur, recadrer, S.D.F., subsidiarité, surinformation, télémarketing, télépéage, top-model.

Gérard Mermet, *Francoscopie 1995,* © Larousse, p. 111

Y. Faites l'analyse des deux documents en traitant les points suivants:

1. Identifiez les mots anglais de la liste présentée dans «Les mots racontent l'histoire».
2. Sur les 230 mots de cette liste, combien d'entre eux sont anglais? Quel pourcentage cela représente-t-il? Que pouvez-vous en déduire pour l'avenir de la langue française?
3. Que pensent les deux Français représentés par Sempé de l'évolution de la culture française?
4. Leur apparence physique et leur environnement justifient-ils leur remarque?
5. Est-ce que Sempé partage l'avis des personnages qu'il représente? Justifiez votre réponse.

Roland Barthes:
«La nouvelle Citroën»

Les textes regroupés dans le recueil Mythologies *ont été écrits entre 1954 et 1956. Roland Barthes réfléchit sur quelques-uns des mythes contemporains de la vie quotidienne des Français. Les sujets d'inspiration sont très variés, allant du «Tour de France cycliste» à «La nouvelle Citroën» en passant par «Le bifteck et les frites» et «Le vin et le lait».*

Roland Barthes: écrivain français (Cherbourg 1915–Paris 1980); son œuvre s'inspire de la linguistique, de la psychanalyse et de l'anthropologie; *Le degré zéro de l'écriture* (1953); *Mythologies* (1957); *Système de la mode* (1967); *L'empire des signes* (1970); *Le plaisir du texte* (1973).

Je crois que l'automobile est aujourd'hui l'équivalent assez exact des grandes cathédrales gothiques: je veux dire une grande création d'époque, conçue passionnément par des artistes inconnus, consommée dans son image, sinon dans son usage, par un peuple entier qui s'approprie en elle un objet parfaitement magique.

La nouvelle Citroën tombe manifestement du ciel dans la mesure où elle se présente d'abord comme un *objet* superlatif. Il ne faut pas oublier que l'objet est le meilleur messager de la surnature: il y a facilement dans l'objet, à la fois une perfection et une absence d'origine, une clôture et une brillance, une transformation de la vie en matière (la matière est bien plus magique que la vie), et pour tout dire un *silence* qui appartient à l'ordre du merveilleux. La «Déesse» a tous les caractères (du moins le public commence-t-il par les lui prêter unanimement) d'un de ces objets descendus d'un autre univers, qui ont alimenté la néomanie du XVIIIᵉ siècle et celle de notre science-fiction: la Déesse est *d'abord* un nouveau Nautilus.

C'est pourquoi on s'intéresse moins en elle à la substance qu'à ses joints. On sait que le lisse est toujours un attribut de la perfection parce que son contraire trahit une opération technique et tout humaine d'ajustement: la tunique du Christ était sans couture, comme les aéronefs de la science-fiction sont d'un métal sans relais. La D.S. 19 ne prétend pas au pur nappé, quoique sa forme générale soit très enveloppée; pourtant ce sont les emboîtements de ses plans qui intéressent le plus le public: on tâte furieusement la jonction des vitres, on passe la main dans les larges rigoles de caoutchouc qui relient la fenêtre arrière à ses entours de nickel. Il y a dans la D.S. l'amorce d'une nouvelle phénoménologie de l'ajustement, comme si l'on passait d'un monde d'éléments soudés à un monde d'éléments juxtaposés et qui tiennent par la seule vertu de leur forme merveilleuse, ce qui, bien entendu, est chargé d'introduire à l'idée d'une nature plus facile.

Quant à la matière elle-même, il est sûr qu'elle soutient un goût de la légèreté, au sens magique. Il y a retour à un certain aérodynamisme, nouveau pourtant dans la mesure où il est moins massif, moins tranchant, plus étale que celui des premiers temps de cette mode. La vitesse s'exprime ici dans des signes moins agressifs, moins sportifs, comme si elle passait d'une forme héroïque à une forme classique. Cette spiritualisation se lit dans l'importance, le soin et la matière des surfaces vitrées. La Déesse est visiblement exaltation de la vitre, et la tôle n'y est qu'une base. Ici, les vitres ne sont pas fenêtres, ouvertures percées dans la coque obscure, elles sont grands pans d'air et de vide, ayant le bombage étalé et la brillance des bulles de savon, la minceur dure d'une substance plus entomologique que minérale (l'insigne Citroën, l'insigne fléché, est devenu d'ailleurs insigne ailé, comme si l'on

passait maintenant d'un ordre de la propulsion à un ordre du mouvement, d'un ordre du moteur à un ordre de l'organisme).

Il s'agit donc d'un art humanisé, et il se peut que la Déesse marque un changement dans la mythologie automobile. Jusqu'à présent, la voiture superlative tenait plutôt du bestiaire de la puissance; elle devient ici à la fois plus spirituelle et plus objective, et malgré certaines complaisances néomaniaques (comme le volant vide), la voici plus *ménagère*, mieux accordée à cette sublimation de l'ustensilité que l'on retrouve dans nos arts ménagers contemporains: le tableau de bord ressemble davantage à l'établi d'une cuisine moderne qu'à la centrale d'une usine: les minces volets de tôle mate, ondulée, les petits leviers à boule blanche, les voyants très simples, la discrétion même de la nickelerie, tout cela signifie une sorte de contrôle exercé sur le mouvement, conçu désormais comme confort plus que comme performance. On passe visiblement d'une alchimie de la vitesse à une gourmandise de la conduite.

Il semble que le public ait admirablement deviné la nouveauté des thèmes qu'on lui propose: d'abord sensible au néologisme (toute une campagne de presse le tenait en alerte depuis des années), il s'efforce très vite de réintégrer une conduite d'adaptation et d'ustensilité («Faut s'y habituer»). Dans les halls d'exposition, la voiture témoin est visitée avec une application intense, amoureuse: c'est la grande phase tactile de la découverte, le moment où le merveilleux visuel va subir l'assaut raisonnant du toucher (car le toucher est le plus démystificateur de tous les sens, au contraire de la vue, qui est le plus magique): les tôles, les joints sont touchés, les rembourrages palpés, les sièges essayés, les portes caressées, les coussins pelotés; devant le volant, on mime la conduite avec tout le corps. L'objet est ici totalement prostitué, approprié: partie du ciel de Metropolis, la Déesse est un quart d'heure médiatisée, accomplissant dans cet exorcisme, le mouvement même de la promotion petite-bourgeoise.

La célèbre DS noire du président de Gaulle

Mythologies, de Roland Barthes, coll. *Pierres vives,* © Editions du Seuil, 1957

Z. Analysez le texte en traitant les points suivants:

1. Quel est le personnage principal de ce texte?
2. Quels sont les différents noms donnés à ce personnage?
3. Pourquoi Barthes a-t-il choisi de parler de ce personnage?
4. Identifiez le vocabulaire du texte qui peut être associé aux quatre catégories suivantes:
   a. cathédrale / religion
   b. science-fiction
   c. technique (aspects physiques de la voiture)
   d. le sens du toucher (*sense of touch*)
5. Expliquez pourquoi la nouvelle Citroën fait partie d'une œuvre intitulée *Mythologies*.
6. Y a-t-il une voiture américaine équivalente à la Citroën qui puisse faire partie d'un ouvrage relatif aux mythologies américaines? Expliquez.

Vue de l'extérieur

Dans cette rubrique, vous trouverez des documents qui reflètent des points de vue multiples: francophones, européens, américains et autres. Ces documents ont pour but de donner des éclairages différents des représentations que se font les Français de leur culture. En outre, ils contribueront à nuancer, valider ou invalider les hypothèses que vous avez déjà formulées sur divers sujets.

Pour nuancer votre expression

Comment parler d'un texte littéraire

Noms

le contenu	*content*
le fond	*content*
la forme	*language*
l'intrigue	*plot*
le narrateur / la narratrice	*narrator*
le personnage	*character*
le procédé (littéraire)	*(literary) device, strategy*
le récit	*narrative*

Verbes

dégager (les idées, etc.)	*to pull out*
esquisser	*to outline, sketch in*
évoquer	*to evoke*
exprimer	*to express*
signaler	*to point out*
souligner	*to emphasize*

Expressions

(Dans ce texte,) il s'agit de...	*(This text) is about . . .*
Ce texte (roman, poème, etc.) présente...	*This text presents . . .*

Pour lire «intelligemment»

> **Fiche méthodologique 3:**
> **Comment parler d'un texte littéraire**
>
> L'analyse d'un texte littéraire doit être conduite de façon rigoureuse. Cette analyse sera facilitée si vous suivez la démarche qui vous est proposée ci-dessous:

Première étape: Introduction

- nature du texte: roman, poème, pièce de théâtre, essai, script de film, journal *(diary)*, discours, etc.
- auteur, nationalité, date de publication
- idée générale du texte
- intention de l'auteur: raconter, prouver, analyser, convaincre, etc.

Deuxième étape: Résumé du texte

- Qui? Quand? Où? Quoi? Comment? Pourquoi? (s'il y a une intrigue, des événements, des personnages)
- Quelles idées? Quels arguments? Dans quel but? (s'il s'agit d'un texte argumentatif)

Troisième étape: Analyse du texte

- type de narration (à la première ou à la troisième personne?)
- analyse des personnages et des événements
- registres de langue utilisés
- vocabulaire (concret, abstrait, poétique)
- ton (humoristique, satirique, sérieux, dramatique, ironique, etc.)
- style (pédant, ennuyeux, lourd, maladroit, compliqué, clair, confus, etc.)
- images (métaphores, comparaisons *[similes]*)
- effets sur le lecteur (vise l'émotion, l'information, etc.)
- type de lecteur visé

Quatrième étape: Conclusions

- intention de l'auteur (critique, satirique, descriptive, didactique, portrait d'une catégorie sociale ou d'un individu, esthétique, morale, etc.)
- réactions personnelles

Oyono-Mbia:
«Culture et camembert»

Le deuxième acte se passe à Yaoundé et nous sommes ici chez les Atangana, couple moderne dont la femme, Colette, se révèle complètement acculturée. Elle bavarde au salon avec son amie Charlotte. Son fils Jean-Pierre, dix ans, parle étonnamment comme «un petit Parisien».

Guillaume Oyono-Mbia: Cameroun, 1939; dramaturge; son théâtre s'inspire de la vie paysanne du Sud Cameroun et de son village natal, Mvoutessi; *Trois prétendants... un mari* (1964); *Jusqu'à nouvel avis* (1970); *Notre fille ne se mariera pas* (1971); *Chroniques de Mvoutessi* (1971–1972); *Le train spécial de Son Excellence* (1979).

COLETTE. — C'est vrai que tu refuses de manger ton camembert, chéri?

JEAN-PIERRE. — J'aime pas le camembert!

COLETTE. — La question n'est pas là! Il ne s'agit pas d'aimer le camembert: il s'agit de le manger comme un bon petit garçon! (*L'entraînant de force vers la table*) Viens!

JEAN-PIERRE, *qui commence à pleurer.* — J'aime pas le camembert!

COLETTE, *tendre mais ferme, le faisant asseoir.* — Il faut le manger, chéri! Apprends à manger le camembert pendant que tu es encore jeune! C'est comme cela qu'on acquiert du goût!... Onambelé!

ONAMBELÉ, *se précipitant.* — Madame?

COLETTE. — Apporte-nous un couvert! Apporte aussi la bouteille de Châteauneuf-du-Pape que nous avons entamée! (*Onambelé obéit.*)

JEAN-PIERRE, *pleurant toujours.* — J'veux pas manger de camembert!

COLETTE, *toujours tendre et ferme.* — Il faut vouloir le manger, chéri! C'est la culture!

JEAN-PIERRE, *têtu.* — J'veux pas manger de culture! (*Tous les grands éclatent de rire. Puis Colette dit, pensive.*)

COLETTE. — Dis donc, Charlotte! Pourquoi est-ce qu'il n'a pas de goût, cet enfant? Dieu sait pourtant que je fais de mon mieux pour lui apprendre à vivre! Le chauffeur va le déposer à l'école urbaine chaque matin pour éviter que les autres enfants ne lui parlent en langue vernaculaire. J'ai déjà renvoyé trois ou quatre maîtres d'hôtel parce qu'ils lui servaient des mangues, des ananas et d'autres fruits du pays au lieu de ne lui donner que des produits importés d'Europe, ou à la rigueur, des fruits africains mis en conserve en Europe, et réimportés. Je ne l'autorise presque jamais à aller rendre visite à la famille de son père, parce que les gens de la brousse ne boivent que de l'eau non filtrée. D'ailleurs, j'ai horreur des moustiques. Enfin, je fais tout ce qu'une Africaine moderne devrait faire pour éduquer son enfant, et il refuse de manger du camembert! (*Un autre soupir.*) Ecoute, mon chéri! Tu vas manger ton camembert!

JEAN-PIERRE, *criant.* — Mais puisque je te dis que j'aime pas le camembert!

COLETTE, *doucement.* — Je te répète qu'on ne te demande pas de l'aimer! On te demande de le manger!... Comme ceci, regarde! (*Elle prend un peu de camembert et de pain, et commence à le manger.*) Je le mange! Je le... (*Elle s'étrangle un peu, et dit.*) Zut!... Donne-moi un verre de vin, Onambelé! (*Onambelé se hâte d'obéir. Colette boit le vin et dit, après avoir un peu toussé.*) Tu as vu? (*Une autre gorgée de vin, et elle ajoute.*) Tu crois que j'aime le camembert, moi?

JEAN-PIERRE, *ingénument.* — Pourquoi tu le manges alors?

Notre fille ne se mariera pas, Ed. ORTF-D.R., in Rouch et Clavreuil, *Littératures nationales d'écriture française*, Bordas, 1987

AA. Faites l'analyse du texte «Culture et camembert» en traitant les points suivants:

1. nature du texte
2. auteur, nationalité, date de publication
3. idée générale du texte
4. lieu de l'intrigue
5. portrait des personnages
6. analyse de l'événement central
7. registres de langue
8. ton
9. intentions de l'auteur
10. réactions personnelles

COMMENT PEUT-ON ÊTRE FRANÇAIS

RIMA DRAGOUNOVA

Un groupe d'enseignants soviétiques est venu participer à un stage d'enseignement du français. Tous possédaient une bonne maîtrise de notre langue; cependant, la plupart, pour la première fois en France, ont rencontré certaines difficultés, tant sur le plan verbal que sur le plan des connaissances des réalités françaises. «Décalage déroutant, confusions, perplexité», voici, en quelques points, les aventures d'une Soviétique à Vichy, en France.

À VOS MARQUES

Sigles: prenez le P.C.! Drôles de camarades!
"En matière de sigles, j'ai eu pas mal de choses à apprendre. En U.R.S.S., on lit beaucoup la presse française et l'on connaît par conséquent assez bien les sigles employés par les journaux comme le C.E.E., les D.O.M.-T.O.M., l'A.N.P.E., etc. Mais j'avoue que j'ai été complètement déroutée par ceux que je voyais dans la rue: ainsi que les lettres "P.C." sur un autobus parisien m'ont rendu tout à fait perplexe: ce n'est que grâce à une amie française que j'ai su qu'il s'agissait là non point du Parti Communiste, mais de la "Petite Ceinture" - ligne de verdure qui entoure la capitale. De même que l'abréviation "T.S.V.P." m'a embarrassée plus d'une fois avant que je n'aie compris que cela voulait tout simplement dire "tournez, s'il vous plaît."

Boulot: Si vous ne voulez pas vous perdre dans les couloirs, n'oubliez pas:
"En U.R.S.S., le rez-de-chaussée compte comme premier étage, ce qui provoque toujours la confusion parmi ceux qui apprennent le français. Lorsqu'un collègue m'a indiqué que la salle de conférences se situait au deuxième, je suis montée tout naturellement au premier et n'ai bien sûr rien trouvé! Pour redescendre, j'ai appuyé sur le bouton de l'ascenseur portant le chiffre "1" sans remarquer le bouton "RC", une abréviation que je ne connaissais d'ailleurs pas."

Service: ne vexons personne...
"J'ai appris que, contrairement à ce qu'on peut lire dans les manuels soviétiques de français, on ne s'adresse plus (ou de moins en moins) au garçon de café en lui disant "garçon", on dit plutôt "monsieur" ou "s'il vous plaît".

ET FÊTEZ VOS DÉCOUVERTES...

Gastronomie: remettons-nous de nos émotions mais respectons ordre et bon usage!

"Le séjour en France nous a donné l'occasion de goûter la cuisine française que nous ne connaissions que par ouï-dire. Le fameux plateau de fromages cliché gastronomique est servi à notre grand étonnement non comme hors-d'œuvre, mais juste avant le dessert. De même, il est d'usage de manger des pâtisseries sans aucune boisson chaude, le thé et le café n'étant servis que quelque temps après."

CONTACT : AVOIR LE RÉFLEXE FRANÇAIS

Civilité: "la bise" - à utiliser avec discernement:
"Au début de mon séjour en France, je n'avais pas la réaction appropriée à la formule bien française "Je vous fais la bise", qui suppose qu'on tende une joue, puis l'autre pour s'embrasser. Or, nous autres Russes, avons sur ce point un comportement beaucoup plus réservé: on se contente très souvent de serrer la main ou même d'un signe de tête. Les Russes s'embrassent plutôt entre parents proches (et uniquement lors d'une grande occasion - une séparation durable ou des retrouvailles -; en ce cas, l'usage veut qu'on s'embrasse) et sur une seule joue. Par conséquent, il nous a fallu un certain temps pour nous conformer au rituel français de la bise, ce que nous avons fait d'ailleurs avec le plus grand plaisir!"

LE FRANÇAIS DANS LE MONDE, n° 245, nov/déc 1991

BB. Complétez le tableau en vous basant sur le texte «Comment peut-on être français».

Situation	Connaissances de Rima	Signification pour les Français	Sentiments de Rima
Sigle: PC	*parti communiste*	*petite ceinture*	*perplexité*
Sigle: TSVP			
se rendre au 1er étage			
au café			
à table			
la bise			

Les gars de la marine, © Glénat/Sanders

CC. Faites le commentaire du dessin satirique en vous aidant de la *Fiche méthodologique 2* (p. 28).

DD. Rédigez le texte de la brochure publicitaire commanditée par le patron de l'hôtel «Chez Pierre» et destinée aux touristes étrangers.

Quelques idées et expressions pour vous aider:

cuisine familiale

accueil chaleureux

vieux quartier pittoresque et animé

l'hospitalité française

stationnement facile

chambre avec balcon

à deux pas des cinémas

tarif préférentiel pour les groupes

chiens acceptés

ambiance décontractée

télévision dans chaque chambre

vue spectaculaire

mini-bar

coffre-fort individuel

Faisons le point!

L'objectif de cette dernière rubrique est de vous aider à élaborer une vision synthétique de l'ensemble du chapitre. L'exercice qui vous sera proposé fera appel aux trois compétences suivantes: lire, parler et écrire.

EE. Utilisez les textes suivants ainsi que ceux que vous avez déjà étudiés pour commenter ces cinq affirmations.

1. La culture ne se définit pas par les différences de surface entre peuples. Elle est liée plutôt à des besoins fondamentaux partagés par des sociétés qui ont un passé commun.
2. «Une culture n'en menace pas une autre. Ce qui menace une culture, c'est la facilité, la démagogie, l'inconsistance et la faiblesse.» (Jack Lang)
3. Une culture statique est une culture morte.
4. Pour évoluer, une société doit prendre en compte la multiplicité des cultures qui la composent.
5. Les cultures européennes et américaines semblent être de moins en moins différenciées; elles tendent à l'uniformisation.

Umberto Eco:
La guerre du faux (extrait)

Umberto Eco: critique italien (Alexandrie, 1932); L'œuvre ouverte; Le nom de la rose; La guerre du faux.

Les Européens cultivés et les Américains européanisés pensent aux Etats-Unis comme à la patrie des gratte-ciel de verre et d'acier et de l'expressionnisme abstrait. Mais les Etats-Unis sont aussi la patrie de Superman, le héros surhumain d'une série de bandes dessinées qui date de 1938. Superman, de temps en temps, ressent le besoin de se retirer avec ses souvenirs et s'envole vers des montagnes inaccessibles où, au cœur de la roche, protégée par une énorme porte d'acier, se trouve la forteresse de la Solitude.

La guerre du faux, © Editions Grasset, 1985, p. 18

Qui a peur de Mickey Mouse?

*Euro Disney
ouvre
ses portes
le 12 avril.
Le rêve
américain
à portée de RER ?
Voyage
de l'autre côté
du miroir...*

Le compte à rebours expire. Les gamins sont à bout, les familles se déchirent: «225 francs par personne! Ils se foutent du monde! — Ah! Ouais! Et le prix du billet d'avion pour les Etats-Unis, tu connais?»

Le rêve américain à portée de RER, c'est pour demain: 30 kilomètres à l'est de Paris; en rase campagne briarde; Euro Disney ouvre ses portes le 12 avril [...]. Un royaume grand comme quatre arrondissements de Paris. Des tonnes de carton-pâte, des kilomètres de remparts aux couleurs sucre d'orge. Des motels aux enseignes clignotantes, comme en Californie. Le château de la Belle au bois dormant. Des faux cactus et d'authentiques restaurants mexicains. Sergio Leone revu par Cecil B. De Mille. Un paradis psychédélique. La tête tourne: qui sont ces figurants en battle-dress? Ah! bien sûr, une patrouille de sécurité... Une vraie, celle-là. Bon, d'accord, Disney protège sa principauté d'opérette comme une centrale nucléaire. Et alors? On ne vient pas chez Mickey pour l'envers du décor. Esprits tordus, s'abstenir.

A elle seule; la souris du vieux Walt incarne les vertus cardinales de l'entreprise Disney. Derrière les sourires de façade: la rigueur. Créé en 1928, Mickey ne boit pas, ne fume pas, travaille dur pour réussir et tond sa pelouse au carré. Bref, l'Américain moyen. On ne lui connaît qu'une seule fiancée: Minnie, sa robe à volants et son nœud dans les cheveux. Mickey la courtise, avec des timidités de collégien. Fondant, non? «Nous vendons de la soupe, disait Walt Disney à ses dessinateurs, mais n'oubliez jamais que c'est une soupe de première qualité!» Mickey est un emblème du puritanisme anglo-saxon. L'empire Disney est tout entier bâti sur le même moule. Question: la petite bête va-t-elle s'acclimater en nos contrées gaillardes, où Super-Dupont fait figure de héros national?

L'Express, 27 mars 1992, p. 39

Lang : « Une culture n'en menace pas une autre »

L'Express: *La France est-elle en voie d'américanisation?*

Jack Lang: De quoi parle-t-on quand on parle d'«américanisation»? Il faut, ici, lever les ambiguïtés. Il ne s'agit pas d'une hostilité à l'égard de la culture américaine ni d'une mise en cause de ses valeurs ou de ses œuvres. Il s'agit simplement d'une vigilance que nous devons exercer sur la diffusion massive de «sous-produits» de cette culture, sources de nivellement. Ce risque, je le dénonce depuis longtemps. Ce qu'il faut défendre à tout prix, c'est la diversité, en France comme en Europe... et aux Etats-Unis. Les Américains eux-mêmes ne sont pas épargnés par cette standardisation.

— *Si l'Amérique a tant de succès chez nous, n'est-ce pas parce qu'elle a un savoir-faire supérieur au nôtre?*

— Il est vrai que dans certains genres, par exemple, le cinéma d'animation et d'aventure ou le rock, il existe aux Etats-Unis une maîtrise professionnelle exceptionnelle. L'industrie américaine de la culture a aussi de gros atouts: un marché de 250 millions d'habitants, qui permet d'amortir rapidement des investissements considérables, et une organisation industrielle qui date de plus de cinquante ans.

Mais restons lucides, ne tombons pas dans le complexe d'infériorité: nous avons en France un savoir-faire original et fort. Le mouvement chorégraphique français, par exemple, s'il a puisé son inspiration aux Etats-Unis, a trouvé actuellement son génie propre. C'est en France qu'a été créé l'un des plus beaux spectacles de l'année: la cérémonie d'ouverture des Jeux olympiques par Philippe Decouflé. Et que dire des domaines incontestés, comme celui de la mode...

— *Vous parliez, en 1981, d'une voie française originale de la culture. S'est-elle essoufflée ou a-t-elle progressé, à vos yeux? S'agit-il d'un combat moderne ou archaïque?*

— Cette voie française n'a jamais prétendu être une voie franco-française. Cela n'aurait aucun sens. La culture française a une immense capacité d'écoute, d'intégration, d'assimilation de ce qui vient d'ailleurs, d'Afrique, d'Asie, d'Amérique latine et... d'Amérique du Nord, bien entendu. Mais l'originalité de notre démarche depuis dix ans a consisté, d'abord, à densifier et à moderniser le tissu culturel dans l'ensemble du pays. D'autre part, à mener une politique qui, dans tous les domaines, soit la rencontre de deux volontés, celle des pouvoirs publics et celle des créateurs et des professionnels eux-mêmes. Nous avons voulu, ainsi que le dit Brecht d'un mot que j'aime à reprendre, «élargir le cercle des initiés». Un tel objectif ne sera jamais archaïque.

— *Jusqu'où soutiendrez-vous le protectionnisme affirmé par certains syndicats et associations d'acteurs français?*

— En matière de protectionnisme, nous n'avons pas de leçon à recevoir, et surtout pas des Américains. Prenons un exemple: l'accès des artistes étrangers aux Etats-Unis. La réglementation en est infiniment plus restrictive que la nôtre, quoique récemment assouplie. Et l'obtention d'un visa est un véritable parcours du combattant. Je me souviens encore de l'été de 1990, quand le cinéaste Elie Chouraqui était pratiquement empêché de tournage en Amérique, tandis que deux films américains étaient tournés librement à Paris. L'Europe, la France en tête, est plus ouverte aux artistes du monde entier que ne le sont les Etats-Unis: le metteur en scène Lluis Pasqual au théâtre de l'Odéon, le chef d'orchestre Chung à l'Opéra, l'architecte Pei dessinant la pyramide du Louvre. [...]

Une culture n'en menace pas une autre. Ce qui menace une culture, c'est la facilité, la démagogie, l'inconsistance et la faiblesse.

Propos recueillis par Jacqueline Remy.

L'Express, 27 mars 1992, pp. 44–45

CHAPITRE 2

Louis XIV

De Gaulle

Révolution

Mitterrand

Napoléon

La Grande Guerre

Mai '68

Olympe de Gouges

Deuxième
Guerre
mondiale

Vietnam

Charlotte Corday

Manon Roland

Algérie

Marie Antoinette

Maastricht

Simone Veil

Europe

Françaises, Français...

Arrêt sur image

Louis XIV

Napoléon 1er

Charles de Gaulle

François Mitterrand

NAPOLÉON Ier

Deuxième des huit enfants d'une famille de petite noblesse corse, Napoléon Bonaparte est né à Ajaccio en 1769, un an après le rattachement de la Corse à la France. Il choisit en 1793 la patrie nouvelle que propose à chacun la République. Dans la liberté et l'égalité, il veut dépasser le destin qui l'a fait noble mais pauvre. Ses origines insulaires, dont il garde l'accent, lui ont valu les railleries des élèves de l'école d'Autun puis, de Brienne, où il a fait des études, détaché à 10 ans de sa famille et de son île.

S'il dit «Je dois à ma mère toute ma fortune et tout ce que j'ai fait de bien», il a peu connu son père, Charles, avocat prodigue qui meurt en 1785. Général à trente ans, Bonaparte passe pour jacobin et connaît la prison après Thermidor. Petit, bas sur jambes, le «moricaud», comme le surnomment les soldats, se sent et se veut le meilleur. La Révolution sert son ambition, lui qui n'a comme amis que les auteurs qu'il dévore, Rousseau et Corneille, Sénèque et Cicéron.

Au soir du 19 Brumaire, le général républicain affirme le caractère personnel de son pouvoir: «Tous les partis sont venus à moi, m'ont confié leurs desseins, dévoilé leurs secrets, demandé leur appui: j'ai refusé d'être l'homme d'un parti.» Le jour du sacre à Notre-Dame, le «Robespierre à cheval» qu'il est devenu pour les souverains d'Europe, croit avoir gagné le temps nécessaire à l'achèvement des conquêtes de la Révolution.

CHARLES DE GAULLE

En 1945, de Gaulle, c'est la France.

A l'orgine de cette alliance de l'homme et de la nation, peu de principes politiques: une éducation catholique, humaniste, conduit Charles de Gaulle dans l'armée de la République. En 1914, il a 24 ans: il se bat à Verdun, puis en Pologne, puis au Levant. Il poursuit la carrière assez terne d'un officier hautain et mal compris. Il développe ses théories sur l'armée motorisée et la guerre de mouvement, et rompt avec l'état-major figé dans la stratégie défensive que symbolise la ligne Maginot. De Gaulle cherche à convaincre la classe politique. Paul Reynaud l'apprécie, qui l'appelle à participer au gouvernement pendant la campagne de France. Le 28 mai 1940, sa division a réussi une contre-attaque sur la Somme.

Hostile à l'armistice, il désobéit et s'envole pour Londres le 17 juin. Le 18, il appelle à la Résistance qu'il veut incarner. Soucieux de maintenir la France dans la guerre, il dirige les Français Libres, prend contact avec la Résistance intérieure, favorise son unification. Malgré les échecs et humiliations, il parvient à imposer sa «légitimité». Dès juin 1944, il est à la tête du Gouvernement provisoire de la République française. Tout reste à faire, restaurer la légalité, rebâtir les institutions, apaiser la guerre civile. De Gaulle reçoit des partis, en novembre 1945, un nouveau mandat. Il manifeste sa volonté de renforcer l'exécution mais se heurte à l'opposition générale. Le 20 janvier 1946, il quitte alors le pouvoir.

S'il a démissionné de la présidence du gouvernement le 20 janvier 1946, le général de Gaulle ne continue pas moins à croire à son destin national. Sa popularité est immense et plus que jamais il conserve «une certaine idée de la France». Dès le 16 juin 1946 dans son discours de Bayeux, il critique vivement les institutions et les pratiques politiques qui se mettent alors en place. A la tête du Rassemblement du Peuple Français (R.P.F.), le parti qu'il a créé en 1947, il s'oppose aux gouvernements de la IVe République. Mais le R.P.F. échoue et en 1953 le général se retire à Colombey-les-Deux-Eglises. Il a alors 63 ans. Il se consacre à la rédaction de ses Mémoires. La guerre d'Algérie et la faillite de la IVe République le ramènent au pouvoir en 1958. Elu président de la République, réélu au suffrage universel en 1965, il domine la vie politique française pendant onze ans. Son prestige, la stabilité des institutions, lui assurent une grande autorité. Chacune de ses conférences de presse télévisée est un événement pour les foyers français. L'ordre intérieur, l'expansion économique, lui donnent les moyens d'une politique extérieure audacieuse. La crise de mai 1968 surprend cet homme de 77 ans qui semble dépassé par les événements. Malgré le retour au calme, la rupture entre de Gaulle et l'opinion française semble inévitable: le 27 avril 1969, les Français désapprouvent sa politique à 53%. Il se retire et meurt le 9 novembre 1970.

FRANÇOIS MITTERRAND

Après des études de droit, François Mitterrand est mobilisé en 1939, fait prisonnier en 1940 mais s'évade en 1941. Il rejoint Vichy où il travaille au Commissariat général aux Prisonniers de Guerre tout en faisant de la résistance. Tout au long de la IVe République, il est l'un des animateurs de l'U.D.S.R. (Union démocratique et socialiste de la Résistance), mouvements aux effectifs insignifiants mais dont la position centriste en fait la composante indispensable de presque toutes les majorités. Il est neuf fois ministre durant cette période.

D'abord hostile à l'indépendance de l'Algérie, il se range parmi les adversaires de l'Algérie française en 1957. En 1958, il se prononce contre le général de Gaulle et contre la Ve République. C'est le début d'une éclipse politique: il perd son siège de député. Mais il revient vite au premier plan de l'opposition. En 1965, il est le candidat de la gauche aux élections présidentielles. A la suite de cette élection, il réussit à organiser la gauche non communiste au sein de la F.G.D.S. (Fédération de la gauche démocratique et sociale). Après une nouvelle éclipse, il revient en 1971, prend la tête du nouveau parti socialiste et en fait en quelques années le plus grand parti de l'opposition. L'«Union de la gauche» le consacre chef de l'opposition. Il est battu de justesse aux élections législatives de 1978, mais malgré les réticences tenaces de certains membres du P.S. (menés par Michel Rocard), il est élu président de la République le 10 mai 1981. Il est réélu en 1988.

Journal historique de la France, de Y. Billard, J.M. Dequeker-Fergon, F. et C. Lepagnot —
Hatier, 1985, pp. 192, 296, 312, 326

A. Choisissez un des quatre personnages représentés sur la carte de France (p. 45), faites quelques recherches concernant la vie de ce personnage et rédigez un paragraphe sur l'un des points suivants:

1. un événement important (guerre, réformes, conquête, etc.)
2. une œuvre (livre, discours, monument, etc.)
3. un aspect de la vie privée (vie quotidienne, mariage, enfants, intrigues, etc.)

Points de vue

Eugen Weber: *My France* (extrait)

French culture favors my predilections. For the French, often enough to suit me, the exception does not just prove the rule, it *is* the rule. Within a context of cultural unity, the French as French *and* as individuals are utterly different from each other, vastly varied, and unexpectedly sui generis. There are so many versions of French history that it is hard to say just what France may be or French history should be. Yet there clearly is a France, there evidently is French history—aggregations of variants and of infinite detail, creations of imagination, of faith, and of infinite effort. France and the French testify to the power of history—I mean the history that historians write—to forge the realities it imagines. And those who think that history exists only on paper had best remember that, as George Bernard Shaw wrote to Ellen Terry, "only on paper has humanity yet achieved glory, beauty, truth, knowledge, virtue and abiding love."

Belknap Press of Harvard University, pp. 17–18

B. Commentez les points suivants:

1. Dites ce que signifie pour vous cette phrase de Weber: "There are so many versions of French history that it is hard to say just what France may be or French history should be."
2. Citez cinq personnages historiques (femmes ou hommes d'état) qui, à votre avis, représentent la France. Justifiez votre choix et rédigez pour chacun d'entre eux une entrée biographique destinée à une encyclopédie.
3. Lisez les deux textes suivants et dites en quoi ils illustrent l'opinion de Weber citée dans la Question 1. Enfin vous expliquerez dans quelle mesure ces textes modifient l'image que vous vous faisiez de Louis XIV.

Louis XIV

Il demeure à travers les siècles le symbole de la royauté française. Si les succès de son règne s'avèrent limités, il est sans nul doute le plus «royal» des monarques de l'histoire de France. Plus encore que tous ses portraits, Versailles renseigne sur l'homme. Ce palais grandiose et somptueux est le cadre nécessaire de l'apogée monarchique qu'il a eu conscience d'incarner. Roi passionné de l'être, il écrit: «Le métier de roi est noble, grand, délicieux.» En choisissant le soleil comme symbole, il veut, malgré sa foi catholique, rivaliser avec les pharaons. Son absolutisme est total et sincère: «Toute puissance, toute autorité résident dans la main du roi et il ne peut y en avoir d'autre, dans le royaume, que celles qu'il y établit.»

Orgueilleux jusqu'à la caricature, royal dans l'attitude, l'homme a vécu et évolué pendant 77 ans. Jeune enfant, il subit les troubles de la Fronde: obligé de coucher sur la paille lors d'une invasion, il en conserva la plus grande défiance à l'égard des nobles. Adolescent, il paraît indolent et dilettante, voire limité. Ce n'est d'ailleurs pas un génie, si l'on en croit Saint-Simon: «Né avec un esprit au-dessous du médiocre, mais un esprit capable de se former, de se limer, de se raffiner.» Sa prise du pouvoir en 1661 surprend. Jusqu'en 1715, il s'emploie à construire l'absolutisme monarchique. Les oppositions, déjà contrées sous les règnes précédents, sont définitivement matées. La noblesse française, attirée à Versailles, se transforme en une cohorte de courtisans. A Versailles même, les époques passent et le roi change. Amateur de fêtes et amant volage (Mademoiselle de La Vallière, Madame de Montespan et tant d'autres) pendant longtemps, il est hanté durant les vingt dernières années de son règne par le salut de son âme. S'il n'a jamais dit: «L'Etat c'est moi», Bossuet a pu écrire: «Tout l'Etat est en lui.» Et, lorsque le 1er septembre 1715, on dit dans toutes les Cours d'Europe «Le roi est mort», il est inutile de préciser de quel roi il s'agit.

Journal historique de la France, de Y. Billard, J.M. Dequeker-Fergon, F. et C. Lepagnot — Hatier, 1985, p. 144

Jacques Prévert: «*L'éclipse*»

Louis XIV qu'on appelait aussi le Roi-Soleil
était souvent assis sur une chaise percée
vers la fin de son règne
une nuit où il faisait très sombre

le Roi-Soleil se leva de son lit
alla s'asseoir sur sa chaise
et disparut.

Jacques PREVERT, "L'éclipse", in *Paroles*,
© Editions GALLIMARD

Richard Bernstein: *Fragile Glory* (extrait)

The French present many paradoxes. One of them is that they have emerged in the last several decades more stable and more democratic, more unified and at internal peace, than ever before in their history. The French no longer so conspicuously present that aspect of themselves that, as Jules Michelet, the great nineteenth-century historian of the Revolution put it, "strains toward disunion and discord." Strangely, though, even as they have in the past quarter century solved the political problem that haunted them for centuries, they lost the compelling presence they used to have when they were beset by earthshaking troubles. France is no longer capable of throwing the world into turmoil. At the same time, it has never been better off. The French themselves are not sure which they would prefer.

Alfred A. Knopf, 1990, p. 4

C. Répondez aux questions suivantes en vous appuyant sur le texte de Bernstein:

1. Quelles sont, d'après Bernstein, les caractéristiques essentielles de la France d'aujourd'hui en tant qu'Etat?
2. Quelle période de l'histoire française est plus particulièrement désignée par les mots "disunion and discord"?
3. Quel est, à votre avis, le problème politique évoqué par Bernstein?
4. Comment pouvez-vous justifier la phrase: "The French present many paradoxes."

Etat des lieux

La Révolution française

Il ne faut pas beaucoup de probité pour qu'un gouvernement monarchique ou un gouvernement despotique se maintiennent ou se soutiennent. La force des lois dans l'un, le bras du prince toujours levé dans l'autre, règlent ou contiennent le tout. Mais, dans un Etat populaire, il faut un ressort de plus qui est la VERTU.

Charles de Secondat, baron de Montesquieu (1689-1755)

Tout ce que je vois jette les semences d'une révolution qui arrivera immanquablement et dont je n'aurai pas le plaisir d'être témoin. Les jeunes sont bien heureux; ils verront de belles choses.

François Marie Arouet, dit Voltaire (1694-1778)

Tout ce que j'ai rencontré dans l'Histoire de symptômes avant-coureurs des révolutions existe actuellement et s'augmente de jour en jour en France.

Philip Stanhope, comte de Chesterfield (1694-1773)

Faut-il sacrifier aux hasards d'une révolution le bonheur de la génération présente pour le bonheur de la génération future?

Denis Diderot (1713-1784)

Si l'on recherche en quoi consiste précisément le plus grand bien de tous, qui doit être la fin de tout système de législation, on trouvera qu'il se réduit à ces deux objectifs principaux: la LIBERTE et l'EGALITE.

Jean-Jacques Rousseau (1712-1778)

Cet événement est trop grand, trop lié aux intérêts de l'humanité... pour ne pas devoir être rappelé aux peuples à l'occasion de circonstances favorables.

Emmanuel Kant (1724-1804)

All men are created equal ...They are endowed with certain inalienable rights, among these are life, liberty and the pursuit of happiness.

(Tous les hommes sont créés égaux... Ils sont investis de certains droits inaliénables, dont la vie, la liberté et la poursuite du bonheur.)

Thomas Jefferson (1743-1826)

LES CAHIERS DE DOLEANCES

Ils devaient être remis au roi par les députés des trois ordres à l'ouverture des Etats Généraux. Comme à la dernière réunion, en 1614, la tradition est maintenue en 1789. Les Français sont appelés à donner leur avis.

Des 60 000 cahiers rédigés par les assemblées de paroisse, de quartier ou de corporation, le plus grand nombre a été retrouvé: ils dévoilent à l'historien les critiques et les souhaits des habitants du royaume.

Beaucoup se ressemblent, des «modèles» ayant circulé, mais les similitudes comme les différences éclairent l'esprit public et révèlent les hiérarchies culturelles et sociales.

Visiblement écrits par des juristes, les cahiers des ordres sont généraux, abstraits, et tous d'accord pour préconiser une Constitution qui limiterait l'absolutisme, une réforme de la fiscalité, une refonte du système judiciaire.

Les cahiers de la base révèlent la misère et le poids des droits féodaux, la dîme, les vexations seigneuriales. Tous sont antiféodaux, certains sont également anticapitalistes et désignent pour ennemis le marchand de grains et le bourgeois qui s'approprie les terres.

Les cahiers généraux annoncent la révolution juridique; ceux des paroisses et des quartiers préfigurent les luttes populaires pour une meilleure répartition des richesses.

Journal historique de la France, de Y. Billard, J.M. Dequeker-Fergon, F. et C. Lepagnot — Hatier, 1985, p. 173

Chronologie: La Révolution française (1789–1795)	
5 mai 1789	*Ouverture des Etats-Généraux. Louis XVI préside la cérémonie d'ouverture.*
17 juin 1789	*Proclamation de l'Assemblée nationale.*
20 juin 1789	*Les «patriotes» se réunissent au Jeu de Paume et prêtent le serment qui les engage «à ne jamais se séparer et à se rassembler partout où les circonstances l'exigeraient jusqu'à ce que la Constitution fût établie et affermie sur des bases solides».*
14 juillet 1789	*Prise de la Bastille (prison).*
14 septembre 1791	*Promulgation de la première Constitution*
septembre 1792	*Première Terreur. Suppression de la liberté de la presse. Surveillance des nobles. Sous l'instigation de Marat, premiers massacres.*
21 septembre 1792	*Proclamation de la République.*
21 janvier 1793	*Exécution de Louis XVI.*
24 juin 1793	*Deuxième Constitution (jamais appliquée).*
13 juillet 1793	*Exécution de Marat.*
septembre 1793	*Exécution de Marie-Antoinette, Madame Roland et Charlotte Corday.*
1793–1794	*La Terreur. But: Anéantir les ennemis de la Révolution. Résultat: 40 000 victimes.*
5 avril 1794	*Exécution de Danton (accusé par Robespierre de trahison).*
27 juillet 1794	*Chute de Robespierre.*
28 juillet 1794	*Exécution de Robespierre. (Bilan global des victimes de la Révolution: 600 000 – 800 000)*
22 août 1795	*Constitution de l'An III.*

Prise de la Bastille

LA MARSEILLAISE

1er couplet

Allons enfants de la patrie,
Le jour de gloire est arrivé!
Contre nous de la tyrannie
L'étendard sanglant est levé! (bis)
Entendez-vous dans les campagnes,
Mugir ces féroces soldats?
Ils viennent jusque dans nos bras
Egorger nos fils, nos compagnes!

Refrain

Aux armes, citoyens!
Formez vos bataillons!
Marchons! Marchons!
Qu'un sang impur
Abreuve nos sillons!

MARIANNE:
LE VISAGE DE LA REPUBLIQUE

Tandis qu'au premier plan de la scène politique, la Révolution invente le symbole de la République et impose la femme à bonnet phrygien, au fond de la province on voit émerger, pour la désigner, le nom de Marianne. L'image et le prénom ne se rencontreront que plus tard.

Des nombreuses images symboliques de liberté, revient souvent celle d'une femme, drapée à l'antique et portant un bonnet phrygien. C'est la vieille tradition gréco-latine de l'allégorie, depuis longtemps codifiée à l'usage des artistes: mettre des corps humains pour représenter des choses abstraites ou lointaines.

Le lien entre la liberté et le bonnet jadis venu de Phrygie, en Asie Mineure, s'était établi dans la République romaine antique, où le rite de l'affranchissement d'un esclave comportait la pose de cette coiffure sur la tête de l'individu libéré.

C'est à l'automne 1792 qu'apparaît pour la première fois le nom de Marianne au sens de la République, ou de la France en Révolution. Ce nom vient du succès d'une chanson. Bon patriote, c'est-à-dire républicain, le chansonnier d'expression occitane Guillaume Lavabre fait imprimer une chanson intitulée «La Garisou de Marianno».

Aujourd'hui, si la figure de Marianne est toujours présente et même populaire — on trouve son buste dans toutes les mairies de France — elle a pris de nombreuses apparences. Cuirassée ou le sein nu, cheveux tressés ou dénoués, coiffée du bonnet rouge ou couronnée de lauriers, Marianne a de multiples visages qui reflètent l'histoire chaotique de la République française.

En 1969, le sculpteur Aslan s'amuse à sculpter le buste de femme à bonnet phrygien avec les traits bien reconnaissables, et le torse à peine voilé de Brigitte Bardot, qui reste le plus vendu aujourd'hui. En 1985, les maires sont nombreux à adopter le buste à l'effigie de Catherine Deneuve.

D'après l'ouvrage *Marianne: Les visages de la République* de Maurice Agulhon et Pierre Bonte.

Les révolutionnaires

DANTON
Georges Jacques

Né le 26 octobre 1759 à Arcis-sur-Aube. Mort guillotiné à Paris le 16 Germinal An II (5 avril 1794).

«S'il n'y avait pas eu des hommes ardents, si le peuple n'avait pas été violent, il n'y aurait pas eu de Révolution.»

«L'ange exterminateur de la Liberté fera tomber les satellites du despotisme.»

«C'est dans les écoles publiques que l'enfant doit sucer le lait républicain.»

MIRABEAU
Gabriel Honoré Riquetti, comte de

Né le 9 mars 1749 au Bignon, près de Nemours. Mort de maladie à Paris le 2 avril 1791.

«Il est des moments où le courage est prudence, où les ménagements sont crime, où le silence est déshonneur.»

«Les privilèges finiront mais le peuple est éternel.»

«Tout se tait et tout doit se taire, tout succombe et tout doit succomber contre un peuple qui a faim.»

«Nous sommes ici par la volonté du peuple, nous n'en sortirons que par la puissance des baïonnettes.»

MARAT
Jean-Paul

Né le 24 mai 1743 à Boudry, près de Neuchâtel, en Suisse. Mort assassiné à Paris le 13 juillet 1793.

«Ne vous effrayez pas des mots; ce n'est que par la force que l'on peut parvenir à faire triompher la liberté et assurer le salut public.»

«Qu'aurons-nous gagné à détruire l'aristocratie des nobles si elle est remplacée par celle des riches?»

ROBESPIERRE
Maximilien (de)

Né le 6 mai 1758 à Arras. Mort guillotiné à Paris le 10 Thermidor An II (28 juillet 1794).

«Je suis du peuple, je n'ai jamais été que cela et je ne veux être que cela. Je méprise quiconque a la prétention d'être autre chose.»

«L'amour de la justice, de l'humanité, de la liberté, est une passion comme une autre; quand elle est dominante, on lui sacrifie tout.»

«Dès le moment où vous aurez prononcé le mot esclave, vous aurez prononcé votre propre déshonneur.»

«Tout ce que la Révolution a produit de sage et de sublime est l'ouvrage du peuple.»

«Citoyens, vouliez-vous une révolution sans révolution?»

CORDAY D'ARMONT
Charlotte (1768–1793)

la justicière méthodique.

A lu Corneille, son ancêtre, mais pas Marat. Admire les orateurs girondins mais n'ose pas le leur dire. Ecrit à son père qu'elle part à Londres mais vient à Paris. Réussit à franchir les obstacles qui la conduisent jusqu'au domicile de Marat, très souffrant. Un seul coup de poignard suffit à libérer sa haine ou... son amour. Meurt guillotinée.

ROLAND DE LA PLATIÈRE
Manon (1754–1793)

la dame d'honneur des Girondins.

Rédactrice du «Courrier de Lyon», journal fondé par son mari. Animatrice des Girondins. Tient salon à Paris. On la dit ministre sous le nom de son mari. Arrêtée en mai 1793, elle est accusée de complicité avec l'Angleterre. Se défend avec brio. Guillotinée le 8 novembre. Elle dit, en passant devant la statue de la Liberté, place de la Révolution, lieu de son supplice, «Liberté, que de crimes on commet en ton nom».

LA FAYETTE
Gilbert de (1757–1834)

le héros d'un seul 14 Juillet.

A 20 ans, il devient le héros de l'indépendance américaine. Député de la noblesse à la Constituante, il propose de faire une Déclaration des Droits de l'Homme. Commande la première Garde Nationale. Protège le roi en octobre 1789 à Versailles, puis à Paris. N'hésite jamais à disperser la foule avec ses troupes. Aide à organiser la fuite du roi. Auteur du massacre du Champ-de-Mars en juillet 1791, là où il a triomphé un an auparavant lors de la Fête de la Fédération. Mis hors la loi en juin 1792. S'évade en Belgique.

TALLEYRAND
Charles-Maurice de (1754–1838)

l'évêque excommunié.

Evêque d'Autun à 24 ans (bien qu'aîné de famille il a droit aux ordres à cause d'une infirmité: il boite). Député. Provoque l'abolition des dîmes ecclésiastiques. Célèbre la messe le jour de la Fête de la Fédération. Seul évêque à ordonner d'autres évêques après la Constitution civile du clergé, ce qui lui vaut d'être condamné par Robespierre, il part alors en Amérique. Ministre des Relations extérieures du Directoire en 1797.[...]

La Révolution française au jour le jour, de Denys Prache — Hatier, 1985, pp. 75, 77, 79, 81, 83, 84, 85

Les acquis de la Révolution

LIBERTE

Premier mot de la devise de la République. La liberté consiste à *«pouvoir faire ce qui ne nuit pas aux droits d'autrui»*. Il faut «vivre libre ou mourir».

Liberté de l'individu: abolition des survivances du servage; abolition de l'esclavage (seulement proclamée en 1794).

Liberté de la terre: abolition des droits féodaux.

Liberté de l'initiative individuelle: suppression des corporations et des banalités (obligation d'utiliser, contre redevances, les services offerts par le seigneur, comme le moulin).

Liberté d'opinion: Juifs et Protestants entrent dans la communauté des Français.

Liberté de la presse: les gazettes officielles ne sont plus les seuls moyens d'information.

Liberté de refuser les vœux perpétuels dans les communautés religieuses.

Liberté de mettre fin à son mariage par le divorce.

EGALITE

Deuxième mot de la devise de la République. *«Les hommes naissent et demeurent libres et égaux en droits.»*

Egalité civile: tous les Français ont les mêmes droits civils... et les mêmes obligations (l'Ancien Régime était fondé sur l'inégalité entre les ordres; sur les privilèges et les distinctions sociales).

Egalité pour l'accès aux emplois par la suppression de la vénalité de certaines charges (comme celle d'homme de loi).

Egalité de tous les Français devant la justice (les justices seigneuriales ou ecclésiastiques sont supprimées).

FRATERNITE

Troisième mot de la devise de la République. *«Ne fais pas à autrui ce que tu ne voudrais pas qu'on te fît. Fais constamment aux autres le bien que tu voudrais en recevoir.»*

Les Français essaient de se sentir ou de se vouloir frères: la Fête de la Fédération célèbre l'unité des fédérés de toute la France, prêts à mourir ensemble pour la Patrie et rassemble tout Paris. La Fête de la Régénération veut illustrer la renaissance de la Nation et réunir tous les âges de la vie comme celle de l'Etre Suprême plus solennelle et religieuse. Des veillées funèbres, des fêtes populaires, des cortèges au Panthéon, des banquets fraternels donnent l'occasion de se rencontrer plus librement que dans les clubs et surtout plus largement: tout le monde peut y assister.

Jamais, sans doute, depuis les Grecs et les Romains, les fêtes ne prirent autant d'importance que pendant la Révolution... et ne réunirent autant de participants.

UNIVERSALITE

Déclaration des Droits de l'Homme et du Citoyen: rédigée en 1789, inscrite comme préambule de la Constitution de 1791, elle se veut universelle et représente des aspirations qui devraient être respectées partout et toujours.

Déclaration de paix aux peuples: la France introduit la première la notion de droit des peuples à disposer d'eux-mêmes. En mai 1792, elle «s'interdit de faire des guerres de conquêtes et offre aux peuples opprimés son aide». (Le Directoire dérogera à ce principe fondamental de droit international.)

Système métrique: en prenant comme unité de longueur une partie du méridien terrestre et comme unité de poids une certaine quantité d'eau, la France choisit des mesures que toute nation peut adopter (mars 1791). Les divisions de ces nouvelles mesures sont conformes à la division numérique décimale, ce qui leur vaudra une renommée rapide.

Le premier projet de lois sur les poids et mesures a été déposé par Talleyrand en 1790.

UNITE NATIONALE

Départements

Depuis janvier 1790, la France est divisée en départements.

Ce découpage n'a pas été arbitraire: il a tenu compte de la richesse des populations et des moyens de liaison entre villes et villages.

Les petites circonscriptions sont réunies; les grandes, morcelées.

Un élu par département représente l'intérêt national et fait appliquer la loi commune.

Sieyès rêva de couper la France en 80 carrés de 72 kilomètres de côté!

Fête nationale du 14 Juillet

Elle naît le jour de la fête de la Fédération, premier anniversaire de la prise de la Bastille.

Hymne national

La Marseillaise, d'abord chant de guerre composé en avril 1792, devient, par son succès, l'hymne des soldats de l'An II puis celui de la Nation.

Garde nationale

Créée en 1789, la Garde se compose de troupes qui viennent de toute la France et s'unissent en fédérations puis en Fédération nationale, en 1790, avec un statut unique.

Armée nationale

A Valmy, le 20 septembre 1792, l'armée française crie pour la première fois: «Vive la nation!» Un décret de février 1790 supprime la vénalité des grades qui deviennent accessibles à tous. Les levées de 1793 incorporent des paysans de la France entière: l'armée s'identifie désormais à la Nation: elle n'est plus un corps d'engagés ou de mercenaires. Son nouveau budget lui permettra d'avoir des armes, des uniformes et des hôpitaux décents.

La Révolution française au jour le jour, de Denys Prache — Hatier, 1985, pp. 86, 87

D. Traitez les points suivants:

1. Dégagez les grands principes de la Révolution en vous appuyant sur les citations (p. 50) et sur le document «Les acquis de la Révolution».
2. En vous appuyant sur l'ensemble des documents (chronologie, portraits, citations), émettez des hypothèses sur les causes de la Révolution.
3. Comparez les idées politiques de Danton, Marat, Mirabeau, Robespierre, La Fayette et Talleyrand.
4. Commentez le rôle joué par les femmes tant sur le plan des événements que sur le plan symbolique.
5. Relisez attentivement «la Marseillaise» et expliquez pourquoi, à votre avis, certains Français jugent que cet hymne national ne reflète plus l'idéologie d'aujourd'hui.

Déclaration des droits de l'homme et du citoyen (août 1789)

Votée le 26 août 1789 par l'Assemblée constituante, cette Déclaration est un compromis: trente projets différents ont été discutés. Le texte final, véritable «acte de décès de l'Ancien Régime», doit servir de préface à la Constitution de 1791. Dix-sept articles le composent. L'un après l'autre, les abus de l'Ancien Régime sont condamnés. L'arbitraire est assimilé à une violence, la liberté de chacun entraîne l'égalité de tous et donc la fraternité.

La loi, expression de la volonté générale, protège la liberté d'aller et venir, de penser et d'écrire. Contre les atteintes que le peuple a portées depuis juillet aux biens des nobles mais aussi de quelques bourgeois, l'article 17 assimile le droit de propriété à un droit naturel.

Les paroles de cette Déclaration, applicables à tous les hommes, ont été reprises à travers le monde entier. Elles chantent l'espérance de tous et l'exigence de chacun.

PRÉAMBULE. — Les représentants du Peuple Français, constitués en Assemblée Nationale, considérant que l'ignorance, l'oubli ou le mépris des droits de l'homme sont les seules causes des malheurs publics et de la corruption des gouvernements, ont résolu d'exposer, dans une déclaration solennelle, les droits naturels, inaliénables et sacrés de l'homme afin que cette déclaration, constamment présente à tous les membres du corps social, leur rappelle sans cesse leurs droits et leurs devoirs; afin que les actes du pouvoir législatif et ceux du pouvoir exécutif, pouvant être à chaque instant comparés avec le but de chaque institution politique, en soient plus respectés; afin que les réclamations des citoyens fondées désormais sur des principes simples et incontestables, tournent toujours au maintien de la constitution et au bonheur de tous.

En conséquence, l'Assemblée Nationale reconnaît et déclare, en présence et sous les auspices de l'Etre suprême, les droits suivants de l'homme et du cityoyen:

I. Les hommes naissent et demeurent libres et égaux en droits; les distinctions sociales ne peuvent être fondées que sur l'utilité commune.

II. Le but de toute association politique est la conservation des droits naturels et imprescriptibles de l'homme; ces droits sont la liberté, la propriété, la sûreté et la résistance à l'oppression.

III. Le principe de toute souveraineté réside essentiellement dans la nation; nul corps, nul individu ne peut exercer d'autorité qui n'en émane expressément.

IV. La liberté consiste à pouvoir faire tout ce qui ne nuit pas à autrui. Ainsi, l'exercice des droits naturels de chaque homme n'a de bornes que celles qui assurent aux autres membres de la société la jouissance de ces mêmes droits; ces bornes ne peuvent être déterminées que par la loi.

V. La loi n'a le droit de défendre que les actions nuisibles à la société. Tout ce qui n'est pas défendu par la loi ne peut être empêché et nul ne peut être contraint à faire ce qu'elle n'ordonne pas.

VI. La loi est l'expression de la volonté générale; tous les citoyens ont droit de concourir personnellement, ou par leurs représentants, à sa formation; elle doit être la même pour tous, soit qu'elle protège, soit qu'elle punisse. Tous les citoyens étant égaux à ses yeux sont également admissibles à toutes dignités, places et emplois publics, selon leur capacité, et sans autres distinctions que celles de leurs vertus et de leurs talents.

VII. Nul homme ne peut être accusé, arrêté ni détenu que dans les cas déterminés par la loi, et selon les formes qu'elle a prescrites. Ceux qui sollicitent, expédient, exécutent ou font exécuter des ordres arbitraires, doivent être punis; mais tout citoyen appelé ou saisi en vertu de la loi doit obéir à l'instant; il se rend coupable par la résistance.

VIII. La loi ne doit établir que des peines strictement et évidemment nécessaires, et nul ne peut être puni qu'en vertu d'une loi établie et promulguée antérieurement au délit, et également appliquée.

IX. Tout homme étant présumé innocent jusqu'à ce qu'il ait été déclaré coupable, s'il est jugé indispensable de l'arrêter, toute rigueur qui ne serait pas nécessaire pour s'assurer de sa personne doit être sévèrement réprimée par la loi.

X. Nul ne doit être inquiété pour ses opinions, même religieuses, pourvu que leur manifestation ne trouble pas l'ordre public établi par la loi.

XI. La libre communication des pensées et des opinions est un des droits les plus précieux de l'homme; tout citoyen peut donc parler, écrire, imprimer librement; sauf à répondre de l'abus de cette liberté dans les cas déterminés par la loi.

XII. La garantie des droits de l'homme et du citoyen nécessite une force publique; cette force est donc instituée pour l'avantage de tous, et non pour l'utilité particulière de ceux à qui elle est confiée.

XIII. Pour l'entretien de la force publique et pour les dépenses d'administration, une contribution commune est indispensable; elle doit être également répartie entre tous les citoyens, en raison de leurs facultés.

XIV. Les citoyens ont le droit de constater par eux-mêmes ou par leurs représentants la nécessité de la contribution publique, de la consentir librement, d'en suivre l'emploi, et d'en déterminer la qualité, l'assiette, le recouvrement et la durée.

XV. La société a le droit de demander compte à tout agent public de son administration.

XVI. Toute société, dans laquelle la garantie des droits n'est pas assurée, ni la séparation des pouvoirs déterminée, n'a point de constitution.

XVII. La propriété étant un droit inviolable et sacré, nul ne peut en être privé, si ce n'est lorsque la nécessité publique, légalement constatée, l'exige évidemment, et sous la condition d'une juste et préalable indemnité.

Constitution of the United States

The Original 7 Articles

PREAMBLE

We, the people of the United States, in order to form a more perfect Union, establish justice, insure domestic tranquility, provide for the common defense, promote the general welfare, and secure the blessings of liberty to ourselves and our posterity do ordain and establish this Constitution for the United States of America.

ARTICLE I

Section 1. All legislative powers herein granted shall be vested in a Congress of the United States, which shall consist of a Senate and a House of Representatives.

Section 2. The House of Representatives shall be composed of members chosen every second year by the people of the several States, and the electors in each State shall have the qualifications requisite for electors of the most numerous branch of the State Legislature.

Section 3. The Senate of the United States shall be composed of two Senators from each State, *(chosen by the Legislature thereof), (The preceding five words were superseded by Amendment XVII, section 1.)* for six years; and each Senator shall have one vote.

Section 4. The times, places and manner of holding elections for Senators and Representatives, shall be prescribed in each State by the Legislature thereof; but the Congress may at any time by law make or alter such regulations, except as to the places of choosing Senators.

ARTICLE II

Section 1. The Executive power shall be vested in a President of the United States of America. He shall hold his office during the term of four years, and together with the Vice President, chosen for the same term.

Ten Original Amendments: The Bill of Rights
In force December 15, 1791

AMENDMENT I

Congress shall make no law respecting an establishment of religion, or prohibiting the free exercise thereof; or abridging the freedom of speech, or of the press; or the right of the people peaceably to assemble, and to petition the Government for a redress of grievances.

AMENDMENT II

A well-regulated militia, being necessary to the security of a free State, the right of the people to keep and bear arms, shall not be infringed.

AMENDMENT III

No soldier shall, in time of peace be quartered in any house, without the consent of the owner, nor in time of war, but in a manner to be prescribed by law.

AMENDMENT IV

The right of the people to be secure in their persons, houses, papers, and effects, against unreasonable searches and seizures, shall not be violated, and no warrants shall issue, but upon probable cause, supported by oath or affirmation, and particularly describing the place to be searched, and the persons or things to be seized.

La Constitution des Etats-Unis

La Constitution du 17 septembre 1787

PREAMBULE

Nous le peuple des Etats-Unis, avec la volonté de rendre plus parfaite notre Union, de la fonder sur la justice, d'assurer la paix civile, de pourvoir à la nécessité d'une défense commune, de promouvoir la prospérité de tous, et d'assurer les bienfaits de la liberté à nous-mêmes et à nos descendants, nous décidons et nous instituons la présente Constitution pour les Etats-Unis d'Amérique.

ARTICLE I

Section 1. Tous les pouvoirs législatifs ci-après accordés seront conférés à un Congrès des Etats-Unis, composé d'un Sénat et d'une Chambre des Représentants.

Section 2. La Chambre des Représentants sera composée de membres choisis tous les deux ans par la population des différents Etats; dans chaque Etat, les électeurs devront satisfaire aux mêmes conditions que celles exigées des électeurs de l'assemblée la plus nombreuse de l'Etat.

Section 3. Le Sénat des Etats-Unis comprendra deux sénateurs par Etat désignés pour six ans [par la législature de l'Etat]; chacun d'eux aura une voix.

Section 4. Il appartiendra aux législatures de chaque Etat de déterminer l'époque, le lieu et les modalités des élections des Sénateurs et des Représentants. Mais le Congrès pourra à tout moment déterminer ou modifier par une loi ces réglementations, sauf celles qui concernent le lieu de désignation des Sénateurs.

ARTICLE II

Section 1. Le pouvoir exécutif sera confié à un Président des Etats-Unis d'Amérique. La durée de son mandat, comme celle du vice-Président sera de quatre ans.

Les Amendements à la Constitution

AMENDEMENT I (1791)

Le Congrès ne fera aucune loi accordant une préférence à une religion ou en interdisant le libre exercice; restreignant la liberté d'expression, la liberté de la presse, ou le droit des citoyens de se réunir pacifiquement et d'adresser à l'Etat des pétitions pour obtenir réparation de torts subis.

AMENDEMENT II (1791)

Une milice bien organisée étant nécessaire à la sécurité d'un Etat libre, il ne pourra être porté atteinte au droit du peuple de détenir et de porter des armes.

AMENDEMENT III (1791)

Aucune troupe ne pourra, en temps de paix, être cantonnée dans une maison privée, sans l'autorisation de son propriétaire; en temps de guerre, le cantonnement ne pourra être effectué que conformément aux règles fixées par la loi.

AMENDEMENT IV (1791)

Il ne sera pas porté atteinte au droit des citoyens d'être exempts de toute perquisition ou saisie déraisonnable concernant leur personne, leur domicile, les documents et biens leur appartenant; aucun mandat de perquisition ne pourra être délivré, s'il ne se fonde sur des motifs plausibles, s'il ne s'appuie sur des déclarations ou des affirmations sous serment, et s'il ne mentionne de façon détaillée les lieux qui doivent faire l'objet de la perquisition, et les personnes ou objets dont il faut s'assurer.

AMENDMENT V

No person shall be held to answer for a capital, or otherwise infamous crime, unless on a presentment or indictment of a Grand Jury, except in cases arising in the land or naval forces, or in the militia, when in actual service in time of war or public danger; nor shall any person be subject for the same offense to be twice put in jeopardy of life or limb; nor shall be compelled in any criminal case to be a witness against himself, nor be deprived of life, liberty, or property, without due process of law; nor shall private property be taken for public use without just compensation.

AMENDMENT VI

In all criminal prosecutions, the accused shall enjoy the right to a speedy and public trial, by an impartial jury of the State and district wherein the crime shall have been committed, which district shall have been previously ascertained by law, and to be informed of the nature and cause of the accusation; to be confronted with the witnesses against him; to have compulsory process for obtaining witnesses in his favor, and to have the assistance of counsel for his defense.

AMENDMENT VII

In suits at common law, where the value in controversy shall exceed twenty dollars, the right of trial by jury shall be preserved, and no fact tried by a jury shall be otherwise re-examined in any court of the United States, than according to the rules of the common law.

AMENDMENT VIII

Excessive bail shall not be required, nor excessive fines imposed, nor cruel and unusual punishments inflicted.

AMENDMENT IX

The enumeration in the Constitution, of certain rights, shall not be construed to deny or disparage others retained by the people.

AMENDMENT X

The powers not delegated to the United States by the Constitution, nor prohibited by it to the States, are reserved to the States respectively, or to the people.

AMENDMENT XV

(The following amendment was proposed to the legislatures of the several States by the 40th Congress, Feb. 26, 1869, and was declared to have been ratified in a proclamation by the Secretary of State, March 30, 1870.)

1. The right of citizens of the United States to vote shall not be denied or abridged by the United States or by any State on account of race, color, or previous condition of servitude.

2. The Congress shall have power to enforce this article by appropriate legislation.

AMENDMENT XIX

(Proposed by Congress June 4, 1919; ratification certified by Secretary of State, August 26, 1920.)

1. The right of citizens of the United States to vote shall not be denied or abridged by the United States or by any State on account of sex.

2. Congress shall have power to enforce this Article by appropriate legislation.

AMENDEMENT V (1791)

Nul ne pourra répondre d'un crime capital ou infamant à moins d'avoir été inculpé ou renvoyé devant les tribunaux par un grand jury, à l'exception des poursuites engagées à l'occasion d'actes commis dans les forces armées terrestres ou navales ou dans la milice, dans le cadre d'un service actif en temps de guerre, ou de péril public; nul ne pourra deux fois pour le même délit se trouver menacé dans sa vie ou dans sa personne; nul ne pourra être contraint de témoigner contre lui-même dans un procès criminel, ni être privé de sa vie, de sa liberté ou de ses biens sans procédure légale régulière *(due process of law)*; aucune expropriation dans l'intérêt public ne sera possible, sans une juste indemnité.

AMENDEMENT VI (1791)

Lors de toute poursuite criminelle, l'accusé aura le droit d'être jugé rapidement et publiquement, par un jury impartial de l'Etat et du district où le crime a été commis, ledit district ayant été préalablement déterminé par la loi; d'être informé de la nature et des motifs des charges retenues contre lui; d'être confronté avec les témoins à charge; de faire citer des témoins à décharge, et de bénéficier de l'assistance d'un avocat pour sa défense.

AMENDEMENT VII (1791)

Dans le procès de *common law* où la valeur de l'objet du litige excédera vingt dollars, le droit à un jugement par jury sera maintenu, et aucun fait jugé par un jury ne pourra être réexaminé par une Cour quelconque des Etats-Unis autrement qu'en conformité avec les règles de la *common law.*

AMENDEMENT VIII (1791)

Il ne pourra être exigé de caution disproportionnée, ni imposé d'amendes excessives, ni infligé de peines cruelles inhabituelles.

AMENDEMENT IX (1791)

L'énonciation dans la Constitution de certains droits ne devra pas être interprétée de façon à dénier ou à limiter d'autres droits conservés par le peuple.

AMENDEMENT X (1791)

Les pouvoirs qui ne sont pas délégués aux Etats-Unis par la Constitution, ni refusés par elle aux Etats, sont réservés aux Etats ou au peuple.

AMENDEMENT XV (1870)

Section 1. Le droit de vote des citoyens des Etats-Unis ne sera ni refusé ni limité par les Etats-Unis ou par un Etat quelconque, pour des raisons liées à la race, à la couleur ou à un état antérieur de servitude.

Section 2. Le congrès aura le pouvoir d'assurer l'exécution de cet Amendement par toute législation appropriée.

AMENDEMENT XIX (1920)

Le droit de vote des citoyens des Etats-Unis ne sera pas refusé ou limité par les Etats-Unis, ou par un Etat quelconque, à raison du sexe.

Le Congrès aura le pouvoir d'édicter toute législation appropriée pour assurer l'exécution de cet Amendement.

AMENDMENT XXII

(Proposed by Congress March 24, 1947; ratification completed February 27, 1951)

1. No person shall be elected to the office of the President more than twice, and no person who has held the office of President, or acted as President, for more than two years of a term to which some other person was elected President shall be elected to the office more than once. But this Article shall not apply to any person holding the office of President when this Article was proposed by the Congress, and shall not prevent any person who may be holding the office of President, or acting as President, during the term within which this Article becomes operative from holding the office of President or acting as President during the remainder of such term.

2. This article shall be inoperative unless it shall have been ratified as an amendment to the Constitution by the Legislatures of three-fourths of the several States within seven years from the date of its submission to the States by the Congress.

AMENDEMENT XXII (1951)

Section 1. Nul ne sera élu à la Présidence plus de deux fois, et quiconque aura rempli les fonctions de Président ou fait fonction de Président pendant plus de deux ans durant un mandat pour la durée duquel une autre personne aurait été élue Président, ne pourra être élu à la Présidence plus d'une seule fois. Toutefois, cet article ne s'appliquera à aucun titulaire de la fonction présidentielle au moment où il a été proposé par le Congrès, et il ne fera pas obstacle à ce qu'une personne remplissant les fonctions ou faisant fonction de Président pendant la durée du mandat au cours duquel cet article est entré en vigueur, ne remplisse lesdites fonctions ou ne fasse fonction durant le reste de ce mandat.

Section 2. Cet article n'entrera en vigueur qu'à la condition d'être ratifié, en tant qu'Amendement à la Constitution, dans les sept ans qui suivront sa présentation aux Etats par le Congrès, par les législatures des trois quarts des Etats.

E. Commentez les similarités et les différences entre la Déclaration des droits de l'homme et du citoyen et la Constitution des Etats-Unis. A votre avis, dans quelle mesure le document français a-t-il influencé le document américain?

Points de vue

■ 1793: La fin tragique de Louis XVI et de Marie-Antoinette ■

Le procès de la reine

Six mois après la mort de Louis XVI, sa veuve Marie-Antoinette est transférée de la prison du Temple à celle de la Conciergerie qu'on appelle «l'antichambre de la mort» dans l'attente de son procès qui doit avoir lieu le 14 octobre 1793.

La nouvelle du procès passionne les Parisiens d'autant plus que circule une rumeur venue d'on ne sait où qu'un envoyé de l'empereur d'Autriche (le frère de Marie-Antoinette) aurait offert à la République 20 000 prisonniers français en échange de l'ex-reine.

Le 14 octobre au matin, on réveille brutalement la reine dans son cachot du rez-de-chaussée de la Conciergerie. Quatre gendarmes sont venus pour l'escorter jusqu'à la salle du Tribunal révolutionnaire.

Marie-Antoinette est vêtue d'une robe noire usée, elle porte une simple coiffure blanche. Un peintre anonyme a laissé d'elle un portrait: le regard brûlant dans un visage au teint blafard, pâle de longues veilles.

Le greffier donne lecture de huit longs feuillets énumérant les dépositions des témoins qui accusaient la reine d'avoir dilapidé les finances de la France, d'avoir entretenu une intelligence avec les ennemis de la République, d'avoir tramé des complots contre la sécurité de la France.

Enfin, on l'accuse d'avoir dépravé son fils, devenu le roi Louis XVII à la mort de son père.

Un verdict sans appel

Le lendemain, 15 octobre, les jurés se retirent pour délibérer. Une heure plus tard, le verdict est rendu: «L'accusée est condamnée à la peine de mort».

Elle est condamnée à être guillotinée le 16 octobre. A l'aube, le bourreau Samson vient la chercher et elle traverse Paris sous les cris et les injures de la foule. Le peintre Jacques-Louis David nous a laissé un dessin, depuis devenu célèbre, de la reine en route pour l'échafaud.

Anne Prah-Perochon, *Journal français d'Amérique*, 25 juin–8 juillet 1993, pp. 14–15, 17

LETTRE DE MARIE-ANTOINETTE
REINE DE FRANCE ET DE NAVARRE
A S.A.R. Mme ELISABETH DE FRANCE

Ce 16 octobre, à quatre heures et demie du matin.

C'est à vous, ma sœur, que j'écris pour la dernière fois. Je viens d'être condamnée, non pas à une morte honteuse, elle ne l'est que pour les criminels, mais à aller rejoindre votre frère.

Comme lui innocente, j'espère montrer la même fermeté que lui dans ces derniers moments. Je suis calme comme on l'est quand la conscience ne reproche rien. J'ai un profond regret d'abandonner mes pauvres enfants. Vous savez que je n'existais que pour eux et vous, ma bonne et tendre sœur, vous qui avez par votre amitié, tout sacrifié pour être avec nous, dans quelle position je vous laisse! [...]

Il me reste à vous confier encore mes dernières pensées. J'aurais voulu les écrire dès le commencement du procès, mais outre que l'on ne me laissait pas écrire, la marche en a été si rapide que je n'en aurais réellement pas eu le temps.

Je meurs dans la religion catholique, apostolique et romaine, dans celle de mes pères, dans celle où j'ai été élevée et que j'ai toujours professée; n'ayant aucune consolation spirituelle à attendre ne sachant pas s'il existe encore ici des prêtres de cette religion, et même le lieu où je suis les exposerait trop s'ils y entraient une fois.

Je demande sincèrement pardon à Dieu de toutes les fautes que j'ai pu commettre depuis que j'existe. J'espère que, dans sa bonté, il voudra bien recevoir mes derniers vœux, ainsi que ceux que je fais depuis long-temps pour qu'il veuille bien recevoir mon âme, dans sa miséricorde et sa bonté.

Je demande pardon à tous ceux que je connais, et à vous ma sœur en particulier, de toutes les peines que sans le vouloir j'aurais pu vous causer; je pardonne à tous mes ennemis le mal qu'ils m'ont fait.

Je dis ici adieu à mes tantes et à tous mes frères et sœurs. J'avais des amis, l'idée d'en être séparée pour jamais, et leurs peines, sont un des plus grands regrets que j'emporte en mourant. Qu'ils sachent du moins que jusqu'à mon dernier moment j'ai pensé à eux.

Adieu! ma bonne et tendre sœur! Puisse cette lettre vous arriver!

Pensez toujours à moi. Je vous embrasse de tout mon cœur, ainsi que mes pauvres et chers enfants. Mon Dieu! qu'il est déchirant de les quitter pour toujours!

Adieu! adieu! Je ne vais plus m'occuper que de mes devoirs spirituels. Comme je ne suis pas libre dans mes actions, on m'amènera peut-être un prêtre, mais je proteste ici que je ne lui dirai pas un mot, et que je le traiterai comme un étranger.

Combien vaut une lettre de Marie-Antoinette?

130.000 F pour une lettre écrite en 1789

Remue-méninges. Faites une liste des domaines dans lesquels, à votre avis, les femmes ne sont pas les égales des hommes.

LES FEMMES ET LA RÉVOLUTION

«Faudra-t-il toujours travailler, obéir, et se taire?» La question est posée dès 1789 dans un cahier de doléances de femmes. La société d'Ancien Régime repose sur la famille et celle-ci sur la toute-puissance du mari. L'Ancien Régime aboli, des revendications féministes s'expriment, vite déçues.

Jacobins et sans-culottes suivent Jean-Jacques Rousseau: «Il est dans la nature que la femme obéisse à l'homme.» Les Constituants ne donnent pas aux femmes le droit de vote, malgré Condorcet, noble libéral qui défend dans le *Journal de la Société de 89* l'égalité de l'homme et de la femme.

La Convention ne sera pas plus généreuse. Théroigne de Méricourt qui ne manque aucune séance de l'Assemblée a vite compris qu'il faut lutter: fille d'un cultivateur belge et d'abord chanteuse, elle a participé à la prise de la Bastille. Dans le club qu'elle fonde, les femmes seules peuvent commenter ou critiquer les actes du pouvoir. Comme Olympe de Gouges ou Etta Palm, elle dénonce les abus du pouvoir masculin.

Très tôt, les «folles héroïques» ont réclamé contre Robespierre et Marat, «avorton de l'humanité», le droit de parler et de vivre librement: celui de périr sur l'échafaud n'a été refusé à aucune d'elles.

Journal historique de la France, de Y. Billard, J.M. Dequeker-Fergon, F. et C. Lepagnot — Hatier, 1985, p. 185

DECLARATION DES DROITS DE LA FEMME ET DE LA CITOYENNE
A décréter par l'Assemblée nationale dans ses dernières séances ou dans celle de la prochaine législature.

Préambule

Les mères, les filles, les sœurs, représentantes de la nation, demandent d'être constituées en assemblée nationale. Considérant que l'ignorance, l'oubli ou le mépris des droits de la femme, sont les seules causes des malheurs publics et de la corruption des gouvernemens, ont résolu d'exposer dans une déclaration solennelle, les droits naturels, inaliénables et sacrés de la femme, afin que cette déclaration, constamment présente à tous les membres du corps social, leur rappelle sans cesse leurs droits et leurs devoirs, afin que les actes du pouvoir des femmes et ceux du pouvoir des hommes, pouvant être à chaque instant comparés avec le but de toute institution politique, en soient plus respectés, afin que les réclamations des citoyennes, fondées désormais sur des principes simples et incontestables, tournent toujours au maintien de la constitution, des bonnes mœurs, et au bonheur de tous.

En conséquence, le sexe supérieur en beauté comme en courage, dans les souffrances maternelles, reconnaît et déclare, en présence et sous les auspices de l'Etre suprême, les Droits suivans de la Femme et de la Citoyenne:

Article premier
La Femme naît libre et demeure égale à l'homme en droits. Les distinctions sociales ne peuvent être fondées que sur l'utilité commune.

II
Le but de toute association politique est la conservation des droits naturels et imprescriptibles de la Femme et de l'Homme: ces droits sont la liberté, la propriété, la sûreté, et sur-tout la résistance à l'oppression.

III
Le principe de toute souveraineté réside essentiellement dans la Nation, qui n'est que la réunion de la Femme et de l'Homme: nul corps, nul individu, ne peut exercer l'autorité qui n'en émane expressément.

IV
La liberté et la justice consistent à rendre tout ce qui appartient à autrui; ainsi l'exercice des droits naturels de la femme n'a de bornes que la tyrannie perpétuelle que l'homme lui oppose; ces bornes doivent être réformées par les loix de la nature et de la raison.
[...]

VI
La Loi doit être l'expression de la volonté générale; toutes les Citoyennes et Citoyens doivent concourir personnellement, ou par leurs représentans, à sa formation; elle doit être la même pour tous: toutes les citoyennes et tous les citoyens, étant égaux à ses yeux, doivent être également admissibles à toutes dignités, places et emplois publics, selon leurs capacités, & sans autres distinctions que celles de leurs vertus et de leurs talens.

VII
Nulle femme n'est exceptée; elle est accusée, arrêtée & détenue dans les cas déterminés par la Loi. Les femmes obéissent comme les hommes à cette Loi rigoureuse.

VIII
La loi ne doit établir que des peines strictement & évidemment nécessaires, & nul ne peut être puni qu'en vertu d'une Loi établie et promulguée antérieurement au délit et légalement appliquée aux femmes.

IX
Toute femme étant déclarée coupable, toute rigueur est exercée par la Loi.

X
Nul ne doit être inquiété pour ses opinions mêmes fondamentales, la femme a le droit de monter sur l'échafaud; elle doit avoir également celui de monter à la Tribune; pourvu que ses manifestations ne troublent pas l'ordre public établi par la Loi.

XI

La libre communication des pensées et des opinions est un des droits les plus précieux de la femme, puisque cette liberté assure la légitimité des pères envers les enfans. Toute citoyenne peut donc dire librement, je suis la mère d'un enfant qui vous appartient, sans qu'un préjugé barbare la force à dissimuler la vérité; sauf à répondre de l'abus de cette liberté dans les cas déterminés par la Loi.

XII

La garantie des droits de la femme et de la citoyenne nécessite une utilité majeure; cette garantie doit être instituée pour l'avantage de tous, & non pour l'utilité particulière de celles à qui elle est confiée.

XIII

Pour l'entretien de la force publique, & pour les dépenses d'administration, les contributions de la femme et de l'homme sont égales; elle a part à toutes les corvées, à toutes les tâches pénibles; elle doit donc avoir de même part à la distribution des places, des emplois, des charges, des dignités et de l'industrie.

XIV

Les Citoyennes et Citoyens ont le droit de constater par eux-mêmes, ou par leurs représentans, la nécessité de la contribution publique. Les Citoyennes ne peuvent y adhérer que par l'admission d'un partage égal, non-seulement dans la fortune, mais encore dans l'administration publique, et de déterminer la quotité, l'assiette, le recouvrement et la durée de l'impôt.

[...]

XVII

Les propriétés sont à tous les sexes réunis ou séparés; elles ont pour chacun un droit inviolable et sacré; nul ne peut en être privé comme vrai patrimoine de la nature, si ce n'est lorsque la nécessité publique, légalement constatée, l'exige évidemment, et sous la condition d'une juste et préalable indemnité.

Postambule

Femme, réveille-toi; le tocsin de la raison se fait entendre dans tout l'univers; reconnois tes droits. Le puissant empire de la nature n'est plus environné de préjugés, de fanatisme, de superstition et de mensonges. Le flambeau de la vérité a dissipé tous les nuages de la sottise et de l'usurpation. L'homme esclave a multiplié ses forces, a eu besoin de recourir aux tiennes pour briser ses fers. Devenu libre, il est devenu injuste envers sa compagne. O femmes! femmes, quand cesserez-vous d'être aveugles? Quels sont les avantages que vous avez recueillis dans la révolution? Un mépris plus marqué, un dédain plus signalé. Dans les siècles de corruption vous n'avez régné que sur la foiblesse des hommes. Votre empire est détruit; que vous reste-t-il donc? la conviction des injustices de l'homme. La réclamation de votre patrimoine, fondée sur les sages décrets de la nature; qu'auriez-vous à redouter pour une si belle entreprise? le bon mot du Législateur des nôces de Cana? Craignez-vous que nos Législateurs Français, correcteurs de cette morale, long-temps accrochée aux branches de la politique, mais qui n'est plus de saison, ne vous répètent: femmes, qu'y a-t-il de commun entre vous et nous? Tout, auriez-vous à répondre. S'ils s'obstinoient, dans leur faiblesse, à mettre cette inconséquence en contradiction avec leurs principes, opposez courageusement la force de la raison aux vaines prétentions de supériorité; réunissez-vous sous les étendards de la philosophie; déployez toute l'énergie de votre caractère, et vous verrez bientôt ces orgueilleux, non plus serviles adorateurs rampans à vos pieds, mais fiers de partager avec vous les trésors de l'Etre-Suprême. Quelles que soient les barrières que l'on vous oppose, il est en votre pouvoir de les affranchir; vous n'avez qu'à le vouloir.

F. Commentez les points suivants:

1. En vous appuyant sur sa lettre, faites le portrait moral de Marie-Antoinette à la veille de sa mort (attitudes, préoccupations, etc.).
2. Traitez la question posée par les femmes dans un cahier de doléances en 1789: «Faudra-t-il toujours travailler, obéir et se taire?»
3. Dégagez les idées principales de la *Déclaration des droits de la femme et de la citoyenne*. Ensuite comparez ces idées aux principes de la *Déclaration des droits de l'homme et du citoyen*.

Etat des lieux

Chronologie: Napoléon Ier (1769–1821)

1796	Bonaparte épouse Joséphine de Beauharnais.
1798	Général en chef de l'armée d'Egypte.
1799–1804	Le Consulat avec Bonaparte.
10 novembre 1799	Coup d'Etat du 18 Brumaire.
1799	Constitution de l'An VIII. Bonaparte s'installe aux Tuileries.
12 août 1800	Début des travaux du Code civil.
8 juin 1802	Bonaparte nommé Premier Consul pour 10 années supplémentaires.
29 juillet 1802	Bonaparte nommé Consul à vie.
13 juin 1803	La Louisiane est vendue aux Etats-Unis.
21 mars 1804	Publication du Code civil.
18 mai 1804	Proclamation de l'Empire.
2 décembre 1804	Sacre de Napoléon Ier à Notre-Dame de Paris.
26 février 1806	Napoléon décide de construire l'Arc de Triomphe.
16 décembre 1809	Annulation du mariage avec Joséphine.
2 avril 1810	Mariage avec l'archiduchesse Marie-Louise d'Autriche.
1811	Naissance de leur fils légitime Napoléon II (L'Aiglon) qui meurt en 1832.
1812–1814	Campagnes désastreuses en Russie, Allemagne, Espagne. Vaincu par les Anglais.
6 avril 1814	Napoléon signe une abdication sans conditions à Fontainebleau.
20 avril 1814	Départ pour l'île d'Elbe.
1814	Restauration de la monarchie.
1 mars 1815	Retour de Napoléon de l'île d'Elbe.
19 mars 1815	Louis XVIII quitte Paris.
20 mars 1815	Napoléon rentre à Paris: Les Cent-Jours.
18 juin 1815	Vaincu à Waterloo par Wellington et l'armée anglaise.
22 juin 1815	Napoléon abdique pour la seconde fois. Exile à Sainte-Hélène.
5 mai 1821	Mort à Sainte-Hélène.
1840	Ses cendres sont ramenées en France («le Retour des cendres») et déposées aux Invalides.

1799-1815
NAPOLEON Ier

Brumaire: la Révolution se fige. Un homme se l'approprie, servi par une gloire qu'il a trouvée sur tous les champs de bataille, de l'Italie à l'Egypte. Pendant quinze ans, il va présider aux destinées de la France et de L'Europe.

Le soldat rassure. D'autant plus que Bonaparte proclame sa fidélité aux principes de 1789, garantit l'égalité civile, assure l'ordre, rétablit la paix religieuse. Devenu empereur, il veut transformer la société civile sur le modèle militaire; toute la France doit manœuvrer au son du tambour. Contre le «Robespierre à cheval», l'Europe cependant rallume la guerre sans répit. Les coalitions se succèdent que l'empereur contre de plus en plus difficilement, au prix d'énormes sacrifices humains qui épuisent la France. Vaincu et exilé une première fois, il tente de renouer avec le rêve mais tout s'effondre à Waterloo. La légende s'achève à Sainte-Hélène.

LA CONSTITUTION DU CONSULAT

Trois consuls provisoires ont pour première tâche de préparer une Constitution. Bonaparte, le Premier consul, défend la thèse d'un pouvoir fort, capable de redresser le pays; ses vues l'emportent. Le suffrage est à nouveau universel. Mais les électeurs désignent seulement 500 000 notables parmi lesquels doivent être recrutés les membres des assemblées et les fonctionnaires.

Quatre assemblées se partagent le pouvoir de «faire la loi»: le Conseil d'Etat, composé d'experts, est chargé de l'élaboration des textes; le Tribunat les examine et en débat; le Corps législatif se prononce sans s'exprimer (ne peut qu'approuver ou refuser). Seul le Sénat peut s'opposer à leur promulgation, pour inconstitutionnalité. C'est encore le Sénat qui nomme les membres du Corps Législatif et du Tribunat. L'affaiblissement du pouvoir législatif voulu par Bonaparte est complété par le renforcement de l'exécutif: trois consuls sont nommés pour dix ans, mais le premier d'entre eux, Bonaparte, dispose de tous les pouvoirs. Lebrun et Cambacérès donnent seulement leur avis.

Ceux qui avaient rêvé d'un régime d'assemblée, voient naître le cadre institutionnel d'une dictature dont le Premier consul est le bénéficiaire. Le peuple français approuve par plébiscite en février 1800.

LA REORGANISATION DE LA FRANCE

La centralisation napoléonienne est instaurée par la loi de février 1800 qui maintient les cadres territoriaux de la Révolution: les communes, les arrondissements, les départements demeurent, mais les Conseils chargés de leur gestion sont nommés. Les préfets, les sous-préfets et les maires sont eux aussi nommés et contrôlés par le pouvoir exécutif. En mars 1800, la justice est réorganisée: les magistrats inamovibles sont nommés.

Bonaparte inspire le Code civil publié le 21 mars 1804. Les principes révolutionnaires — liberté de conscience et de travail, abolition de la féodalité, affirmation de la propriété — s'y trouvent confirmés. La famille demeure la base de la société nouvelle. L'autorité du père est consacrée sur la femme et sur les enfants qui lui doivent obéissance.

Journal historique de la France, de Y. Billard, J.M. Dequeker-Fergon, F. et C. Lepagnot — Hatier, 1985, pp. 190,193

G. Vrai ou faux? Dites si les affirmations suivantes sont vraies ou fausses. Justifiez vos réponses en vous appuyant sur les faits historiques.

1. En prétendant consolider les acquis de la Révolution, Bonaparte ouvre, en fait, la voie à un régime autoritaire.
2. Le Code civil fait la synthèse entre les principes de l'Ancien Régime et les acquis de la Révolution: confirmation de l'autorité du père au sein de la famille.
3. Les guerres napoléoniennes ont conduit à la pacification de l'Europe.
4. Bonaparte est l'artisan de la centralisation politique, administrative et judiciaire.
5. Napoléon partage volontiers le pouvoir avec d'autres hommes politiques.

Points de vue

Jacques Prévert: «*Composition française*» (extrait)

Tout jeune, Napoléon était très maigre
et officier d'artillerie
plus tard il devint empereur
alors il prit du ventre et beaucoup de pays
et le jour où il mourut il avait encore du ventre
mais il était devenu plus petit.

Jacques PREVERT, "Composition française"
in *Paroles*, © Editions GALLIMARD

Honoré de Balzac: *La femme de trente ans* (extrait)

Avril 1813, Jardin des Tuileries. Au milieu d'une foule enthousiaste, la jeune Julie attend, en compagnie de son père, l'apparition de Napoléon qui s'apprête à partir pour sa campagne d'Allemagne.

Un petit homme assez gras, vêtu d'un uniforme vert, d'une culotte blanche, et chaussé de bottes à l'écuyère, parut tout à coup en gardant sur sa tête un chapeau à trois cornes aussi prestigieux que l'homme lui-même; le large ruban rouge de la Légion d'honneur flottait sur sa poitrine, une petite épée était à son côté. L'Homme fut aperçu par tous les yeux, et à la fois, de tous les points dans la place. Aussitôt, les tambours battirent aux champs, les deux orchestres débutèrent par une phrase dont l'expression guerrière fut répétée sur tous les instruments, depuis la plus douce des flûtes jusqu'à la grosse caisse. A ce belliqueux appel, les âmes tressaillirent, les drapeaux saluèrent, les soldats présentèrent les armes par un mouvement unanime et régulier qui agita les fusils depuis le premier rang jusqu'au dernier dans le Carrousel. Des mots de commandement s'élancèrent de rang en rang comme des échos. Des cris de: Vive l'empereur! furent poussés par la multitude enthousiasmée. Enfin tout frissonna, tout remua, tout s'ébranla. Napoléon était monté à cheval. Ce mouvement avait imprimé la vie à ces masses silencieuses, avait donné une voix aux instruments, un élan aux aigles et aux drapeaux, une émotion à toutes les figures. Les murs des hautes galeries de ce vieux palais semblaient crier aussi: Vive l'empereur! Ce ne fut pas quelque chose d'humain, ce fut une magie, un simulacre de la puissance divine, ou mieux une fugitive image de ce règne si fugitif. L'homme entouré de tant d'amour, d'enthousiasme, de dévouement, de vœux, pour qui le soleil avait chassé les nuages du ciel, resta sur son cheval, à trois pas en avant du petit escadron doré qui le suivait, ayant le grand-maréchal à sa gauche, le maréchal de service à sa droite. Au sein de tant d'émotions excitées par lui, aucun trait de son visage ne parut s'émouvoir.

1831, pp. 59–60

H. Relisez la *Fiche méthodologique 3* (p. 37) pour analyser le poème de Prévert et le texte de Balzac.

Repères historiques

De Louis XVIII à la IIIe République

Louis XVIII
(1755–1824)

Règne personnel: 1814–1824.

Frère de Louis XVI.

Restauration de la monarchie.

Bonaparte à l'île d'Elbe.

1814: Le Congrès de Vienne.

Retour de Bonaparte de l'île d'Elbe.

Les Cent-Jours du règne de Bonaparte.

1815: Défaite de Waterloo. Exil de Bonaparte à Sainte-Hélène.

Seconde Restauration. Rôle important de Talleyrand.

Charles X
(1757–1836)

Règne personnel: 1824–1830.

Frère de Louis XVI.

Dernier roi de «France».

La Révolution de juillet (1830).

Abdication de Charles X.

Louis-Philippe
(1773–1850)

Règne personnel: 1830–1848.

«Roi des Français».

Gouvernement parlementaire.

Campagne d'Algérie.

Développement industriel.

La Révolution de février 1848.

Abdication de Louis-Philippe.

IIe République
(1848–1852)

Suffrage universel (femmes exclues).

1848: Election de Louis-Napoléon Bonaparte, président de la République.

IIe Empire
(1852–1870)

2 décembre 1852: Coup d'état et proclamation de l'Empire.

Louis-Napoléon Bonaparte devenu Napoléon III (neveu de Napoléon Ier).

Période de grande prospérité industrielle et commerciale.

Construction des chemins de fer.

L'urbaniste Haussmann reconstruit Paris.

Expositions universelles de 1855 et 1867.

Prestige culturel de l'Empire.

Ferdinand de Lesseps construit le Canal de Suez (1869).

La guerre franco-prussienne: Campagne désastreuse.

Napoléon III prisonnier.

IIIe République

4 septembre 1870: Proclamation de la République. Armistice.

<u>Présidents</u>

Thiers (1871–1873)

Bilan du XIXe siècle.

Mac-Mahon (1873–1879)

Peinture: David, Delacroix, Corot.

Grévy (1879–1887)

Les peintres impressionnistes.

Sculpture: Rodin.

Carnot (1887–1894) [assassiné]

Littérature: Chateaubriand, Balzac, Stendhal, Lamartine, Hugo, Musset, Baudelaire, Verlaine, Rimbaud, Mallarmé, Zola, Flaubert.

Perrier (1894–1895)

Musique: Berlioz, Gounod, Franck, Bizet, Saint-Saëns, Fauré.

Faure (1895–1899)

Loubet (1899–1906)

Fallières (1906–1913)

Poincaré 1913–1920)

La Grande Guerre (1914–1918).

Bataille de la Marne. Bataille de Verdun. Pétain.

1917: L'intervention américaine.

Congrès et Traité de Versailles (28 juin 1919).

Deschanel (1920 [8 mois])

L'entre-deux-guerres.

Millerand (1920–1924)

ONU (Organisation des Nations Unies).

Doumergue (1924–1931)

UNESCO.

Doumer (1931–1932) [assassiné]

1939: Début de la Deuxième Guerre mondiale.

Lebrun (1932–1940)

Etat français de Vichy

Président: Pétain (1940–1944).

Occupation et Résistance (voir p. 67).

Gouvernement provisoire de la République

Président: de Gaulle (1944–1946).

Etat des lieux

«GUERRE ÉCLAIR» ET «DRÔLE DE GUERRE»

En France comme en Grande-Bretagne, les hommes politiques et les militaires sont convaincus que la guerre sera longue et que la bataille à gagner se situe d'abord sur le terrain économique. L'état-major français, soucieux de «ménager le sang de la France», préconise une stratégie défensive à l'abri de la ligne Maginot. L'armement français n'est pas adapté à une guerre de mouvement: une puissante artillerie, mais peu d'armes mobiles comme les canons anti-chars, des avions de combat souvent vétustes, très inférieurs en nombre à ceux de la Luftwaffe allemande. Cette stratégie donne l'initiative à l'ennemi.

L'écrasement de la Pologne, en trois semaines, révèle l'efficacité de la «guerre éclair», qui utilise massivement chars et aviation.

Sur le «front» de l'Ouest, la France, après une timide offensive en Sarre suivie bien vite d'un repli, s'enfonce pour de longs mois d'hiver dans la «drôle de guerre». C'est l'attente. Quelques escarmouches, des accrochages entre patrouilles le long du Rhin, de rares salves d'artillerie viennent à peine troubler une armée désœuvrée: on joue au football, on plante des rosiers sur la ligne Maginot, on écoute Maurice Chevalier, alors vedette du théâtre aux Armées...

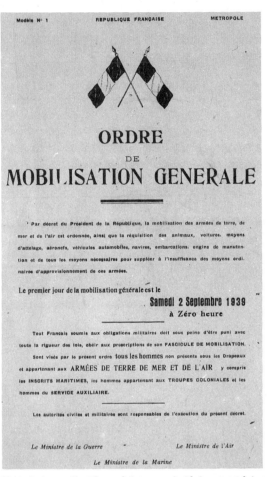

Hormis les «affectés spéciaux» qui s'échappent à la mobilisation dans un corps de troupe, tous les hommes rejoignent la caserne le 2 septembre.

«L'ÉTAT FRANÇAIS»

Désormais la France s'appellera «l'Etat français». Les trois actes constitutionnels promulgués le 11 juillet 1940 font disparaître la présidence de la République, suppriment le régime parlementaire et font du maréchal Pétain, âgé de 84 ans, le chef de l'Etat et le chef du gouvernement, le détenteur de tous les pouvoirs, sauf celui de déclarer la guerre (l'assentiment des deux chambres, maintenues en fonction, lui est alors nécessaire). Pierre Laval devient le 12 juillet, le successeur désigné du Maréchal. Il s'entoure d'experts: Bouthillier à l'Economie, Belin, ancien dirigeant de la C.G.T., à la Production industrielle et au Travail, le royaliste Alibert, Garde des sceaux. Laval met alors en œuvre une politique de réaction: les fonctionnaires peuvent être révoqués, les partis et les sociétés secrètes comme la Franc-Maçonnerie sont dissous. Grèves et lock-out sont interdits, les syndicats

Chronologie:	La Deuxième Guerre mondiale
3 septembre 1939	Déclaration de guerre par la France et la Grande-Bretagne à l'Allemagne.
10 mai–22 juin 1940	Offensive générale allemande.
22 juin 1940	Armistice français.
28 juin 1940	De Gaulle est reconnu comme le chef de la résistance extérieure.
10 juil.–3 nov. 1940	Bataille d'Angleterre.
mai 1941	Collaboration du gouvernement de Vichy avec les Allemands.
août 1941	Début de la Résistance intérieure en zone libre.
septembre 1941	La Résistance extérieure s'organise.
19 août 1942	Tentative de débarquement britannique à Dieppe.
11 novembre 1942	Invasion de la «zone libre» en France par les Allemands.
1943	Le Service du Travail Obligatoire (STO) est imposé aux hommes nés entre le 1er janvier 1920 et le 31 décembre 1922.
	Près de 700 000 hommes sont déportés en Allemagne pour travailler pour le Reich.
	Création de la Milice, chargée de traquer ceux qui refusent le STO.
27 mai 1943	Création du Conseil National de la Résistance, présidé par Jean Moulin qui est arrêté le 21 juin 1943.
30 mai 1943	Création à Alger du Comité Français de Libération Nationale, coprésidé par de Gaulle et Giraud.
1944	La milice multiplie les attaques contre les résistants (les maquisards) également appelés les Forces Françaises de l'Intérieur (FFI).
6 juin 1944	Débarquement des alliés en Normandie.
15 août 1944	Débarquement des alliés en Provence.
18–25 août 1944	Libération de Paris.
	Persécutions de ceux qui sont accusés de collaboration.
7 et 8 sept. 1945	Capitulation des Allemands.
10 février 1947	Traité de Paris.

disparaissent. Dès octobre, un «statut» est appliqué aux juifs, qui en fait des citoyens «à part».

LE STATUT DES JUIFS

Vichy n'a pas attendu d'y être contraint par les nazis pour établir ce statut discriminatoire. Dès octobre 1940, «les juifs de nationalité française» doivent se faire recenser; ils sont révoqués de la fonction publique, de la magistrature, de l'armée. Les juifs d'Afrique du Nord sont déchus de la citoyenneté française. Un décret du 4 octobre donne pouvoir aux préfets de la zone occupée d'interner les juifs réfugiés sur le sol français dans des camps.

En 1941, les enfants sont exclus des écoles; un quota (3%) limite l'entrée des étudiants à l'université. Les entreprises appartenant à des juifs sont confisquées. Vichy crée un «Commissariat aux affaires juives» qu'il confie à un xénophobe notoire: Xavier Vallat. Cette année-là, les camps français de Gurs, Rivesaltes, Vernet... renferment déjà près de 40 000 hommes, dont la plupart seront livrés aux nazis.

TRAVAIL, FAMILLE, PATRIE

Le Maréchal voit dans la défaite un mal nécessaire, une expiation des fautes passées dont peut sortir un bien: la régénération nationale. Dès l'annonce de l'armistice, il explique ainsi la défaite: «l'esprit de jouissance l'a emporté sur l'esprit de sacrifice. On a revendiqué plus qu'on a servi». Nostalgique d'une société ancienne, rurale — «la terre, elle, ne ment pas!» — où l'autorité du père et celle du notable ne sont pas contestées, il veut restaurer le Travail, la Famille, la Patrie. La francisque gallique est le nouvel emblème de ce régime qui prétend reposer sur la jeunesse et sur l'Eglise et veut réaliser une «révolution nationale».

LE SYSTÈME D

La pénurie devient très tôt la préoccupation principale — unique parfois — des Français. La paralysie du commerce, le blocus anglais et surtout les prélèvements de l'occupant en sont responsables.

L'Etat est contraint de réglementer et de taxer le ravitaillement. Dès septembre 1940, le pain, les pâtes et le sucre sont rationnés; l'année suivante, la restriction s'applique à toutes les denrées alimentaires. La population reçoit des cartes dont les tickets, détachables, donnent droit à des rations en tout genre. Mais après combien d'heures de queue, et parfois inutilement! Le rutabaga, la saccharine et les succédanés de café ont leur moment de gloire. Dès 1941, la population souffre de sous-alimentation (1 630 calories par jour pour les adolescents, 2 000 à peine pour les femmes enceintes). L'économie, la débrouillardise, les relations et... le marché noir complètent, selon les ressources de chacun, les rations officielles. Avec de l'argent, des pièces d'or surtout, on trouve tout ou presque, mais à quel prix: le kilo de sucre, à 150 francs, représente dix heures de travail ouvrier.

Dans les campagnes, les paysans augmentent leur autoconsommation et vendent avec succès leurs produits aux citadins défavorisés. Intermédiaires et détaillants peu scrupuleux en retirent des profits scandaleux. Tout est matière à trafic: tissu, essence, charbon, papier, tabac, alcool... Les plus ingénieux fabriquent des chaussures à semelles de bois, équipent les rares automobiles de gazogène ou réinventent les vélos-taxis.

PARIS COLLABORE

En zone occupée s'affiche la collaboration. Le «Tout-Paris» accepte la cohabitation avec l'occupant, côtoie les officiers dans les grands restaurants où les menus sont désormais rédigés en allemand. On se presse à l'exposition du sculpteur Arno Breker, à l'Orangerie. Au théâtre, à l'Opéra, Sacha Guitry et Serge Lifar accueillent les dignitaires du nazisme. Chanteurs et vedettes de cinéma participent à des galas.

Etalés à la «une» des journaux, ces fêtes, vernissages et inaugurations servent de caution aux Allemands.

Plus engagés, les intellectuels de la collaboration se recrutent dans l'extrême-droite. Ils contrôlent la presse et les ondes. Au micro de Radio-Paris, Jean-Hérold Paquis attaque Vichy et Londres, qui riposte bientôt par le slogan «Radio-Paris ment — Radio-Paris est allemand». Les écrivains, Drieu La Rochelle, Louis-Fernand Céline, Robert Brasillach, Lucien Rebatet rédigent des articles vengeurs contre le parlementarisme, la démocratie, les juifs, et exaltent la force, la jeunesse, l'Europe germanique.

Les «politiques», utilisés par l'Allemagne pour faire pression sur le gouvernement de Vichy, sont les plus virulents: Marcel Déat, ancien S.F.I.O. rallié à l'idéologie nationale-socialiste, fondateur en 1940 du Rassemblement national populaire, est un partisan de l'autoritarisme, du parti unique, et préconise «l'épuration et la protection de la race». Jaques Doriot joue la surenchère pour devenir l'interlocuteur privilégié du Reich. Mais trop de rivalités dressent ces mouvements collaborationnistes les uns contre les autres; et si leurs journaux connaissent un certain succès — L'Œuvre que dirige Déat tire à 130 000 exemplaires, Je suis partout à 300 000 durant l'année 1944 — leur audience réelle demeure faible.

LES ÉCRIVAINS DE LA RÉSISTANCE

25 titres publiés dans la clandestinité constituent le premier catalogue des Editions de Minuit. Leurs fondateurs, le romancier Pierre de Lescure et le peintre Jean Bruller — Vercors —, font paraître Les Amants d'Avignon, signés Laurent Daniel (Elsa Triolet), Le Cahier noir, de Forez (Mauriac), Le Temps mort, de Minervois (Claude Aveline). Le premier ouvrage, Le Silence de la mer de Vercors, est mis en circulation en février 1942.

Les Lettres françaises sont la plus célèbre des revues littéraires engagées dans la Résistance. Le premier numéro — il y en aura 20 — paraît le 20 septembre 1942, jour anniversaire de la bataille de Valmy. Par la suite, Sartre, Queneau, Max-Pol Fouchet y signeront des articles. L'Honneur des poètes, publié en 1943, rassemble 22 poèmes anonymes recueillis par Paul Eluard: derrière l'anonymat, se cachent notamment les plumes d'Aragon, Desnos, Ponge, Pierre Seghers,... «Il fallait bien que la poésie prenne le maquis», écrit alors Eluard.

Journal historique de la France, de Y. Billard, J.M. Dequeker-Fergon, F. et C. Lepagnot — Hatier, 1985, pp. 281, 285, 289, 291, 293

Odile Rudell, *De Gaulle pour mémoire,* © Editions GALLIMARD 1990, pp. 42–43

I. Faites le point sur la situation de la France et son influence à l'intérieur de l'Europe. Au cours de votre discussion, vous traiterez de façon chronologique les quatre phases suivantes:

1. Déroulement des événements de la Deuxième Guerre mondiale (occupation, résistance, collaboration)
2. De la France conquérante (époque de Napoléon) à la France occupée (Deuxième Guerre mondiale)
3. De la France occupée à la France libérée (le rôle des alliés)
4. Les conséquences de l'intervention américaine sur la société française d'aujourd'hui

Points de vue

Jean-Paul Sartre: *Situations, III: Paris sous l'Occupation* (extraits)

C'est à ceux-là que je voudrais m'adresser. Je voudrais leur expliquer qu'ils se trompent, que l'occupation fut une terrible épreuve, qu'il n'est pas sûr que la France puisse s'en remettre et qu'il n'est pas un Français qui n'ait envié souvent le sort de ses alliés Anglais. Mais, au moment de commencer, je sens toute la difficulté de ma tâche. [...]: comment faire saisir ce que fut l'occupation aux habitants des pays qui sont restés libres? Il y a un abîme entre nous qui ne saurait être comblé par des mots. Les Français qui parlent entre eux des Allemands, de la Gestapo, de la Résistance, du marché noir s'entendent sans peine; mais c'est qu'ils ont vécu les mêmes événements, c'est qu'ils sont pleins des mêmes souvenirs. Les Anglais et les Français n'ont plus un souvenir en commun, tout ce que Londres a vécu dans l'orgueil Paris l'a vécu dans le désespoir et la honte. Il faudra que nous apprenions à parler de nous sans passion, il faudra que vous appreniez à comprendre notre voix et à saisir par delà les paroles tout ce que peuvent signifier un geste ou un silence.

Si j'essaie pourtant de faire entrevoir la vérité, je me heurte à des difficultés nouvelles: l'occupation de la France fut un immense phénomène social qui intéressa trente-cinq millions d'êtres humains. Comment parler en leur nom à tous? Les petites villes, les grands centres industriels, les campagnes ont connu des sorts différents. Tel village n'a jamais vu d'Allemands, dans tel autre ils ont cantonné pendant quatre ans.

[...] Paris n'était plus la capitale de la France. Autrefois toutes les routes, tous les rails menaient à Paris; le Parisien était chez lui au milieu de la France, au milieu du monde. [...] Avec l'armistice, tout changea: la division du pays en deux zones coupa Paris de la campagne; les côtes de Bretagne et de Normandie devinrent zones interdites; un mur de béton sépara la France de l'Angleterre, de

Une queue devant un magasin

l'Amérique. Restait l'Europe: mais l'Europe était un mot qui faisait horreur, il signifiait servitude; la cité des rois avait perdu jusqu'à sa fonction politique; un gouvernement fantôme, à Vichy, l'en avait dépouillée. La France, divisée par l'occupation en provinces fermées, avait oublié Paris. La Ville n'était plus qu'une grande agglomération plate et inutile, hantée par les souvenirs de sa grandeur, et qu'on soutenait par des piqûres intermittentes. Elle devait sa vie languissante au nombre de wagons et de camions que les Allemands décidaient chaque semaine d'y laisser entrer. Que Vichy fit un peu la mauvaise tête, que Laval se fît tirer l'oreille pour livrer à Berlin des travailleurs, on suspendait aussitôt les piqûres. Paris s'étiolait et bâillait de faim sous le ciel vide. Retranché du monde, nourri par pitié ou par calcul, il n'avait plus qu'une existence abstraite et symbolique. Les Français ont vu mille fois, au cours de ces quatre ans, aux devantures des épiceries, des bouteilles de saint-émilion ou de meursault, en rangs serrés. Ils s'approchaient, aguichés, mais c'était pour lire sur une pancarte: étalage factice. Ainsi de Paris: ce n'était plus qu'un étalage factice.

Jean-Paul SARTRE, *Situations, III,* © Editions GALLIMARD, pp. 16, 17, 26, 27

Albert Camus: *Carnets* (extrait)

Dans ces Carnets, Camus note ses pensées, ses lectures, rapporte des bribes de conversation saisies au hasard, les corrige, fait participer le lecteur à son effort de création littéraire.

«Si vous voulez le savoir, je n'ai jamais cru à la Gestapo. C'est qu'on ne la voyait jamais. Bien sûr, je prenais mes précautions, mais abstraitement, en quelque sorte. De temps en temps, un copain disparaissait. Un autre jour, devant Saint-Germain-des-Prés, j'ai vu deux grands types qui faisaient entrer à coups de poings dans la figure un homme dans un taxi. Et personne ne disait rien. Un garçon de café m'a dit: «Taisez-vous. Ce sont eux.» Cela m'a donné des soupçons qu'en effet ils existaient et qu'un jour... Mais des soupçons seulement. La vérité c'est que je ne pourrais jamais croire à la Gestapo qu'au premier coup de pied que je recevrais dans le ventre. Je suis comme ça. C'est pourquoi il ne faut pas vous faire une trop grande idée de mon courage, parce que je suis dans la résistance, comme on dit. Non, je n'y ai pas de mérite puisque je n'ai pas d'imagination.»

Albert CAMUS, *Carnets (janvier 1942–mars 1951)*, © Editions GALLIMARD

Paul Eluard: *«Gabriel Péri»*

Paul Eluard a joué un rôle important dans l'organisation de la Résistance. Ses poèmes lui ont été inspirés par le douloureux spectacle de la guerre. C'est avec des mots simples qu'il évoque le visage des innocents et qu'il chante l'espoir.

GABRIEL PERI

Un homme est mort qui n'avait pour défense
Que ses bras ouverts à la vie
Un homme est mort qui n'avait d'autre route
Que celle où l'on hait les fusils
Un homme est mort qui continue la lutte
Contre la mort contre l'oubli

Car tout ce qu'il voulait
Nous le voulions aussi
Nous le voulons aujourd'hui
Que le bonheur soit la lumière
Au fond des yeux au fond du cœur
Et la justice sur la terre

Il y a des mots qui font vivre
Et ce sont des mots innocents
Le mot chaleur le mot confiance
Amour justice et le mot liberté
Le mot enfant et le mot gentillesse
Et certains noms de fleurs et certains noms de fruits
Le mot courage et le mot découvrir
Et le mot frère et le mot camarade
Et certains noms de pays de villages
Et certains noms de femmes et d'amis
Ajoutons-y Péri
Péri est mort pour ce qui nous fait vivre
Tutoyons-le sa poitrine est trouée
Mais grâce à lui nous nous connaissons mieux
Tutoyons-nous son espoir est vivant.

Au rendez-vous allemand, © Editions de Minuit, 1944

Marguerite Duras: *La douleur* (extrait)

Dans La douleur, *Marguerite Duras livre au lecteur des bribes de journal dans lesquelles elle dit ce qu'elle a vécu pendant la Deuxième Guerre mondiale. Son mari, Robert L., a été déporté à Bergen Belsen et à Buchenwald. En avril 1945, alors que les camps allemands sont libérés par les Alliés, M. Duras attend dans l'angoisse des nouvelles de son mari.*

27 avril

La Pravda écrit: «La douzième heure a sonné pour l'Allemagne. Le cercle de feu et de fer se resserre autour de Berlin.» C'est fini. Il ne sera pas là pour la paix. Les partisans italiens ont capturé Mussolini à Faenza. Toute l'Italie du Nord est aux mains des partisans. Mussolini capturé, on ne sait rien d'autre. Thorez parle de l'avenir, il dit qu'il faudra travailler. J'ai gardé tous les journaux pour Robert L. S'il revient je mangerai avec lui. Avant, non. Je pense à la mère allemande du petit soldat de seize ans qui agonisait le dix-sept août 1944, seul, couché sur un tas de pierres sur le quai des Arts, elle, elle attend encore son fils. Maintenant que De Gaulle est au pouvoir, qu'il est devenu celui qui a sauvé notre honneur pendant quatre ans, qu'il est en plein jour, avare de compliments envers le peuple, il a quelque chose d'effrayant, d'atroce. Il dit: «Tant que je serai là, la maison marchera.» De Gaulle n'attend plus rien, que la paix, il n'y a que nous qui attendions encore, d'une attente de tous les temps, de celle des femmes de tous les temps, de tous les lieux du monde: celle des hommes au retour de la guerre. Nous sommes de ce côté du monde où les morts s'entassent dans un inextricable charnier. C'est en Europe que ça se passe. C'est là qu'on brûle les juifs, des millions. C'est là qu'on les pleure. L'Amérique étonnée regarde fumer les crématoires géants de l'Europe. Je suis forcée de penser à cette vieille femme aux cheveux gris qui attendra, dolente, des nouvelles de ce fils si seul dans la mort, seize ans, sur le quai des Arts. Le mien, quelqu'un l'aura peut-être vu, comme j'ai vu celui-là, dans un fossé, alors que ses mains appelaient pour la dernière fois et que ses yeux ne voyaient plus. Quelqu'un qui ne saura jamais qui c'était pour moi que cet homme-là, et dont jamais je ne saurai qui il est. Nous appartenons à l'Europe, c'est là que ça se passe, en Europe, que nous sommes enfermés ensemble face au reste du monde. Autour de nous les mêmes océans, les mêmes invasions, les mêmes guerres. Nous sommes de la race de ceux qui sont brûlés dans les crématoires et des gazés de Maïdanek, nous sommes aussi de la race des nazis. Fonction égalitaire des crématoires de

Buchenwald, de la faim, des fosses communes de Bergen-Belsen, dans ces fosses nous avons notre part, ces squelettes si extraordinairement identiques, ce sont ceux d'une famille européenne. Ce n'est pas dans une île de la Sonde, ni dans une contrée du Pacifique que ces événements ont eu lieu, c'est sur notre terre, celle de l'Europe. Les quatre cent mille squelettes des communistes allemands qui sont morts à Dora de 1933 à 1938 sont aussi dans la grande fosse commune européenne, avec les millions de juifs et la pensée de Dieu, avec à chaque juif, la pensée de Dieu, chaque juif. Les Américains disent: «Il n'y a pas en ce moment un seul Américain, fût-il coiffeur à Chicago, fût-il paysan du Kentucky qui ignore ce qui s'est passé dans les camps de concentration en Allemagne.» Les Américains veulent illustrer à nos yeux l'admirable mécanique de la machine de guerre américaine, ils entendent par là le rassurement du paysan et du coiffeur qui n'étaient pas sûrs au départ des raisons pour lesquelles on leur a pris leurs fils pour se battre sur le front européen. Quand on leur apprendra l'exécution de Mussolini pendu aux crochets d'une boucherie, les Américains seront arrêtés de comprendre, ils seront choqués.

Marguerite Duras, *La douleur,* © P.O.L. 1985

J. Lisez attentivement les quatre extraits littéraires et dégagez les mots clés qui se réfèrent à la situation de guerre. A partir de ces mots, expliquez l'impact de la Deuxième Guerre mondiale sur la vie des Français.

Repères historiques

IVe République *(1947–1958)*	*Présidents: Auriol (1947–1954), Coty (1954–1958).* *Reconstruction et instabilité gouvernementale.* *Guerres d'Indochine et d'Algérie (voir pp. 76, 78).* *1956: Indépendance de Tunisie et du Maroc. Le marché commun.*
Ve République *(1958–)* *Présidents* *de Gaulle (1958–1969)* *Pompidou (1969–1974)* *Giscard d'Estaing (1974–1981)* *Mitterrand (1981–1988 / 1988–1995)*	*1958: Retour du général de Gaulle.* *1962: Indépendance d'Algérie.* *La décolonisation. Constitutions de 1958 et 1962.* *Mai 1968: Révolte des étudiants et des ouvriers (voir p. 83).* *Départ de De Gaulle après le référendum de 1969.* *1991: (janvier–février) participation de la France à la guerre du Golfe; (mai) nomination d'Edith Cresson au poste de Premier ministre; (10 décembre) accords de Maastricht.*

Etat des lieux

La Constitution de la Ve République

CONSTITUTION

Le Gouvernement de la République, conformément à la loi constitutionnelle du 3 juin 1958, a proposé,

Le Peuple français a adopté,

Le Président de la République promulgue la loi constitutionnelle dont la teneur suit:

PREAMBULE

Le Peuple français proclame solennellement son attachement aux Droits de l'Homme et aux principes de la souveraineté nationale tels qu'ils sont définis par la Déclaration de 1789, confirmée et complétée par le préambule de la Constitution de 1916.

En vertu de ces principes et de celui de la libre détermination des peuples, la République offre aux territoires d'Outre-Mer qui manifestent la volonté d'y adhérer des institutions nouvelles fondées sur l'idéal commun de liberté, d'égalité et de fraternité et conçues en vue de leur évolution démocratique.

TITRE PREMIER

De la souveraineté

Article 2

La France est une République indivisible, laïque, démocratique et sociale. Elle assure l'égalité devant la loi de tous les citoyens sans distinction d'origine, de race ou de religion. Elle respecte toutes les croyances.

L'emblème national est le drapeau tricolore, bleu, blanc rouge.

L'hymne national est la «Marseillaise».

La devise de la République est «Liberté, Egalité, Fraternité».

Son principe est: gouvernement du peuple par le peuple et pour le peuple.

Article 3

La souveraineté appartient au peuple qui l'exerce par ses représentants et par la voie du référendum.

Aucune section du peuple ni aucun individu ne peut s'en attribuer l'exercice.

Le suffrage peut être direct ou indirect dans les conditions prévues par la Constitution. Il est toujours universel, égal et secret.

Sont électeurs, dans les conditions déterminées par la loi, tous les nationaux français majeurs, des deux sexes, jouissant de leurs droits civils et politiques.

TITRE II
Le Président de la République

Article 5

Le Président de la République veille au respect de la Constitution. Il assure, par son arbitrage, le fonctionnement régulier des pouvoirs publics ainsi que la continuité de l'Etat.

Il est le garant de l'indépendance nationale, de l'intégrité du territoire, du respect des accords de Communauté et des traités.

Article 6 (1)

Le Président de la République est élu pour sept ans au suffrage universel et direct. Les modalités d'application du présent article sont fixées par une loi organique.

Article 7 (1)

Le Président de la République est élu à la majorité absolue des suffrages exprimés.

Article 8

Le Président de la République nomme le Premier Ministre. Il met fin à ses fonctions sur la présentation par celui-ci de la démission du Gouvernement.

Sur la proposition du Premier ministre, il nomme les autres membres du Gouvernement et met fin à leurs fonctions.

Article 9

Le Président de la République préside le Conseil des Ministres.

TITRE III
Le Gouvernement

Article 20

Le Gouvernement détermine et conduit la politique de la Nation.

Il dispose de l'administration et de la force armée.

Il est responsable devant le Parlement dans les conditions et suivant les procédures prévues aux articles 49 et 50.

Article 21

Le Premier Ministre dirige l'action du Gouvernement. Il est responsable de la Défense Nationale. Il assure l'exécution des lois. Sous réserve des dispositions de l'article 13, il exerce le pouvoir réglementaire et nomme aux emplois civils et militaires.

Il peut déléguer certains de ses pouvoirs aux ministres.

Il supplée, le cas échéant, le Président de la République dans la présidence des conseils et comités prévus à l'article 15.

Il peut, à titre exceptionnel, le suppléer pour la présidence d'un Conseil des Ministres en vertu d'une délégation expresse et pour un ordre du jour déterminé.

Article 49

Le Premier Ministre, après délibération du Conseil des Ministres, engage devant l'Assemblée Nationale la responsabilité du Gouvernement sur son programme ou éventuellement sur une déclaration de politique générale.

L'Assemblée Nationale met en cause la responsabilité du Gouvernement par le vote d'une motion de censure. Une telle motion n'est recevable que si elle est signée par un dixième au moins des membres de l'Assemblée Nationale. Le vote ne peut avoir lieu que quarante-huit heures après son dépôt. Seuls sont recensés les votes favorables à la motion de censure qui ne peut être adoptée qu'à la majorité des membres composant l'Assemblée. Si la motion de censure est rejetée, ses signataires ne peuvent en proposer une nouvelle au cours de la même session, sauf dans le cas prévu à l'alinéa ci-dessous.

Le Premier Ministre peut, après délibération du Conseil des Ministres, engager la responsabilité du Gouvernement devant l'Assemblée Nationale sur le vote d'un texte. Dans ce cas, ce texte est considéré comme adopté, sauf si une motion de censure, déposée dans les vingt-quatre heures qui suivent, est votée dans les conditions prévues à l'alinéa précédent.

Le Premier Ministre a la faculté de demander au Sénat l'approbation d'une déclaration de politique générale.

Article 50

Lorsque l'Assemblée Nationale adopte une motion de censure ou lorsqu'elle désapprouve le programme ou une déclaration de politique générale du Gouvernement, le Premier Ministre doit remettre au Président de la République la démission du Gouvernement.

TITRE XIV

De la révision

Article 89

L'initiative de la révision de la Constitution appartient concurremment au Président de la République sur proposition du Premier ministre et aux membres du Parlement.

Le projet ou la proposition de révision doit être voté par les deux assemblées en termes identiques. La révision est définitive après avoir été approuvée par référendum.

Toutefois, le projet de révision n'est pas présenté au référendum lorsque le Président de la République décide de le soumettre au Parlement convoqué en congrès; dans ce cas, le projet de révision n'est approuvé que s'il réunit la majorité des trois cinquièmes des suffrages exprimés. Le bureau du Congrès est celui de l'Assemblée Nationale.

Aucune procédure de révision ne peut être engagée ou poursuivie lorsqu'il est porté atteinte à l'intégrité du territoire.

La forme républicaine du Gouvernement ne peut faire l'objet d'une révision.

Point de vue

Julien Feydy: «*Le modèle américain et la Ve République*»

La Ve République — avant même sa naissance peut-on dire puisque la relance du débat sur les institutions remonte à 1956 — côtoie le modèle américain d'autant plus malaisément qu'elle s'en rapproche. On serait plus près de la lettre du ces débats d'ailleurs en s'en tenant au terme de «modèle présidentiel», bien plus souvent employé par les politologues comme par les hommes politiques, si la neutralité rassurante de cette catégorie ne voilait en fait qu'un seul exemple connu, et s'il ne permettait trop souvent des effets rhétoriques un peu voyants, dans la forme: «Le modèle présidentiel, au fond, pourquoi pas?... Imiter les Américains? Dieu nous en garde!» Il est sans doute compréhensible qu'un pays de tradition constitutionnelle ancienne, complexe, souvent imitée elle-même, n'admette pas sans réticence de se mettre à l'école d'autrui. On conçoit surtout que la transposition d'un modèle étranger ne puisse se faire que par l'intermédiaire d'une abstraction commodément adaptable à d'autres réalités sociales et politiques. Mais la conjonction des réticences anciennes du gaullisme et des rejets très explicites d'une bonne partie de la gauche ne font pas des Etats-Unis une référence innocente, dès le début de la Ve République, et le débat sur une éventuelle transposition institutionnelle s'en trouve de toute façon faussé. D'autant

que le «modèle», déjà bien contradictoire, se met à bouger, pour la plus grande inquiétude de ses portraitistes, jusqu'à devenir presque indéchiffrable à la fin des années 1970. Dès 1954 s'ouvre en effet une longue période de domination démocrate au Congrès qui va faire à terme du conflit avec des Présidents républicains ou mal adaptés aux styles des représentants ou sénateurs démocrates comme Jimmy Carter, une quasi-constante de la vie politique américaine, avec des périodes de crise ou d'immobilisme contrastant de façon déroutante avec les présidences dynamiques ou «impériales» des années 60. Sans cesse remis en question, l'équilibre entre les pouvoirs du Président et ceux du Congrès fluctue de façon imprévisible au gré d'une interminable épreuve de force... De complexe qu'il était, le système politique américain semble retourner à l'état sauvage et devient inutilisable pour l'exportation après Watergate.

D'autre part et surtout, ce ne sont au fond ni les Etats-Unis ni le «modèle présidentiel» des manuels de droit constitutionnel qui mobilisent l'attention des révisionnistes et des constituants, mais les problèmes spécifiques et changeants du système politique français lui-même. A chaque situation, à chaque objectif politique explicite ou sous-jacent son fragment du monument de 1787.

D. Lacorne, J. Rupnick, M. F. Toinet, *L'Amérique dans les têtes*, © Hachette, 1986, pp. 251–252

K. Relisez la «Déclaration des droits de l'homme et du citoyen» (p. 57), la «Déclaration des droits de la femme et de la citoyenne» (p. 62) et les extraits de la Constitution américaine (p. 58). Puis, après avoir lu la Constitution de la Ve République, dites en quoi elle s'inspire ou s'éloigne des documents précédents.

Etat des lieux

Chronologie: Le Vietnam

Créée en 1887, l'Union indochinoise française se compose du Vietnam (Cochinchine, empire d'Annam, Tonkin), du Laos et du Cambodge.

6 mars 1946	*Proclamation de l'indépendance de la République du Vietnam, au sein de l'Union française indochinoise.*
1949	*Les Chinois communistes de Mao Tse Toung arrivent à la frontière du Tonkin. Ils arment et instruisent le Vietminh.*
1950	*Le général de Lattre de Tassigny brise l'offensive vietmin au Tonkin.*
1951	*Le Vietminh crée le Lao Dong, parti ouvertement marxiste-léniniste. Les Français ne mènent plus une guerre coloniale. Ils luttent contre l'expansion communiste en Asie.*
1953	*Giap, chef de l'armée vietmin, décide une offensive contre le Laos. Pour lui barrer la route, le général Navarre s'empare de la vallée de Dien Bien Phu.*
13 mars 1954	*Premiers feux de l'armée vietminh sur Dien Bien Phu.*
7 mai 1954	*Submergée, l'armée française capitule.*
8 mai 1954	*Ouverture de la conférence de Genève.*
21 juillet 1954	*Fin des accords de Genève. Le Vietnam est divisé en deux, à hauteur du dix-septième parallèle: régime communiste au nord, un régime nationaliste au sud.*
1965	*Intervention américaine au Sud-Vietnam.*
avril 1975	*Fin de la guerre du Vietnam avec la prise de Saïgon par l'armée nord-vietnamienne.*

Télérama, n° 2199 du 4 mars 1992

Point de vue

Pierre Schoendoerffer: «*Devoir accompli*»

Cinéaste ou soldat? Volontaire pour l'Indochine à 23 ans, caméraman au Service cinématographique des Armées, Pierre Schoendoerffer dit n'avoir eu d'autre vocation que le cinéma. La guerre n'a pourtant jamais cessé de le hanter. Depuis *La 317ᵉ Section,* primé au Festival de Cannes en 1965, ses films, mais aussi ses reportages et ses romans, le ramènent à intervalles réguliers vers le Vietnam. Il parle de *Dien Bien Phu* avec le sentiment du devoir accompli.

TRA [Télérama]: *Auriez-vous tourné le même film il y a trente ans?*
P.S.: Sûrement pas. Vous connaissez la formule: laissez les morts enterrer les morts. C'est probablement une chance que ce film ait été retardé: je l'ai fait avec plus de sérénité. Sans rancune, ni rage, ni agressivité.

TRA: *C'est vrai que votre film semble curieusement «sans ennemis». Sur le terrain, le Vietminh est invisible. Et à l'arrière, le discours politique est absent...*

P.S.: Les «salauds de politiciens»? Ce serait trop facile de s'en prendre à eux. Le problème majeur de la France, à cette époque, était de relancer une économie sinistrée et de combler une fracture morale très profonde, issue de la Deuxième Guerre mondiale. Donc, nos politiciens ne pouvaient se soucier de ce qui se passait à 18 000 km de nos frontières.

TRA: *La haute hiérarchie militaire, aussi, est absente de votre film. Mais on sent une accusation sourde, comme si les soldats avaient été abandonnés.*
P.S.: J'ai ressenti cet abandon très brutalement, quand on a été fait prisonniers. Une sorte de vertige: comment ont-ils laissé faire cela? Puis j'ai tourné le dos à cette période de ma vie, je me suis engagé dans une autre aventure avec le cinéma.

TRA: *Sans pour autant tourner le dos au Vietnam?*
P.S.: Oui. Je me suis penché sur la civilisation vietnamienne, sur l'histoire de la présence française en Indochine. J'ai fini par me sentir partie prenante du destin de ce pays.

TRA: *Vous approuvez de Lattre, lorsqu'il parle d'entreprise aussi «désintéressée que les croisades»?*
P.S.: Je n'irai pas jusque là. Mais je reprends à mon compte ce qu'il dit de son fils: «Bernard n'est pas mort pour la France, il est mort pour le Vietnam.»

TRA: *Vos soldats ont parfois un dialogue bien théâtral. Kerveguen, par exemple, et sa déclaration sur les morts...*
P.S.: «Que sait-on des morts si ce n'est qu'un jour on leur ressemblera?» C'est une phrase que j'ai entendu là-bas. Le réalisme n'exclut pas un côté théâtral, vous savez! Dès le début, avec les trois coups du brigadier, je donne le ton: «Attention, le spectacle va commencer!» En

période de crise, un chef est obligé de prendre une position théâtrale. Regardez Napoléon, de Lattre ou Mitterrand!

TRA: *Ils ne sont pas sous les bombes!*
P.S.: Non, ils sont menacés dans quelque chose de plus essentiel que leur vie: l'idée qu'ils ont de leur fonction et l'idée qu'ils ont de la France.

TRA: *C'est plus important que la vie?*
P.S.: Lorque vous atteignez ce niveau de responsabilité, votre vie devient secondaire par rapport à la mission que vous vous êtes fixée.

TRA: *Vous pensez vraiment, comme vous le faites dire à un prêtre, que le sacrifice de la vie vaut mieux que le sacrifice de l'honneur?*
P.S.: Je pense que pour beaucoup de gens, c'est vrai. Regardez, même les petits gangs de banlieue. Ils ont beau être amoraux, ils ont entre eux quelque chose qui ressemble à un code de l'honneur. Celui qui l'enfreint est bien à plaindre, car il est exclu. Honneur: le mot fait peur! Mais c'est une valeur humaine fondamentale qui régit les rapports de l'individu à la communauté.

TRA: *Pourquoi attachez-vous tant d'importance à l'honneur?*
P.S.: J'ai été prisonnier à Dien Bien Phu. Il y a un moment où l'on risque de franchir le point de non-retour: se comporter de manière telle qu'on sait ensuite à jamais qu'on est un salaud. Ça a failli m'arriver: quelqu'un m'a retenu. Sinon, je ne sais pas ce que je serais devenu. Je ne sais pas si j'aurais pu continuer à vivre.

Propos recueillis par
Vincent Rémy

«Devoir accompli», de Vincent Rémy, paru dans *Télérama*, n° 2199 du 4 mars 1992

L. Commentez les affirmations de Pierre Schoendoerffer du point de vue du citoyen américain.
1. «... nos politiciens ne pouvaient se soucier de ce qui se passait à 18 000 km de nos frontières.»
2. «En période de crise, un chef est obligé de prendre une position théâtrale. Regardez Napoléon, de Lattre ou Mitterrand!»
3. «... votre vie devient secondaire par rapport à la mission que vous vous êtes fixée.»
4. L'honneur: «c'est une valeur humaine fondamentale qui régit les rapports de l'individu à la communauté.»

Etat des lieux

LA GUERRE D'ALGÉRIE

Le jour de la Toussaint 1954, des bombes et des attentats frappent l'Algérie en soixante-dix endroits simultanément. C'est le début d'un très long conflit qui bouleverse tant l'Algérie que la France. Décolonisation sanglante (environ 450 000 morts), le conflit algérien contraste avec la sérénité de la décolonisation de l'Afrique noire. La situation en 1954 est en effet différente d'une donnée coloniale classique. Les Européens d'origine constituent 11% de la population totale et les 4/5e d'entre eux sont nés en Algérie. La France, présente depuis 1830, a imprégné ce pays de sa langue et de ses coutumes. Mais les 89% de musulmans algériens ne sont pas sur un pied d'égalité avec les Européens: à l'Assemblée algérienne, ils élisent le même nombre de députés que la minorité européenne et les contrastes économiques et sociaux sont encore plus grands. C'est le F.L.N. (Front de Libération National) qui, à partir de 1954, mène le combat pour l'indépendance. Fondé en 1954 par Messali Hadj et Ahmed Ben Bella, il est au départ très minoritaire. Commence alors l'engrenage qui mène de la contestation à la guerre. L'escalade est inévitable. Aux actions du F.L.N., le gouvernement français répond par l'envoi, massif en 1956, de l'armée. Celle-ci pratique la torture lors d'interrogatoires tandis que le F.L.N. multiplie les atrocités. Quand le général de Gaulle revient au pouvoir en 1958, la situation semble sans issue: l'armée française contrôle la quasi-totalité du territoire mais ne peut y ramener la paix. Le fossé de haine entre la population musulmane, progressivement de plus en plus favorable au F.L.N., et la minorité européenne est désormais trop large. Lorsque le général de Gaulle, à partir de 1959, envisage l'indépendance de l'Algérie, l'O.A.S. (Organisation armée secrète) riposte par des actions terroristes qui achèvent de faire des «événements d'Algérie» une tragédie. Le départ vers la France de 800 000 européens en 1962 et les relations chaotiques entre la France et l'Algérie indépendante témoignent d'un véritable traumatisme chez tous ceux qui ont vécu cette guerre.

1959
TOURNANT DANS LA POLITIQUE ALGÉRIENNE

Le 16 septembre, le général de Gaulle se prononce en faveur de l'«auto-détermination» des algériens. Qu'a-t-il voulu dire? L'indépendance, l'intégration de l'Algérie à la France? Ou prévoit-il une troisième solution? Peu à peu son propos se précise: en 1960, il évoque «l'Algérie algérienne», puis une »République algérienne». Les Français d'Algérie inquiets dressent des barricades dans les rues d'Alger et manifestent contre le chef du gouvernement. En 1961, il parle «d'Etat algérien souverain».

1962
L'INDÉPENDANCE DE L'ALGÉRIE

Les négociations secrètes avec le F.L.N. aboutissent aux Accords d'Evian le 18 mars. Ces accords, qui prévoient l'indépendance de l'Algérie, sont approuvés par 90% des Français de la métropole lors d'un nouveau référendum. L'Algérie est indépendante le 3 juillet. Les activités de l'O.A.S. ont multiplié les attentats destructeurs dans les derniers mois, creusant le fossé entre Algériens et Français d'Algérie. Le 22 août, le général de Gaulle échappe de justesse à un attentat de l'O.A.S. au carrefour du Petit-Clamart. Ayant apporté une solution définitive au problème algérien, le général de Gaulle peut songer à renforcer son pouvoir. Dès le 14 avril, il fait acte d'autorité en remplaçant le Premier ministre Michel Debré par un inconnu du grand public: Georges Pompidou. Le 12 septembre, il annonce un référendum sur l'élection du président de la République au suffrage universel. 62% des Français l'approuvent le 28 octobre. Les hommes politiques ont été plus difficiles à soumettre: le 5 octobre, le gouvernement de Georges Pompidou avait été mis en minorité. Les élections législatives en novembre redonnent la majorité à Pompidou et donc au général de Gaulle.

Chronologie: l'Algérie

8 juin 45	insurrection de Sétif
27 août 47	statut de l'Algérie
20 août 55	vague terroriste du F.L.N.; violente répression
11 avril 56	premier rappel des réservistes français
22 octobre 56	enlèvement de cinq chefs du F.L.N., dont Ben Bella
janvier–juillet 57	«bataille d'Alger» gagnée par Massu
8 février 58	incident frontalier de Sakhiet-sidi-Youssef; intervention diplomatique anglo-américaine
13 juin 58	insurrection d'Alger
19 septembre 58	formation au Caire du Gouvernement Provisoire de la République Algérienne (G.P.R.A.)
16 septembre 59	de Gaulle annonce «l'auto-détermination» algérienne
24 jan.–1 fév. 60	«semaine des barricades» à Alger
juin 60–février 61	premiers entretiens France-G.P.R.A.
20–25 avril 61	«putsch des généraux»; création de l'O.A.S.
10 mai 61	début de la Conférence d'Evian entre France et G.P.R.A., interrompue plusieurs fois
18 mars 62	accords d'Evian sur le cessez-le-feu et l'indépendance
1er juillet 62	proclamation de l'indépendance algérienne

Histoire du 20e siècle, Bordas, 1991, p. 209

Journal historique de la France, de Y. Billard, J. M. Dequeker-Fergon, F. et C. Lepagnot — Hatier, 1985, pp. 313, 316

Charles de Gaulle: «*Discours*»

Je vous ai compris.

Je sais ce qui s'est passé ici. Je vois ce que vous avez voulu faire. Je vois que la route que vous avez ouverte en Algérie, c'est celle de la rénovation et de la fraternité...

Eh bien! de tout cela je prends acte au nom de la France, et je déclare qu'à partir d'aujourd'hui la France considère que dans toute l'Algérie il n'y a qu'une seule catégorie d'habitants: il n'y a que des Français à part entière, des Français à part entière avec les mêmes droits et les mêmes devoirs.

Cela signifie qu'il faut ouvrir des voies qui jusqu'à présent étaient fermées pour beaucoup.

Discours prononcé à Alger le 4 juin 1958

Grâce au progrès de la pacification, au progrès démocratique, au progrès social, on peut maintenant envisager le jour où les hommes et les femmes qui habitent l'Algérie seront en mesure de décider de leur destin, une fois pour toutes, librement, en connaissance de cause. Compte tenu de toutes les données, algériennes, nationales et internationales, je considère comme nécessaire que ce recours à l'autodétermination soit, dès aujourd'hui, proclamé...

Comme l'intérêt de tout le monde, et d'abord celui de la France, est que l'affaire soit tranchée sans aucune ambiguïté, les trois solutions concevables feront l'objet de la consultation.

Ou bien: la sécession, où certains croient trouver l'indépendance. La France quitterait alors les Algériens qui exprimeraient la volonté de se séparer d'elle... Je suis, pour ma part, convaincu qu'un tel aboutissement serait invraisemblable et désastreux...

Ou bien: la francisation complète, telle qu'elle est impliquée dans l'égalité des droits; les Algériens pouvant accéder à toutes les fonctions politiques, administratives et judiciaires de l'Etat et entrer dans tous les services publics...

Ou bien: le gouvernement des Algériens par les Algériens appuyé sur l'aide de la France et en union étroite avec elle, pour l'économie, l'enseignement, la défense, les relations extérieures. Dans ce cas, le régime intérieur de l'Algérie devrait être de type fédéral, afin que les Communautés diverses, française, arabe, kabyle, mozabite, etc... , qui la cohabitent dans le pays, y trouvent des garanties quant à leur vie propre et un cadre pour leur coopération.

... La route est tracée. La décision est prise. La partie est digne de la France.

Allocution prononcée le 16 septembre 1959

Je crois, comme la France entière, que la solution du drame algérien c'est le libre choix offert à toutes les femmes et à tous les hommes qui habitent la région... Cela est la voie claire, droite, humaine, sereine...

Discours prononcé à Lille le 27 septembre 1959

C. Brichant, *Charles de Gaulle: Artiste de l'action*, 1969.
Reproduced with permission of McGraw-Hill.

La limite de tolérance

AU RAS DU PAVÉ on les appelle ratons
les bougnoules; dans les salons, l'administration,
les Nord-Africains, les Français musulmans,
ou même déjà les immigrés. Algériens?
Jamais! Ce serait nommer l'évidence, reconnaître
qu'un peuple a le droit de s'arracher à l'écrasement colonial.
La République ne le tolère pas. Des années durant, les
Algériens de France butent contre ces mots, qui partout, dans
les rues, au travail leur martèlent les limites à ne pas franchir.

Anne Tristan, *Le silence du fleuve,* © Au Nom de la Mémoire, 1991, p. 13

Anne Tristan: *Le silence du fleuve* (extrait)

UN APPEL SANS REPONSE

«Avec un courage et une dignité qui forcent
l'admiration, les travailleurs algériens de la Région
parisienne viennent de manifester contre la répression
de plus en plus féroce dont ils sont victimes
et contre le régime discriminatoire
que veut leur imposer le gouvernement.
Un déchaînement de violence policière a répondu
à leur démonstration pacifique; à nouveau des
Algériens sont morts parce qu'ils voulaient vivre libres.
En restant passifs, les Français se feraient complices
des fureurs racistes dont Paris est désormais le théâtre
et qui nous ramènent aux jours les plus noirs
de l'occupation nazie.
Entre les Algériens entassés au Palais des sports et les
juifs parqués à Drancy avant la déportation, nous nous
refusons à faire une différence.
Pour mettre un terme à ce scandale, les protestations
morales ne suffisent pas. Les soussignés appellent tous
les partis, syndicats et organisations démocratiques,
non seulement à exiger l'abrogation immédiate
des mesures indignes, mais à manifester leur solidarité
aux travailleurs algériens en invitant leurs adhérents
à s'opposer sur place au renouvellement
de pareilles violences.»
Signé: Simone de Beauvoir et Jean-Paul Sartre, André
Breton, Michel Butor, Jean Cassou, Nathalie Sarraute,
Marguerite Duras, Claude Roy... Suivis
d'universitaires comme Alain Dresch, Alfred Kastler,
Laurent Schwartz, Roger Godemont qui animaient
des comités contre la torture ou la répression.

Anne Tristan, *Le silence du fleuve,* © Au Nom de la Mémoire, 1991

Marguerite Duras: «*Les fleurs de l'Algérien*»

C'est dimanche matin, dix heures, au carrefour des rues Jacob et Bonaparte, dans le quartier Saint-Germain-des-Prés, il y a de cela une dizaine de jours. Un jeune homme qui vient du marché de Buci avance vers ce carrefour. Il a vingt ans, il est très misérablement habillé, il pousse une charrette à bras pleine de fleurs: c'est un jeune algérien qui vend, à la sauvette, comme il vit, des fleurs. Il avance vers le carrefour Jacob-Bonaparte, moins surveillé que le marché et s'y arrête, dans l'anxiété, bien sûr.

Il a raison. Il n'y a pas dix minutes qu'il est là — il n'a pas encore eu le temps de vendre un seul bouquet — lorsque deux messieurs «en civil» s'avancent vers lui. Ceux-là débouchent de la rue Bonaparte. Ils chassent. Nez au vent, flairant l'air de ce beau dimanche ensoleillé, prometteur d'irrégularités, comme d'autres espèces, le perdreau, ils vont droit vers leur proie.

Papiers?

Il n'a pas de papiers lui permettant de se livrer au commerce des fleurs.

Donc, un des deux messieurs s'approche de la charrette à bras, glisse son poing fermé dessous et — ah! comme il est fort! — d'un seul coup de poing il en renverse tout le contenu. Le carrefour s'inonde des premières fleurs du printemps (algérien).

Eisenstein n'est pas là, ni aucun autre pour relever cette image de ces fleurs par terre, regardées par ce jeune homme algérien de vingt ans, encadré de part et d'autre par les représentants de l'ordre français. Les premières autos qui passent, et cela on ne peut l'empêcher, évitent de saccager les fleurs, les contournent instinctivement.

Personne dans la rue, sauf, si, une dame, une seule:

— Bravo! messieurs, crie-t-elle. Voyez-vous, si on faisait ça chaque fois, on en serait vite débarrassé de cette racaille. Bravo!

Mais une autre dame vient du marché, qui la suivait. Elle regarde, et les fleurs, et le jeune criminel qui les vendait, et la dame dans la jubilation, et les deux messieurs. Et sans un mot, elle se penche, ramasse des fleurs, s'avance vers le jeune Algérien, et le paye. Après elle, une autre dame vient, ramasse et paye. Après celle-là, quatre autres dames viennent, qui se penchent, ramassent et payent. Quinze dames. Toujours dans le silence. Ces messieurs trépignent. Mais qu'y faire? Ces fleurs sont à vendre et on ne peut empêcher qu'on désire les acheter.

Ça a duré dix minutes à peine. Il n'y a plus une seule fleur par terre.

Après quoi, ces messieurs ont eu le loisir d'emmener le jeune Algérien au poste de police.

Marguerite Duras, *Outside,* © P.O.L. 1984, pp. 17–18

M. Dites ce que ces documents révèlent des attitudes des Français à l'égard des Algériens pendant la guerre.

Etat des lieux

MAI 1968

La crise française de mai-juin 1968 est, fondamentalement, une crise de société dont le détonateur est la révolte étudiante. Sa complexité réside dans la superposition d'une contestation: universitaire, sociale et politique. Pour cette raison elle est une des secousses majeures de la société française du XXe siècle.

La crise est d'abord universitaire. La massification du monde étudiant, l'insuffisance des moyens, l'inadaptation des contenus et des méthodes, les débouchés problématiques entretiennent le mécontentement que structurent rapidement des groupes gauchistes (mouvement du 22 mars). Durant 10 jours du 2 au 13 mai, la grève est exclusivement étudiante. Amplifiée par les violences policières, elle culmine le 10 mai avec la «nuit des barricades».

La crise devient sociale. La grève générale de solidarité et les manifestations organisées par les syndicats opèrent la jonction entre mouvement étudiant et mouvement ouvrier. Dès le lendemain l'agitation gagne les entreprises. Le déclenchement de la grève et les occupations de locaux, spontanés à l'origine, sont étendus et canalisés par les organisations syndicales. Le pays est progressivement plongé dans la grève la plus gigantesque de son histoire (9 millions de grévistes). La parole libre, les affiches symbolisent un mouvement social et culturel d'une extraordinaire complexité. Georges Pompidou amorce le dialogue social qui aboutit au «constat» de Grenelle (augmentations salariales, élargissement des droits syndicaux...). Malgré tout, les grèves continuent et les troubles persistent.

La crise politique est ouverte. Le faible écho rencontré par l'annonce d'un référendum sur la participation et l'échec des négociations sociales créent l'apparence d'un vide gouvernemental et relancent les tractations politiques. Le P.C.F. propose de négocier un programme qui ouvrira la voie «à un gouvernement populaire d'union démocratique». Des hommes de gauche comme F. Mitterrand et Mendès France se préparent à combler la «vacance du pouvoir» par «un gouvernement provisoire de gestion». En fait le gouvernement conserve des atouts: inquiétude de l'opinion face aux grèves prolongées et aux débordements de violences, divisions de ses adversaires. Après une brève période de désarroi, accentué par la «disparition» du Général (29 mai), le pouvoir se ressaisit. Soutenu par une manifestation monstre de ses partisans, poussé par Pompidou, de Gaulle dissout l'Assemblée nationale et annonce des élections. La «France profonde» assure une écrasante majorité aux candidats gaullistes.

Mai 68 a donné lieu à une multitude d'interprétations dont aucune, prise isolément, n'emporte l'adhésion. On peut rejeter la thèse commode de l'entreprise de subversion communiste ou celle, également sommaire, du «défoulement collectif» de la jeunesse. En fait il semble que l'on soit confronté à un mouvement social de type nouveau, aux causes diverses conjuguant leurs effets, et traduisant des aspirations diffuses et complexes à une autre société, à une autre vie. Malgré son échec (relatif, car le bilan social est important), le mouvement n'a pas été stérile: du féminisme à l'écologie, de la nouvelle pratique syndicale à l'essor de la vie associative, ses retombées sur la société sont considérables. ■

Chronologie: mai 68	
3 mai	la police intervient dans la cour de la Sorbonne
6 mai	violences au Quartier latin
10–11 mai	«nuit des barricades»
13 mai	grève générale et manifestations à l'appel des syndicats ouvriers
14 mai	début des grèves avec occupation des locaux
24 mai	de Gaulle annonce un référendum sur la participation
25 mai	début des négociations de Grenelle
27 mai	meeting de Charléty; Mendès France plébiscité par la C.F.D.T. et les groupes gauchistes
29 mai	«disparition» du général de Gaulle; manifestation de la C.G.T.
30 mai	discours de de Gaulle qui dissout l'Assemblée; manifestation gaulliste à Paris
5 juin	début de la reprise du travail dans les services publics
18 juin	reprise du travail chez Renault
23–30 juin	élections législatives; victoire

Histoire du 20e siècle, Bordas, 1991, p. 210

Histoire du 20e siècle, Bordas, 1991, p. 210

Points de vue

Les étudiants écrivent sur les murs

CRS SS

L'indépendance est la condition première du dialogue avec l'homme. Mon auto-critique est sclérosée de ce fait, ce problème ne se pose plus.

Censier.

Tout bien considéré sous l'angle du guetteur et du tireur, il ne me déplaît pas que la merde monte à cheval. René Char.

Censier.

Il faut paver les lacrymeurs! *Censier.*

Les moutons tuent l'émotion. *Censier.*

La révolution n'est pas un spectacle pour anglicistes. *Hall C. Rz. Nanterre.*

Dessous les pavés c'est la plage...

Sorbonne

LA CHIENLIT C'EST LUI!

SOT
SCEAUX
SEAUX
CEAUX
SOT
SO

Escalier C. Nanterre

André Malraux: *Hôtes de passage* (extraits)

Lundi 6 mai 1968: André Malraux, alors ministre des Affaires culturelles, reçoit la visite de Max Torrès, un de ses «hôtes de passage», avec qui il avait noué des liens d'amitié pendant la guerre d'Espagne. La conversation des deux hommes est interrompue par l'arrivée d'un huissier: dehors, l'agitation étudiante s'intensifie.

Entre un huissier, qui m'apporte un télex du ministère de l'Intérieur. Ces nouvelles se succèdent depuis le déjeuner.

MILLE CINQ CENTS ETUDIANTS EMPECHENT LA POLICE DE MANŒUVRER STOP GROUPES IMPORTANTS SE DIRIGENT VERS DENFERT-ROCHEREAU.

Il y a quatre jours, l'U.N.E.F. (Union des étudiants) appelait étudiants, enseignants et travailleurs à se rassembler aujourd'hui à 18h30 place Denfert-Rochereau. Interdiction. Fermeture de la faculté de Nanterre. 83 blessés. Occupation de la Sorbonne par la police. Daniel Cohn-Bendit et ses camarades, chefs du mouvement du 22 mars à Nanterre, devaient comparaître ce matin devant le conseil de discipline de l'Université. A 9 heures, l'U.N.E.F. renouvelait son appel contre l'interdiction. A 9h30, la Commission disciplinaire annonçait qu'elle rendrait demain le verdict relatif à Cohn-Bendit et à ses camarades. A 13 heures, quatre mille manifestants quittaient la Faculté des sciences pour défiler jusqu'à la place des Victoires puis au quartier Latin. Vers 15 heures, ils se heurtaient boulevard Saint-Germain à la police de Paris et aux C.R.S. rappelés de province. Ce matin, vingt professeurs, dont Kastler, prix Nobel, avaient pris position en faveur du syndicat de l'Enseignement supérieur et lancé un appel à leurs confrères; à 16 heures le syndicat appelait les enseignants «à descendre dans la rue avec leurs étudiants». Ces enseignants inspiraient plus d'inquiétude aux postes périphériques de radio que ces étudiants. Le doyen de la Faculté des sciences, le professeur Zamansky, déclarait «voir dans ces manifestations l'aboutissement d'une situation qui remonte à une quinzaine d'années». Le ministre de l'Education nationale, Alain Peyrefitte, parlera ce soir à la radio et à la télévision.

La police a pour instructions d'isoler les agitateurs et de les arrêter ou refouler sans ménagements. Après deux heures de cette brillante tactique, en Allemagne fédérale, tous les étudiants passent du côté des agitateurs...

MILLE ENSEIGNANTS QUITTENT LA FACULTE DES SCIENCES POUR REJOINDRE LA MANIFESTATION.

Ce sont les informations ministérielles des jours de crise: barricades d'Alger, putsch des généraux. [...]

La secrétaire m'apporte une feuille dactylographiée. Par téléphone, j'ai demandé au directeur ses dernières informations:

PLUS DE DOUZE MILLE ETUDIANTS. BARRICADES SYMBOLIQUES: AUTOS, PAVES, GRILLES D'ARBRES. UNE VRAIE BARRICADE A SAINT-GERMAIN-DES-PRES. L'EMEUTE TIENT LA PLACE MAUBERT. POLICE AVEC BOUCLIERS, GRENADES LACRYMOGENES. VOITURE POLICE-SECOURS ATTAQUEE. CAMION DES POMPIERS ATTAQUE MAIS INCENDIE MAITRISE. MANIFESTANTS ATTAQUENT STATIONS METRO, PROTEGES PAR LACRYMOGENES. BANDEROLES DE SOLIDARITE AVEC LES ETUDIANTS TCHEQUES ET POLONAIS, BANDEROLES «NOUS SOMMES UN GROUPUSCULE», DONC ANTI-COMMUNISTES. LE PREFET DE POLICE S'EST RENDU SUR PLACE.

André MALRAUX, *Hôtes de passage*, © Editions GALLIMARD

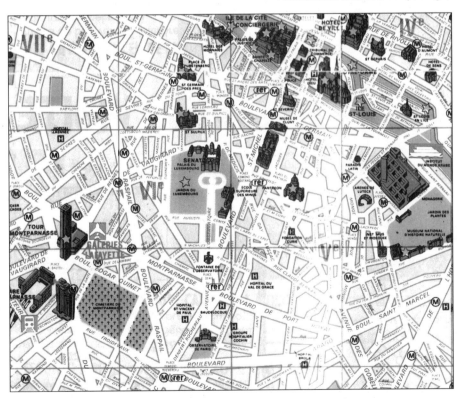

N. En vous appuyant sur les documents traitant de mai 68, identifiez les causes de la révolte étudiante. Ces mêmes problèmes sont-ils à l'origine de l'agitation américaine dans les années 60?

Etat des lieux

Chronologie: L'Europe de De Gaulle à Mitterrand

19 sept. 1946	W. Churchill propose la création des Etats-Unis d'Europe
16 avril 1948	institution de l'O.E.C.E. (Organisation européenne de coopération européenne)
27 janv. 1949	création du Conseil d'Europe
27 mai 1952	traité de Paris instituant la C.E.D. (Communauté européenne de défense)
25 mars 1957	traités de Rome créant la C.E.E. (Communauté économique européenne) et la C.E.E.A (Communauté européenne de l'énergie atomique [Euratom]); entrée en vigueur le 1er janvier 1958
11 août 1961	première demande d'adhésion britannique
14 janv. 1962	unification des marchés agricoles
14 janv. 1963	veto français à l'entrée de la Grande-Bretagne dans l'Europe des Six
1er juil. 1968	entrée en vigueur de l'union douanière (Marché commun)
1–2 déc. 1969	Sommet de La Haye qui relance l'intégration européenne
22 janv. 1972	traité d'Egmont à Bruxelles; adhésion du Danemark, de l'Irlande et de la Grande-Bretagne (entrée en vigueur le 1-1-1973); la Norvège se récuse
29 déc. 1975	rapport Tindemans sur l'union européenne
9 mars 1979	entrée en vigueur du S.M.E. (Système monétaire européen)
novembre 1980	Leonid Brejnev évoque le concept de «Maison commune européenne», thème repris par Mikhaïl Gorbatchev en octobre 1985
1er janv. 1981	entrée de la Grèce dans la Communauté européenne
1er janv. 1986	entrée de l'Espagne et du Portugal dans la Communauté européenne
17 et 28 fév. 1986	signature de l'Acte unique européen prévoyant la réalisation du grand marché unique pour le 1er janvier 1993
9 déc. 1988	décision de réaliser l'U.E.M. (Union économique et monétaire) dès 1990
10–11 déc. 1991	Sommet de Maastricht

Histoire du 20e siècle, Bordas, 1991, pp. 119–120

Points de vue

De Gaulle et l'Europe

... Le Marché commun des Six entrera, le 31 décembre, dans sa réalisation pratique. Sans doute, les participants ne veulent-ils pas que cette institution puisse blesser les autres pays d'Europe, et l'on doit compter qu'un accommodement sera trouvé entre les intérêts. Sans doute, aussi, faut-il que les nations qui s'associent ne cessent pas d'être elles-mêmes et que la voie suivie soit celle d'une coopération organisée d'Etats en attendant d'en venir, peut-être à une imposante Confédération... En définitive et comme toujours, ce n'est que dans l'équilibre que l'univers trouvera la paix.

Allocution prononcée le 31 mai 1960

Se figurer bâtir quelque chose qui soit efficace pour l'action et qui soit approuvé par les peuples en dehors et au-dessus des Etats, c'est comme une chimère... Assurément, en attendant qu'on ait pris corps à corps et dans son ensemble le problème de l'Europe, il est vrai qu'on a pu instituer certains organismes qui ont leur valeur technique, mais ils n'ont pas, ils ne peuvent avoir, d'autorité et, par conséquent, d'efficacité politique. Tant qu'il ne se passe rien de grave, ils fonctionnent sans beaucoup d'histoires, mais dès qu'il apparaît une circonstance dramatique, un certain problème à résoudre, on s'aperçoit, à ce moment-là que telle «haute autorité», n'en a pas sur les diverses catégories nationales et que seuls les états en ont.

Conférence de presse, 5 septembre 1960

Aux yeux de la France cette construction économique (le Marché commun) ne suffit pas. L'Europe occidentale doit se constituer politiquement. D'ailleurs, si elle n'y parvenait pas, la Communauté économique elle-même ne pourrait à la longue s'affermir, ni même se maintenir. Autrement dit, il faut à l'Europe des institutions qui l'amènent à former un ensemble politique comme elle en est un déjà dans l'ordre économique...

Je le répète une fois de plus: pour nous organiser politiquement, commençons par le commencement. Organisons notre coopération. Réunissons périodiquement nos Chefs d'Etat ou de Gouvernement pour qu'ils examinent en commun les problèmes qui sont les nôtres et pour qu'ils prennent à leur égard des décisions qui seront celles de l'Europe...

Je ne crois pas que l'Europe puisse avoir aucune réalité vivante si elle ne comporte pas la France avec ses Français, l'Allemagne avec ses Allemands, l'Italie avec ses Italiens, etc... Dante, Gœthe, Chateaubriand, appartiennent à toute l'Europe dans la mesure même où ils étaient respectivement et éminemment Italien, Allemand, et Français. Ils n'auraient pas beaucoup servi l'Europe s'ils avaient été des apatrides et s'ils avaient pensé, écrit en quelque «esperanto» ou «volapük» intégré...

Je voudrais parler plus spécialement de l'objection de l'intégration. On nous l'oppose en nous disant: «Fondons ensemble les six Etats dans une entité supra-nationale; ainsi ce sera très simple et très pratique». Mais cette entité-là est impossible à découvrir faute d'un fédérateur qui ait aujourd'hui en Europe la force, le crédit et l'adresse suffisants...

Est-ce que le peuple français, le peuple allemand, le peuple italien, le peuple hollandais, le peuple belge, le peuple luxembourgeois songeraient à se soumettre à des lois que voteraient des députés étrangers, dès lors que ces lois iraient à l'encontre de leur volonté profonde? Ce n'est pas vrai: il n'y a pas de moyen, à l'heure qu'il est, de faire en sorte qu'une majorité étrangère puisse contraindre des peuples récalcitrants.

Conférence de presse, 15 mai 1962

C. Brichant, *Charles de Gaulle: Artiste de l'action,* 1969. Reproduced with permission of McGraw-Hill.

DE GAULLE ET MITTERRAND: PORTRAITS CROISÉS

CONCORDANCES...

Le premier chapitre du livre (Alain Duhamel, *De Gaulle-Mitterrand, la marque et la trace*) est intitulé «Le Héros et le Politique». L'homme du 18 juin est le Héros, l'actuel président est le Politique. Reprenant une comparaison bien connue des lycéens français, Duhamel voit en Charles de Gaulle «un héros de Corneille» et en François Mitterrand «un personnage de Racine». Le premier, précise-t-il encore, est l'homme des «ruptures nécessaires», le second est l'homme des «synthèses expérimentales».

Mais, par-delà ces comparaisons subtilement «balancées», ces oppositions littéraires, ce qui retient l'attention c'est l'analyse attentive et objective de tout ce qui rapproche et de tout ce qui sépare ces deux personnalités de haute stature.

Qu'ont-ils en commun? D'abord une même origine sociale: tous deux sont issus d'une «bourgeoisie catholique indécise, aux racines provinciales anciennes, avec plus d'alliances que de fortune et de tradition que de patrimoine». Puis, quoique de formation différente, ils ont une solide culture littéraire et historique, sont des intellectuels et des écrivains, et, dans des registres différents, des orateurs de grande qualité. Mais, surtout, ils possèdent l'un et l'autre des traits de caractère identiques: intelligence, courage, fierté, sens de l'autorité, goût du pouvoir... Ainsi, note encore Duhamel, ils ont été «littéralement métamorphosés par le pouvoir suprême». Ce pouvoir, ils sont les seuls à l'avoir exercé pendant une si longue durée, avec une telle emprise sur les hommes et une telle influence sur les événements. Ils ont été sûrs d'eux-mêmes et dominateurs, quitte, bien entendu, à commettre des erreurs et à connaître des échecs. Mais ils ne sont jamais tant à l'aise que dans les moments difficiles: ce sont des hommes de tempête. Politiques habiles et rusés, ce sont aussi des non-conformistes qui dérangent, c'est-à-dire qui ne se laissent pas réduire aux «familles» de droite et de gauche. Enfin, ils ont tous deux suscité des «ferveurs immenses» et des «haines inexpiables».

Alain Kimmel, *LE FRANÇAIS DANS LE MONDE,* n° 240, avril 1991, pp. 22, 23, 24

LA DROITE ET LA GAUCHE

Importance de la distinction

Valorisation de la gauche. Un premier constat, facile, peut être dressé: un certain nombre de nos concitoyens s'affirment de droite, tandis que d'autres se disent à gauche. On peut noter cependant déjà sur ce point un certain déséquilibre: il est plus fréquent de trouver des hommes s'affirmant de gauche que des hommes acceptant de se dire à droite. Sans doute fera-t-on valoir que ceci a changé depuis 1981: on n'hésite plus, au moins, à se dire de droite. Mais le phénomène est récent, et nul ne peut dire s'il sera durable.

Il est certain, en revanche, que jusqu'à une date récente beaucoup de ceux qui étaient (ou s'estimaient, ou étaient catalogués) à droite n'avouaient pas ouvertement leur appartenance, comme s'il y avait quelque honte à être à droite.

Portraits de famille. La distinction droite-gauche se porte toujours aussi bien, et dépasse largement la distinction entre les partis politiques pour constituer une arête de la société française, [...]

Vu de droite l'homme de gauche est un fonctionnaire aigri et hargneux, enseignant de préférence, sa femme a le style «baba cool attardée»: ce sont des «soixante-huitards assagis» qui vivent au-dessus de leurs moyens, avalent n'importe quoi, sont partisans de la liberté sexuelle et de l'égalité salariale. Vu de gauche l'homme de droite est invariablement en costume, lunettes en écaille, crispé, «méprisant ou obséquieux selon le calibre de ses interlocuteurs», ambitieux et intrigant; sa femme a l'allure austère, le chignon, jupe plissée; ils sont propriétaires d'un appartement de luxe, ont une grosse voiture (style Mercedes), sont surtout préoccupés par l'argent.

Il est peu probable que les personnes de droite comme celles de gauche se reconnaissent dans des présentations aussi caricaturales. Mais cette enquête est intéressante à deux points de vue: d'abord il existe, il subsiste en France des stéréotypes, et même si les Français sont convaincus que les personnes réelles ne ressemblent guère à ces portraits, ils ont cependant tendance à s'y référer. Les caricatures sont rassurantes parce qu'elles permettent de conforter ses propres convictions. L'imaginaire collectif est peut-être plus important que la réalité avec toutes ses nuances. C'est précisément du point de vue de cet imaginaire que ce type d'enquête présente un autre intérêt: il est possible que le journal ait un peu forcé la distinction, et fait dire aux personnes interrogées plus qu'elles ne pensaient et ne voulaient. Mais ce faisant les moyens de communication de masse contribuent à leur tour à faire de cette distinction une réalité. Celle-ci se nourrit de l'image qui en est donnée, et qui n'est pas nécessairement conforme à ce qui se vit.

Ch. Debbasch et J.-M. Pontier – *La société française, coll. des Etudes politiques, économiques et sociales,* Dalloz, 1989

COHABITATION MODE D'EMPLOI

Un gouvernement de droite face à un président de la République de gauche... la «cohabitation» au sommet de l'Etat a commencé. Son mandat se terminant en 1995, le président doit composer avec la nouvelle majorité.

François Mitterrand, élu en 1981 et réélu en 1988, se retrouve pour la seconde fois avec une majorité de droite à l'Assemblée nationale (en mars 1986, la droite avait déjà gagné les élections législatives). La coalition RPR-UDF a obtenu à elle seule plus de 470 députés sur 577, aux législatives du 28 mars.

Le président a donc choisi un Premier ministre, Edouard Balladur, représentant la nouvelle majorité. Cette cohabitation correspond-elle à un réel partage du pouvoir?

La Constitution précise que c'est le Premier ministre qui détermine et conduit la politique de la nation. Mais le chef de l'Etat conserve d'importantes responsabilités. On parle de «domaines réservés». Ce sont la politique étrangère, la diplomatie et la politique de défense.

Il peut également dissoudre l'Assemblée nationale et provoquer de nouvelles élections législatives.

Mais dans les faits, comment sera respectée cette répartition des pouvoirs entre l'Elysée (résidence du président de la République) et Matignon (résidence du Premier ministre)?

Cette cohabitation-bis a démarré du bon pied, François Mitterrand a salué la «compétence» d'Edouard Balladur, qui s'est lui-même montré soucieux de respecter les pouvoirs du président. Ces bonnes manières résisteront-elles à l'épreuve du temps, jusqu'aux prochaines élections présidentielles prévues en 1995?

La répartition des pouvoirs

Forte de son écrasante victoire aux législatives, la droite pourrait être tentée de faire pression, de limiter les pouvoirs du président. Ce dernier n'a pas manqué de rappeler ses pouvoirs, en particulier dans le domaine de la politique étrangère.

La solidité de la nouvelle cohabitation sera jugée sur au moins deux dossiers: la construction européenne et les «acquis sociaux» (protection sociale, assurance chômage, retraite à 60 ans). Or, le nouveau gouvernement est soutenu par une majorité divisée sur l'Europe. Et il n'exclut pas de réaménager certains avantages sociaux. ■

Les Clés de l'actualité, n° 51, © Milan Presse, 8–14 avril 1993

O. Répondez aux questions suivantes en vous appuyant sur les documents que vous avez lus:

1. En quoi les idées de De Gaulle et de Mitterrand se ressemblent-elles? En quoi est-ce qu'elles sont différentes?

2. Sous la présidence de De Gaulle, Mitterrand était le chef de l'opposition. Comment peut-on expliquer le fait que Mitterrand ait pris le relais de De Gaulle dans sa politique de construction de l'Europe?

QU'EST-CE QUE LE TRAITÉ DE MAASTRICHT ?

C'est une étape de plus vers l'Union européenne, négociée par les douze gouvernements de la communauté.

Les principales étapes précédentes:

1951 : Après la guerre, création par la France et l'Allemagne de la Communauté européenne du charbon et de l'acier (Jean Monnet et Robert Schuman).

1957 : Traité de Rome: création d'une union douanière entre six Etats (négocié par les gouvernements de la IVe République, appliqué par le général de Gaulle).

1962 : Mise en place de la politique agricole commune (de Gaulle).

1973 : Adhésion de la Grande-Bretagne (Georges Pompidou).

1979 : Election du Parlement européen au suffrage universel (Valéry Giscard d'Estaing). Système monétaire européen (Giscard d'Estaing).

1986 : Acte unique (François Mitterrand et Jacques Chirac): ouverture des frontières, liberté de circulation des services, des capitaux et des personnes; suppression de tout obstacle aux échanges; décision à la majorité qualifiée (8 états sur 12).

Objectifs du traité

• Promouvoir un progrès économique et social en supprimant les frontières intérieures.

• Etablir une union économique et monétaire avec une monnaie unique.

• Mettre en œuvre une politique étrangère et de sécurité.

• Instaurer une citoyenneté de l'Union européenne.

• Le Parlement européen et la Commission sont chargés d'accomplir les tâches confiées à la Communauté.

Pour être adopté, le traité devait être signé par les douze chefs d'Etat et de gouvernement des Douze lors du 46e sommet européen à Maastricht en 1992 puis ratifié par les parlements nationaux et approuvé par le Parlement européen. Certains pays, dont la France (septembre 1992), ont procédé à un référendum.

IDENTITE NATIONALE : LA CRISPATION DES FRANÇAIS

Trois sur quatre des Français interrogés par l'Ifop tiennent pour «prioritaire» la préservation de l'«identité» française; un concept qu'ils seraient probablement bien en peine de définir, mais qui leur tient viscéralement à cœur: tel est le résultat le plus spectaculaire d'une enquête qui confirme le raidissement de la société française à l'approche d'échéances européennes cruciales et, surtout, au vu d'une immigration jugée jusqu'ici mal maîtrisée.

Voici un certain nombre de phrases. Pouvez-vous me dire, pour chacune, si vous êtes tout à fait d'accord, plutôt d'accord, plutôt pas d'accord ou pas d'accord du tout?

	Tout à fait ou plutôt d'accord	Plutôt pas d'accord ou pas d'accord du tout
Préserver l'identité française est aujourd'hui une priorité	75	23
Avec l'immigration, l'identité française est menacée	64	34
La diversité d'origine de la population en France est une richesse pour l'identité nationale	59	37
Avec l'Europe, l'identité française est menacée	40	58
Avec l'Europe, l'identité française va s'enrichir de la culture des autres pays	72	26
La nationalité française, c'est quelque chose qui se mérite	77	22

LA FRANCE, LES FRANÇAIS ET L'EUROPE

Extraits d'un sondage réalisé pour l'émission de FR3 «La marche du siècle», diffusée le 28 mai 1992.
A la question: *Vous sentez-vous citoyen de l'Europe?*
49% des Français répondent oui (ils étaient 31% en juin 1989).
A la question: *L'identité française est-elle compatible avec l'Europe?*

62% répondent oui (ils étaient 51% en décembre 1991).

Les avantages de l'Europe
55% des Français attendent de l'Europe qu'elle assure la paix,
48% qu'elle permette de faire face à la concurrence mondiale,
47% qu'elle permette de parler d'égal à égal aux grandes puissances.

Les inconvénients de l'Europe
38% des Français craignent qu'elle contribue à augmenter les flux migratoires,
34% qu'elle entraîne une perte d'identité,
30% qu'elle conduise à la domination de l'Allemagne.

Alain Kimmel, *LE FRANÇAIS DANS LE MONDE*, n° 251, août–septembre 1992, p. 53

L'EUROPE À CRAINDRE OU À AIMER?

Extraits d'un débat entre Simone Veil, député européen, ancienne présidente du Parlement européen, et Paul Thibaud, ancien directeur de la revue *Esprit*.

L'Express: Etre français, qu'est-ce que cela signifie exactement pour vous?

Simone Veil: L'identité française est pour moi non pas une notion juridique, mais une réalité d'ordre affectif et culturel: j'appartiens à la nation française, à cette collectivité formée de tous ceux qui s'en réclament, à son histoire et à ses valeurs. Cet attachement-là ne pourra jamais être remis en question.

Etre français, c'est donc poursuivre une histoire particulière: celle qui a été le principal laboratoire de la démocratie moderne. Cette spécificité fait de la France une nation plus laïcisée que les autres, dans laquelle la politique constitue, plus qu'ailleurs, un lien social. Encore faut-il que nous assumions cet héritage. Aujourd'hui, les Français ont le sentiment, après avoir joué un grand rôle dans l'Histoire, de ne plus être à la hauteur. Ils éprouvent une sorte de remords à l'égard de leur identité, un manque de confiance, voire une certaine haine d'eux-mêmes.

Alain Kimmel, *LE FRANÇAIS DANS LE MONDE,* n° 251, août–septembre 1992, p. 53

Time, Oct. 5, 1992, p. 10

septembre 1992

UNION EUROPÉENNE

EXTRAITS DE L'INTERVIEW DE ROLAND DUMAS, MINISTRE D'ÉTAT, À LA STATION DE RADIO RTL

«C'est le traité de l'Union européenne, nous avons même hésité, lorsque nous avons négocié, et avions penché à un moment pour «l'Union politique de l'Europe», ce qui n'était pas mal non plus. L'Union européenne, cela veut dire qu'on s'engage dans une nouvelle phase de construction européenne. Alors, oublions Maastricht et pensons Union européenne».

«Les Français ont compris que l'Europe était leur affaire et j'imagine assez bien que cela aura des conséquences dans d'autres pays. Les choses ne seront plus après Maastricht comme avant Maastricht. Les Français se sont plongés dans ce débat et il suffit de voir la ventilation des votes, aussi bien pour le oui que pour le non, pour constater que c'est avec des raisons particulières que chacun a voté pour un camp ou pour un autre. Donc, l'Europe est devenue l'affaire des peuples, véritablement, à commencer par le peuple français et ça c'est très important».

«On retrouve dans le camp des non des gens qui ne se réclament pas de la gauche, ils se réclament même de la droite et de l'extrême-droite. L'analyse du scrutin fait apparaître que certaines régions, effectivement, et ça c'est un grand souci, certaines régions plus agricoles que d'autres ont voté pour le non. Nous devons donc en tenir compte, de même qu'il va falloir tenir compte, quand même, de tous ceux qui se sont prononcés pour le oui, car ils ont dit un oui assorti de considérations, qu'il faut maintenant prendre en compte».

«Vous observerez du reste que la majorité a été acquise en dépit des grands problèmes qui sont posés — j'ai parlé tout à l'heure de la campagne électorale — mais ajoutons à cela les difficultés, les difficultés intérieures qui ne sont pas négligeables, qui ont pu déterminer des votes contre le gouvernement ou contre le Président de la République, encore que j'ai vu que dans les résultats, peu s'étaient déterminés par rapport au président de la République, c'est intéressant, mais en dépit de ces difficultés intérieures et extérieures, je pense à la crise monétaire en particulier, le oui l'a emporté».

«Maintenant, nous disposons d'une majorité, c'est à nous de gérer cette affaire et de mettre en place «l'après Maastricht». Il faut maintenant préparer une période qui va durer 8 ou 10 ans, avec des rendez-vous précis, qui figurent dans le traité. Je me rends maintenant à New York, nous avons une réunion des ministres des Affaires étrangères».

Journal français d'Amérique, vol. 14, n° 20, 2–15 octobre 1992

PHILIPPE SÉGUIN
LE NOM DE L'ÉTÉ

Au fur et à mesure que s'exacerbait le combat pour le référendum sur le traité de Maastricht, un nom s'imposait sur la scène politique, celui du député RPR Philippe Séguin, ardent défenseur du «non» à l'«eurocratie» de Maastricht.

Né en 1943 en Tunisie, l'énarque Philippe Séguin a servi comme ministre des Affaires sociales dans le gouvernement de Jacques Chirac lorsque ce dernier était Premier ministre, de 1986 à 1988.

Député gaulliste à l'Assemblée nationale et maire de la ville d'Epinal dans les Vosges, sous ses airs bon enfant, Philippe Séguin force l'attention par son esprit d'indépendance qui l'oppose parfois au chef de son parti, Jacques Chirac.

Lorsque M. Chirac s'est déclaré en faveur du traité sur l'unité européenne signé l'an dernier à Maastricht, Philippe Séguin (en compagnie de Charles Pasqua) s'est imposé comme l'un des principaux avocats du «non». A cet effet, depuis le 20 juin, quand fut connue la date du référendum, le député gaulliste a inlassablement sillonné la France, porteur du message suivant: le «oui» des électeurs au traité marquerait une victoire de la technocratie sur la démocratie, et saperait la souveraineté et les traditions françaises.

Un des grands atouts de M. Séguin est sa bonhommie non menaçante et son ton de modération. Tout récemment, lorsque le président Mitterrand a accepté de participer à un débat télévisé sur le traité, c'est Philippe Séguin qu'il a choisi comme adversaire pour l'inévitable joute oratoire.

Au-delà du vote du référendum, le grand gagnant de l'été est certainement Philippe Séguin que sa nouvelle visibilité nationale place désormais dans le clan restreint des successeurs éventuels de M. Mitterrand dont le mandat se termine en 1995.

Journal français d'Amérique, vol. 14, n° 20, 2–15 octobre 1992

DÉCLARATION TÉLÉVISÉE DU PRÉSIDENT DE LA RÉPUBLIQUE

Mes chers compatriotes,

Nous venons de vivre, en ce dimanche 20 septembre, l'un des jours les plus importants pour notre pays. La France, non seulement assure son avenir, renforce sa sécurité et consolide la paix dans une région du monde cruellement déchirée par la guerre, mais elle montre aussi et surtout qu'elle est encore et toujours capable d'inspirer l'Europe qui est en mesure désormais d'égaler les plus grandes puissances de la terre.

A l'heure où je m'exprime, en effet, il paraît certain qu'une majorité d'entre vous a approuvé le traité d'union européenne adopté à Maastricht que je vous ai soumis et qu'ont soutenu des femmes et des hommes dont la fermeté de conviction et le courage intellectuel l'ont emporté sur toute considération partisane.

Je veux, en votre nom, les remercier et c'est à vous, Français, à vous qui avez voté «oui» à la France, «oui» à l'Europe, «oui» à l'espoir que va d'abord ma gratitude.

J'ai dit au début de la campagne électorale qu'il n'y aurait à l'issue de ce scrutin ni vainqueur ni vaincu. Le vote de ce jour engage toute la France mais je respecte les sentiments des libres citoyens qui, en votant «non», ont voulu sauvegarder les valeurs dans lesquelles ils croient.

Imaginez maintenant la joie de la communauté, nos amis les plus proches qui attendaient de nous le signe dont ils avaient besoin. Imaginez la joie des autres pays européens, presque tous, qui aspirent à nous rejoindre, surtout ceux qui ont été si longtemps privés de liberté.

Je suis heureux, mes chers compatriotes, que vous ayez choisi la jeunesse, le renouveau, la sauvegarde du présent qui exige de vous tant d'efforts et les chances, toutes les chances des lendemains.

Vive la République, vive la France.

Journal français d'Amérique, vol. 14, n° 20, 2–15 octobre 1992

LA FRANCE APRES LE «OUI»

Journal français d'Amérique, vol. 14, n° 20, 2–5 octobre 1992

**Le «oui» au référendum français sur la ratification du Traité de Maastricht a remporté 51,05% des suffrages exprimés.
La presse a beaucoup commenté ce résultat, et le président Mitterrand a exprimé sa satisfaction dans une allocution télévisée.**

commentaire
PAR ALAIN DUHAMEL

L'Europe ne peut plus attendre

Pendant trois décennies, la construction européenne fut compliquée et retardée par une querelle théologique artificielle, et en tout cas très largement prématurée, entre zélateurs de l'Europe fédérale et sectateurs de l'Europe des Etats. Aujourd'hui, on constate que le clivage, concret et immédiat, passe entre partisans d'une Europe anglo-saxonne, c'est-à-dire libre-échangiste, et adeptes d'une Europe européenne, c'est-à-dire volontariste. L'Union européenne a-t-elle pour vocation de se dissoudre dans ce qui deviendrait un super-dominium américain ou bien de s'ériger en une grande puissance collective, et de contribuer fortement à déterminer le nouveau cours des choses? [...]

[...] Le traité de Maastricht a été mille fois accusé d'aller plus vite que la musique et de violer le calendrier. C'est le contraire qui est vrai. L'Union européenne, encore dans les limbes, apparaît trop timide, trop tardive, trop partielle. Quand il y a le feu, ce n'est plus le moment de négocier le calibre des bombes ou la couleur des insignes. L'Europe a besoin de brûler les étapes. Elle ne peut plus attendre.

Car, cette fois-ci, l'alternative se dégage clairement, et presque brutalement. Ou bien, sous la nécessité des événements, l'Europe trouve en elle-même la ressource d'un nouvel élan. Ce serait le surgissement d'un libéralisme européen enfin organisé. Ou bien l'enlisement se poursuit, l'Europe à la carte se généralise, la pente libérale orthodoxe, libre-échangiste, s'accentue. La Grande-Bretagne, les Pays-Bas, et nombre des Etats candidats à l'adhésion poussent dans ce sens. Ce serait le triomphe du marché à l'anglo-saxonne, la dilution de toute volonté collective, l'intégration dans une société transatlantique. Et les funérailles de la personnalité européenne.

Le Point, n° 1082, 12 juin 1993

Vœux du Président Mitterand pour l'année 1995 (extraits)

Mes chers compatriotes,

Parmi les événements qui marqueront l'année 1994, le sauvetage de l'airbus Alger–Paris, il y a seulement quelques jours, à l'aéroport de Marseille, résume mieux que tout autre les menaces et les risques qu'un grand pays comme le nôtre doit savoir affronter, la détermination, l'abnégation et le courage nécessaires pour les surmonter. (...)

En dépit des difficultés actuelles, je trouve dans ces faits un véritable réconfort. Il est bon de pouvoir se dire, en cette nuit de Nouvel An, que les Français, si prompts à se quereller, sont également capables de s'unir et de montrer au monde ce qu'ils valent quand le danger est là. (...)

Cette leçon vaut pour tout. Sur le plan international où de nombreux peuples sont soumis aux horreurs de la guerre civile et de l'oppression étrangère. J'observe à cet égard que la France s'est toujours placée au premier rang des forces de la paix. Sur le plan national où s'accroît le nombre des Français sans-abri, victimes du chômage, de la pauvreté, de l'exclusion. (...)

Car la croissance n'est pas une fin en soi. Elle doit être l'instrument d'une répartition plus équitable des richesses créées par tous et pour tous. Dès maintenant et dans les années prochaines les gouvernements, quelles que soient leurs tendances, auront à répondre d'abord à cette question. (...)

Mes chers compatriotes, c'est la dernière fois que je m'adresse à vous pour des vœux de nouvelle année en ma qualité de Président de la République. Aussi je me permettrai deux recommandations: la première: ne dissociez jamais la liberté et l'égalité. Ce sont des idéaux difficiles à atteindre, mais qui sont à la base de toute démocratie. La seconde: ne séparez jamais la grandeur de la France de la construction de l'Europe. C'est notre nouvelle dimension, et notre ambition pour le siècle prochain. (...)

Or, dès demain 1er janvier, et pour six mois, c'est la France qui présidera l'Union [européenne]. Cette situation ne se représentera plus avant longtemps. Le gouvernement a préparé avec moi les grandes lignes de cette présidence. J'ai demandé au Premier ministre d'accorder une importance particulière à la politique sociale trop souvent négligée. A cet effet, nous recevrons bientôt les grandes organisations professionnelles et syndicales qui ont à faire valoir leur point de vue. Je vous le dis avec la même passion que naguère. N'en doutez pas, l'avenir de la France passe par l'Europe. En servant l'une, nous servons l'autre.

Mes chers compatriotes,

Je n'apprendrai rien à personne en rappelant que dans quatre mois aura lieu l'élection présidentielle. C'est un rendez-vous important que la France se donne à elle-même. Je souhaite vivement que ce soit l'occasion d'un vrai, d'un grand débat et sur tous les sujets, y compris les règles morales de notre vie publique et le rôle et les limites des divers pouvoirs. Les problèmes que nous connaissons ne disparaîtront pas pour autant. Mais la France y trouvera un nouvel élan. L'an prochain, ce sera mon successeur qui vous exprimera ses vœux. Là où je serai, je l'écouterai le cœur plein de reconnaissance pour le peuple français qui m'aura si longtemps confié son destin et plein d'espoir en vous.

Je crois aux forces de l'esprit et je ne vous quitterai pas. Je forme ce soir des vœux pour vous tous en m'adressant d'abord à ceux qui souffrent, à ceux qui sont seuls, à ceux qui sont loin de chez eux. Bonne année, mes chers compatriotes. Bonne année et longue vie.

Vive la République,

Vive la France.

P. Le traité de Maastricht est un document controversé en Europe. Répondez aux questions selon les points de vue exprimés dans les documents.

1. Qu'est-ce qui, dans ce traité, peut représenter une menace pour les Français?
2. Quels sont les arguments avancés par les partisans du traité et par ses détracteurs?
3. Comment le gouvernement français a-t-il essayé de convaincre les Français de voter «oui» au référendum?
4. A votre avis, en quoi la création de l'Europe modifie-t-elle l'attitude américaine en matière de relations politiques et économiques?

Vue de l'extérieur

QUI SYMBOLISE LE PLUS LA FRANCE?

Pour ce numéro de notre journal nous avons demandé à nos amis et lecteurs américains quelles étaient les personnalités qui, à leurs yeux, représentaient le plus la France. Beaucoup ont cité le général de Gaulle, mais nous avons obtenu aussi des réponses surprenantes: un coureur automobile pas vraiment célèbre et... Bibendum, le gros bonhomme de Michelin tout arrondi comme les pneus du fabricant, et aussi connu qu'un personnage vivant.

Daniel Bush ■
38 ans, conseiller marketing

Pour moi, il y a trois personnalités marquantes: tout d'abord Charles de Gaulle, pour avoir donné à la France une place importante parmi les nations industrialisées.

Puis le professeur Montagnier qui, à travers son dévouement et son engagement humanitaire, a découvert l'existence du virus du sida, offrant un espoir de guérison.

Enfin, Catherine Deneuve, pour montrer au reste du monde qu'une femme peut être à la fois belle, intelligente, élégante et gracieuse, et faire preuve d'une grande force de caractère sans pour autant compromettre sa fémininité.

Eric Gayden ■
32 ans, agent commercial

Si je devais nommer une seule personne pour représenter la France, je citerais le général de Gaulle; je pense que c'est «Monsieur France», la personne qui a le plus agi pour son pays.

Ensuite, pour moi qui suis un grand amateur de voitures, je pense bien sûr à Bugatti — car bien que d'origine italienne, ses voitures de prestige sont, elles, bien françaises — et à André Citroën. De même, le Bibendum de Michelin, qui n'est pas une personne mais un personnage, est bien français et est présent sur les circuits de Formule 1.

Dans le domaine de l'art, j'admire René Lalique plus que tout autre artiste français.

Steve O'Neil ■
26 ans, étudiant en médecine

Les personnalités françaises les plus marquantes sont sans doute les intellectuels qui, au cours de l'histoire, ont participé au façonnement de «l'esprit français», à savoir: Descartes pour sa rationalité, Montesquieu pour son libéralisme politique, Jean-Paul Sartre pour un certain respect de l'individu.

La liste pourrait être bien sûr plus exhaustive, mais mes connaissances sont encore limitées. Je compte sur votre publication pour en apprendre davantage sur la culture française!

Peter Tucker ■
32 ans, ingénieur

Je pense à un homme qu'il me semble évident de citer, le général de Gaulle, parce qu'il symbolise à mes yeux le caractère typique des Français: indépendants et fiers de leur pays.

Je voudrais citer aussi quelqu'un de plus obscur. Il s'agit de François Cévert, qui était coureur automobile français.

Malheureusement, il est mort en 1973, alors qu'il s'entraînait pour l'US Grand Prix. Il disait qu'il adorait les courses automobiles et que s'il fallait mourir au volant, c'était dommage mais qu'au moins il serait mort en aimant ce qu'il faisait.

Pour moi, cet homme représente bien l'archétype français: faire les choses jusqu'au bout.

Nancy Peterson ■
45 ans, avocate

Je dirais Edith Piaf. Par ses chansons, elle illustre de façon très sensible la personnalité des Français. Toute cette nostalgie, tristesse et beauté sont émouvantes.

Je pense ensuite à Marie-Antoinette qui est une femme qui m'a toujours passionnée et que j'aurais aimé être, si j'avais dû incarner une femme de l'histoire.

Journal français d'Amérique, 28 mai–10 juin 1993

Coca-Cola and the Cold War: The French Face Americanization, 1948–1953

Richard F. Kuisel

The setting: The National Assembly, 28 February 1950. Exchange between a Communist deputy and the minister of public health:

Deputy: "Monsieur le ministre, they are selling a drink on the boulevards of Paris called Coca-Cola."

Minister: "I know it."

Deputy: "What's serious, is that you know it and you are doing nothing about it."

Minister: "I have, at the moment, no reason to act..."

Deputy: "This is not simply an economic question, nor is it even simply a question of public health—it's also a political question. We want to know if, for political reasons, you're going to permit them to poison Frenchmen and Frenchwomen."[1]

Later this day the National Assembly voted to give the government authority to ban Coca-Cola if the drink were found to be harmful.

In retrospect this dialogue and parliament's action seem ridiculous. Did the National Assembly believe that Coca-Cola endangered public health? Although some deputies may have been genuinely concerned about the drink's harmfulness, many others were less than candid about their motives. For example, the chief spokesman for regulating the beverage represented the winegrowing department of the Hérault. And the Communist party was in the midst of a frenzied campaign against the Fourth Republic's alleged subservience to the United States—thus the reference to a "political question." Like so much about the arrival of Coca-Cola in France the parliamentary debate was not what it seemed to be. What was said was often disingenuous and seldom disinterested. What was at stake was both real and symbolic.

At the peak of the controversy there were debates in the National Assembly, law suits, press campaigns, and top-level meetings between State Department officials and ministers of the Fourth Republic. The American corporation unwittingly touched off a furor on both sides of the Atlantic. For the historian the strange affair of Coca-Cola reveals not only the political and economic dilemmas of postwar France and the deepening Cold War, but also emerging resistance to "Americanization." The American challenge surfaced long before Jean-Jacques Servan-Schreiber's bestseller of the 1960s announced the problem.

Perhaps no commercial product is more thoroughly identified with America than Coca-Cola. One company official called it "the most American thing in America." Another wrote approvingly of this confusion: "Apparently some of our friends overseas have difficulty distinguishing between the United States and Coca-Cola."[2]

Notes:

[1] *Journal officiel de la République française, débats parlementaires, Assemblée Nationale,* séance du 28 février 1950, p. 1533.

[2] E.J. Kahn, *The Big Drink: The Story of Coca-Cola* (New York, 1960).

French Historical Studies, Vol. 17, No. 1 (Spring 1991)

Q. Répondez aux questions suivantes:

1. Qui symbolise le plus la France pour vous et pourquoi?
2. A votre avis, pourquoi les Français expriment-ils des sentiments anti-américains?
3. Quelles influences américaines sont perçues par les Français comme étant les plus menaçantes pour leur propre culture?

Faisons le point!

R. Appuyez-vous sur les documents déjà étudiés ainsi que sur les deux documents suivants pour commenter ces réflexions.

1. «La division est dans la maison française, dont l'unité n'est qu'une enveloppe, une superstructure, un pari. Tant de diversités entraînent le manque de cohésion.» (Fernand Braudel)
2. «Faut-il admettre que la France, lente à unir ses territoires et ses peuples, est plus apte à comprendre la guerre du dedans que celle du dehors [...]?» (Fernand Braudel)
3. Selon Touraine, la société française s'est profondément modifiée ces quarante dernières années. Dites en quoi.
4. «Elle [la France] patine entre un passé industriel qu'elle a déjà quitté et un avenir incertain qu'elle ne sait pas imaginer.» (Alain Touraine)

Fernand Braudel: «*L'identité déchirée*»

Toute nation est divisée, vit de l'être. Mais la France illustre trop bien la règle: protestants contre catholiques, jansénistes contre jésuites, bleus contre rouges, républicains contre royalistes, droite contre gauche, dreyfusards contre antidreyfusards, collaborateurs contre résistants... La division est dans la maison française, dont l'unité n'est qu'une enveloppe, une superstructure, un pari. Tant de diversités entraînent le manque de cohésion. Aujourd'hui encore, «la France n'est pas un pays synchronisé, écrivait récemment un essayiste; elle ressemble à un cheval dont chacune des pattes se déplacerait à un rythme différent». J'aime cette image excessive, ni tout à fait exacte, ni tout à fait fausse. Le malheur est que toutes les divisions, physiques, culturelles, religieuses, politiques, économiques, sociales, s'ajoutent les unes aux autres et créent l'incompréhension, l'hostilité, la mésentente, la suspicion, la querelle, la guerre civile qui, allumée, s'apaise un jour sous la cendre, mais reprend au moindre coup de vent. Pour un historien, «la France... n'a pas tant le génie des armes que celui de la guerre civile. Sauf en 1914, elle n'a jamais connu l'expérience d'une longue et véritable guerre patriotique... Chacun des conflits livrés par la nation la plus fière de sa gloire militaire a été peu ou prou mâtiné de lutte civile. Ce qui est clair pour 1939–1945 l'a été également pour la Révolution et l'Empire, ou l'époque de Jeanne d'Arc et des Bourguignons, pour Henri IV, la Ligue et le temps de Richelieu. Même en 1870, il s'est trouvé un parti qui, secrètement ou ouvertement, désirait la défaite de ceux qui dirigeaient le pays». Alors faut-il admettre ce jugement de Michelet, poussé jusqu'aux profondeurs: «La matière de la [France physique], essentiellement divisible, aspire à la désunion et à la discorde»? Ou cette réflexion terrible, si elle est juste, de Julien Benda, à savoir que l'histoire de France aura été, à bien des égards, «une affaire Dreyfus en permanence»? Faut-il admettre que la France, lente à unir ses territoires et ses peuples, est plus apte à comprendre la guerre du dedans que celle du dehors [...]?

Fernand BRAUDEL, *L'identité de la France — Espace et histoire*,
Flammarion, coll. Champs, p. 116

Alain Touraine: «*Pourquoi la France patine...* »

IL AURA *bien fallu quarante années pour le tuer: le progrès, valeur supérieure de nos sociétés depuis le XVIIIᵉ siècle, s'est éteint en silence au fil de ces décennies. Terminé le temps où la France, forte de son indépendance et confiante en sa technologie, concevait son destin comme une marche triomphante et illimitée. Aujourd'hui, l'Histoire semble avoir perdu son sens, au point même que certains en ont annoncé la fin. Fin de la conquête de la planète et terminus des idéologies. Il nous reste un dernier mur: celui qui se dresse dans nos têtes et nous barre le futur. Comment continue-t-on? Quel développement inventer? Pour le sociologue Alain Touraine, la France est particulièrement impuissante devant cette question. Elle patine, entre un passé industriel qu'elle a déjà quitté et un avenir incertain qu'elle ne sait pas imaginer. N'est-ce pas précisément la définition de la crise? L'auteur de «Critique de la modernité» (Fayard) plaide ici pour une France qui réconcilierait le monde planétaire du marché et celui de la diversité des identités. Un nouveau «progrès» en quelque sorte, redéfini et modernisé, seul capable de ranimer l'espérance.*

L'EXPRESS: *En quarante ans, la société française s'est profondément modifiée. Au regard de l'observateur que vous êtes, a-t-elle vraiment changé de nature?*

ALAIN TOURAINE: Fondamentalement. Elle a connu deux changements majeurs: la France de l'après-guerre était industrielle et nationale, celle d'aujourd'hui n'est plus ni l'une ni l'autre. Il y a quarante ans, nous venions d'hériter d'un pays en ruine, médiocre et même méprisable quant à ses actions en Indochine ou en Algérie. Nous voulions en sortir. La solution, c'était la modernisation: celle des villes, de l'éducation, de l'économie... L'industrialisation, plus la Sécurité sociale. Les structures intellectuelles et politiques étaient alors bien charpentées, les conflits sociaux étaient clairs. L'Etat, les patrons, les syndicats, chacun se tenait dans son rôle. La pièce que l'on jouait s'appelait «la société industrielle».

— Et notre société aurait également perdu en route son caractère national.

— Oui, nous sommes là aussi entre deux eaux, puisque nous n'arrivons pas à passer réellement au niveau européen. Selon l'idée du XIXᵉ siècle, l'Etat national était le lieu où tout devait s'intégrer — l'économie, la culture — sous les lumières de la raison. Aujourd'hui, les Français répètent un discours fatigant sur la République alors que celui-ci ne correspond plus à la réalité. La construction d'un Etat fédéral européen — car il s'agit bien de cela — doit entraîner en fait la dissociation des responsabilités: l'Etat doit être européen; l'élaboration de la politique sociale doit être nationale; le mouvement des idées doit se développer dans la société civile. En France, nous avons toujours eu une grande difficulté à séparer Etat et société politique. C'est pourtant nécessaire. A cause de ce manque de clarté, le passage au niveau européen se fait aussi difficilement que le passage au niveau postindustriel.

Est moderne une société capable de composer avec la diversité, celle des cultures, des mémoires, des identités.

— La France ne l'est pas.

— Non. Nous sommes trop attachés au modèle unitaire, celui de la Révolution française, de Condorcet, de la République... Sur le plan intellectuel, nous avons regardé aussi vers le passé, sous la conduite de philosophes qui cultivaient la nostalgie d'une raison objective, pure, et qui étaient en réalité antimodernes. Tout ce qu'un rationalisme extrême avait éliminé revient en force: la sexualité, la famille, la nation, la religion, qui résistent à la globalisation dirigée par les financiers, les bureaucrates et les technocrates. En fait, la crise que nous vivons se caractérise par une dissociation de deux mondes: celui des échanges, du marché, des objets, d'une part, et celui des identités, des tribus, du sujet, d'autre part. Le mono-économisme face au multi-culturalisme. Nous sommes ainsi complètement écartelés, les pieds posés sur deux morceaux de glace qui dérivent en sens opposé. C'est à mon avis le problème central de notre société, aujourd'hui.

L'Express, 13–19 mai 1993, p. xi

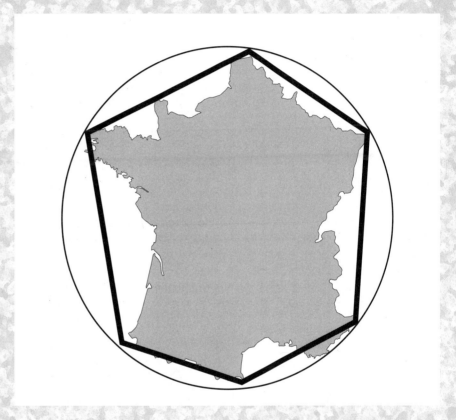

CHAPITRE 3

L'Hexagone

Arrêt sur image

France

MER DU NORD
Pays-Bas
Angleterre
Dunkerque
Calais
NORD-PAS-
DE-CALAIS
Lille
Belgique
Allemagne
Luxembourg
Valenciennes
LA MANCHE
Cherbourg
HAUTE-
NORMANDIE
PICARDIE
Amiens
Le Havre
Rouen
Reims
Metz
LORRAINE
ALSACE
Caen
BASSE-
NORMANDIE
Versailles
Seine
Paris
ÎLE-DE-
FRANCE
CHAMPAGNE-
ARDENNE
Nancy
Strasbourg
Saint-Malo
Brest
BRETAGNE
Fougères
Troyes
Rennes
PAYS DE LA LOIRE
Le Mans
Orléans
Seine
BOURGOGNE
Mulhouse
Angers
Blois
Chambord
Dijon
Besançon
St-Nazaire
Loire
Tours
Chenonceaux
Chalon-sur-
Saône
FRANCHE-
COMTÉ
Nantes
Chinon
Azay-le-
Rideau
Bourges
Nevers
Suisse
OCÉAN
CENTRE
Poitiers
Loire
ATLANTIQUE
La Rochelle
LIMOUSIN
Vichy
Annecy
Rhône
POITOU-
CHARENTES
Limoges
Clermont-
Ferrand
Lyon
Italie
Saint-Étienne
RHÔNE-ALPES
Périgueux
AUVERGNE
Grenoble
MASSIF CENTRAL
Bordeaux
Rodez
Rhône
PROVENCE-
ALPES-
CÔTE-
D'AZUR
Monte-
Carlo
AQUITAINE
Garonne
MIDI-PYRÉNÉES
Avignon
Grasse
Monaco
Nîmes
Tarascon
Nice
Biarritz
Bayonne
Toulouse
Montpellier
Aix-en-
Provence
Cannes
Pau
Béziers
Narbonne
Toulon
PYRÉNÉES
Carcassonne
Marseille
LANGUEDOC-
ROUSSILLON
Espagne
Andorre
Perpignan
MER MÉDITERRANÉE
0   75 km

CORSE
Ajaccio

©1993 Magellan Geographix℠Santa Barbara CA

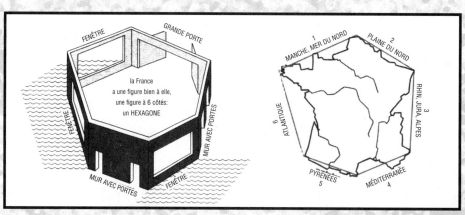

«Aux quatre coins de l'Hexagone!»

G. Quénelle/J. Tournaire, *La France dans votre poche*, © Hatier

Pour nuancer votre expression

Pour parler d'une carte

La localisation

une agglomération

un centre industriel

une concentration (autour
  des lieux, régionale)

un endroit

un lieu

une région

une zone (industrielle, agricole)

La topographie

un bocage

une colline

la côte (le littoral)

un cours d'eau

un fleuve

une forêt

un lac

un massif montagneux

une montagne

une plaine

un plateau

une rivière

Les routes

un axe routier

un carrefour (majeur)

Les divisions

l'arrière-pays

une banlieue résidentielle

la banlieue

la campagne

un continent

un département

une frontière (naturelle ou pas)

un pays

une province

une station (de ski, balnéaire,
  thermale)

un village

une ville

une ville nouvelle

Termes descriptifs

le climat

climatique

la densité (faible, forte)

le paysage

le relief (accidenté)

rural(e)

la superficie

urbain(e)

Termes généraux

une cause de regroupement
  (de la population)

l'étude de la carte

l'exode rural

un facteur de concentration

une migration

la proximité géographique

le tourisme

Expressions

entouré(e) de

être concentré(e) dans

s'expliquer par

habiter en banlieue

Pour lire «intelligemment»

Fiche méthodologique 4:

Comment analyser une carte

Le plus souvent, on consulte une carte pour situer des lieux, déterminer les distances qui les séparent et calculer le temps qu'il faut pour rejoindre un point donné.

Mais, une carte peut révéler bien d'autres informations sur une société. La fiche ci-dessous vous indiquera quelles sont les étapes à suivre pour procéder à une analyse méthodique et approfondie des composantes d'une région géographique.

Première étape: Introduction

- identifier l'entité géographique (Paris, la France, le Sénégal, la Bretagne, l'Asie, etc.)

- identifier la nature de la carte (routière, de la population, des climats, des reliefs, des cours d'eau, des régions, touristique, etc.)

- prendre en compte la date de publication (si c'est pertinent)

- vous familiariser avec les symboles et leur signification

Deuxième étape: L'analyse

Faire l'état des lieux (constat des évidences physiques); prendre en compte les paramètres suivants:

- le relief (montagnes, vallées, plateaux, plaines, côtes [littoral], collines)

- les cours d'eau (fleuves *[rivers]* et rivières *[tributaries]*)

- le climat (océanique, continental, montagnard, méditerranéen, tropical, désertique)

- les frontières (naturelles ou artificielles)

- l'emplacement des villes et les distances qui les séparent

- la densité des populations par km^2 (si pertinent)

Troisième étape: Les hypothèses

Prendre en compte la terre et les hommes (circonstances historiques) pour formuler des hypothèses sur l'état actuel de la société. C'est-à-dire, analyser la façon dont le relief a forgé l'identité d'une région du point de vue historique et comment certains phénomènes culturels contemporains dépendent de ces circonstances.

MODÈLE: Une carte de France qui montre les cours d'eau

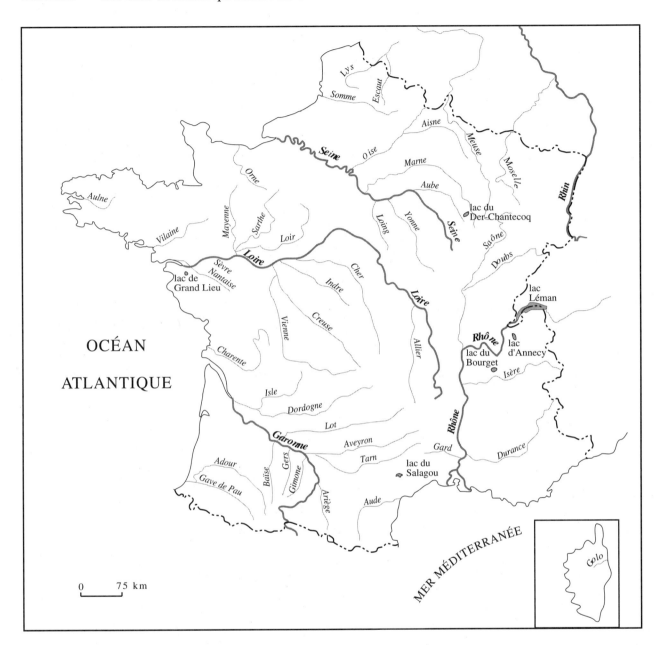

Constats: Cinq fleuves (avec un fleuve dans chaque région)
Un grand nombre de rivières
Très peu de lacs

Hypothèses à valider ou à invalider

1re hypothèse: La France est bien arrosée, ce qui laisse supposer que c'est un pays agricole.

2e hypothèse: Peu de lacs, donc peu de barrages *(dams)*, donc peu d'énergie hydroélectrique.
Production insuffisante d'électricité, donc besoin de recourir à une autre source d'énergie.
Résultat: La France dépend de l'énergie nucléaire.

3e hypothèse: Les fleuves peuvent être une des voies traditionnelles de transport des marchandises.

4e hypothèse: Le potentiel commercial des fleuves laisse supposer que les grandes villes se situent près des grands cours d'eau.

A. Utilisez les recommandations de la *Fiche méthodologique 4* (p. 104) pour analyser (constats et hypothèses) les cartes suivantes:

*Les frontières
et
les montagnes*

*Les villes
et
les distances*

Les climats

Dans l'ensemble, le climat français appartient au domaine tempéré (effet de la latitude, à mi-chemin entre le pôle et l'équateur).

Sous-types de climats. 1°) Atlantique (ou maritime tempéré), du Cotentin aux Pyrénées, subdivisé en *armorique* (humide, brumeux et froid) et *aquitain* (plus chaud et plus ensoleillé); **2°) Continental** atténué, du Cotentin à la vallée du Rhône, subdivisé en *parisien* (assez proche du climat atlantique, mais moins pluvieux), *auvergnat* (rude et froid à cause de l'altitude), *lorrain* (aux hivers froids et humides), *alsacien* (le plus typiquement continental: plus sec avec orages estivaux); **3°) Méditerranéen,** côtes sud et Corse; **4°) Alpestre,** Alpes et Pyrénées.

Frémy, Dominique et Michèle, *Quid 1994,*
© Editions Robert Laffont, p. 597

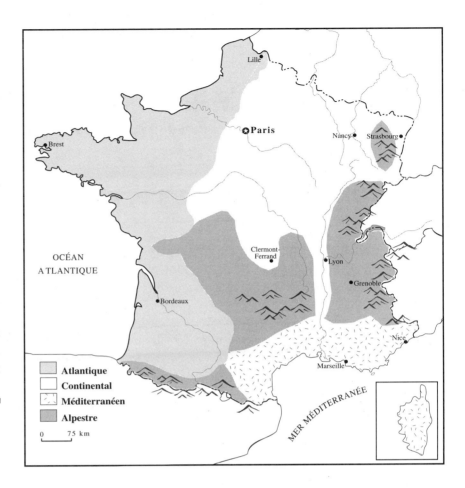

La densité des populations

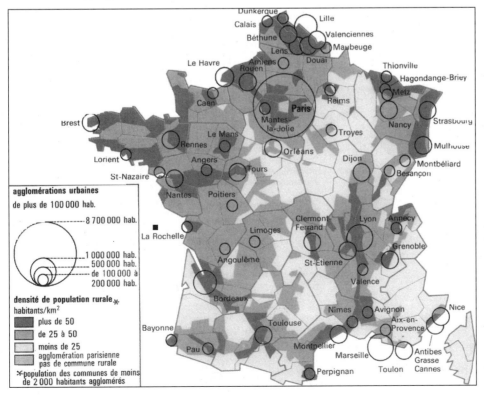

Géographie première, Coll. A. Frémont, © Bordas, p. 121

Analyse statistique

Faisons parler les chiffres!

La population de la France, c'est...

... 57 millions d'habitants en 1991...
Il a fallu onze ans pour passer de 54 à 57 millions. Il en faudra un peu moins ou un peu plus pour passer de 57 à 60 millions, selon que la France accueille plus ou moins d'immigrants.

... dont 28 millions du sexe masculin et 29 du sexe féminin.
Les hommes, un peu plus nombreux à la naissance et chez les immigrants, sont majoritaires au-dessous de 27 ans, les femmes au-delà de 51 ans. Entre ces deux âges, les deux sexes s'équilibrent.

... 16 millions de jeunes (0–19 ans), 33 millions d'adultes (20–64 ans), 8 millions de personnes âgées (65 ans ou plus).
La proportion de personnes âgées de 65 ans ou plus, 14,3% en 1991, augmente lentement et pourrait atteindre 21% vers 2025.

... 15 millions de «ruraux» et 42 millions de citadins.
2 000 habitants agglomérés suffisent à définir une «ville». Plus de 9 millions d'habitants habitent l'agglomération parisienne, près de 12 millions les agglomérations d'au moins 200 000 habitants. La concentration urbaine s'accentue par extension des banlieues.

... environ 760 000 naissances par an, moins de 1,8 enfant par femme.
L'âge moyen de la maternité est passé de 26 à 27 ans en dix ans, les familles nombreuses sont rares, les naissances hors-mariage représentent 30% du total, et la moitié des premières naissances.

... environ 525 000 décès par an; une vie moyenne de 73 ans pour les hommes, de 81 ans pour les femmes.
La faiblesse de la mortalité des enfants et des femmes place la France dans les tout premiers rangs mondiaux. Pour les hommes, son classement est moyen. Les maladies cardiaques et certains cancers régressent, mais l'alcool et le tabac restent des fléaux, la drogue et le SIDA le deviennent.

... 21,5 millions de ménages, 13,7 millions de couples avec ou sans enfant; 5,8 millions de personnes vivant seules; 1 million de femmes seules avec enfant(s).
Les couples avec deux activités professionnelles constituent désormais la majorité absolue: près de 7 millions, contre 3,3 millions de couples d'«inactifs», le plus souvent retraités, et seulement 2,9 millions de couples «traditionnels» où la femme est au foyer.

... environ 280 000 mariages par an, 1,7 million de couples non mariés.
Chaque année 100 000 divorces, 60 000 veuvages masculins, 160 000 veuvages féminins font lentement diminuer le nombre de couples mariés, environ 12,6 millions. 18% des mariages légitiment des enfants.

... 22,3 millions de personnes pourvues d'un emploi en 1990, mais 2,8 millions de chômeurs.
12,8 millions d'emplois masculins (200 000 de moins qu'en 1982), et 9,5 millions d'emplois féminins (1 million de plus). Il y a désormais plus d'actifs dans l'enseignement (1,57 million), dans la santé (1,43) ou l'administration (1,77) que dans l'agriculture (1,25).

... 3,6 millions d'étrangers et 1,8 million de «Français par acquisition» recensés en 1990.
Le nombre de ressortissants de la Communauté (1,3 million, dont 650 000 Portugais) diminue. Parmi les autres nationalités étrangères, le Maghreb reste stable (1,4 million), la Turquie (200 000) et l'Afrique Noire (175 000) augmentent fortement.

Population française... ou de la France?

[...] les expressions «**population de la France**» ou «**population française**» doivent s'entendre au sens de «**population de la France métropolitaine**».

● Au recensement de 1990, la population de la France métropolitaine était composée de:

—51,27 millions de **Français de naissance**

—1,78 millions de **Français par acquisition**,

soit 53,05 millions de Français;

—3,60 millions d'**étrangers**,

soit au total 56,65 millions d'habitants.

● Les personnes de nationalité française résidaient:

—pour 53,05 millions en **France métropolitaine**;

—pour 1,40 million dans les **Départements d'Outre-Mer** (en milliers: 596 à La Réunion, 362 à la Guadeloupe, 356 à la Martinique, 80 à la Guyane);

soit 54,45 millions de Français auxquels il faut ajouter:

—ceux résidant dans les **territoires d'Outre-Mer**, qui ont ensemble 470 000 habitants (dont en milliers: 190 en Polynésie, 165 en Nouvelle-Calédonie, 95 à Mayotte);

—et ceux résidant à l'**étranger**, environ 1,5 million (on ne connaît que les effectifs immatriculés dans les consulats, environ 1 million).

Il y a donc environ 56 millions de Français par nationalité.

La France et sa population. Michel Louis LEVY — *Cahiers français* n° 259 — *La Documentation française* — Paris, 1993

B. Pour chacune des rubriques du document statistique, trouvez les chiffres correspondants pour la population américaine. Puis comparez et commentez les résultats.

Les étrangers en France

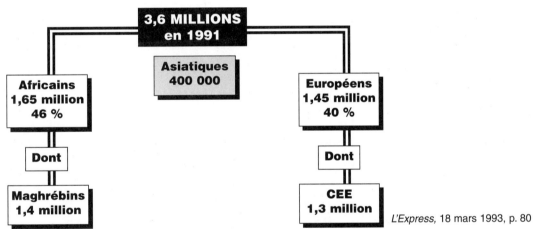

L'Express, 18 mars 1993, p. 80

Composition de la population immigrée et de la population immigrante par nationalité d'origine

Nationalité d'origine	Immigrés recensés			Immigrants
	1979	1982	1990	1990 (a)
Espagnols	15,5	12,0	9,9	0,4
Italiens	18,2	15,0	12,6	1,8
Portugais	16,8	15,9	14,5	1,2
Algériens	14,6	14,4	13,0	13,1
Marocains	6,2	8,9	10,7	18,3
Tunisiens	3,9	4,4	4,4	4,0
Africains noirs francophones	1,8	2,9	4,4	10,8 (b)
Cambodgiens, Laotiens, Vietnamiens	0,6	3,1	3,8	7,2
Turcs	1,5	2,7	3,8	7,5
Autres	20,3	20,7	22,8	35,7
Total	100,0	100,0	100,0	100,0

(a) Étrangers entrés en France en 1990 pour y résider plus d'un an.
(b) Y compris les non francophones.

La France et sa population. Michel Louis LEVY — *Cahiers français* n° 259 — *La Documentation française*— Paris, 1993, p. 39

Quelques caractéristiques de la population immigrée par nationalité d'origine, 1990

Nationalité d'origine	% couples (a) ayant 3 enfants ou +	% mères de 2 enfants (a) actives	Taux de chômage (hommes)	% de naturalisés	Indicateur de fécondité 1985 (b)
Espagnols	15	72	9	54	1,8
Italiens	17	69	8	57	1,9
Portugais	16	74	7	17	1,7
Algériens	27	63	23	13	4,2
Marocains	40	56	20	11	4,5
Tunisiens	34	54	20	26	4,7
Africains noirs	28	71	21	19	–
Cambodgiens	36	76	15	14	–
Turcs	42	35	24	8	4,7

(a) Couples où l'homme a moins de 40 ans.
(b) Naissances par femme.

La France et sa population. Michel Louis LEVY — *Cahiers français* n° 259 — *La Documentation française* — Paris, 1993, p. 40

Population urbaine

Unités urbaines 1990	Agg.	dont ville	Unités urbaines 1990	Agg.	dont ville
Paris	9 318 821	2 152 423	Douai	199 562	42 175
Lyon	1 262 223	415 487	Metz	193 117	119 954
Marseille-Aix-en-Pr.	1 230 936	800 550	Cacn	191 490	112 846
Lille	959 234	172 142	Dunkerque	190 879	70 331
Bordeaux	696 364	210 336	Le Mans	189 107	145 502
Toulouse	650 336	358 688	Avignon	181 136	86 939
Nice	516 740	342 439	Limoges	170 065	133 464
Nantes	496 078	244 995	Bayonne	164 378	40 041
Toulon	437 553	167 619	Perpignan	157 873	105 983
Grenoble	404 733	150 758	Amiens	156 120	131 872
Strasbourg	388 483	252 338	Pau	144 674	82 157
Rouen	380 161	102 723	Nîmes	138 527	128 471
Valenciennes	338 392	38 441	Thionville	132 413	39 712
Grasse-Cannes-Antibes	335 647	180 069	Saint-Nazaire	131 511	64 812
Nancy	329 447	99 351	Annecy	126 729	49 644
Lens	323 174	35 017	Troyes	122 763	59 255
Saint-Étienne	313 338	199 396	Besançon	122 623	113 828
Tours	282 152	129 509	Montbéliard	117 510	29 005
Béthune	261 535	24 556	Lorient	115 488	59 271
Clermont-Ferrand	254 416	136 181	Hagondange-Briey	112 061	12 728
Le Havre	253 627	195 854	Valence	107 965	63 437
Montpellier	248 303	207 996	Melun	107 705	35 319
Rennes	245 065	197 536	Poitiers	107 625	78 894
Orléans	243 153	105 111	Chambéry	103 283	54 120
Dijon	230 451	146 703	Angoulême	102 908	42 876
Mulhouse	223 856	108 357	Maubeuge	102 772	34 989
Angers	208 282	141 404	Calais	101 768	75 309
Reims	206 437	180 620	La Rochelle	100 264	71 094
Brest	201 480	147 956	Creil	97 119	31 956

Frémy, Dominique et Michèle, *Quid 1994*, © Editions Robert Laffont, p. 609

«Avez-vous le sentiment d'appartenir d'abord... » (en %):

	EN-SEMBLE	PAR SEXE		PAR AGE					
		H	F	15–19 ans	20–24 ans	25–34 ans	35–49 ans	50–64 ans	65 ans et +
A votre région ou pays d'origine	24	23	25	20	30	27	25	22	20
A votre région actuelle	23	23	23	18	21	23	26	22	26
A la France	37	37	36	32	32	31	35	42	45
A l'Europe	5	6	4	10	4	5	4	6	5
Au monde	9	8	10	18	13	13	8	6	2

© Francoscopie/Sécodip

Gérard Mermet, *Francoscopie 1993,* © Larousse, p. 19

C. Répondez aux questions suivantes:

1. Quelle est la caractéristique la plus frappante de la population étrangère en France?
2. Quelles sont les deux provenances principales de la population immigrée? Expliquez ce phénomène.
3. Comparez les taux de chômage des hommes immigrés en fonction de leur nationalité d'origine. A quels facteurs attribuez-vous les différences?
4. A partir du tableau «Population urbaine», localisez sur une carte les dix plus grandes villes et dites quelles régions de France sont les plus urbanisées. Emettez des hypothèses qui pourraient expliquer ce phénomène.
5. Commentez le dernier tableau en vous attachant plus particulièrement aux chiffres concernant le sentiment d'appartenance des Français à l'Europe.

Etat des lieux

La localisation: Où se trouve la France?

Géographie physique

■ **Position astronomique.** La France continentale est située entre les 42°20′ et 51°5′ de latitude N.; en longitude, elle s'étend du 5°56′ de longitude O. au 7°9′ de longitude E.

■ **Superficie.** 551 602 km², en comptant les îles et notamment la Corse (8 747 km²); 550 986 en 1946 (avant l'annexion des territoires de Tende et de la Brigue); 528 400 de 1871 à 1918 (avant la récupération de l'Alsace-Lorraine) [selon les mesures géodésiques de l'Institut géographique national (ne descendant pas au-dessous de l'arrondissement)]. – 543 998,03 km² [selon le Service du cadastre (données disponibles pour l'ensemble de la France et pour chaque commune)]. Ce sont ces dernières données qui ont été retenues dans Quid avec la définition suivante: sont comprises toutes les surfaces du domaine public et privé cadastrées ou non cadastrées, à l'exception des lacs, étangs et glaciers de plus d'1 km² ainsi que des estuaires des fleuves. **Par rapport à l'Europe:** 1/18e. Au 1er rang après la Russie (4 500 000 km²). En 1900 (528 400 km²), au 5e après: Russie, Union suédonorvégienne (760 166), Autr.-Hongrie (622 269) et Empire all. (540 496). **Aux terres émergées:** 0,4%.

■ **Frontières** (longueur en km). 5 663. **Terrestres:** 2 970 [dont 1 750 montagneuses (Pyrénées 740, Alpes 660, Jura 350), 195 sur un fleuve (Rhin)]. 8 États limitrophes: Espagne 650, Belgique 620 (dont Nord 357, Ardennes 238, Meuse 24), Suisse 572 (dont Ht-Rhin 77), Italie 515 (dont Htes-Alpes 98), Allemagne 450 (dont Ht-Rhin 66), Luxembourg 73, Andorre 57, Monaco 4,5 [4 États limitrophes des Dom-Tom: Brésil, Surinam (Guyane), Pays-Bas (St-Martin), Australie (Antarctique)].

Maritimes: 2 693 sans compter les découpures (Atlantique et Manche 2 075, Méditerranée 617), avec découpures 5 500 (dont continent et Corse 4 200, îles cotières 600, estuaires 700). Plages 1 900. Marais et zones humides 1 300. Côtes rocheuses et falaises 2 300.

Géographie première, Coll. A. Frémont, © Bordas, p. 82

Frémy, Dominique et Michèle, *Quid 1994,* © Editions Robert Laffont, p. 595

D. Complétez le tableau suivant:

	France	Etats-Unis	Texas
Superficie en km^2			
Longueur des frontières terrestres			
Longueur des frontières maritimes			
Distances entre villes	*Paris–Montluçon*	*New York*	*Austin–Dallas*
Situation sur la carte du monde (parallèle)?			
Quels états des Etats-Unis sont situés entre le 42e et le 51e parallèle?	—		—

Expliquez la localisation de la France par rapport à ses voisins européens. Ensuite faites de même pour les Etats-Unis (sans les îles) et le Texas. A quelles conclusions aboutissez-vous (homogénéité, climat, isolement, influences étrangères)?

Points de vue

L'état de la France: Comment est le pays?

James Walsh: *"The New France"*

In a transformed Europe, the French contemplate their place, their problems and their purpose.

If geography is destiny, the fate of France would assuredly seem blessed. A temperate climate and gentle, well-watered terrain have contrived down the ages to produce a civilization *sans pareil*. It is a culture abrim with connoisseurs of the good life and nature's bounty. Charles de Gaulle, father of the Fifth Republic, used to cite France's prodigious number of cheeses—265 by his reckoning—as an example of the land's lavish variety. Some benighted souls across the Channel may still believe God is an Englishman, but the French have never doubted that heaven is their home.

L'histoire inscrite dans le sol. Où que l'on soit en France, le passé se rappelle à notre mémoire, le paysage, les noms de lieux, les traces laissées par les hommes font remonter toute une Histoire qui est, que l'on s'en défende ou non, la nôtre. Pierre Chaunu, dans son ouvrage sur *La France,* fait une démonstration convaincante de la présence, sous nos pieds, des millions d'hommes qui nous ont précédés. «La France, écrit-il, est une patrie qui, sous les pieds des vivants, compte beaucoup plus d'hommes que la terre n'en compte à ce jour. Et c'est à cette présence qu'elle doit son sol, ses paysages». Le calcul de P. Chaunu aboutit au chiffre de quinze milliards de personnes qui sont dans le sous-sol de ce qui correspond approximativement au territoire français d'aujourd'hui. Il ajoute: «quinze milliards de tombes pèsent plus lourd que cinquante millions de vivants». Il est certain, en tout état de cause, que la France est actuellement l'héritière, sur le plan biologique comme sur le plan culturel de cette immense foule, de ce peuplement à la fois ancien, permanent et durable.

Ch. Debbasch et J.-M. Pontier – *La société française, coll. des Etudes politiques, économiques et sociales,* Dalloz, 1989, pp. 78–79

LA FRANCE, ELLE EST COMMENT

... VARIÉE

toutes les France
des petits clochers
variée

... FIDÈLE

est encore
est toujours
a un passé
tout change, rien ne change
dans mille ans elle sera là, fidèle
au rendez-vous
de demain
et de toujours
éternelle
renaissante de ses cendres
toujours debout
ancienne et toujours jeune

... ÉPOUSE ET MÈRE

patiente
tendresse
indulgence
France mère
accueillante

... CONVIVIALE

pacifique
elle tend la main
elle accueille
unique et enviée
enviée
France brillante
France *scintillante*
admirée
enviée
louée
pure et dure
soleil
profonde
le modèle impossible

... ÉNIGMATIQUE

Joconde
sourire en énigme
incompréhensible
super-énigme
compliquée
un sphinx
traditionnaliste et d'avant-garde

... DOMINANTE

mère des Arts
le flambeau de la liberté
qui éclaire le monde
exemple démocratique
tête pensante
Charles de Gaulle
centre du monde
soleil
Versailles
réceptionnale
avancée

... EXPLOITÉE, USÉE, BLESSÉE

France éprouvée
critiquée
ignorée
désemparée
cherche à s'imposer
toute seule
elle est violée
rénovée
restaurée
détruite et remise sur pied
maquillée

... VIGILANTE

sur ses gardes
alarmée
alarmiste

... EN ARMES

la Marseillaise de Rude
dans le Pacifique
nucléaire
armeuse
menaçante
force de frappe
crainte
champ d'épines
champ de bataille
qu'un sang impur abreuve...
anarchiste
liberté
en armes

Extrait de *La France vue par les Français,* Barrault, 1985, pp. 262–263

E. Commentez d'abord les phrases suivantes tirées des deux textes.

1. "If geography is destiny, the fate of France would assuredly seem blessed."
2. «... quinze milliards de tombes pèsent plus lourd que cinquante millions de vivants».

Maintenant faites le résumé des traits caractéristiques de la France vue par les Français. Enfin, pour chaque rubrique donnée pour la France, trouvez les mots clés qui vous semblent les plus pertinents pour les Etats-Unis.

De César à Napoléon

Les Gaules vers l'an 1

En 52 avant Jésus-Christ, les Romains, conduits par Jules César, s'installent en Gaule pour plus de quatre siècles.

L'Empire de Charlemagne et la première France (843)

En 800, l'Empereur Charlemagne est maître de toute l'Europe. En 843, ses trois petits-fils se partagent son empire. Charles le Chauve devient le premier roi de France.

La France en 1429

Les rois d'Angleterre possèdent la plus grande partie de la France, mais Jeanne d'Arc réussit à les chasser. En 1453, il ne leur reste que Calais.

Empire français des 130 départements en 1811 et États dépendants

Les armées républicaines défendent «la patrie en danger». Le général Bonaparte devient l'Empereur Napoléon (1804). Après de nombreuses victoires, il est battu à Waterloo et meurt à Sainte-Hélène (1821).

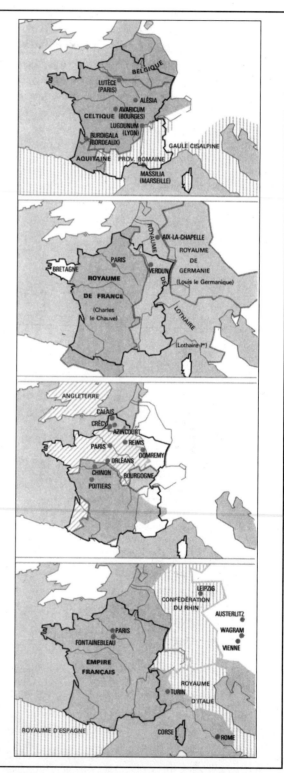

G. Quénelle/J. Tournaire, *La France dans votre poche*, © Hatier, p. 16

LES PAYSAGES:
Des milieux naturels variés

Les nuances climatiques sont à l'origine de la diversité et de la richesse des paysages végétaux.

1. La lande océanique.

On la rencontre sur toute la frange littorale de l'Atlantique mais c'est en **Bretagne** qu'elle est la plus caractéristique. La violence et la fréquence des vents d'ouest entravent, dans les conditions climatiques actuelles, la croissance des arbres: la lande est composée d'horizons bas de genêts, d'ajoncs et de bruyères; formation secondaire très ancienne, elle a remplacé la forêt de hêtres défrichée par les hommes puis abandonnée. Les sols sont médiocres, souvent acides et lessivés par les pluies océaniques.

2. La forêt atlantique.

Composée d'arbres à feuilles caduques, elle est loin d'être uniforme: le climat, la topographie multiplient ses aspects. La **chênaie** est largement représentée, du Bassin parisien à l'Aquitaine et au Massif central; associée au bouleau, au charme, au châtaignier, elle exige une certaine tiédeur et de l'humidité; son sous-bois est riche en espèces. La **hêtraie** qui demande plus d'humidité et de fraîcheur se développe bien au nord-ouest de la France et à l'est du Bassin parisien; son sous-bois est pauvre, obscurci par la couronne des grands arbres.

La forêt atlantique couvrait la plus grande partie du territoire; son défrichement précoce s'explique par la richesse des sols bruns faiblement lessivés en raison de l'épaisseur de l'humus et par la fertilité des limons et des loess. Aujourd'hui, elle subsiste sur les sols aux aptitudes médiocres.

3. La végétation méditerranéenne.

Elle est adaptée à la sécheresse estivale. **La forêt claire de chênes verts** associés aux pins d'Alep, aux châtaigniers, aux oliviers et à divers arbustes xérophiles représente la formation originelle; l'ancienneté de l'occupation humaine, le surpâturage, la fréquence des incendies l'ont le plus souvent dégradée en formations secondaires; sur les sols siliceux (Maures, Esterel, ouest de la Corse), **les forêts de chênes-lièges** ont fait place aux **maquis** buissonneux; sur les sols calcaires (Provence, Languedoc), à la forêt de chênes verts s'est substituée la **garrigue** basse et discontinue.

4. L'étagement montagnard.

Avec l'altitude, l'étagement climatique induit **un étagement de la végétation.** Les vallées et le bas des versants sont couverts de forêts de feuillus: chênes et hêtres où se mêlent bientôt des sapins et des épiceas; l'étage supérieur est le domaine exclusif des conifères. Entre 2 000 et 2 500 mètres, l'arbre disparaît peu à peu faute de chaleur. Il est remplacé par les pelouses alpines.

La latitude et l'exposition introduisent d'autres nuances: la neige est plus abondante dans les Alpes que dans les Pyrénées, et aux versants nord, humides des Alpes (ubacs) s'opposent les versants sud (adrets), plus ensoleillés et davantage occupés par les hommes.

Géographie première, Coll. A. Frémont, © Bordas, p. 90

Points de vue

«La fin des paysans»: entretien avec Henri Mendras

L'HISTOIRE: *Vous avez évoqué les «paysans» du Moyen Age puis, à propos des années 1970–1980, les «agriculteurs». Quelle est la définition précise de ces mots qu'on pourrait croire interchangeables?*

HENRI MENDRAS: Le mot «paysan» fait référence à une période de notre histoire qui s'est achevée autour de 1950, lorsque s'est amorcée la décomposition d'une civilisation née au tournant du Ier et du IIe millénaire, et qui s'était maintenue jusque-là. Le paysan est né avec la féodalité. Il appartient à une structure villageoise et s'intègre dans un système de valeurs qui ont aujourd'hui complètement disparu: en 1992, il n'y a plus de paysans en France. Mais paradoxalement, ce terme qui, en 1950, était devenu un qualificatif péjoratif, plus ou moins synonyme de «culterreux» ou de «bon à rien», est aujourd'hui revendiqué par les dirigeants agricoles et utilisé à tour de bras dans le discours politique.

Le terme «agriculteur», quant à lui, fait référence à la population active. La France compte aujourd'hui environ 5% d'actifs dans l'agriculture, soit environ un million d'agriculteurs à plein temps sur 800 000 exploitations [...].

Le mot «rural» enfin concerne tous ceux qui vivent «à la campagne». C'est un terme ambigu car le seuil entre commune rurale et commune urbaine (agglomération de plus de 2 000 habitants) — seuil fixé au XIXe siècle et que nos statisticiens continuent d'utiliser — n'a plus aucun sens aujourd'hui. En 1992, une agglomération de moins de 20 000 habitants doit être considérée comme rurale. Si l'on s'en tient à ce seuil, la France, avec 45% d'habitants dans des agglomérations de moins de 20 000 âmes, demeure le plus rural de tous les pays industrialisés!

L'Histoire, n° 154, avril 1992

Alain Duhamel: *Les peurs françaises* (extrait)

Les Français se sentent aujourd'hui souvent déracinés. Le pire est qu'ils n'ont pas tort. Autant certaines peurs hexagonales apparaissent exagérées ou artificielles, autant celle-ci semble justifiée. Dans les grandes villes contemporaines, dans les banlieues déshéritées, dans les immenses conurbations — ces écosystèmes urbains — sans structure et sans âme, les citadins risquent de vivre comme des exilés de l'intérieur. Ce n'est pas une particularité française, sans doute: maigre consolation pour ceux qui doivent affronter l'insécurité et l'anonymat, le gigantisme des grands ensembles et le sous-équipement des cités dortoirs, la solitude et l'effilochement du tissu social. L'urbanisation aura été le phénomène sociologique majeur de la société française durant la seconde moitié du XXe siècle. Elle a été mal conçue, mal conduite, et donc mal vécue. Ce n'est pas une question de clivage politique, de gauche ou de droite, ni même de IVe ou de Ve République. Depuis la Libération, l'ampleur et la rapidité du choc ont été constamment sous-estimées et insuffisamment préparées, canalisées et accompagnées. Il y a eu à la fois déficit de diagnostic et déficit de thérapeutique.

Cela fait beaucoup à l'échelle d'un peuple. Les Français ont été victimes des carences de la politique urbaine. Les plus chanceux ou les plus dynamiques ont su y faire face. Les plus faibles, les plus malheureux ou les plus isolés ont trop souvent été meurtris, parfois même déséquilibrés par l'urbanisation sauvage ou semi-civilisée. Il en est né une peur des villes qui ressemble fort en réalité à un syndrome de déracinement. Elle n'est pas artificielle, elle n'est pas démesurée, elle n'est pas irrémédiable. Elle implique néanmoins un traitement d'urgence.

La Grande-Bretagne ou l'Allemagne, l'Italie du Nord ou la Hollande se sont progressivement urbanisées, notamment depuis le XIXe siècle. En France, l'accélération a été plus récente et beaucoup plus brutale, ceci expliquant naturellement cela. Trois Français sur quatre sont aujourd'hui des citadins, huit sur dix vivent dans des écosystèmes urbains, un sur deux habite en banlieue. Bien plus, et ce chiffre est sans doute le plus significatif de tous, 80% des Français sont désormais concentrés sur 20% du territoire, et cette pente ne se ralentit pas. Au rythme actuel, 90% des Français vivront bientôt sur 10% de l'Hexagone. Les campagnes se seront désertifiées et les banlieues auront interminablement proliféré.

Dans les pays d'Europe, où cette évolution s'est faite en un siècle et demi, l'urbanisation n'a pas toujours été une réussite, il suffit d'approcher Manchester ou Liverpool pour s'en convaincre. En France, tout a commencé plus tard pour acquérir progressivement une vitesse de moins en moins contrôlable: cent mille ruraux rejoignaient les faubourgs chaque année au XIXe siècle; cent quarante mille s'agglutinaient autour des villes tous les douze mois pendant la première moitié du XXe siècle; cinq cent soixante-dix mille néo-citadins s'entassent maintenant chaque année dans les banlieues les moins riantes. Le tempo est donc cinq fois plus rapide aujourd'hui qu'il y a cent ans. La France s'est urbanisée trop lentement au départ, trop rapidement à l'arrivée. Les conséquences étaient prévisibles: la France rurale dépérit et s'étiole; celle des banlieues s'étend interminablement comme un corps sans âme et sans cœur; celle des villes pratique de plus en plus une ségrégation sociale et culturelle impitoyable. L'Hexagone des années 90 est peuplé de ruraux clairsemés et de néo-citadins transplantés. Les uns se sentent abandonnés, les autres se sentent étrangers. Les racines rurales dépérissent, les racines urbaines languissent.

Alain DUHAMEL, *Les peurs françaises,* © Flammarion, 1993

F. Répondez aux questions suivantes en vous appuyant sur les documents que vous venez de lire.

1. Dans quelles parties de la France moderne est-ce que les Romains se sont installés en 52 avant Jésus-Christ?
2. Qu'est-ce qui constitue le territoire de la France sous Charles le Chauve?
3. Quel rôle est-ce que Jeanne d'Arc a joué dans l'unification de la France?
4. En regardant une carte de France, dites quels types de paysages caractérisent les différentes parties du pays.
5. Comment Mendras définit-il le mot «paysan»?
6. Comment définit-il le mot «agriculteur»?
7. Comment définit-il le mot «rural»?
8. Selon Mendras, pourquoi est-ce qu'il n'y a plus de paysans en France?
9. Selon Duhamel, la peur du déracinement est justifiée. Quelles en sont les causes principales?

Etat des lieux

Les régions, territoires politiques?

Les provinces françaises

Boulogne
BOULONNAIS
ARTOIS
Arras
Lille
FLANDRE
PICARDIE
•Amiens
•Rouen
NORMANDIE
ILE DE FRANCE
Paris•
Nancy•
CHAMPAGNE
LORRAINE
ALSACE
Strasbourg
•Troyes
Mulhouse
alliée aux
cantons suisses
BRETAGNE
Rennes•
MAINE
Angers•
Orléans•
ORLÉANAIS
ANJOU
Angers•
•Tours
TOURAINE
Dijon•
BOURGOGNE
FRANCHE-
Besançon•
COMTÉ
Bourges•
NIVERNAIS
POITOU
BERRY
•Nevers
Poitiers•
MARCHE
•Moulins
BOURBONNAIS
Guéret•
•Saintes
Angoulême•
Clermont•
Lyon•
SAVOIE
1860
SAINTONGE
ANGOUMOIS
Limoges•
LIMOUSIN AUVERGNE
LYONNAIS
•Grenoble
•Bordeaux
GUYENNE
DAUPHINÉ
ET GASCOGNE
COMTAT
VENAISSIN
NICE
1860
•Toulouse
LANGUEDOC
PROVENCE
Aix•
LABOUR
Pau•
COMMINGES
BIGORRE
•Foix
NAVARRE
BÉARN
•Perpignan
ROUSSILLON
COMTÉ DE FOIX
CORSE
•Ajaccio

limite des pays de
droit écrit au sud
droit coutumier au nord
limite des
langues d'Oc au sud
langues d'Oil au nord
breton
flamand
parler germanique

Géographie première, Coll. A. Frémont, © Bordas, p. 215

La province et les provinces

Le terme province prend une signification différente selon qu'on l'utilise au singulier ou au pluriel. La province n'est pas une notion géographique précise. Historiquement, on parle des provinces de l'Ancien Régime, mais ces provinces n'étaient pas déterminées en fonction de critères géographiques, toujours discutés (cas des fleuves qui constituent bien des délimitations physiques, mais n'ont pas fait l'unanimité quant au sentiment d'appartenance à une région ex. le Rhône).

La province n'est plus une notion administrative. Division administrative, la province le fut sous l'Empire romain, dont sont issus à la fois le terme et la notion. L'Ancien Régime reprend la division administrative romaine. La province est une circonscription à l'intérieur de laquelle le monarque est représenté par le gouverneur. Cette division est supprimée par la Révolution.

Province et région

La province ne peut être assimilée à la région. Celle-ci est d'abord une notion de géographie naturelle qui permet de distinguer différents aspects du territoire français. La région a surtout acquis, depuis un siècle, un contenu administratif. Depuis la fin du XIXᵉ siècle des projets de découpage du territoire en circonscriptions administratives régionales ont été présentés à plusieurs reprises au Parlement. Le régime de Vichy va commencer à établir de telles circonscriptions. Passée la période de rejet, au lendemain de la Libération, on recommence à parler de circonscriptions régionales. La Vᵉ République poursuit l'œuvre de la IVᵉ République en créant les circonscriptions d'action régionale, en y ajoutant un contenu économique, puis en établissant, en 1982, les régions comme collectivités décentralisées (V. J-M. Pontier, *La région*, Dalloz 1988).

La province ne représente ni l'aspect administratif ni l'aspect économique de la région collectivité locale. Cette notion a un contenu à la fois plus riche et plus vague. Plus riche de considérations d'ordre historique, sociologique, psychologique, culturel. Plus vague car la province n'offre pas un aspect unique, on ne peut la résumer dans une définition lapidaire.

Ch. Debbasch et J.-M. Pontier – *La société française, coll. des Etudes politiques, économiques et sociales,* Dalloz, 1989, pp. 78–79

Les divisions départementales

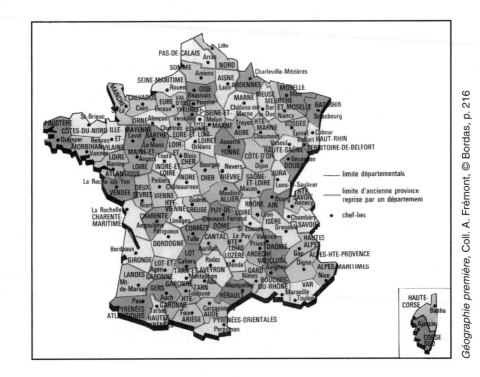

Géographie première, Coll. A. Frémont, © Bordas, p. 216

Les régions et les grandes divisions de l'espace français

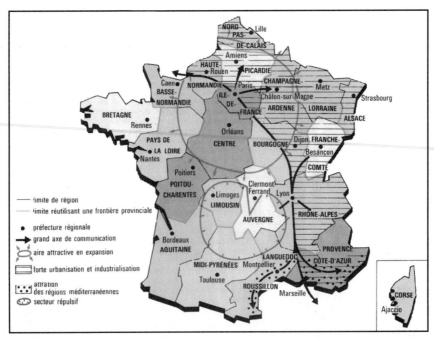

Géographie première, Coll. A. Frémont, © Bordas, p. 217

La morphologie des Français varie selon les régions, bien que les mélanges de plus en plus fréquents entre les origines tendent à estomper les caractères spécifiques:
• Les gens du Nord ont en général une taille haute, des cheveux et des yeux clairs, le crâne de type méso-brachycéphale (largeur presque égale à la hauteur).
• Dans l'Est, la taille et la forme du crâne sont semblables à celles du Nord, mais les cheveux et les yeux sont foncés.
• Dans le Sud, les personnes sont plus petites, les cheveux et les yeux sont foncés, le crâne est de type brachycéphale (largeur et hauteur très voisines).
• Les Bretons sont aussi de petite taille et de type brachycéphale, leurs cheveux sont plus ou moins clairs, leurs yeux clairs.
• Les Basques ont une taille haute, des cheveux très foncés, des yeux clairs et un crâne de type brachycéphale.
• Les personnes originaires de la bande pyrénéo-méditerranéenne ont une taille moyenne, des cheveux et des yeux très foncés, un crâne de type méso-dolichocéphale (plutôt étroit et allongé).

Quid

Gérard Mermet, *Francoscopie 1995,* © Larousse, p. 70

Etat des lieux

Langues et dialectes

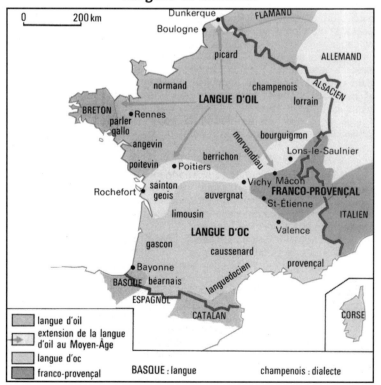

La langue bretonne

Mais qu'est-ce que cette langue bretonne parlée quotidiennement par deux millions de paysans et de marins? C'est une langue celtique très proche du gallois, parente de l'irlandais et de l'ancien gaulois, la seule qui subsiste sur le continent alors que les parlers celtiques couvraient, il y a vingt-cinq siècles, la plus grande partie du territoire européen, de l'embouchure du Danube à Ouessant et à l'Islande. Le breton se divise en quatre dialectes. [...]

Il ne faudrait pas croire que parce qu'il s'est conservé uniquement dans le peuple, le breton soit une langue pauvre et grossière. Nourri de sève populaire, il est, au contraire, extraordinairement riche. N'oublions pas que c'est une des langues les plus anciennes d'Europe, qui a eu le temps de s'enrichir et de s'affiner.

Yann Brékilien, *Vie quotidienne des paysans bretons au XIXe siècle,* Hachette

Géographie première, Coll. A. Frémont, © Bordas, p. 101

LA FRANCE À BICYCLETTE,
ou la naissance de la géographie linguistique

A la fin du XIXe siècle, le dialectologue Jules Gilliéron, géologue de formation, a demandé à Edmond Edmont, pharmacien à l'oreille très fine, de parcourir la France à bicyclette, afin de recueillir les différentes formes d'une liste de 1 400 mots dans 639 villages. Bien entendu, Edmont ne disposait pas de magnétophone. Il notait immédiatement en signes phonétiques les prononciations entendues et, pour ne pas être tenté de corriger sa première impression, il envoyait chaque soir à Gilliéron sa moisson d'informations.

Les résultats de cette «enquête à bicyclette», qui a duré quatre ans, ont été publiés par Gilliéron entre 1902 et 1910 et constituent *l'Atlas linguistique de la France.* Cet atlas comprend autant de cartes que de mots étudiés, dont la forme apparaît, en notation phonétique, à l'emplacement de chaque point d'enquête.

Ce premier recueil cartographié des dialectes de la France a été suivi par une série d'atlas aux mailles plus serrées, les 25 *Atlas linguistiques par région,* élaborés par des équipes du C.N.R.S., et dont la publication se termine actuellement.

Henriette Walter, *Le français dans tous les sens,* © Editions Robert Laffont, 1988, p. 137

CATEAU = CHÂTEAU = CASTEL

La géographie linguistique permet de représenter sur le terrain la diversité des évolutions à partir du latin. Ainsi, tous les mots latins en *CA-* (comme CAPRA «chèvre») ont gardé la consonne initiale du latin, à la fois à l'extrême nord *(kèvre* en picard) et à l'extrême sud *(cabro* en provençal). Mais, dans une vaste zone intermédiaire, on trouve des consonnes initiales très altérées: *chèvre* en français, *chieuve* en gallo, *tchabra* en haut-limousin, *tsabra* en bas-limousin, *sièbre,* dans le Forez et même *thevra* en savoyard.

Ces phénomènes d'évolution trouvent une confirmation dans la toponymie, qui a toutefois unifié toutes les consonnes de la zone centrale sur la forme française *Ch-.* On a ainsi:

— au nord, *Le Cateau* (anciennement *Cateau-Cambrésis), Catillon, Le Catelet,* etc.

— au sud, *Castelnaudary, Castillon, Castelet,* etc.

et, entre ces deux régions: *Châteauroux, Châtillon, Châtelet,* etc.

On remarquera que la ligne qui sépare la région intermédiaire *(Cha-)* de la région sud *(Ca-)* ne se confond pas avec la limite — indiquée en pointillés — des régions d'oïl et d'oc. Elle permet en fait d'établir une subdivision des dialectes d'oc.

Ibid., p. 138

LE P'TIT QUINQUIN

Canchon dormoire

Dors, min p'tit quinquin
Min p'tit pouchin
Min gros rojin.
Tu m'f'ras du chagrin
Si te n'dors point qu'à d'main.

Berceuse

Dors, *mon tout petit,*
Mon p'tit poussin,
Mon gros raisin[1].
Tu m'f'ras du chagrin
Si tu n'dors point (jus)qu'à d'main.

Alexandre DESROUSSEAUX

1. Terme d'affection (dit hypocoristique), comme «mon poussin, mon lapin».

Ibid., p. 151

LA SALADE, LA TOURNEZ-VOUS OU LA TOUILLEZ-VOUS?

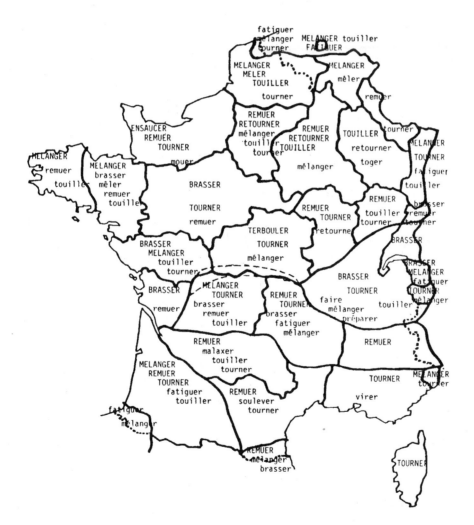

La carte ci-dessus a été établie à partir d'une enquête auprès de personnes originaires des différentes régions.

Les mots en MAJUSCULES correspondent à un usage unique et constant de la personne interrogée, les mots en minuscules à un usage en concurrence avec d'autres mots.

Ibid., p. 167

LE GRAND TURC DE MOLIÈRE NE PARLAIT PAS TURC

La langue de ce passage du *Bourgeois gentilhomme* n'est pas une invention de Molière, qui a utilisé le *sabir*, langue simplifiée formée de mots espagnols, italiens et arabes, qui a longtemps servi de langue du commerce entre tous les pays du pourtour de la Méditerranée. On l'appelait aussi *lingua franca*.

Sabir	*Traduction*
Se te sabir,	Si toi savoir,
Te respondir;	Toi répondre;
Se non sabir,	Si toi pas savoir,
Tazir, tazir.	Te taire, te taire.
Mi star Mufti.	Moi être Mufti.
Ti qui star ti?	Toi, qui être toi?
Non intendir:	Toi pas comprendre:
Tazir, tazir.	Te taire, te taire.

Molière, *Le Bourgeois gentilhomme*, acte IV, scène V

Ibid., p. 216

PETIT LEXIQUE FRANCO-FRANÇAIS
(SUISSE ROMANDE)

panosse	«serpillière»
cheni	«désordre, objet sans valeur, petites saletés»
lavette	«carré de tissu-éponge pour se laver»
cornet	«sac en papier»
galetas	«grenier»
septante	«soixante-dix»
huitante	«quatre-vingts»
nonante	«quatre-vingt-dix»
une crevée	1. «une grande quantité»
	2. «une grosse bévue»
pôche, pochon	«louche»
dévaloir	«vide-ordures»
foehn	«sèche-cheveux»
s'encoubler	«s'empêtrer»
livret	«table de multiplication»
se mettre à la chotte	«se mettre à l'abri»
donner une bonne-main	«donner un pourboire»
réduire ses vieux souliers	«ranger ses vieilles chaussures»

Ibid., p. 200

PETIT LEXIQUE FRANCO-FRANÇAIS
(AFRIQUE DU NORD)

à la baballah	«à la hâte, n'importe comment [x]»
la *chkoumoune*	«le mauvais œil, la poisse»
crier (quelqu'un)	«gronder, engueuler (quelqu'un)»
(je vais) *m'étendre*	«(je vais) me reposer, m'allonger»
estagnon	«bidon d'huile d'olive [x]»
fatigué	«malade»
hlou	«sympathique»
un *kif*	«un plaisir»
kifer	«prendre son pied»
un *kifiste*	«un bon vivant»
mabrouk	«félicitations»
(laver le) *par-terre*	«(laver le) sol, le carrelage»
rasra, rasratique	«angoisse, angoissant»
rkik	«peu sympathique, antipathique»
shra	«demeuré, un peu fou»
tchatcher, faire la tchatche	«bavader, tailler une bavette [xx]»

[x] utilisé surtout en Tunisie.   [xx] utilisé surtout en Algérie.

Ibid., p. 213

PETIT LEXIQUE FRANCO-FRANÇAIS
(AFRIQUE NOIRE)

ambiance	«fête» (Zaïre)
ambianceur	«celui qui fait la fête, fêtard» (Zaïre)
arachides	«cacahuètes» (Zaïre)
(en) *arbre*	«(en) bois» (Ruanda et Burundi)
(faire la) *bouche*	«se vanter»
(serrer la) *bouche*	«refuser de dire la vérité»
boyesse	«domestique de sexe féminin» (Ruanda et Burundi)
boyerie	«logement réservé aux domestiques» (Ruanda et Burundi)
cadavéré	«fainéant, fatigué» (Niger)
chaîne	«fermeture à glissière» (Niger)
deuxième bureau	«maîtresse, amante» (Zaïre, Rép. centrafricaine)
(cher) *dit*	«(cher) ami» (Zaïre)
essencerie	«poste à essence» (Sénégal)
fringueur, sapeur	«qui soigne son aspect vestimentaire» (Congo, Niger)
gâté	«abîmé» (Cameroun, Côte-d'Ivoire, Mali, Sénégal, Zaïre)
grassir	«grossir, (pour une femme enceinte)» (Cameroun)
grigriser	«jeter un sort» (Niger)
gros mots	«grands mots, mots savants» (Zaïre)
marabouter	«jeter un sort» (ensemble de l'Afrique de l'Ouest)
mouiller (un cours)	«sécher (un cours)» (Niger)
(avoir des) *serpents*	«avoir des coliques» (Ruanda et Burundi)
(il) *tombe*	«il pleut» (Ruanda et Burundi)
torcher	«éclairer avec une lampe électrique» (Cameroun, Côte-d'Ivoire, Rép. centrafricaine)
vidanges	«bouteilles vides» (Zaïre)

Ibid., p. 217

QUELQUES PHRASES ENTENDUES AU CANADA

Ils sont allés à l'hôtel pour une petite secousse.
   «Ils sont allés à l'hôtel un petit moment.»
A matin, le postillon était chaud, il était encore sur la brosse.
   «Le matin, le facteur était ivre, il avait encore pris une cuite.»
Elle plume des patates pour le dîner.
   «Elle épluche des pommes de terre pour le dîner.»
Elle est en famille, elle va accoucher ben vite.
   «Elle est enceinte, elle va accoucher très vite.»
Sa mère lui a donné une belle catin pour sa fête.
   «Sa mère lui a donné une belle poupée pour son anniversaire.»
Au magasin général, ils ont du butin à la verge.
   «Au magasin général, ils ont du tissu au mètre» (la verge = 0,91 mètre)
Il est parti dans les bois chercher des cocottes et il s'est écarté.
   «Il est parti dans les bois chercher des pommes de pin et s'est égaré.»
Y a un char qu'a fessé un p'tit suisse.
   «Il y a une voiture qui a heurté un petit écureuil gris.»
Le téléphone n'a pas dérougi.
   «Le téléphone n'a pas cessé (de sonner).»
Elle braillait à chaudes larmes.
   «Elle pleurait à chaudes larmes.»
Conseils à la gardienne:
«1. donner la bouteille au bébé;
* 2. lui faire faire son rapport;*
* 3. l'emmener se promener en carrosse.»*
Conseils à la dame qui garde les enfants:
«1. donner le biberon au bébé;
  2. lui faire faire son rot;
  3. l'emmener se promener dans son landau.»

Ibid., p. 207

G. Répondez aux questions suivantes en vous appuyant sur les documents concernant la géographie linguistique.

1. Qui est responsable du premier *Atlas linguistique de la France* et comment s'y est-il pris pour constituer cet *Atlas?*
2. Pourquoi la géographie linguistique est-elle importante dans l'étude d'un pays?
3. Quel est l'équivalent de «min» (picard) en français standard?
4. Quels sont les mots les plus fréquemment utilisés en France pour ce qu'on fait avec la salade?
5. Qu'est-ce que c'est que le *sabir,* langue utilisée par Molière dans *Le Bourgeois gentilhomme?*
6. Comment dit-on en suisse romande?
   — Qu'est-ce que tu as dans ce *sac à papier?*
   — *Une grande quantité* d'*objets sans valeur.* Il y a un *sèche-cheveux* qui ne marche plus, des *vieilles chaussures* et des *éponges.*
   — Où est-ce que tu as trouvé tout ça?
   — J'ai *nettoyé* le *grenier* et j'ai *rangé* un peu nos affaires.
7. Comment dit-on en Afrique du Nord?
   a. C'est du mauvais travail. Il a dû le faire *n'importe comment.*
   b. — Pourquoi tu as *grondé* les enfants?
   — Je voulais *me reposer* et ils faisaient du bruit.
   — Est-ce que tu es *malade?*
   — Non, mais j'ai beaucoup travaillé aujourd'hui.
   — Tu as probablement passé la journée à *bavarder* avec tes amis!
8. Comment dit-on en Afrique noire?
   a. *Celui qui fait toujours la fête* n'accomplit pas grand-chose dans la vie.
   b. C'est un *fainéant.* Il *se vante,* il *refuse de dire la vérité* et il *utilise des mots savants* sans rien dire.

9. Comment dit-on au Canada?

— Ce n'est pas du tout la famille traditionnelle. Tous les rôles habituels sont renversés. Par exemple, c'est le mari qui *épluche les pommes de terre* pour le dîner. C'est lui, aussi, qui donne *le biberon* au bébé et qui l'emmène se promener *dans son landau*. Et c'est le petit garçon qui joue avec des *poupées*.

— Et que fait sa femme?

— Elle répare *la voiture* et s'occupe du jardin. Et elle fait des études de droit.

— Je trouve que c'est bien ça!

L'espace français: un patrimoine à sauvegarder?

▼ Hier une naissance difficile.

Cette idée a été lente à se faire jour. Pendant des siècles, on a détruit les édifices nobles qui n'avaient plus d'utilité, sans en voir la valeur culturelle.

Aucun bien même royal n'était inaliénable. Seuls étaient préservés les documents et archives sur l'histoire et les institutions de l'Etat, la généalogie des rois, d'où l'importance de la Bibliothèque et des Archives royales.

C'est pendant la Révolution que sont nées les notions de Patrimoine national et de Monument historique; alors même que sévissaient pillages et démolitions. L'abbé Grégoire et Alexandre Lenoir démontrèrent que les églises et les châteaux n'étaient pas seulement les vestiges d'un régime politique détesté mais un héritage commun à toute la nation et dont la valeur était éternelle.

Tout au long du XIXe siècle, s'est affirmée cette prise de conscience de la valeur de l'héritage du passé, conscience liée à la naissance de l'idée de nation. En 1830, est créé le poste d'inspecteur des Monuments historiques, occupé par Mérimée de 1834 à 1859. Avec l'avènement de l'ère industrielle, les changements d'une société en pleine mutation et le développement de l'éducation, cette politique s'amplifie à la mesure d'une conception plus large de l'héritage culturel.

Du simple patrimoine bâti, cette conception va s'étendre peu à peu jusqu'à couvrir tout le champ actuel des compétences de la direction du Patrimoine: patrimoine monumental et archéologique, objets d'art, collections photographiques, patrimoine ethnologique. «Le siècle des machines est le premier qui ait retrouvé tout le passé des hommes. Dans notre civilisation, l'avenir ne s'oppose pas au passé: il le ressuscite.»

(André Malraux)

Aujourd'hui, qui gère le patrimoine?

• Le 4 mars 1964, naissait une **«Commission nationale d'inventaire»** des richesses du patrimoine, suivie de 22 commissions régionales.

Monuments et sites intéressants peuvent être classés ou inscrits à l'inventaire; l'**inscription** donne droit à des subventions de restauration moins importantes que le **classement**. Les collectivités locales, les associations de sauvegarde peuvent présenter des propositions d'inscription ou de classement d'un site. Le classement est prononcé par un arrêté du ministre de l'Environnement.

Régions ayant le plus grand nombre de monuments classés:

Bretagne: 972,

Ile-de-France: 807,

Centre, Bourgogne, Picardie, Poitou, Charentes: 632 à 545.

• **La Commission supérieure des monuments historiques,** créée en 1937, s'occupe, entre autres, de définir des zones de protection autour des sites; elle est aujourd'hui divisée en 5 sections:

1. monuments historiques,
2. abords et espaces protégés,
3. objets d'art,
4. grottes préhistoriques ornées,
5. orgues.

• **La Caisse nationale des monuments et des sites,** rattachée au ministère de la Culture et de la Communication, a été créée en 1914, pour assurer la collecte des droits d'entrée des monuments. Depuis 1965, elle est devenue une structure d'animation des monuments historiques.

Géographie première, Coll. A. Frémont, © Bordas, p. 106

LA MISE EN PLACE D'UNE POLITIQUE DE L'ENVIRONNEMENT

Les années 60 sont marquées par une prise de conscience de problèmes de l'environnement qui se manifeste par quelques mesures de protection concrètes.

Mais, c'est surtout à partir de 1971 avec la **création d'un ministère de la Protection de la nature et de l'environnement,** qu'est menée une véritable politique de protection du patrimoine naturel:
— mise en place de **6 agences de bassin** chargées de surveiller la pollution des cours d'eau et la multiplication des stations d'épuration;
— 1975: création d'un **Conservatoire du littoral** chargé d'acquérir des terrains pour sauvegarder les espaces naturels encore intacts;
— 1976: une loi importante prévoit la réalisation **d'études d'impact** sur l'environnement pour toute construction ou travaux d'aménagement;

— 1977: création d'une **Directive d'aménagement national** pour la protection des montagnes, qui a pour objet de contrôler l'urbanisation d'altitude;
— les préfets peuvent arrêter certaines usines en cas de pollutions graves;
— depuis 1980, la teneur en soufre et en plomb des carburants a été abaissée.

Ainsi, aujourd'hui, l'aménagement du territoire doit prendre en compte les espaces menacés.

Les associations de protection et de défense de l'environnement peuvent faire pression sur des projets jugés incompatibles avec le milieu local.

L'action du Ministère s'exerce aussi dans le domaine foncier. L'Etat a constitué des réserves de terres où les activités sont sévèrement contrôlées. Ainsi sont nés **les parcs naturels nationaux et régionaux.**

Parcs naturels nationaux

Au nombre de six, ils sont financés et gérés par l'Etat.

Ils comprennent généralement deux espaces:
— une zone périphérique, espace de transition réservé à l'accueil des visiteurs;
— le parc proprement dit où le milieu naturel (faune, flore) est protégé et les activités réglementées; constructions et voieries ne doivent pas altérer le caractère du Parc. A l'intérieur, peuvent être constituées des réserves intégrales afin de sauvegarder certains sites particulièrement remarquables.

Parcs naturels régionaux

Ils sont plus nombreux et gérés par les collectivités locales. Ce sont des espaces plus densément occupés, au patrimoine naturel et culturel digne d'intérêt.

Les activités traditionnelles (agriculture, petites industries) sont maintenues mais surveillées, voire protégées.

Généralement proches des villes, ils offrent aux citadins des espaces récréatifs et culturels axés sur une meilleure connaissance du milieu naturel.

▼ *Parcs naturels de France réalisés ou en cours d'étude.*

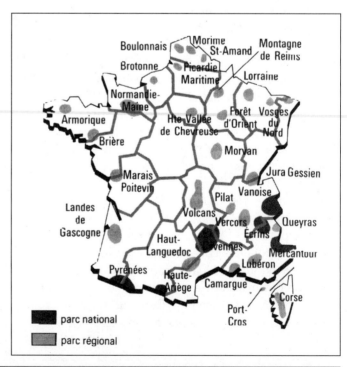

Ibid., p. 110

Analyse statistique

Faisons parler les chiffres!

Le regret nucléaire

« Il faut continuer à construire des centrales nucléaires »* (en %):

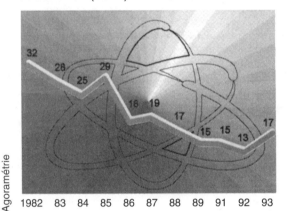

Agoramétrie

1982 83 84 85 86 87 88 89 91 92 93

* Cumul des réponses «entièrement d'accord» et «bien d'accord».

Gérard Mermet, *Francoscopie 1995*, © Larousse, p. 254

Le consensus écologique

« Il faut soutenir les écologistes »* (en %):

Agoramétrie

1983 84 85 86 87 88 89 91 92 93

* Cumul des réponses «entièrement d'accord» et «bien d'accord».

Gérard Mermet, *Francoscopie 1995*, © Larousse, p. 256

➤ Les problèmes d'environnement les plus ressentis par les Français sont : la pollution de l'air (58 %) ; la pollution de l'eau (51 %) ; les déchets industriels et domestiques (37 %) ; le bruit (35 %) ; le manque d'espaces verts (19 %) ; les difficultés de circulation automobile (18 %) ; la dégradation des immeubles (15 %).

➤ Pour les Français, les principaux responsables de la pollution des eaux sont les industries (5 %), devant les déchets des villes (23 %) et l'agriculture (15 %).

➤ Chaque année, 2 millions de véhicules partent au rebut, et 250 000 épaves ne sont pas récupérées par la casse.

➤ La fabrication d'une voiture de 540 kg produit 430 kg de déchets.

➤ 65 % des Français estiment qu'un accident analogue à celui de Tchernobyl est toujourspossible (29 % non).

➤ 64 % des Français n'accepteraient pas d'habiter près d'une centrale nucléaire (74 % en 1988), 34 % oui (19 % en 1988).

➤ 52 % des Français avouent avoir peur des centrales nucléaires (19 % beaucoup, 33 % assez), 23 % n'en ont pas tellement peur, 24 % pas du tout. Les femmes ont plus peur que les hommes (61 % contre 43 %). Les agriculteurs ont plus peur que les autres catégories (57 %). Les écologistes sont 68 %.

➤ Le risque écologique majeur pour les Français est le nucléaire (50 %), devant les déchets toxiques (20 %) et les incendies de forêt (13 %).

Poubelles : 330 kg par Français en 1991

La production annuelle de déchets des Français augmente au rythme de 2 % par an. Elle représentait 18 millions de tonnes en 1991 et devrait atteindre 20 millions de tonnes en 1995 (450 kg par personne, artisans, commerçants et bureaux non compris), contre 14 millions en 1979 et 16 millions en 1988. Ces déchets proviennent pour 57 % de l'alimentation, 15 % de la culture-loisirs (journaux, magazines), 14 % des produits liés à l'habitation (produits d'entretien), 6 % du courrier, 5 % des produits d'hygiène, 3 % de l'habillement.

Les matières animales et végétales (légumes et fruits frais, restes de nourriture) représentent 34 % du tonnage, devant le papier-carton (30 %), le verre (13 %), les matières plastiques (10 %), les métaux (7 %), le bois (4 %) et le textile (2 %).

Le gaspillage représente une part non négligeable des déchets. Sur 63 kg de pain achetés en moyenne en 1988, chaque Français en a jeté 9,5 kg. 385 000 tonnes de pain sont donc passées directement du four du boulanger à la poubelle.

CREDOC

➤ Les Français produisent plus de 20 millions de tonnes de déchets par an, soit 1 kg par habitant et par jour (3 kg aux Etats-Unis).

➤ Les déchets provenant de l'automobile représentent chaque année 1,4 million de tonnes de ferraille, 250 000 tonnes d'huiles usagées et 380 000 tonnes de vieux pneus.

➤ Un tiers des bouteilles de verre sont recyclées, contre 1 % pour les bouteilles en plastique. Au total, 4 % des déchets ménagers sont recyclés, deux fois moins qu'en Allemagne, cinq fois moins qu'aux Etats-Unis.

➤ 46 % des Français estiment que le littoral est défiguré, 49 % qu'il est préservé.

➤ Les emballages représentent 35 % du poids des ordures ménagères et 50 % de leur volume.

➤ 93 % des Français se déclarent prêts à ne pas jeter leurs déchets par terre, 84 % à ne plus gaspiller l'eau du robinet, 79 % à faciliter le recyclage des déchets ménagers. Ils ne sont que 21 % à être prêts à soutenir financièrement les actions.

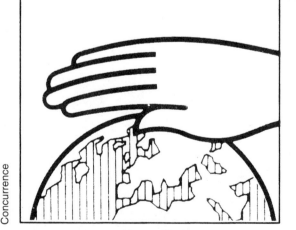

Concurrence

Il faut protéger la nature, car elle nous protège.

Pollution et météo

Le niveau de pollution est soumis aux conditions atmosphériques plus ou moins favorables. En période de froid, la consommation de produits de chauffage polluants augmente; dans le cas d'une situation anticyclonique, les températures en altitude peuvent empêcher l'air pollué du sol de s'échapper. Ce phénomène est renforcé par le fameux « effet de serre » lié à l'activité industrielle et humaine (couche gazeuse arrêtant le rayonnement de la terre).

➤ 59 % des Français seraient prêts à n'utiliser que de l'essence sans plomb, même s'ils devaient la payer plus cher (22 % non). 58 % seraient prêts à prendre un vélo pour circuler en ville (35 % non).

➤ 43 % des Français considèrent la lutte contre la pollution de l'eau (eau de consommation, rivières, lacs) comme primordiale, devant l'élimination des déchets industriels (42 %) et la sécurité nucléaire (39 %).

➤ En trente ans, une vingtaine d'espèces animales en voie de disparition ont été réintroduites : bisons, loups, chevaux sauvages, ours, vautours....

➤ La ville de Paris compte 480 000 arbres. En mai 1991, 18 % des 17 000 arbres du bois de Boulogne étaient atteints de maladie et 26 % des 18 000 arbres du bois de Vincennes étaient attaqués par un champignon.

➤ 40 % des Français estiment que la France est plus sale qu'il y a 10 ans, 21 % plus propre, 34 % ni plus propre ni plus sale.

➤ 60 % des Français estiment qu'en matière de protection de l'environnement leurs élus se préoccupent plus des intérêts économiques locaux et notamment des investisseurs immobiliers, 26 % de la qualité de vie des habitants.

- Si ça se trouve, l'air qu'on respire c'est pas de l'air.

Thomas 8 ans

fondation

Ma planète ça me regarde. **ushuaïa**

Groupe Siquier Courcelle

Eau de vie

L'eau est le produit de première nécessité qui a connu la plus forte hausse. Entre 1960 et 1991, le prix moyen du mètre cube en agglomération parisienne est passé de 0,40 F à 7,80 F alors qu'il ne devrait coûter que 2,86 F s'il avait suivi l'inflation. Alors que les prix de la plupart des produits ont baissé si on les exprime en temps de travail d'un salarié moyen, celui de l'eau a augmenté : 7,5 minutes par m^3 en 1991 contre 6,7 en 1960, 5,9 en 1980.

Il faut dire que cet accroissement de prix, noyé dans les charges des logements, est relativement indolore. Beaucoup plus que celui de l'essence, pourtant beaucoup plus modéré. Le prix de l'eau est constitué à 55 % de celui de sa distribution, à 31 % de l'assainissement (collecte et dépollution des eaux usées), à 7 % de redevances (prélèvement et pollution), à 7 % de taxes. Les Français dépensent en moyenne 2 000 F par an pour une famille de quatre personnes.

Gérard Mermet, *Francoscopie 1993,* © Larousse, pp. 249–255

H. Répondez aux questions suivantes:

1. Que veut dire le mot «patrimoine»?
2. Qui sauvegarde aujourd'hui le patrimoine en France?
3. Quels sont les principes de la politique de l'environnement?
4. Etudiez les statistiques pour répondre aux questions suivantes. Ce faisant, isolez les mots clés qui vous semblent les plus utiles dans une discussion sur l'environnement.
   a. Selon les Français, quels sont les problèmes d'environnement les plus graves?
   b. Quelle est leur attitude face aux centrales nucléaires?
   c. Est-ce que les Français produisent plus ou moins de déchets que les Américains?
   d. Que font les Français actuellement pour réduire les déchets et le gaspillage? Qu'est-ce qu'ils se déclarent prêts à faire? Est-ce qu'ils sont prêts à payer le coût des actions engagées?
5. Quelles sont les attitudes des Français face à la pollution de l'air et de l'eau?
6. Quels autres problèmes sont révélés par les statistiques?
7. Et vous, qu'est-ce que vous faites pour sauvegarder l'environnement?

Etat des lieux

Les villes nouvelles

C'est à la fin des années soixante que la construction de cinq villes nouvelles situées dans un rayon de trente à quarante kilomètres autour de Paris a été décidée. Leur situation géographique a fait de Cergy-Pontoise, Marne-la-Vallée, Melun-Sénart, Evry et Saint-Quentin-en-Yvelines des pôles privilégiés pour l'implantation de petites et moyennes entreprises. En trente ans, ces villes ont vu leur nombre d'habitants se multiplier de façon spectaculaire.

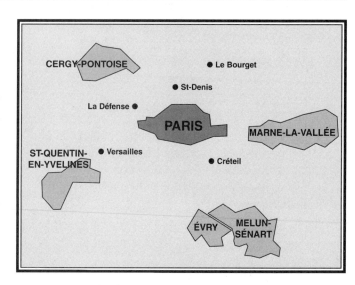

Les Français en mouvement: Comment garder le contact?

Beaucoup de Français partent en vacances — 56,5% en été, 27,5% en hiver et 26 % aux deux périodes. Puisque la grande majorité des vacanciers reste en France (87%), il n'est pas surprenant que le principal moyen de transport soit la voiture (75%) contre le train (11%) et l'avion (seulement 6%).

LA ROUTE

Le réseau routier

De tous les pays d'Europe, la France a le plus long réseau routier avec 805 450 km dont seulement 7 000 km d'autoroutes à péage construites et gérées par des sociétés d'économie mixte. Outre les autoroutes et voies rapides, le réseau français est composé de routes nationales, de routes départementales et de chemins communaux.

La voiture

On compte, en 1993, 24 millions de voitures particulières, ce qui situe la France au troisième rang des pays européens. En moyenne, les Français parcourent 13 700 km par an et les augmentations du coût de l'essence ne contribuent pas à diminuer leur utilisation de la voiture.

Les accidents

Si le nombre des accidents est en légère baisse, leur gravité s'accroît et le bilan reste lourd (9 000 morts en 1993). La vitesse excessive et l'alcool restent les principales causes des accidents de la route. La mise en place, en juillet 1993, d'un permis à points ne semble pas avoir d'incidences sur la réduction de la vitesse tant en ville qu'en rase campagne.

LES TRANSPORTS AERIENS

Le réseau aérien

Plusieurs grandes compagnies régulières se partagent le réseau aérien. Le groupe Air France, créé en 1933 et devenu compagnie nationale en 1948, assure les liaisons entre la France métropolitaine et l'étranger. Air Inter, filiale d'Air France, de l'UTA et de la SNCF, dessert principalement les aéroports des grandes villes françaises. Quant à l'UTA, elle dessert les lignes à destination de l'Afrique occidentale et australe, le Moyen-Orient, l'Extrême Orient et le Pacifique. Plusieurs compagnies régionales assurent les liaisons entre villes moyennes. Depuis le 1er janvier 1995, en accord avec les règlements européens, une déréglementation est entrée en vigueur. D'autres compagnies aériennes ont été autorisées à assurer certains vols intérieurs dont Paris–Toulouse et Paris–Marseille.

Les aéroports de Paris

Plus de 30% du trafic des passagers transite par les deux aéroports de Paris: Orly, situé à 12 km au sud de la capitale et Roissy-Charles de Gaulle, situé à 24 km au nord.

Roissy-Charles de Gaulle

LE LANCEUR SPATIAL

Ariane. Lanceur développé et réalisé par l'Agence spatiale européenne ESA (gestion technique confiée au CNES), opérationnel depuis 1982 après 3 lancements de développement réussis sur 4. En 1984, après 4 lancements opérationnels (série de promotion) sous la responsabilité de l'ESA, les Etats européens ont confié à Arianespace la responsabilité de la commercialisation, de la fabrication et des lancements des versions 1, 2, 3 et 4 après leur qualification.

Frémy, Dominique et Michèle, *Quid 1994*, © Editions Robert Laffont, p. 43

LES TRAINS

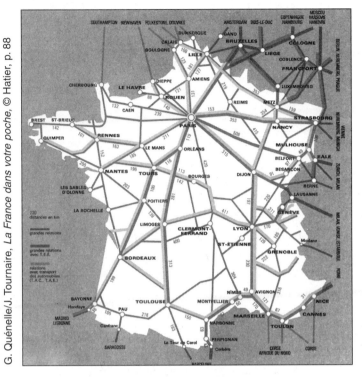

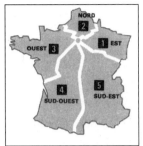

Gare du Nord:
région nord (Lille, la Belgique, l'Angleterre)
Gare de l'Est:
région est (Strasbourg, la Suisse, l'Allemagne)
Gare de Lyon:
région sud-est (Lyon, Grenoble, Marseille,
la Côte d'Azur, l'Italie; le TGV Midi-Méditerranée)
Gare d'Austerlitz:
région sud-ouest (Orléans, Tours, Toulouse,
Bordeaux, l'Espagne; le TGV-Atlantique)
Gare Saint-Lazare:
région ouest (la Normandie—Rouen, le Havre)
Gare Montparnasse:
région ouest (Nantes; la Bretagne—Saint-Malo,
Rennes, Brest)

T.G.V. Atlantique.

Conçu en France, dans les années 60, le T.G.V. ou train à grande vitesse a révolutionné les transports ferroviaires.

— Paris–Lyon à 270 km/h depuis 1981 (2h),

— Paris–Nantes à 300 km/h en 1989 (2h),

— Paris–Bordeaux en 1990 (3h);

— Paris–Londres (via Lille et le tunnel) et Paris–Bruxelles en 1993.

Une ligne d'interconnexion, à l'est de Paris, contournera la capitale et permettra de relier entre elles les trois lignes T.G.V. Nord, Sud-est et Atlantique et desservira au passage l'aéroport de Roissy et le parc d'Eurodisney. Une 3e génération de T.G.V. devrait rouler à plus de 400 km/h.

*Ces trains desservent d'autres villes à la vitesse autorisée par l'équipement des voies.

V.A.L.

Le V.A.L., métro léger automatique, est construit par la société M.A.T.R.A. Roulant sans conducteur, il bénéficie d'une grande automatisation qui permet de réaliser des économies d'exploitation et de s'adapter aux variations d'affluence. Il est en circulation à Lille depuis 1983, et à Toulouse depuis 1993; Paris l'a également adopté pour desservir l'aéroport d'Orly.

Le tunnel sous la Manche.

Le double tunnel ferroviaire sous la Manche relie depuis mai 1994, en trente minutes, les terminaux de Cheriton (N.-O. de Folkestone) et de Fréthum (S.-O. de Calais). La réalisation et l'exploitation de ce tunnel de 50 km de long (dont 37 km sous la Manche) sont confiés au Groupe Eurotunnel (avec la participation de Bouygues). Des trains acheminent, à des vitesses pouvant atteindre les 160 km/h, voyageurs, voitures et marchandises.
Trafic prévu:
24 millions de passagers
13 millions de tonnes de fret.

I. Faites une comparaison générale entre les transports en France et ceux des Etats-Unis. A votre avis, qu'est-ce qui explique les différences que vous avez pu remarquer?

Selon les statistiques du ministère de l'intégration

Plus de 120 000 étrangers se sont installés en France en 1991

La population étrangère vivant en France connaît une relative stabilité, puisque l'installation de 123 000 personnes en 1991 a été compensée par les départs (40 000 environ) et les acquisitions de la nationalité (95 000). Ces chiffres, publiés vendredi 29 janvier par la direction de la population et des migrations (DPM) du ministère des affaires sociales et de l'intégration, précisent ceux récemment publiés par le Haut Conseil à l'intégration *(le Monde* du 17 décembre 1992).

Les controverses, parfois curieuses, à propos des «chiffres de l'immigration» ont eu au moins le mérite de conduire l'administration à clarifier sa présentation de ces statistiques. Le Haut Conseil à l'intégration (HCI), créé en 1989, a donné l'exemple. Le rapport annuel de la direction des populations et des migrations a profité du mot d'ordre de transparence (1). Le document, qui totalise avec méticulosité les innombrables statuts d'étrangers, établit que 123 413 étrangers ont définitivement immigré en France en 1991, soit 8 000 de plus que l'année précédente (+6,6%). A ces entrées définitives s'ajoutent l'immigration temporaire qui concerne principalement les étudiants (22 468 en 1991) et les demandeurs d'asile (47 380), qui sont censés repartir. On compte enfin quelque 54 000 saisonniers, dont 18 000 vendangeurs.

40 000 sorties par an

Ces chiffres rappellent qu'un pays comme la France vit aussi par son ouverture sur le monde. Ils traduisent en réalité des tendances diverses: un accroissement relativement fort des arrivées de travailleurs non européens (18 000 au lieu de 14 600 en 1990), surtout africains et asiatiques, de refugiés politiques et d'étudiants, mais une diminution du regroupement familial et des demandes d'asile (47 000 contre 55 000 en 1990, tendance confirmée par les chiffres de 1992, inférieurs à 30 000). On oublie souvent que les flux d'immigration comportent aussi des sorties du territoire.

A l'exception des expulsions et des formules de retour aidé par l'Etat, statistiquement marginales, elles sont mal connues en France qui, à l'inverse de l'Allemagne, ne dispose pas de registres communaux d'entrées et de sorties des étrangers. La DPM évalue le nombre des sorties volontaires à environ 40 000 chaque année, soit une forte diminution par rapport au début des années 80, où on les estimait à 70 000 par an.

Avec plus de 120 000 entrées et quelque 40 000 sorties, le solde migratoire s'établit autour de 80 000 personnes. Mais il faut encore tenir compte de deux autres flux: d'une part, les naissances et décès d'étrangers en France, et d'autre part, les acquisitions de la nationalité française qui correspondent à des «sorties juridiques».

Si la statistique des décès d'étrangers est connue avec précision (environ 20 000 par an), celle des naissances d'étrangers, estimée à 45 000, est incertaine en raison de la complexité du code de la nationalité. Le solde des naissances d'étrangers sur les décès est donc proche de 25 000.

Quant aux acquisitions de nationalité, elles ont concerné 95 000 personnes en 1991, nombre le plus élevé depuis la dernière réforme du code de la nationalité, en 1973. Près de la moitié de ces nouveaux Français sont originaires d'Afrique (35,7% du Maghreb, 13,2% d'Afrique noire), et 27% d'Europe, dont 20% d'un pays de la CEE. L'augmentation des acquisitions de nationalité s'explique par l'envol des naturalisations (+11,3% entre 1990 et 1991) et par la forte augmentation des déclarations de nationalité concernant des enfants mineurs nés en France de parents étrangers. Ces derniers associent de plus en plus nationalité, intégration et sécurité pour leurs enfants, dont ils font des Français aussitôt que possible.

_____

(1) *Aspects de l'immigration et de la présence étrangère en France 1991-1992,* par André Lebon. [...]

Philippe Bernard, *Le Monde,* 1 février 1993, p. 8

J. Quels facteurs augmentent ou diminuent le mouvement des étrangers vers la France? Faites des comparaisons avec les Etats-Unis.

Points de vue

CE QU'ILS DISENT...

... FRANÇOIS MITTERRAND
«L'ODEUR DU BLÉ»

La France, je la vis. J'ai une conscience instinctive, profonde de la France, de la France physique. J'ai la passion de sa géographie, de son corps vivant. Là ont poussé mes racines. L'âme de la France, je n'ai pas besoin de la chercher: elle m'habite comme elle habite notre peuple tout entier. Un peuple qui colle à sa terre n'en est plus séparable.

Je suis né dans la France en demi-teintes, en Saintonge, et j'ai vécu mon enfance au point de rencontre de l'Angoumois, du Périgord et de la Guyenne. Je n'ai pas besoin qu'on me raconte d'histoires sur la France. Ce que j'éprouve d'elle se dispense d'éloquence. J'ai vécu des saisons entières en pleine nature dans ma famille nombreuse et solitaire. Elles reviennent toujours, les saisons, sauf le jour de la mort. Plus tard, il a fallu que je m'habitue à d'autres aspects de la France, celui de la montagne, de l'industrie, des corons, des banlieues. Je les ai abordés avec le même goût de connaître ce pays, le mien, si divers, si varié et pourtant semblable à lui-même, un. Mais j'avoue que j'ai besoin pour ne pas m'égarer de garder le rythme des jours avec un soleil qui se lève, qui se couche, le ciel par-dessus la tête, l'odeur du blé, l'odeur du chêne, la suite des heures. D'où le mal que j'ai à retrouver mes pistes dans la France anonyme du béton. Mais là encore, il est des chemins où je retrouverai la trace.

*Né à Jarnac (Charente)

... MICHEL ROCARD
«UN VIEUX PAYS D'AVENIR»

La France? Un vieux pays plein d'avenir et que j'aime. Que dire de plus, en quelques lignes et sans grandiloquence? La plume ne peut que rendre pâles les sentiments les plus profonds et les plus authentiques, car comment dire l'attachement à l'histoire, l'émerveillement devant les paysages et le plaisir des villes? Comment dire l'admiration de tant d'épreuves surmontées, d'un tel renom que la France ne justifie plus par ce qu'elle a mais par ce qu'elle est? Et qui mettrait en doute la supériorité de l'être sur l'avoir?

J'aime tout de mon pays, jusqu'aux défauts qu'on lui prête, et ne me défends pas d'une part d'irrationnel. Si je ne suis pas chauvin, c'est par un effort, parfois fructueux, pour lutter contre une pente que je sais dangereuse mais que je crains naturelle.

Quant à lier cet amour de la France à un moment particulier deson histoire, ou de la mienne, cela m'est impossible. Bien sûr, chacun de mes voyages à l'étranger le retrempe, bien sûr, chaque jour qui passe me persuade davantage que ce peuple a un bon sens collectif confondant, mais à un sentiment qui nourrit chacune de mes fibres, je ne saurais trouver une origine précise. Je suis assez sûr de mon pays pour n'avoir rien à craindre de son ouverture aux autres. J'y vis en permanence, et cependant, je l'habite moins qu'il ne m'habite.

*Né à Courbevoie (Seine)

... Jacques Chirac
«PUISSANCE ET GÉNÉROSITÉ»

Au-delà des paysages et des climats qui, dans leurs diversités additionnées, font sa richesse, notre pays trouve son unité profonde dans un système de valeurs dont l'universalité fait la grandeur de la France.

Le sentiment que j'ai de la France est puisé au plus profond du territoire corrézien. Les femmes et les hommes de chez moi font de l'effort et de la ténacité des vertus cardinales. L'amour de la patrie est une disposition naturelle aux gens de la Corrèze, ils m'ont transmis cet héritage.

Tout au long de son histoire, de fortes personnalités ont su maintenir une haute idée de la France. Pour les hommes de ma génération, le général de Gaulle et Georges Pompidou, que j'ai eu l'honneur de servir, nous ont donné le sens de la gloire de la France et le goût du bonheur des Français. Ils ont contribué à former l'idée que je me fais d'une France puissante et généreuse.

*Né à Paris (Seine)

... Valéry Giscard d'Estaing
«L'EAU DES RUISSEAUX»

La France existe depuis toujours. Elle n'a pas eu de commencement. Elle ne pourra pas avoir de fin.

D'autres pays se sont formés au hasard des conquêtes, ou des prises de pouvoir par des dynasties extérieures.

La France a grandi sur son sol, depuis l'ère des forêts primitives et de l'homme de Cro-Magnon, en traversant verticalement les couches successives de l'histoire.

Sans doute ce sentiment me vient-il d'une enfance qui s'est écoulée au pied du plateau de Gergovie. Celui-ci nous a habitués à compter en millénaires.

L'appartenance à la France ne se divise pas, on en fait partie comme l'eau des ruisseaux, comme les pierres, comme les pousses végétales.

La France est un des pays du monde à réaliser l'alliance intime de son peuple et de son sol. C'est pour cela que les Français émigrent peu, et lorsqu'ils s'en vont travailler au loin, ils emportent leur terre dans leurs bagages.

*Né à Coblence (R.F.A.)

... Jack Lang
«L'AMITIÉ»

Les discours chauvins et vaniteux sur la France éternelle sont souvent insupportables ou ridicules. Par leur enflure, ils desservent notre pays et lui font perdre de nombreux amis dans le monde.

Je rêve d'une France à la fois plus humble et plus ambitieuse.

Une France plus humble, car selon le beau mot de Paul Morand, «notre Hexagone s'inscrit dans la sphère»; la sphère du monde. Et notre culture s'est sans cesse nourrie des autres cultures de la planète.

Une France plus ambitieuse, car de la diversité même de nos arts de vivre naît une exigence constante d'universalité. «La France se nomme diversité», disait avec force le grand historien Fernand Braudel. Les partisans du code de la nationalité ont oublié cette évidence; le génie national français surgit de notre aptitude historique à entremêler les sucs, les couleurs et les saveurs de civilisations multiples. C'est parce que la France est un creuset en fusion permanente que notre pays réussit parfois à accéder à l'universel. C'est cette observation qui fit dire, un jour, au président François Mitterrand:

«Lorsqu'une belle idée rencontre la France, elle fait parfois le tour du monde.» A une condition cependant: que l'amitié soit présente au rendez-vous.

*Né à Mirecourt (Vosges)

... Arletty
«LE RÊVE DE JULES VERNE»

Tant pis si l'on me dit chauvine, mais il me semble évident que les Français ont été à l'origine d'énormément de choses. Tenez, par exemple, si le rêve de Jules Verne a été réalisé, si l'homme a pu aller sur la lune, ne le doit-il pas aux moteurs inventés par M. Voisin?

J'adore mon pays, j'adore la France, j'adore les Français, même si, dans notre histoire, nous avons eu beaucoup de hauts et de bas. Et peut-être sommes-nous aujourd'hui dans le bas, mais j'ai confiance dans les réserves de force, d'énergie et de talent de notre peuple.

*Née à Courbevoie (Hauts-de-Seine)

... Cheikh Abbas Bencheikh el-Hocine
«HUGO, ROUSSEAU, ZOLA»

Parce que je suis algérien, mes liens avec la France et ma connaissance de votre pays sont très forts. Elle est d'abord ce peuple qui a appris au monde à se révolter contre l'injustice, la dictature et l'intolérance. Elle est encore ce peuple qui non seulement s'est libéré, mais a appris aux autres peuples à se libérer eux-mêmes.

Je me souviens qu'étant jeune la langue française était la langue mondiale et cela revenait à la place que la France occupait dans le cœur des hommes. Victor Hugo, Jean-Jacques Rousseau, Emile Zola et bien d'autres de vos grands auteurs ont été et sont lus dans le monde entier. Mais le français en tant que langue n'est plus si puissant. C'est que nous sommes passés d'une civilisation de l'humanisme et de la beauté à une civilisation technique. Mon souhait est que la France réussisse son entrée dans ce nouveau monde et qu'elle ne désespère pas de retrouver les hautes valeurs qui firent sa splendeur passée.

*Né à Constantine (Algérie)

... Abbé Pierre
«AU CAP EXTRÊME-OCCIDENTAL»

La France, ce lieu du monde où l'Eternel qui est Amour m'a fait commencer d'exister, et où, avec l'exemple de ma mère et mon père, il m'a fait découvrir que ce n'est pas vrai qu'on peut être heureux les uns sans les autres.

Terre d'un peuple dont l'histoire porte beaucoup de fautes mais aussi tant d'éclatantes générosités.

Terre située au cap extrême-occidental de l'immense continent asiato-européen, et donc fin des perpétuelles migrations suivant le cours du soleil, de l'est vers l'ouest, et de ce fait, terre où sans doute jamais ne vécut une race particulière, mais où le peuple est fait de l'étonnante rencontre d'innombrables races et cultures, cela pouvant donner au Français tantôt une promptitude à s'ouvrir au dialogue, tantôt une légèreté qui peut déconcerter.

France à laquelle jamais l'on est plus fidèle que lorsque l'on se reconnaît, parce que français, citoyen du monde entier, et parce que affamé de liberté, fait pour être capable, en quelques années de vie dans le temps, d'apprendre à aimer pour le toujours de l'au-delà du temps.

*Né à Lyon (Rhône)

Alain Kimmel, *LE FRANÇAIS DANS LE MONDE,* n° 241, pp. 56–57

K. Identifiez les idées clés exprimées dans les diverses déclarations que vous venez de lire. Ensuite discutez de ce que vous diriez à propos des Etats-Unis ou de votre pays d'origine.

Les styles régionaux

Les couleurs de la France. Un paysage est constitué par des formes et des couleurs auxquelles il faut sans doute ajouter des sons. Le paysage français ne peut être réduit à des reliefs, à des plaines et des collines, à des vallées et des montagnes. Il existe aussi une «géographie des couleurs» et il est possible de caractériser un pays à partir de ses couleurs. L'entreprise a été tentée pour la France: «l'architecture ancienne dont les matériaux de base — pierre ou terre — traduisent le plus souvent les couleurs minérales de la nature environnante, présente dans chaque région de France un visage chromatique qui lui est spécifique» (J.-P. et D. Lenclos, *Les couleurs de la France. Maisons et paysages,* éd. du Moniteur, 1982). Ce que mettent en valeur les études de couleurs de la France, c'est précisément la diversité, mais une diversité qui n'exclut ni l'harmonie, ni l'existence de tendances suivant les lieux: il existe une «palette chromatique» propre à chaque région, que

J.-P. et D. Lenclos ont bien montré dans leur ouvrage précité. La couleur donne à un paysage sa résonance, son volume, son épaisseur. La lumière, tantôt dure, tantôt filtrée, donne aux paysages de France leur spécificité et leur charme. Les matériaux de construction jouent un rôle essentiel dans la tonalité des villages et des villes. Ils étaient pris traditionnellement aux abords de la cité, ce qui explique les différences parfois considérables, à quelques dizaines de kilomètres d'écart, la brique ayant été par exemple utilisée dans un cas, le calcaire blanc dans l'autre. L'utilisation du bois et de toutes ses variétés, soit comme couverture avec les bardeaux, soit en assemblage avec des colombages, soit en encadrement, contribue à la couleur, le bois prenant des teintes brun foncé, verdâtre ou gris argenté selon les cas. Un même bois, comme le chêne, comporte de grandes variétés de couleurs selon les espèces.

Ch. Debbasch et J.-M. Pontier – *La société française, coll. des Etudes politiques, économiques et sociales,* Dalloz, 1989, pp. 78–79

Michel Tournier: *Petites proses* (extrait)

Ainsi que l'indique le titre du recueil, il s'agit d'une série de notations, réflexions de l'écrivain regroupées autour des thèmes suivants: la maison, les villes, les enfants, les paysages, les livres, la mort.

✧ ✧ ✧ L'ARBRE ET LE CHEMIN ✧ ✧ ✧

Si vous regardez bien un paysage — ses coteaux, ses bois, ses maisons, mais aussi ses rivières et ses routes —,vous verrez que son harmonie dépend d'un subtil équilibre entre ses masses sédentaires et ses voies de communication. Et cela en l'absence même de l'homme, car ce jeu entre ce qui bouge et ce qui demeure n'a nul besoin d'un coureur ou d'un dormeur pour se jouer. Les choses suffisent.

Donc, parmi ces choses, certaines sont neutres, pouvant être aussi bien parcourues que fixées par l'œil du spectateur. Telles sont la colline, la vallée, la plaine. Là, chacun peut mettre ce qu'il veut de dynamisme et de stabilité. D'autres sont par leur nature même enracinées, et ce sont l'arbre et la maison principalement. D'autres enfin sont animées d'un dynamisme plus ou moins impétueux, et ce sont chemins et rivières.

Or il s'en faut que cet équilibre soit toujours réalisé, ou que l'ayant été, il demeure. Un phare planté au milieu des récifs battus par les flots, une forteresse juchée sur un roc inaccessible, une hutte de bûcheron enfouie dans les bois sans voie d'accès visible s'entourent fatalement d'une atmosphère inhumaine où l'on pressent la solitude, la peur, voire le crime. C'est qu'il y a là trop de fixité, une immobilité presque carcérale qui serre le cœur. Le conteur qui veut faire frémir d'angoisse sait tirer profit de ces paysages fermés que n'irrigue pas une sente ou une route.

Mais le déséquilibre inverse n'est pas moins grave, et c'est celui que fait naître sans cesse la vie moderne. Car il y a dans les villes deux fonctions, l'une primaire d'habitation, l'autre secondaire de circulation, et on voit aujourd'hui partout l'habitation méprisée, sacrifiée à la circulation, de telle sorte que nos villes, privées d'arbres, de fontaines, de marchés, de berges, pour être de plus en plus «circulables», deviennent de moins en moins habitables.

La matière même dont le chemin est fait joue son rôle tout autant que sa largeur. En remplaçant dans un village une chaussée empierrée ou un chemin de terre par une route goudronnée, on ne change pas qu'une couleur, on bouleverse la dynamique de la vision et la conscience de ce village. Parce que la pierre ou la terre sont des surfaces rugueuses et rêches, et surtout perméables, l'œil se trouve retenu, le regard arrêté et, grâce à cette perméabilité, mis en relation avec les profondeurs souterraines. Tandis que le ruban parfaitement lisse et imperméable de l'asphalte fait glisser l'œil, déraper le regard, et le projette vers le lointain, vers l'horizon. Les arbres et les maisons, sapés dans leurs assises par la route-anguille, paraissent vaciller comme au bord d'un toboggan. C'est pourquoi on ne fera jamais assez l'éloge du vieux gros pavé de granit. Il allie paradoxalement à une rondeur et à un poli indestructibles un individualisme absolu, créateur d'irrégularité et d'interstices herbus qui sont une joie pour l'œil et l'esprit... à défaut d'en être une pour les roues.

Car, il faut en convenir, l'un des petits drames de notre civilisation, c'est que la roue et le pied ont des exigences incompatibles. La roue veut la planitude et l'adhérence d'une piste caoutchoutée. Elle déteste enfoncer, cahoter et surtout déraper. Le pied s'en accommode, et même les glissades peuvent l'amuser. Mais ce qu'il aime surtout, c'est faire crisser un sol légèrement sablonneux ou graveleux, et y enfoncer un peu — pas trop — comme sur une moquette. Il ne veut pas rebondir durement sur une surface incompressible. Un peu de poussière au soleil, un peu de boue quand il pleut font partie de la qualité de la vie.

La Méridienne
VAN GOGH Vincent (1853–1890)
Paris, Musée d'Orsay
GIRAUDON
Art Resource

La Montagne Sainte-Victoire.
CEZANNE Paul (1839–1906)
THE GRANGER COLLECTION

L. Commentez les citations suivantes en vous appuyant sur les idées des deux textes que vous venez de lire.

1. «... il est possible de caractériser un pays à partir de ses couleurs.» (Donnez des exemples de la France et des Etats-Unis.)

2. Selon Tournier, l'harmonie d'un paysage «dépend d'un subtil équilibre entre ses masses sédentaires et ses voies de communication». Comment est-ce qu'il soutient cette idée?

Patrick Modiano: *Fleurs de ruine* (extrait)

Le narrateur aime se promener dans Paris. Pendant ses promenades, les lieux qu'il traverse font surgir en lui des souvenirs d'enfance qu'il croyait oubliés.

A vingt ans, j'éprouvais un soulagement quand je passais de la Rive gauche à la Rive droite de la Seine, en traversant le pont des Arts. La nuit était tombée. Je me retournais une dernière fois pour voir briller, au-dessus de la coupole de l'Institut, l'étoile du Nord.

Tous les quartiers de la Rive gauche n'étaient que la province de Paris. Dès que j'avais abordé la Rive droite, l'air me semblait plus léger.

Je me demande aujourd'hui ce que je fuyais en traversant le pont des Arts. Peut-être le quartier que j'avais connu avec mon frère et qui, sans lui, n'était plus le même: école de la rue du Pont-de-Lodi, mairie du VIe arrondissement où avaient lieu les distributions de prix, l'autobus 63 que nous attendions devant le Café de Flore et qui nous emmenait au Bois de Boulogne... Longtemps, j'ai ressenti un malaise à marcher dans certaines rues de la Rive gauche. Maintenant, le quartier m'est devenu indifférent, comme s'il avait été reconstruit pierre par pierre après un bombardement, mais qu'il avait perdu son âme. Et pourtant, un après-midi d'été, j'ai retrouvé dans un éclair, au tournant de la rue Cardinale, quelque chose du Saint-Germain-des-Prés de mon enfance qui ressemblait à la vieille ville de Saint-Tropez, sans les touristes. De la place de l'église, la rue Bonaparte descendait vers la mer.

Une fois traversé le pont des Arts, je passais sous la voûte du Louvre, un domaine qui, lui aussi, m'était familier depuis longtemps. Sous cette voûte, une odeur de cave, d'urine et de bois pourri venait du côté gauche du passage, où nous n'osions jamais nous aventurer. Le jour tombait d'une vitre sale et tendue de toiles d'araignée, et il laissait dans une demi-pénombre des tas de gravats, de poutres, et de vieux instruments de jardinage. Nous étions sûrs que des rats se cachaient là, et nous pressions le pas pour déboucher à l'air libre, dans la cour du Louvre.

Aux quatre coins de cette cour, l'herbe poussait entre les pavés disjoints. Là aussi étaient entassés des gravats, des pierres de taille et des tiges de fer rouillées.

La cour du Carrousel était bordée de bancs de pierre, au pied des ailes du palais qui encadraient les deux petits squares. Il n'y avait personne sur ces bancs. Sauf nous. Et quelquefois un clochard. Au centre du premier square, sur un socle si haut qu'on distinguait à peine la statue, le général La Fayette était perdu dans les airs. Une pelouse qu'on ne taillait pas entourait ce socle. Nous pouvions jouer et nous allonger dans les herbes hautes sans qu'un gardien vienne jamais nous réprimander.

Dans le second square, parmi les taillis, deux statues de bronze, côte à côte: Caïn et Abel. Les grilles d'enceinte dataient du Second Empire. Les visiteurs se pressaient à l'entrée du musée du Louvre, mais nous étions les seuls enfants à fréquenter ces squares abandonnés.

La zone mystérieuse s'étendait à gauche des jardins du Carrousel le long de l'aile sud qui se termine par le pavillon de Flore. C'était une grande allée, séparée des jardins par une grille et bordée de réverbères. Comme dans la cour du Louvre, la mauvaise herbe poussait entre les pavés, mais la plupart de ceux-ci avaient disparu, laissant à nu des plaques de terre. Là-haut, dans le renfoncement que faisait l'aile du palais, une horloge. Et derrière l'horloge, la cellule du prisonnier de Zenda. Aucun des promeneurs des jardins du Carrousel ne s'aventurait dans cette allée. Nous jouions des après-midi entiers parmi les vasques et les statues brisées, les pierres et les feuilles mortes. Les aiguilles de l'horloge ne bougeaient pas. Elles indiquaient pour toujours cinq heures et demie. Ces aiguilles immobiles nous enveloppent d'un silence profond et apaisant. Il suffit de rester dans l'allée et plus rien ne changera jamais.

Il y avait un commissariat de police dans la cour du Louvre, à droite de la voûte qui menait rue de Rivoli. Un panier à salade était garé à proximité. Des agents en uniforme se tenaient devant la porte entrouverte d'où filtrait une lumière jaune. Sous la voûte, à droite, l'entrée principale du commissariat. Pour moi, celui-ci était le poste frontière qui marquait vraiment le passage de la Rive gauche à la Rive droite, et je vérifiais si j'avais bien ma carte d'identité dans ma poche.

Les arcades de la rue de Rivoli, le long des magasins du Louvre. La place du Palais-Royal et sa bouche de métro. Elle donnait accès à un couloir où se succédaient de petites boutiques de cireurs de chaussures avec leur siège en cuir, des vitrines de bijoux en toc et de souvenirs. Il suffisait maintenant de choisir quel serait le but du voyage: Montmartre ou les quartiers de l'ouest.

Fleurs de ruine, de Patrick Modiano, © Editions du Seuil, 1991, pp. 88–92

M. Discutez des lieux et des objets qui font surgir les souvenirs d'enfance de Modiano. Quels sont ces souvenirs?

François Maspero: *Les passagers du Roissy-Express* (extrait)

C'est en rentrant de l'aéroport Roissy–Charles-de-Gaulle par le RER (Réseau Express Régional) que François Maspero a eu l'idée d'accomplir un voyage au cœur de la plaine de France, le long de la ligne B du RER, celle qui va du nord-est au sud-ouest, c'est-à-dire de Roissy à Saint-Rémy-lès-Chevreuse. Pour un parcours de 60 kilomètres, la ligne compte 38 gares et à raison d'une gare par jour, ce serait un mois de voyage.

La Plaine Saint Denis et la campagne romaine. — En attendant les barbares. — Interconnexion. — Incident à la gare du Nord. — En route pour de nouvelles aventures.

Mercredi 31 mai. Tristesse de la station La Plaine-Voyageurs: disposée sur un talus, ses quais étroits cernés de grilles, ébranlée par tous les express venus de la gare du Nord et les convois de marchandises partis de la gare de triage de La Chapelle qui filent sans s'arrêter. Des quais gris, on découvre une étendue de toits aux tuiles mécaniques ternies, aux zincs rouillés, une forêt de cheminées croulantes. La gare, en contrebas, est un vieux fortin de brique que l'on n'a jamais réussi à décaper totalement de la suie accumulée par des générations de locomotives à vapeur. On sort sur la trouée de l'autoroute A1 qui passe ici en tranchée entre deux rangées d'immeubles décrépits et d'entrepôts écrasés de publicités. Derrière la voie s'étend un quadrillage de rues aux maisons lépreuses, de pavillons pauvres et d'anciennes usines plus ou moins récupérées pour le stockage de grands magasins parisiens ou retournées à l'état de nature, c'est-à-dire de terrains vagues. Zone de passage, zone de stockage, zone tout court, cet «entonnoir-tragédie», pour employer la formule de Roland Castro, fut jadis une campagne assez marécageuse qui commençait aux pentes nord de la butte Montmartre. Dans les années 1840, Gérard de Nerval y faisait de douces promenades, derrière le Château des Brouillards, en descendant de la Butte où s'ébattaient les chèvres qui broutaient l'acanthe des rochers, surveillées par «des petites filles fières à l'œil montagnard».

La Plaine Saint-Denis a des lignes admirables, avec des reflets de soleil ou de nuages qui varient à chaque heure du jour... Que d'artistes repoussés du prix de Rome sont venus sur ce point étudier la campagne romaine et l'aspect des Marais Pontins. Il y reste même un marais animé par des canards, des oisons et des poules.
Il n'est pas rare aussi d'y trouver des haillons pittoresques sur les épaules des travailleurs... La plupart des terrains et des maisons éparses appartiennent à de vieux propriétaires, qui ont calculé sur l'embarras des Parisiens à se créer de nouvelles demeures et sur la tendance qu'ont les maisons du quartier Montmartre à envahir, dans un temps donné, la Plaine Saint-Denis.

Gérard avait rêvé de se faire construire au pied de la Butte «une petite villa dans le goût de Pompéi» au milieu des vignes. Nos voyageurs suivent un haut mur surmonté de barbelés et bordé de ronces, puis passent sous le talus du chemin de fer. Ils prennent une ruelle pavée où sinuent des rails abandonnés, au milieu d'un amoncellement de détritus. Dans une cour, des carcasses de voitures gisent au pied de bâtiments bas, logements ouvriers abandonnés, deux étages de minces carreaux de plâtre et de brique le long desquels courait une galerie effondrée desservant les pièces exiguës. Rails rouillés ne menant à rien, cour en ruine, deux photos pour illustrer quelque chose qui ressemblerait à l'agonie du monde, juste après la fin de l'humanité.
La ruelle débouche sur des allées rectilignes qui butent sur le talus où file le RER; de part et d'autre, de tout petits pavillons de brique. Sur l'un d'eux, une plaque de marbre terni que François déchiffre:

Ici vécut RUBIANO MARIA
morte au camp de Ravensbrück
1944

Il demande à Anaïk de la photographier. Un couple sort et s'inquiète. «Vous venez de la mairie?» Fort accent portugais. Visiblement ils sont inquiets. Il apparaît que, pour eux, tout étranger qui s'intéresse d'un peu près à leur rue ne peut que venir de la mairie, et que tout ce qui vient de la mairie signifie étude des lieux, opération immobilière et relogement, c'est-à-dire départ, sinon expulsion. On s'explique. C'est difficile: gêne et peur diffuses. François parle de son intérêt pour cette plaque. Ont-ils connu Maria Rubiano? Non, ils sont arrivés plus tard. Triste histoire, dit l'homme:

«C'était une femme qui habitait dans cette maison. Il y a eu un bombardement. Elle est sortie. Elle est morte sur le coup.»

Anaïk dit son goût pour cette rue tranquille du bout du monde. Elle est sincère et ils la croient. Photo devant la plaque avec le petit-fils dans les bras.

Ils habitent ici depuis trente ans, ils y sont bien et ils voudraient y finir leurs jours. Ils ont travaillé tous les deux dans la Plaine, l'homme a été vingt ans durant à la chaîne dans l'usine qui était juste en face, une usine de produits chimiques, des explosifs, et puis l'usine a été rachetée et fermée. Est-il à la retraite ou au chômage? Pas commode de comprendre ce qu'il dit, son français est noyé dans le portugais.

Plus loin, en face d'un café portugais, Anaïk photographie la roulotte de Mme Pauline. Ici encore, la crainte: Mme Pauline sort, il faut la rassurer, ils ne viennent pas de la mairie, ils n'en ont pas à ses chiens, ils ne sont pas là pour la faire partir. On finit par prendre une bière ensemble dans le café dont les consommateurs, massés au bar, écoutent et observent en silence. Anaïk lui rapportera la photo. C'est le début d'une amitié.

Boutiques abandonnées. Plus de commerces, sauf une pharmacie. Eglise espagnole en ciment armé, avec son foyer, suintante de rouille et désaffectée. Le foyer ouvre les samedis et les dimanches. Ils y reviendront: on y parle le castillan, davantage le galicien et le portugais, plus encore le créole capverdien, ainsi que divers dialectes africains. L'atmosphère y est chaleureuse, on y mange des tapas, de la morue frite et grasse, on y boit de la bière San Miguel et on y dispute des parties de dominos extrêmement animées.

En fin d'après-midi, la Plaine Saint Denis sort de sa torpeur. Les enfants jouent librement dans les rues peu fréquentées. Dans quelles rues de Paris les enfants peuvent-ils encore jouer? Les enfants de la Plaine Saint Denis sont beaux, comme ceux de Blanc Mesnil et des Beaudottes. La Plaine offre l'image d'un monde qui se défait, mais ses habitants qui vivent si mal sont bien accrochés à la vie. Beaucoup des derniers venus viennent des îles du Cap Vert; les Capverdiens constituent l'un des peuples aux formes les plus harmonieuses du monde: durant plusieurs centaines d'années, sur ces éclats de volcans semés à mille kilomètres au large de l'Afrique, se sont fondues toutes les races africaines, mêlées à celles que les Portugais allaient rafler jusqu'au-delà des Indes. Les Capverdiens ont les nuances les plus subtiles, les plus dorées de peau, des yeux qui vont de l'anthracite à l'aigue-marine, et des statures d'Atlantes. Beaux comme un rêve de grand métissage final du genre humain.

La rue du Landy file, rectiligne, parmi les entrepôts déserts et les maisons surpeuplées, vers le nord, jusqu'au canal Saint Denis. On quitte la petite Espagne, le petit Portugal. Plus on se rapproche du canal, plus il semble que la majorité des habitants devienne maghrébine. Aux logements étroits partagés par plusieurs familles nombreuses succèdent les hôtels meublés au-dessus des cafés qui portent encore les noms de jadis: «L'Embuscade», ou en ont reçu de nouveaux: «L'Oasis». Ici, la méfiance se fait épaisse. Marchands de sommeil. Immigrés clandestins de fraîche date. Trafics. Passons.

Sur la Plaine Saint Denis, se prépare une énorme opération immobilière. Calme avant la tempête. La Plaine Saint Denis attend la modernité — ou la post-modernité? je ne sais plus, on s'y perd —comme d'autres ont attendu l'arrivée des barbares. Quand tout sera terminé, on y cherchera aussi vainement les beaux enfants du cap Vert que les gardeuses de chèvres du temps passé si chères à Nerval.

Oui, passons. Voici l'écluse des Vertus, et l'éclusier qui vient encore une fois les saluer. Il reparle de son regret de n'avoir jamais navigué sur le canal du Midi. Est-ce ce jour-là que, tard dans la soirée, dans la pizzeria de la place de la Mairie, quelqu'un leur parle des alligators qui se rassemblent dans les égouts de La Villette, au débouché d'une canalisation du chauffage urbain? Les notes de François sont toujours plus floues.

Les passagers du Roissy-Express, de François Maspero, coll. *Fiction & Cie,* © Editions du Seuil, 1990, pp. 260–265

N. Faites l'analyse du texte de Maspero en traitant les points suivants:

1. Relevez le vocabulaire qui contribue à décrire le côté déprimant de la Plaine Saint-Denis (tristesse, grilles, gris, etc.).
2. Malgré le ton négatif du passage, l'auteur retrouve dans ce voisinage des aspects positifs. Lesquels?
3. Comparez ce passage à d'autres lectures que vous avez faites dans ce chapitre. Comment le passage de Maspero fait-il le résumé des problèmes et des peurs des Français?

Claude Nougaro: «*Toulouse*» (chanson)

QU'IL EST LOIN MON PAYS, QU'IL EST LOIN
PARFOIS AU FOND DE MOI SE RANIMENT
L'EAU VERTE DU CANAL DU MIDI
ET LA BRIQUE ROUGE DES MINIMES
Ô MON PAÏS, Ô TOULOUSE...

JE REPRENDS L'AVENUE VERS L'ÉCOLE
MON CARTABLE EST BOURRÉ DE COUPS DE POING
ICI, SI TU COGNES TU GAGNES
ICI, MÊME LES MÉMÉS AIMENT LA CASTAGNE
Ô MON PAÏS, Ô TOULOUSE...

UN TORRENT DE CAILLOUX ROULE DANS TON ACCENT
TA VIOLENCE BOUILLONNE JUSQUE DANS TES VIOLETTES
ON SE TRAITE DE CON À PEINE QU'ON SE TRAITE
IL Y A DE L'ORAGE DANS L'AIR ET POURTANT
L'ÉGLISE SAINT-SERNIN ILLUMINE LE SOIR
D'UNE FLEUR DE CORAIL QUE LE SOLEIL ARROSE
C'EST PEUT-ÊTRE POUR ÇA MALGRÉ TON ROUGE ET NOIR
C'EST PEUT-ÊTRE POUR ÇA QU'ON TE DIT VILLE ROSE
JE REVOIS TON PAVÉ Ô MA CITÉ GASCONNE
TON TROTTOIR ÉVENTRÉ SUR LES TUYAUX DU GAZ
EST-CE L'ESPAGNE EN TOI QUI POUSSE UN PEU SA CORNE
OU SERAIT-CE DANS TES TRIPES UNE BULLE DE JAZZ?
VOICI LE CAPITOLE, J'Y ARRÊTE MES PAS
LES TÉNORS ENRHUMÉS TREMBLAIENT SOUS LEURS VENTOUSES
J'ENTENDS ENCOR L'ÉCHO DE LA VOIX DE PAPA
C'ÉTAIT EN CE TEMPS-LÀ MON SEUL CHANTEUR DE BLUES

AUJOURD'HUI TES BUILDINGS GRIMPENT HAUT
À BLAGNAC TES AVIONS RONFLENT GROS
SI L'UN ME RAMÈNE SUR CETTE VILLE
POURRAI-JE ENCOR Y REVOIR MA PINCÉE DE TUILES
Ô MON PAÏS, Ô TOULOUSE, Ô TOULOUSE...

Claude NOUGARO/Claude NOUGARO–Christian CHEVALLIER
© 1991 by les EDITIONS DU CHIFFRE NEUF et EMI MUSIC PUBLISHING FRANCE S.A.

O. Faites d'abord la description de la ville de Toulouse en vous basant sur la chanson de Nougaro. Choisissez ensuite une ville ou une région des Etats-Unis que vous connaissez bien pour en faire un portrait semblable.

Le paysage et l'identité

Au bord de l'autoroute, sur fond d'usine métallurgique, un panneau: «Valenciennes, traditions artistiques». Merci du renseignement. Tout à l'heure, nous étions encore en «Picardie, terre de cultures». Il y avait même un petit dessin avec un épi de blé et une betterave, pour qu'on ne confonde pas avec l'opéra ou la littérature. On avait compris. Nous avions jeté, de temps en temps, des coups d'œil au paysage. La campagne avait commencé un peu après Roissy, avec, au milieu des sillons, l'épave d'une vieille camionnette sur laquelle était écrit un slogan: «Non à Maastricht, non au Gatt et au diktat américain!» Douce France.

«Notre paysage est en voie d'abstraction», affirme Marc Auger, qui préside l'Ecole des hautes études en sciences sociales. Ces panneaux au bord des routes à l'usage des populations en transit — «Chapelle du XIVe», «Salle polyvalente», «Pays de Cézanne» — désignent ce qu'il appelle des «non-lieux», qu'on signale, mais où l'on ne s'arrête pas. «On nous dit: voilà vous y êtes. Vous n'avez qu'à lire. Vous êtes dispensés du regard.» Et c'est vrai, nous ne regardons plus vraiment la France quand nous la traversons parfois, à bord d'un TGV ou sur une autoroute, d'une métropole à l'autre. Car nous vivons dans des villes, maintenant, loin des pays où labouraient nos aïeux. En 1954, un actif

Après la guerre, un actif sur quatre était paysan. Aujourd'hui, les Français vivent en ville. Et survivent en banlieue. Demain, le vrai cassoulet toulousain, le bocage normand ou l'accent ch'timi pourraient n'être plus que des souvenirs...

sur quatre était un paysan. Des cités à dimension humaine parsemaient alors une France toujours rurale. Un travailleur sur dix-sept, aujourd'hui, est un agriculteur. Résultat: 80% d'entre nous vivent sur 20% de notre territoire. Nous avons perdu nos patois, et nos accents s'estompent. Les airs qui faisaient danser nos ancêtres relèvent du folklore et les coiffes de nos grand-mères, du musée régional. Nous mangeons des boîtes de cassoulet de Toulouse aux normes européennes, et, dans sa bonne ville d'Auch, le grand chef André Dauguin, devant ses fourneaux de l'Hôtel de France, s'inquiète. «La bonne cuisine française, dit-il, mourra le jour où l'agriculture sera en danger.» Or ça y est, nous y sommes. Son voisin Jacques Laigneau, céréalier à Lussan, dans le Gers, et président de la Coordination rurale, a pendu à l'entrée de sa ferme l'effigie d'une vache avec cet écriteau: «Ne coupez pas les mamelles de la France.» «La civilisation rurale, dit-il, c'est nos tripes, des millénaires de travail qui ont créé la France.» Attention, l'avenir est glauque. Yves Verilhac, un «écologiste urbain» qui travaille pour la Ville de Lyon, décrit un scénario catastrophe qui nous pend au nez: «Les campagnes ne serviront plus un jour qu'à relier les grands pôles urbains, avec dans les champs des centrales thermiques, des autoroutes, des barrages et des décharges pour les déchets des villes.»

L'Express, 15 avril 1993, p. 72

P. Faites le contraste entre cet article de *l'Express* et les documents précédents. Que pense l'auteur de l'évolution des traditions en France?

Vue de l'extérieur

Image de la France:
complexe et contradictoire

Pour beaucoup d'étrangers, l'image de la France reste marquée par des stéréotypes: un orgueil national démesuré; un peuple élitiste et râleur; un Etat plus intéressé par la culture que par l'économie (hors le vin, la Haute couture et les parfums). La montée de l'extrême droite, la succession des «affaires», l'accroissement des inégalités et les attitudes parfois déroutantes de la politique extérieure les ont confirmés dans l'image d'un pays où il fait encore bon vivre mais où il est difficile de séjourner. La presse britannique et, plus récemment, allemande, ne perdent d'ailleurs pas une occasion de dénoncer les errements ou les contradictions d'un voisin qu'ils jugent difficile. Mais l'image comporte d'autres facettes, plus favorables. La communauté internationale décerne dans son ensemble un brevet de bonne gestion à la gauche, tout en étant surpris que ce soit elle qui ait inscrit la France dans la compétition capitaliste internationale. Certains, comme les Italiens, envient la capacité française à mettre en œuvre des grands projets technologiques comme le TGV, Ariane, le Minitel ou même les centrales nucléaires.

Qu'on le veuille ou non, «l'exception française» existe toujours; elle peut se résumer par une prétention à l'universalité. Impression entretenue par certains intellectuels (Serres, Baudrillard, Lévy, Girard...), qui refont leur apparition après une période d'éclipse, ou les «french doctors» (Médecins sans frontières, Médecins du monde), qui ont réussi à imposer le débat sur un droit d'ingérence humanitaire.

Enfin, le succès reconnu des grandes manifestations comme le bicentenaire de la révolution de 1789 ou les jeux Olympiques d'Albertville montre que la France peut être à la fois fidèle à ses traditions et moderne dans ses réalisations.

Gérard Mermet, *Francoscopie 1993*, © Larousse, p. 231

Q. Ce texte de *Francoscopie 1993* fait le résumé des côtés négatifs et positifs de la France vue de l'extérieur. Quelles sont les contradictions qui y sont soulevées et quelle est la conclusion sur l'avenir de la France?

Tahar Ben Jelloun: *Hospitalité française* (extrait)

L'hospitalité a ses lois. Elles ne sont pas écrites, mais font partie des valeurs et des principes d'une civilisation. Elles impliquent tantôt des droits, tantôt des devoirs.

Certains peuples sont plus hospitaliers que d'autres: généralement ceux restés plus près de la terre et qui vivent dans les grands espaces, même pauvres. Les pays industrialisés, obéissant à une rationalité froide, ont dû désapprendre l'hospitalité. Le temps est précieux; l'espace, limité. Il y règne un manque de disponibilité, c'est-à-dire de générosité et de liberté, car tout est calculé, tout est mesuré. Les portes se ferment. Les cœurs aussi. Reste l'individu dans son intimité, un univers où le repli sur soi cultive l'égoïsme et la solitude.

Les sociétés européennes se sont enrichies. Leur niveau de vie moyen est trois à quatre fois plus élevé qu'il y a un demi-siècle. Elles ont assuré au citoyen confort et privilèges, le développement économique s'est poursuivi; à présent l'individu vit un malaise; il pressent la fin d'une époque et aussi d'un mode de vie. Il se sent menacé et bientôt abandonné face à la mutation du monde. Il voit la prospérité lentement s'estomper, une prospérité acquise grâce aux colonies et à l'exploitation sans scrupules des richesses du Tiers-Monde. La période est alors favorable au repli et à la peur; elle met l'individu dans une position défensive, et provoque chez lui des sentiments de rejet quasi instinctif de l'étranger. Ce n'est pas le moment de lui demander d'être ouvert et accueillant.

L'hospitalité française est ainsi ruinée, rendue difficile, voire impossible. C'est l'époque du malheur balbutiant. Plus de place, plus de temps pour la gratuité du geste, pour comprendre, accepter celui-là au regard hésitant, venu d'une autre durée.

Au contraire, on va reporter sur l'immigré le poids du malaise et de la crise. Cela n'est pas nouveau. «La France aux Français» est un cri qui vient de loin. Il a presque un siècle. C'était la devise de la Ligue antisémite fondée en 1889 sous l'égide d'Edouard Drumont, l'auteur de *la France juive*. C'est presque traditionnel: à chaque crise économique grave, des voix se sont levées pour désigner l'étranger comme responsable; ombre menaçante, corps non regardé parce que non reconnu, et pourtant corps présent et coupable par avance. Coupable de quoi au juste? D'être là, de travailler, de se déplacer avec le village dans le regard, avec ces quelques bribes de vie qui se veulent les signes extérieurs d'une culture. Hier, on ne supportait pas la présence des juifs en France. Aujourd'hui, ce sont les immigrés, arabes notamment, qu'on charge de beaucoup de maux avec la même mauvaise

foi, le même aveuglement. «J'ai toujours connu en France, écrit Jean Genet, ce racisme qui est son tissu le plus serré, mais changeant. Tout jeune, on détestait les Juifs et on adorait les Marocains et les Sénégalais, nettoyeurs de tranchées. A l'agressivité des Français durant les conquêtes coloniales s'est ajouté un racisme presque naturel» *(le Monde,* 11 novembre 1979).

L'hospitalité française s'est dégradée à partir du moment où seul l'intérêt immédiat a prévalu dans le recrutement et l'installation des travailleurs étrangers. Elle s'est laissé lentement gagner par le calcul froid; elle n'a plus veillé sur le respect des personnes déplacées. Ni leur dignité ni leur sécurité n'ont été assurées.

Le cas de la France est paradoxal: ce pays a été et demeure une terre d'asile unique en Europe. Plus de 130 000 personnes venues de pays et d'horizons politiques différents jouissent en France du statut de réfugié politique. Il faut ajouter à ce chiffre celui des 4 000 apatrides. Dans ce domaine, l'hospitalité française est exemplaire. Elle reste fidèle aux principes de la Révolution de 1789.

Charles Péguy aimait prendre la défense de cette France, patrie des droits de l'homme: «La France n'est pas seulement la fille aînée de l'Eglise (...) elle a aussi dans le laïque une sorte de vocation parallèle singulière, elle est indéniablement une sorte de patronne et de témoin (et surtout une martyre) de la liberté dans le monde.»

Terre d'asile et de liberté pour ceux qui ont dû fuir une dictature, un régime politique qui ne tolère aucune opposition, un pays sous haute surveillance.

Terre d'asile où l'immigration est une nationalité en soi, une violence et une condition dévalorisée. Parce que l'immigré est celui qui se salit les mains, qui travaille avec son corps et l'expose au risque, à l'accident, au <None>rejet.

Il y a quelque ironie à vouloir témoigner sur le racisme antimaghrébin en France en évoquant ainsi cette notion vieillie et démodée qu'est l'hospitalité. Le tourisme de groupe organisé et programmé dans les pays maghrébins est en train à son tour de pervertir cette tradition arabe. Ainsi le Maghreb des villes est devenu moins hospitalier que celui des montagnes et des plaines. L'espace habitable s'est rétréci; il a été découpé sans tenir compte du visiteur impromptu. On révise un peu les modalités de l'hospitalité. Le Maghrébin a gardé cependant le cœur grand et reçoit les gens «sur la tête et les yeux». [...]

Le devenir de la culture et de la civilisation au pays des droits de l'homme et de la loi contre l'incitation à la haine raciale dépend aussi des portes qui s'ouvriront pour la coexistence et le métissage.

Hospitalité française. Racisme et immigration maghrébine, de Tahar Ben Jelloun, coll. *L'Histoire immédiate,* © Editions du Seuil, mars 1984, pp. 13–17

R. Quelles sont, selon Ben Jelloun, les raisons qui expliquent la disparition du sens de l'hospitalité dans nos sociétés? Comment ce phénomène se manifeste-t-il en France? En quoi ces principes peuvent-ils s'appliquer aux Etats-Unis?

Faisons le point!

S. Utilisez les textes suivants ainsi que ceux que vous avez déjà étudiés pour répondre aux questions ou pour commenter les affirmations qui vous sont proposées ci-dessous.

1. En vous reportant d'une part aux cartes de France, d'autre part à la *Fiche méthodologique 4* (p. 104), rédigez un article qui présente la France et les Français selon les données géographiques. Votre article sera destiné au *Journal français d'Amérique.*

2. On entend souvent que: «Les frontières entre les pays sont en voie de disparition.» Commentez.

3. Faites le point sur les problèmes d'environnement auxquels sont confrontés les Français. Imaginez les questions qu'on poserait à un échantillon de Français dans un sondage des attitudes à l'égard de la protection de la nature. N'oubliez pas d'interroger vos participants sur leur volonté de jouer un rôle actif.

4. Après avoir étudié les trois premiers chapitres de ce manuel, pouvez-vous dire si le titre, *La France dans tous ses états,* reflète l'aperçu que vous avez eu de la société française?

Micro-entretien

HAROUN TAZIEFF*

G.M.- *Les risques dus à l'activité humaine sont-ils plus graves que les risques naturels?*

H.T.- Les éruptions volcaniques peuvent tuer des dizaines de milliers de personnes en peu de temps et les tremblements de terre jusqu'à un million de personnes en quelques dizaines de secondes, comme cela s'est produit en Chine en 1976. Pourtant, je place aujourd'hui ces risques derrière des risques anthropogéniques comme les pollutions. Ce sont toutes les pollutions d'eau, douce et amère, courante et souterraine, les pollutions de l'atmosphère et celles des sols sur lesquels nous vivons. Elles sont beaucoup moins spectaculaires et tuent beaucoup moins, mais elles vont peut-être demain tout simplement empêcher la vie de se poursuivre.

Mais il y a des pollutions qui sont très à la mode dans les discours et qui selon moi, si elles ne sont pas totalement imaginaires, ne présentent aucun danger. La plus connue est celle des CFC qui détruiraient la couche à ozone. Je n'ai pas réussi à me convaincre par des articles scientifiques sérieux que cette couche serait indispensable à notre protection. Un autre exemple est le prétendu effet de serre lié au dioxyde de carbone.

---

*Volcanologue, ancien ministre, auteur notamment de *La Terre va-t-elle cesser de tourner?* (Seghers).

Gérard Mermet, *Francoscopie 1993,* © Larousse, p. 255

GEORGES PEREC : FRONTIÈRES

Les pays sont séparés les uns des autres par des frontières. Passer une frontière est toujours quelque chose d'un peu émouvant : une limite imaginaire, matérialisée par une barrière de bois qui d'ailleurs n'est jamais vraiment sur la ligne qu'elle est censée représenter, mais quelques dizaines ou quelques centaines de mètres en deçà ou au delà, suffit pour tout changer, et jusqu'au paysage même : c'est le même air, c'est la même terre, mais la route n'est plus tout à fait la même, la graphie des panneaux routiers change, les boulangeries ne ressemblent plus tout à fait à ce que nous appelions, un instant avant, boulangerie, les pains n'ont plus la même forme, ce ne sont plus les mêmes emballages de cigarettes qui traînent par terre...

Espèces d'espaces, éd. Gallilée, 1974, p. 99

Alain Duhamel: *Les peurs françaises* (extrait)

La France est un pays d'immigration. Elle n'a cessé de l'être depuis des siècles et des siècles. Elle le demeure, malgré la crise et malgré les efforts, sur une échelle cependant diminuée. Dans la passe difficile qu'elle traverse, alors que l'on compte tant de sans-emploi et de «nouveaux pauvres», cette volonté de freinage, cette tentative imparfaite de stabilisation des entrées d'immigrants apparaissent nécessaires et même souhaitables pour l'équilibre de la société. Le choix de contrôler et de réduire l'immigration s'impose. Encore faut-il le faire humainement, le compléter par une politique active d'intégration des immigrés en situation régulière et par une aide accrue au développement des pays africains, afin de tarir les flux à la source plutôt qu'à l'estuaire.

Encore faut-il aussi ne pas céder aux amplifications ambiguës, aux fantasmes déstabilisateurs, voire aux manœuvres d'intoxication xénophobes. La peur de l'immigration doit se combattre par l'amélioration des procédures de contrôle, de dissuasion et de refoulement et non par des campagnes d'affolement; elle doit être réduite grâce à l'accélération de l'intégration des immigrés en situation régulière et non par l'incitation à la haine et à l'exclusion; elle doit s'exorciser par le renforcement d'une politique volontariste d'aide au tiers monde et de coopération européenne et non par la mise en scène théâtrale de tous les préjugés et de tous les fantasmes. Contenir l'immigration doit être un objectif réfléchi et méthodique, non une croisade médiévale avec moines fanatiques et phraséologie guerrière. Ce doit être une politique de fermeté, faisant respecter le droit, non une manipulation de l'irrationalité.

Que la France soit depuis toujours un pays d'immigration, qui pourrait le contester? Sa situation géographique, entre mer et océan, au carrefour de l'Europe germanique et flamande et de l'Europe latine, y invite irrésistiblement. Son privilège physique — se trouver à la croisée des principaux chemins de la Communauté européenne — l'a exposée depuis longtemps, jadis aux invasions, aujourd'hui à l'immigration. D'autres nations du Vieux Continent ont vu et souvent encouragé nombre de leurs habitants à émigrer vers des pays lointains. C'est le cas en particulier des puissances maritimes — l'Angleterre, la Hollande, l'Espagne, le Portugal —, des pays les plus pauvres — l'Irlande — ou des empires qui organisaient des colonies de peuplement. Malgré les exemples, d'ailleurs démographiquement limités, du Québec ou de la Louisiane, telle n'était pas la tradition française. L'Hexagone a toujours été beaucoup plus un point d'arrivée qu'un point de départ, une terre d'immigration qu'une terre d'émigration.

Pour ne prendre en considération que la période contemporaine de son Histoire, la France n'a cessé d'être une terre d'immigration depuis le milieu du XIXe siècle. Vers 1850, manquant de main-d'œuvre, elle accueillait des ouvriers et des artisans belges et anglais. Durant les années 1900, elle attirait à elle nombre de travailleurs italiens. Vers 1920, ce fut le tour de nombreux Polonais, venus renforcer notamment les effectifs des mineurs. Avec les années 30, ceux qui étaient victimes des persécutions raciales et religieuses ont accouru de toute l'Europe, fuyant les régimes d'extrême droite. A l'approche des années 40, des réfugiés républicains espagnols se sont présentés nombreux aux frontières des Pyrénées.

Toujours, cette double immigration — économique et politique — a drainé des étrangers vers la France. Toujours, des réactions de rejet et de xénophobie ont eu lieu, attisées par des démagogues, entretenues par des rumeurs invraisemblables et cependant tenaces. Cela s'enseigne peu dans les manuels scolaires et dans l'Histoire officielle où la France se raconte généralement telle qu'elle voudrait être et non pas telle qu'elle a été.

Les vagues de racisme, les campagnes d'exclusion, les cris de haine et les persécutions ne datent pas d'aujourd'hui. Les «polacks», les «ritals» ou les «macaronis», tout européens et catholiques qu'ils aient été, ont subi des accueils d'une férocité et parfois d'un acharnement qui valaient largement les avanies dont sont aujourd'hui victimes les Arabes musulmans ou les Noirs animistes. Des histoires qui paraissent après coup ahurissantes et presque comiques de sottise—si elles ne s'étaient accompagnées à l'époque de vexations — circulaient, se colportaient et s'imprimaient. La peur de l'Autre, la peur de la différence, la peur de l'étranger, la peur de l'immigré sont éternelles. Elles revêtent invariablement les mêmes masques, emploient les mêmes mots, reflètent les mêmes sentiments. Il se trouve toujours des hommes politiques en quête de notoriété — celle-ci dût-elle sentir le soufre —, des publicitaires en quête d'audience, des dirigeants professionnels en quête de troupes, un quarteron d'écrivains de second plan et quelques clercs fanatiques pour jouer de ces ressorts.

Il se trouve aussi, immanquablement, de bonnes âmes pour leur préparer le terrain en soutenant des thèses angéliques et utopiques qui ont comme effet quasi automatique de dresser de larges secteurs de la population contre ces immigrés dont elles prêchaient l'accueil hospitalier et fraternel. Il se trouve enfin régulièrement des gouvernements pour réagir de façon d'abord rousseauiste puis parfois balzacienne devant les nouveaux arrivés. On passe du «contrat social» aux «illusions perdues».

Alain DUHAMEL, *Les peurs françaises*, © Flammarion, 1993, pp. 81–83

Julia Kristeva: *Etrangers à nous-mêmes* (extrait)

Pourquoi la France?

Nulle part on n'est *plus* étranger qu'en France. N'ayant ni la tolérance des protestants anglo-saxons, ni l'insouciance poreuse des Latins du Sud, ni la curiosité rejetante autant qu'assimilatrice des Allemands ou des Slaves, les Français opposent à l'étranger un tissu social compact et d'un orgueil national imbattable. Quels que soient les efforts — à la fois considérables et efficaces — de l'Etat et des diverses institutions pour accueillir l'étranger, celui-ci se heurte en France plus qu'ailleurs à un écran. Il s'agit de la consistance même d'une civilisation fidèle à des valeurs élaborées à l'abri des grandes invasions et des brassages de populations, et consolidée par l'absolutisme monarchique, l'autonomie gallicane, et le centralisme républicain. Même lorsqu'il est légalement et administrativement accepté, l'étranger n'est pas pour autant admis dans les familles. Son usage malencontreux de la langue française le déconsidère profondément — consciemment ou non — aux yeux des autochtones qui s'identifient plus que dans les autres pays à leur parler poli et chéri. Ses habitudes alimentaires ou vestimentaires sont considérées d'emblée comme un manquement impardonnable au goût universel, c'est-à-dire français.

Cet état de choses peut susciter chez l'étranger deux attitudes opposées. Ou bien il essaie à tout prix de se confondre avec ce tissu homogène qui ne connaît pas d'autre, de s'y identifier, de s'y perdre, de s'assimiler; la démarche est flatteuse, car l'exilé valorise autant — sinon plus — que les Français eux-mêmes les bienfaits de cette civilisation auprès de laquelle il vient chercher refuge. Ou bien il se replie dans son isolement, humilié et offensé, conscient du terrible handicap de ne pouvoir jamais être... un Français.

Et pourtant, nulle part on n'est *mieux* étranger qu'en France. Puisque vous restez irrémédiablement différent et inacceptable, vous êtes objet de fascination: on vous remarque, on parle de vous, on vous hait ou on vous admire, ou les deux à la fois. Mais vous n'êtes pas une présence banale et négligeable, un M. ou une Mme Tout-le-monde. Vous êtes un problème, un désir: positif ou négatif, jamais neutre. De fait, dans tous les pays du monde, les étrangers suscitent des difficultés économiques ou politiques qu'on règle par voie administrative au fil d'explosions souvent non maîtrisables. Mais «SOS-Racisme» n'existe qu'en France, de même que toute une réflexion nationale, plus ou moins sereine, sur le «Code de la nationalité».

Non pas que la France soit plus raciste, mais parce qu'en France le débat étant immédiatement idéologique et passionnel, il atteint les principes de la civilisation et les frontières du psychisme individuel: «Comment suis-je avec l'autre?» «Quels sont les limites et les droits d'un groupe?» «Pourquoi tout homme n'aurait-il pas les droits d'un citoyen?» En France, les questions pragmatiques sont immédiatement éthiques. Le «tout-politique» aspire à devenir le «tout-humain» dans cet esprit d'universalisme laïque qui devait nécessairement confronter la Nation, qui est universelle parce que fière d'avoir inventé les «droits de l'homme», à la *légitimité même de la notion d'«étranger»*. La question des étrangers se pose à un peuple lorsque, ayant traversé l'esprit de la religion, il retrouve une préoccupation éthique... pour ne pas mourir de cynisme ou de coups boursiers. La figure de l'étranger vient en lieu et place de la mort de Dieu et, chez ceux qui croient, l'étranger est là pour lui redonner vie.

Enfin, lorsque votre étrangeté devient une exception culturelle — si, par exemple, vous êtes reconnu comme un grand savant ou un grand artiste —, la nation tout entière annexera votre performance, l'assimilera à ses meilleures réalisations et vous reconnaîtra mieux qu'ailleurs, non sans un certain clin d'œil concernant votre bizarrerie si peu française, mais avec beaucoup de brio et de faste. Tels Ionesco, Cioran, Beckett... Et même l'Espagnol Picasso, qui, avec Rodin, est le seul artiste à bénéficier à Paris d'un musée monographique, alors que le très français Matisse n'en a pas. A chacun ses étrangers...

"ETRANGERS A NOUS-MEMES" de Julie KRISTEVA, © Librairie Arthème Fayard, 1988, pp. 57–60

Claude Imbert: «*La Nation dans tous ses états*»

[...] Que devient la Nation dans l'énorme tohu-bohu de notre continent? Quelle est sa réelle autonomie?

•

Entendons-nous: les nations, dans le monde, écrivent toujours, pour le meilleur et pour le pire, l'Histoire universelle. Et combien de peuples dépossédés d'eux-mêmes cherchent encore, dans le sang, la Nation qui leur donnera un destin! Mais les vieilles nations d'Europe perdent leur ancienne substance: par le haut, dans une transfusion vers la communauté européenne, et par le bas, dans la revendication croissante d'identités régionales qui viennent de secouer, dans les urnes, l'Espagne et l'Italie.

Chez nous, depuis son donjon jacobin semi-écroulé, le vieil Etat français voit son horizon raturé par la cathédrale technocratique de Bruxelles, les somptuaires palais des Régions, les tours en verre fumé des multinationales, sans compter les mosquées bourdonnantes qui narguent plus la République laïque que les basiliques désaffectées. De toutes parts, les tempêtes du marché mondial et des techniques nouvelles emportent les tuiles de la demeure historique, dévastent l'antique grange de la première paysannerie d'Europe.

La «*chère et vieille Nation*» française, dont de Gaulle fut le dernier gardien, c'est désormais une «Cerisaie», une demeure séculaire, promise aux nouveaux riches qui font sonner leurs écus, quand ce n'est pas à des squatters venus des terres de misère. La Nation n'est plus un château fermé, avec sa galerie d'ancêtres, ses blasons et ses douves. Elle n'est plus même un patrimoine, un «territoire». Elle n'a plus de clés, parce qu'elle n'a plus de portes. Elle est parcourue de *réseaux* insaisissables, ceux des biens dont l'échange s'accélère, ceux des divers systèmes d'information qui «babélisent» sa culture, ceux des hommes qui la traversent, qui y déménagent et emménagent.

•

C'est ainsi! Une certaine idée de la Nation se meurt, que notre mémoire trompeuse, de surcroît, enjolive. Il faut, sans pleurnicher, accompagner la mutation. Ce qui restera de la Nation, c'est son principe spirituel: une mémoire et la volonté de vivre ensemble. Mais ni les magies anciennes de la patrie ni la pleine autonomie politique, et moins encore économique, de ses pouvoirs ne résisteront aux mouvements du monde. Sa «taille» démographique, sa capacité productrice, la mauvaise graisse de son Etat-providence et de ses ruineux «acquis sociaux» la rendent — et la rendront de plus en plus — vulnérable à la globalisation de la planète. Un processus historique s'achève qui, depuis la Renaissance, permettait aux sciences et techniques de notre Europe de détenir, sur la totalité du globe, des privilèges désormais contestés. Le prolétariat du monde les rumine.

Dans nos temps de marasme, une tentation récurrente saisit l'opinion gauloise: celle de se protéger, dans ses frontières nationales, derrière l'illusion d'une ligne Maginot douanière. C'est une tentation qui ne peut que mener au désastre — d'abord économique, puis politique et moral — un pays qui tire l'essentiel de sa richesse de son savoir-faire exportateur. La croyance populiste au repliement sur le pré carré est, depuis un siècle, une de nos pires lubies.

Mais, en même temps, chacun voit bien que, si la France seule ne peut pas grand-chose, l'Europe des Douze, avec l'atout de son marché unique, peut constituer un pôle de résistance. Pour se cloisonner à meilleure échelle? Non! Mais pour adoucir, par des mesures sélectives et dégressives, la brutalité du tamponnement avec l'extérieur. Pour user de son pôle de puissance ainsi qu'en usent, souvent sans le dire, les pôles américain et asiatique. Pour opérer, dans quelques secteurs industriels et de services, la même adaptation pénible mais nécessaire qui a assisté notre agriculture, dépassée par les Temps modernes, dans sa gigantesque métamorphose.

•

Dans ce projet, nous sommes encore très seuls. L'Europe communautaire reste incapable de saisir l'occasion de consulter un pôle politique, stratégique, économique au moment, opportun pour elle, où le pôle américain défaille sous Clinton cafouilleux. Aucune leçon n'est encore tirée de la pitoyable tragédie yougoslave. Aucune de la récession que nos nations affrontent à hue et à dia. Le crédit de la France dans le système européen, l'acceptation, bien découplée de l'accord inespéré sur les oléagineux, l'imagination du mémorandum européen de Balladur nous permettent d'abattre, à Bruxelles, nos derniers atouts. C'est une bataille courageuse et difficile. Il ne faut pas jeter, dans les pattes de ceux qui la mènent, la démagogie de la fourche et du purin. •

Le Point, n° 1082, 12 juin 1993

CHAPITRE 4

Les jeunes –
Ceux qui reçoivent?

Arrêt sur image

Le plateau fast-food. Et ses classiques: hamburger, frites et soda. Ne pas oublier la paille!

Coca-Cola super-star.

Les bonnes bases: pizzas fast-food et surgelés.

La Harley: «Avec elle, j'suis shérif dans mon quartier.» (Renaud)

Guitare. On en joue, et du saxo et du synthé.

L'ordinateur. Pour écrire «clean» et pour jouer.

Le téléphone: sans fil.

Tennis. A la télé.
Et sur les courts.

Le ski est toujours
sur la piste.

Le foot. A la télé.
Et sur le terrain.

Judo, karaté et tous les arts martiaux,
pratiqués par filles et garçons.

«The» basket. Converse.

La capuche. Encore!

Le Perfecto!

La botte Harley-Davidson:
super-extra!

La casquette américaine.

A. Examinez attentivement les dessins ou photos des objets qui appartiennent au monde des adolescents français. Puis décrivez leur univers et comparez-le à celui des adolescents américains.

Cauchemar.

Maman chérie, il y a trois jours, j'ai fait un cauchemar horrible. On avait une nouvelle 205 Junior, magnifique, avec des beaux sièges en jean comme mon jean à moi, mais tu l'avais vendue. Alors moi je pleurais. Tout le monde voulait te l'acheter et c'était terrible. Même le cousin Georges que je n'aime pas trop, trop, il voulait l'avoir, avec ses nouveaux gros pneus et un essuie-vitre à l'arrière aussi*. C'était insupportable, je ne voulais pas que le cousin Georges prenne notre belle 205 Junior toute neuve, alors je pleurais encore plus fort. Heureusement hier j'ai fait un rêve génial ; c'est que tu achetais une 205 Junior, parce que ça serait vraiment bien. Je te fais 205 bisous. Ta fille qui t'aime. *LÉA.*

*205 Junior, AM 93, équipée en série d'une lunette arrière chauffante, d'un essuie-vitre arrière, d'une montre électrique et de pneus 155 R13.

PEUGEOT 205. QUEL SACRÉ NUMÉRO !

PEUGEOT

Courtesy of Peugeot. Agence de publicité, Eurocom, 1992.

B. Regardez la publicité ci-dessus (ainsi que les publicités pour Monoprix, p. 27) et traitez les points suivants :

1. tranche d'âge et description du personnage représenté
2. produit
3. public visé
4. rôle des jeunes dans les décisions d'achats familiaux

Analyse statistique

Faisons parler les chiffres!

La vie quotidienne des 8–14 ans

• Ils sont 5,3 millions, soit 10% de la population française dont une majorité de garçons (2,7 millions). Leurs loisirs préférés sont: regarder la télévision (87%); jouer à l'extérieur (57%); faire du sport (53%); faire du vélo (53%); lire des livres (51%); lire des B.D. (49%).

• Un sur deux pratique des activités extrascolaires. 55% sont inscrits dans un club sportif, 45% non. Leurs foyers sont équipés à 77% d'un congélateur (contre 44% dans la population totale), 50% ont un lave-vaisselle (contre 31%); 35% un four à micro-ondes (contre 25%), 76% une chaîne hi-fi (contre 56%), 55% un magnétoscope (contre 25%).

• Entre 8 et 10 ans, 52% possèdent personnellement une radio, 46% un baladeur, 17% un poste de télévision. Entre 11 et 14 ans, 79% ont une radio, 73% un baladeur, 24% un téléviseur. 29% des garçons et 16% des filles ont une console de jeux vidéo.

• Entre 8 et 10 ans, 52% reçoivent de l'argent de poche (montant moyen 260 F par mois), 76% entre 11 et 14 ans (montant moyen 420 F).

• 37% possèdent un livret d'épargne Ecureuil, 11% un livret d'épargne de la Poste, 10% un livret bancaire. La somme moyenne possédée est de 2 000 F sur un livret, 1 400 F sur un compte bancaire.

• 44% consomment des biscuits sucrés au goûter, 40% du chocolat en tablettes, 34% des pâtes à tartiner, 32% des barres au chocolat ou aux céréales.

La vie quotidienne des 15–25 ans

• Ils sont 8,2 millions et représentent 15,5% de la population française.

• 72% habitent chez leurs parents; ils sont encore 24% à 24 ans.

• 16% sont mariés ou vivent en couple (35% entre 21 et 24 ans). 3 millions d'entre eux sont actifs, soit 37%. Les autres sont scolarisés ou font leur service militaire (540 000).

• Ils se lèvent en moyenne à 6h50 et se couchent à 22h40. Les élèves et étudiants se lèvent et se couchent sensiblement plus tôt que ceux qui exercent une activité professionnelle. Les actifs se lèvent plus tard que les élèves ou étudiants.

• Leur revenu mensuel est en moyenne de 2 900 F; il est composé de l'argent de poche (127 F), de celui gagné en faisant des petits travaux (829 F), de l'argent reçu en cadeau (251 F) et de salaires pour les actifs (1 720 F). Au total, le revenu annuel des 15–24 ans représente près de 300 milliards de francs.

• 20% contribuent aux charges de la famille (participation au loyer, etc.)

• 59% possèdent personnellement un walkman, 53% un téléviseur, 19% un magnétoscope, 52% une chaîne hi-fi, 36% une carte de crédit, 36% une voiture, 19% un cyclomoteur, 7% une moto, 16% un micro-ordinateur, 14% un lecteur de disques compacts, 4% une planche à voile. Mais 7% ne possèdent rien de tout cela.

• 50% lisent le plus souvent des bandes dessinées, 35% des livres d'aventure, 31% des livres policiers, 26% des livres de science-fiction.

• 46% vont au cinéma au moins une fois par mois, 44% moins souvent et 10% jamais.

Institut de l'Enfant

Institut de l'Enfant

Gérard Mermet, *Francoscopie 1993,* © Larousse, pp. 154, 155

C. Relisez la *Fiche méthodologique* 1 (p. 9) et commentez les deux tableaux.

Points de vue

Ecoutez-nous, disent-ils

LES JEUNES FRANÇAIS ET L'AVENIR

Sur 56,3 millions de citoyens, la France compte 15, 7 millions de moins de 21 ans. Que pensent ces jeunes des problèmes de l'heure? Un récent sondage réalisé pour le ministère de la Jeunesse apporte quelques réponses.

Les jeunes de 1992 s'engagent moins facilement que leurs aînés de mai 68. Que font-ils quand ils se sentent concernés par un fait de société? La plupart en discutent avec leurs amis (48%) ou achètent des journaux pour en savoir plus (35%) mais seulement 14% participent à des manifestations de soutien ou à des mouvements d'entraide.

55% sont persuadés que les Etats-Unis restent le pays où les possibilités de faire fortune sont les plus grandes contre 4% en France et 15% au Japon.

Selon eux, quel devrait être le premier devoir des pays riches? 38% répondent: maintenir la paix dans le monde, 36% réduire les inégalités entre pays riches et pays pauvres, 15% assurer la protection de la nature et de l'environnement et 10%, lutter contre les dictatures.

S'ils ne devaient retenir qu'un seul événement historique de ces dernières années, les jeunes Français choisiraient: la chute du mur de Berlin (41%), la guerre du Golfe (28%), la propagation du sida dans le monde (10%), la libération de Mandela et les mesures pour mettre fin à l'apartheid en Afrique du sud (7%).

Quels événements constituent à leurs yeux une menace pour la France? Le plus grand nombre (39%) place en tête l'augmentation du chômage et 16% la montée du racisme, que suit de près l'aggravation de la pollution (10%).

Journal français d'Amérique, 18 septembre–10 octobre 1992, p. 3

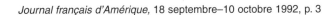

Les copains d'abord

Se rencontrer et sortir, faire du sport et de la musique, jouer ou voyager: l'important, pour se distraire, c'est d'être ensemble, estiment les trois quarts des jeunes interrogés (plébiscitant, tous âges confondus, les activités conviviales informelles).

Généralement, parmi ces domaines, quels sont ceux où vous pratiquez le plus souvent une activité dans le cadre d'un groupe d'amis, de copains, de connaissances?

- Les sorties 81
- Le sport 63
- Les jeux 37
- Les voyages 25
- L'artistique ou le culturel 18
- Le social 5
- L'écologie, l'environnement 4
- Le religieux 4
- Le politique 2
- L'humanitaire 1
- L'économie 1
- Le syndical 1
- NSP (ne savent pas) 0

"Ecoutez-nous, disent-ils",
Le Monde de l'éducation, mars 1993, p. 14

«Si j'étais ministre de la jeunesse et des sports, je mettrais une casquette et des Nike et j'irais me mélanger aux jeunes de quartiers et de milieux différents pour voir les problèmes de plus près.»

Gaël, 20 ans, étudiant

Le Monde de l'éducation, mars 1993, p. 14

Les jeunes veulent que ça change

- 96% des lycéens souhaitent que la société change (52% beaucoup, 44% un peu). Seuls, 3% souhaitent qu'elle ne change pas du tout.
- 29% considèrent que le plus intolérable est l'intolérance, 24% la solitude, 23% l'égoïsme, 22% la pauvreté.
- 55% pensent que la société n'aura pas tellement changé dans dix ans, 35% beaucoup, 9% pas du tout.
- 68% estiment que la société idéale est un rêve, 20% un projet, 11% une idiotie.

Le Monde-MNEF-ONISEP/SCP, mai 1991

Gérard Mermet, *Francoscopie 1993,* © Larousse, p. 156

Les ados choisissent les écclos

Les 13–18 ans, eux aussi, expriment un fort rejet des hommes politiques.
Pas étonnant qu'ils soient 45% à souhaiter une vague verte.
Mais l'enquête montre que cette conversion a des limites.

«Les hommes politiques? Ce sont des pantins dérisoires, des guignols. Ils nous accablent de phrases creuses à mille lieues de nos préoccupations!» assène Frédérique, élève de terminale au lycée Carnot à Paris. Un couplet représentatif? Les jeunes seraient-ils aussi écœurés de la classe politique que le prétend la rumeur? Rouleraient-ils massivement pour les écolos, soudain parés de toutes les vertus? Sont-ils prêts à s'engager pour une cause idéologique ou bien humanitaire? [...]

LES HOMMES POLITIQUES

ILS NE LES INTÉRESSENT PAS...

A propos des hommes politiques français, dites si vous êtes d'accord ou pas avec chacune des phrases suivantes.

	D'accord	Pas d'accord
• Je trouve qu'ils parlent trop	91 %	9 %
• Ils parlent de choses qui m'intéressent	35 %	65 %
• Je comprends bien ce qu'ils disent	21 %	78 %
• Ils se préoccupent beaucoup des jeunes	17 %	82 %

... MAIS ILS LES TROUVENT PLUTÔT UTILES

Aujourd'hui, en France, pensez-vous que les hommes politiques sont...

... très ou plutôt utiles	57 %
... plutôt pas ou pas utiles du tout	43 %

LEURS VALEURS

UN ENGAGEMENT : LA SOLIDARITÉ

Pour chacune des causes suivantes, seriez-vous prêt à vous engager ou à faire quelque chose ?

	OUI
• La solidarité envers les plus pauvres	94 %
• La lutte contre le sida	93 %
• La lutte contre la drogue	90 %
• La protection de l'environnement	88 %
• L'aide humanitaire	85 %
• La lutte contre le racisme	83 %

UNE HANTISE : LE SIDA

Parmi ces problèmes, quel est celui qui vous préoccupe le plus ?

• Le sida	45 %
• La pauvreté et la faim dans le monde	30 %
• La guerre en Europe et dans le monde	28 %
• La crise économique et le chômage	24 %
• La drogue	19 %
• La montée du racisme	17 %
• La préservation de l'environnement	13%
• La violence, l'insécurité	6 %
• La construction européenne	5 %
• L'immigration	3 %

Les interviewés pouvaient donner plusieurs réponses.

UNE PASSION : LA LIBERTÉ

Voici une liste de mots. Vous font-ils penser plutôt à quelque chose que vous aimez ou que vous n'aimez pas ?

	Aime	N'aime pas
• La liberté	100	—
• La famille	98	2
• La solidarité envers les plus pauvres	96	4
• L'aide humanitaire	91	9
• L'argent	85	15
• Le travail	84	16
• L'écologie	81	18
• Les immigrés	72	24
• L'école	69	31
• Les traditions	66	33
• La presse, les médias	58	41
• Les lois, les règlements	57	42
• La religion	55	44
• L'armée	39	60
• La peine de mort	16	83
• Les hommes politiques	14	84

Sondage réalisé par l'Ifop, pour «Les Clés de l'actualité» et L'Express, du 11 au 13 février 1993 auprès d'un échantillon de 501 personnes représentatif de la population française âgée de 13 à 18 ans. Méthode des quotas.

[...] Cette fois, plus de doute: les 13–18 ans de 1993 ne ressemblent plus à la «bof génération», qui, revenue de tout, s'enfermait dans son spleen ou son indifférence. Ils veulent que «ça change». Mais dans quel sens? Ils ne croient pas à la révolution, mais n'arrivent pas à se passionner pour l'Europe.

Marie-Laure de Léotard, *L'Express,* 11 mars 1993, p. 53

D. Dites ce que révèlent ces sondages sur les préoccupations majeures des jeunes. Pensez-vous qu'elles soient spécifiquement françaises? Justifiez votre réponse. Enfin commentez les items que vous jugez surprenants.

Etat des lieux

Remue-méninges. Connaissez-vous vos droits et vos devoirs? A quel âge avez-vous le droit:

1. de posséder un chéquier?
2. de conduire une voiture, un bateau, une moto?
3. de vous marier?
4. de voter?
5. de choisir votre nationalité?
6. de travailler?
7. de consommer de l'alcool dans un lieu public?
8. de quitter l'école?
9. d'être condamné(e) à une peine de prison?

La LOI

L'adolescent en opposition avec sa famille

Il peut arriver que l'adolescent se sente en danger dans sa propre famille. Il en est ainsi lorsque les père et mère n'exercent plus leur mission, par impuissance, défaillance ou inaptitude.

Le juge des enfants devient alors l'interlocuteur de substitution. La loi, en son article 375 du Code civil, permet notamment au mineur de le saisir si sa santé, sa sécurité ou sa moralité sont en danger, ou si les conditions de son éducation sont gravement compromises.

C'est un des très rares textes de loi qui autorisent un mineur à saisir directement la justice, même contre ses parents. Il a en outre le droit d'être assisté par un avocat, choisi par lui ou, à défaut, il demandera à l'Ordre des avocats près du tribunal de son domicile de lui en désigner un d'office.

Les mesures prises par le juge des enfants:

— Si l'adolescent doit quitter ses parents, le juge peut décider de le confier notamment à un autre membre de sa famille, ou à un tiers digne de confiance. Mais il pourra aussi décider de son placement dans un établissement sanitaire, ou d'éducation ordinaire ou spécialisée; voire même au service départemental de l'aide sociale à l'enfance (D.A.S.S.).
— A tout moment l'adolescent peut demander au juge des enfants de modifier ou de rapporter les décisions prises en matière d'assistance éducative.

L'adolescent et l'école

L'école est obligatoire jusqu'à l'âge de seize ans, mais il faut savoir que l'instruction peut être dispensée dans le cadre familial, soit par les parents eux-mêmes, soit par une personne désignée par eux. L'inspecteur d'académie devra être informé de ce choix.

En principe, tout enfant d'âge scolaire trouvé par un agent de la force publique pendant les heures de classe dans un lieu public ou une salle de spectacle sans motif légitime doit être conduit immédiatement à l'école où il est inscrit, ou à l'école publique la plus proche.

Au sein de son lycée ou de son collège, l'adolescent, élu par ses camarades, est associé par le chef d'établissement aux décisions qui sont prises avec les professeurs.

L'adolescent et l'armée

Dès dix-sept ans révolus, le garçon peut devancer l'appel et souscrire un engagement dans l'armée avec l'autorisation de ses parents.

Il en est de même pour la fille qui, à dix-sept ans également, pourra demander, toujours avec le consentement de ses parents, à accomplir le service national qui, pour elle, n'est pas obligatoire.

L'adolescent, l'argent et les biens

l'argent

C'est souvent par le biais de l'argent de poche, ou grâce aux fruits de leur travail, que les adolescents sont amenés à recevoir de l'argent. Ils représentent désormais une cible recherchée et fortement stimulée par le monde des affaires et des médias.

La loi prévoit qu'ils peuvent dépenser seuls leur argent en accomplissant ce que le Code civil appelle les actes usuels, autrement dit les actes de la vie courante (art. 389.3 et 450 du Code civil).
Sont naturellement visés: les menus achats (de friandises, d'un journal, d'une revue...), mais aussi les achats plus importants comme celui d'un cyclomoteur.
L'adolescent peut donc, selon ses possibilités financières, décider de l'achat de tous les biens nécessaires à la vie de tous les jours (son habillement, sa nourriture, ses moyens de déplacement), etc.

les banques

Beaucoup de banques offrent de nombreux services aux jeunes âgés de plus de treize ans. Ces offres ne sont d'ailleurs pas désintéressées, il s'agira de fidéliser ce futur adulte. Entre treize et seize ans, les adolescents peuvent, avec l'autorisation de leurs parents, se faire ouvrir un compte à vue, c'est-à-dire sans chéquier, ni carte de paiement. Seules les cartes de retraits d'espèces aux guichets automatiques sont permises.

A partir de seize ans l'adolescent est considéré comme un adulte. Toujours avec l'autorisation de ses parents, il peut se faire ouvrir un compte courant pour obtenir la délivrance d'un carnet de chèques ainsi que d'une carte bancaire lui permettant de régler directement ses achats. [...]

L'adolescent et les transports

A partir de quel moment l'adolescent pourra-t-il conduire librement un véhicule?

A quatorze ans, l'adolescent peut conduire un cyclomoteur.

A seize ans, l'adolescent dont les parents sont agriculteurs ou exploitants agricoles peut aider ses parents dans les champs en conduisant seul les machines agricoles et tracteurs.

L'adolescent, dès l'âge de seize ans, peut apprendre à conduire un véhicule automobile à la condition d'être assisté par une personne adulte ayant elle-même son permis, aux heures et jours autorisés à la circulation pour les apprentis conducteurs. Cette disposition du code de la route a l'avantage de familiariser l'adolescent à la conduite d'un véhicule automobile et de lui permettre d'acquérir ainsi une plus grande maîtrise de ses réflexes.

A dix-sept ans et demi, l'adolescent peut passer son permis bateau.

L'adolescent et le travail

Dès l'âge de quatorze ans, l'adolescent peut effectuer des travaux légers pendant ses vacances scolaires, à condition de bénéficier d'un repos effectif d'une durée au moins égale à la moitié de la totalité de la période de vacances.
Il ne doit pas être affecté à des travaux répétitifs ou pénibles et son salaire ne doit pas être inférieur à 80% du SMIC s'il a moins de dix-sept ans et à 90% entre dix-sept et dix-huit ans.

A quinze ans, l'apprentissage est ouvert à ceux qui justifient avoir effectué la scolarité du premier cycle de l'enseignement secondaire.

A seize ans, dégagé de l'obligation scolaire, l'adolescent peut conclure seul un contrat de travail.

On considère que ses parents ont donné leur accord tacite s'ils n'ont manifesté aucune opposition à son activité professionnelle.

Certains emplois sont toutefois interdits jusqu'à la majorité, comme la confection, la manutention et aussi la vente d'écrits, affiches, dessins, dont la vente, l'offre, l'exposition, l'affichage ou la distribution sont réprimés par les lois pénales comme contraires aux bonnes mœurs.

L'adolescent ne peut en outre travailler la nuit, c'est-à-dire entre 22 heures et 6 heures. [...]

L'adolescent autonome

le mariage

En matière de mariage, la loi établit une distinction selon qu'il s'agit d'un garçon ou d'une fille.

Les garçons ne peuvent pas se marier avant d'avoir atteint l'âge de dix-huit ans.

A quinze ans, les filles peuvent contracter mariage avec le consentement soit de leurs père et mère, soit de l'un d'eux seulement, puisque le partage des voix entre parents emporte le consentement. Il suffit donc finalement du consentement de l'un des parents.

Il va sans dire que la jeune fille mineure doit consentir personnellement à son mariage.

Paroles pour adolescents de Françoise DOLTO et Catherine DOLTO-TOLITCH, avec la collaboration de Colette Percheminier — Hatier 1989 — chapitre sur LA LOI rédigé par Maître Michèle MONGHEAL

E. Après avoir lu les articles de loi concernant les droits des jeunes Français, comparez-les aux vôtres.

Le code de la nationalité

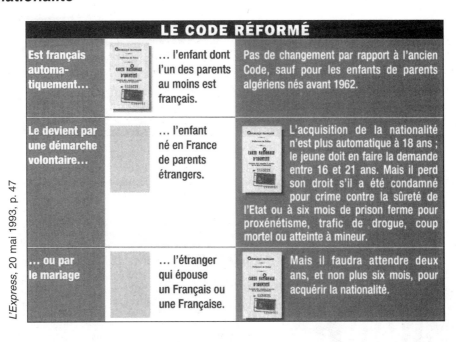

L'Express, 20 mai 1993, p. 47

LE CODE RÉFORMÉ			
Est français automatiquement...		... l'enfant dont l'un des parents au moins est français.	Pas de changement par rapport à l'ancien Code, sauf pour les enfants de parents algériens nés avant 1962.
Le devient par une démarche volontaire...		... l'enfant né en France de parents étrangers.	L'acquisition de la nationalité n'est plus automatique à 18 ans ; le jeune doit en faire la demande entre 16 et 21 ans. Mais il perd son droit s'il a été condamné pour crime contre la sûreté de l'Etat ou à six mois de prison ferme pour proxénétisme, trafic de drogue, coup mortel ou atteinte à mineur.
... ou par le mariage		... l'étranger qui épouse un Français ou une Française.	Mais il faudra attendre deux ans, et non plus six mois, pour acquérir la nationalité.

REPÈRES
Les régimes étrangers

L'Allemagne: le seul pays d'Europe qui ne prenne pas en compte le lieu de naissance pour l'acquisition de la nationalité. Sont donc Allemands ceux qui sont nés de parents allemands ou d'appartenance ethnique allemande. Cette conception est cependant en train d'évoluer avec l'entrée en vigueur d'une loi facilitant la naturalisation des étrangers installés sur le sol allemand depuis plus de quinze ans.

La Suisse: le respect des usages locaux, du dialecte, la participation à la vie associative du candidat à la naturalisation sont vérifiés et un serment est parfois requis.

La Grande-Bretagne: depuis 1981, la citoyenneté britannique est réservée aux personnes qui, soit ont un parent britannique, soit sont nées en Grande-Bretagne alors que l'un des parents y est lui-même installé. Les populations originaires du Commonwealth non blanc ne disposent pas du libre accès du territoire.

La Belgique: les parents étrangers d'un enfant né dans le pays peuvent demander pour lui la nationalité belge avant qu'il ait atteint l'âge de 12 ans, à condition que l'un des parents soit né dans le pays.

Les Pays-Bas: les étrangers peuvent acquérir la nationalité entre 20 et 25 ans s'ils ont toujours résidé dans le pays.

L'Espagne: le droit du sang domine puisque de nombreux Latino-Américains obtiennent la nationalité espagnole s'ils la demandent. Le droit du sol y est aussi admis pour un étranger né en Espagne si l'un de ses parents y est lui-même né.

Les Etats-Unis: comme dans beaucoup d'autres pays du continent américain, le simple fait d'être né sur le sol octroie la nationalité du pays, et ceci dans le but de favoriser l'immigration.

Les pays du Maghreb: la nationalité n'est transmise que par le père. Cependant le lieu de naissance peut conférer la nationalité à l'enfant né sur le sol d'un mariage entre une ressortissante et un père étranger.

LA CROIX–L'Événement, 13 mai 1993, p. 5

NATIONALITE: PLUS DUR SERA LE CODE

LE PROJET DE REFORME DEPUIS HIER DEVANT LES DEPUTES

L'Assemblée examine depuis hier la première réforme du gouvernement. Elle prévoit que les enfants nés en France de parents étrangers devront, pour devenir français, en faire expressément la demande entre 16 et 21 ans, et rend plus difficile l'acquisition de la nationalité par mariage. Lire page 2.

▶ **ENTRE 16 ET 21 ANS, LES ENFANTS D'IMMIGRES DEVRONT EXPRIMER LEUR VOLONTE D'ETRE FRANÇAIS**

La colère des «étrangers nés en France»

Les enfants d'immigrés trouvent «injuste» la remise en cause du droit du sol. Mais ils se résignent à une réforme qui relève, selon eux, d'«une tendance lourde à nous mettre des bâtons dans les roues».

l'Humanité
ORGANE CENTRAL DU PARTI COMMUNISTE FRANÇAIS

Rassemblement pour défendre la citoyenneté

Plus de 2.000 personnes ont manifesté hier soir aux abords de l'Assemblée nationale, où s'est ouvert le débat sur le projet de réforme du code.

SUD OUEST

GRAND QUOTIDIEN REPUBLICAIN REGIONAL D'INFORMATION

4,00 F   **BORDEAUX**   MERCREDI 12 MAI 1993

Devenir français sera une question de choix

La réforme en discussion à l'Assemblée — et contestée par l'opposition — vise à supprimer l'automaticité de l'acquisition de la nationalité française pour les enfants d'immigrés nés en France. Désormais ils devront choisir eux-mêmes et avant 21 ans d'être français.

Le Monde

15, rue Falguière, 75501 Paris Cedex 15

JEUDI 13 MAI 1993

En durcissant le texte adopté par le Sénat

Le gouvernement veut restreindre l'accès à la nationalité française

L'Assemblée nationale devait se prononcer, jeudi 13 mai, sur la réforme du code de la nationalité, qui tend à supprimer l'acquisition automatique de la nationalité française, à l'âge de dix-huit ans, par les enfants nés en France de parents étrangers. Alors que plusieurs députés de la majorité demandent un durcissement du texte, le gouvernement a déposé un amendement qui remet également en cause l'acquisition de la nationalité française, à la naissance, par les enfants nés en France de parents nés en Algérie avant l'indépendance.

LA CROIX
L'EVENEMENT

JEUDI 13 MAI 1993 QUOTIDIEN 6 F   N° 33498

Assemblée nationale

NATIONALITÉ : L'ENJEU DE L'INTÉGRATION

Le débat sur le code de la nationalité provoque des inquiétudes

---

ASSEMBLÉE NATIONALE

LES DEPUTES RESSERRENT L'ACCES A LA NATIONALITE FRANÇAISE

Le texte réformant le code de la nationalité a été adopté hier au Palais-Bourbon, par 276 voix contre 88. Il est plus restrictif que celui du Sénat en 1990. Le garde des Sceaux a dû, tout au long de la discussion, naviguer entre la frange droitière et la tendance modérée de sa majorité.

France-Soir

TRIOS ● TIERCÉ, QUARTÉ+, QUINTÉ+

37, rue du Louvre, 75070 Paris Cedex 02 - Tél.: 44.82.87.00 ● ISSN 0182-5860
Petites annonces - Tél.: 45.62.44.00 ● Saint Rolande ● N° 15 164   **Jeudi 13 mai 1993**   DHᴬ   5 F

EN MARGE DU DÉBAT SUR LE CODE DE LA NATIONALITÉ   **COMMENT LES ENFANTS D'IMMIGRÉS APPRENNENT A VIVRE EN FRANCE**

Le Monde ● Samedi 15 mai 1993 ●

La réforme du code de la nationalité

Les députés ont accepté de durcir le texte du Sénat

Les députés ont adopté en première lecture, jeudi 13 mai, par 476 voix contre 88, la proposition de loi déjà votée par le Sénat réformant le code de la nationalité.

Points de vue

Trois jeunes en quête de patrie: leur idée de la France

MYRIAM, 19 ans: Père tunisien, mère française. A grandi dans la cité des Francs-Moisins (Saint-Denis). Première année de DEUG d'histoire à Paris-I. Supporter du PSG et cinéphile passionnée. «Pour apprendre l'arabe, je devais faire deux heures de trajet par jour. J'ai renoncé.»

SAADIA, 26 ans: Parents algériens. Parle le berbère. Sociologue et urbaniste de terrain à Banlieuscopies. «Je veux être intégrée pour ce que je suis. Je ne prendrai jamais la baguette sous le bras, je ne mettrai pas de béret basque, même si nos racines— pour nous les jeunes—sont en France.»

OLIVIER, 20 ans: Père sénégalais, mère française. Première année de DEUG d'histoire à Paris-I et éducateur à La Courneuve. Passionné de basket. «Je fête Noël et le nouvel an, mais je n'aime pas la Fête des Mères parce qu'elle a été décrétée par Pétain.»

«Et vous, vous choisiriez la nationalité française? Vous feriez une démarche pour la demander?»

Myriam soupire: «Avoir deux nationalités sans rien demander, c'était quand même bien pratique. Moi, j'utilise mes deux passeports pour voyager. Et puis, être à la fois française et tunisienne correspond exactement à mon identité profonde. Je suis une moitié-moitié... S'il me fallait choisir, ce serait un combat entre moi et moi.» Et s'il lui fallait quand même opter? «Je choisirais la France. Avec quelques regrets. J'aime la Tunisie, c'est mon pays de vacances, le pays de mon père, mais je sais que je ne pourrais jamais faire ma vie là-bas. Il est trop tard pour moi. Mon avenir est ici.»

Simohammed, un petit brun sérieux, remonte sans cesse ses lunettes sur son nez: «Moi, si j'ai à choisir, je demande la nationalité française, sans regrets et sans états d'âme. Au Maroc, on me regarde comme un «migri», un immigré. Ici aussi. Alors, je préfère vivre en France.» Le lac de silence s'est sérieusement agité. Saadia s'enferme dans une hostilité évidente. Pascale hésite un peu: «Je choisirais la France parce que j'y suis née. Et avec ce qui se passe en Yougoslavie, je ne sais plus où aller.»

Olivier, un mètre quatre-vingts, Harlem Désir en plus jeune, explose tout à coup: «Choisir, choisir! Où est le problème? On ne fait que ça dans la vie! Je ne vois pas pourquoi un libre choix serait une mutilation. Moi, j'opte pour la France. Pas seulement pour des raisons pratiques, mais pour le principe. Il faut clarifier notre situation. S'impliquer. Prendre nos responsabilités. Les gens rendent les immigrés responsables de tous leurs malheurs, qu'il s'agisse du chômage ou de l'insécurité. Et bien, leur regard sur nous changera s'ils peuvent se dire: ceux-là, ils ont voulu être français. J'ai des copains qui crient au racisme quand on leur parle de choix. Moi, je crois que le fait d'indiquer clairement notre préférence pour la France devrait désamorcer le racisme. C'est bon pour nous, bon pour les Français aussi.»

© LE NOUVEL OBSERVATEUR, 6–12 mai 1993, pp. 94–95

F. Après avoir lu l'ensemble des documents consacrés au code de la nationalité, complétez le tableau suivant:

| Pays | Conditions d'acquisition de la nationalité | | | |
| | Automatique | | | Démarche volontaire |
	lieu de naissance	nationalité des parents	lieu de résidence	
Allemagne				
Suisse				
Grande-Bretagne				
Belgique				
Pays-Bas				
Espagne				
Etats-Unis				
Maghreb				
France				

Maintenant commentez les différences entre les pays et plus particulièrement les modifications concernant le code de la nationalité française. Enfin commentez les réactions des jeunes gens interviewés.

Christian Delorme: «*La chasse aux beurs est ouverte!*»

COMBIEN sont-elles, ces voleuses de nationalité, ces «fraudeuses» qui, selon le garde des sceaux, «*viennent* [d'Algérie] *le temps d'une naissance dans une maternité française*», pour que leur enfant bénéficie de la nationalité de notre pays, et pour que cela leur ouvre à elles les portes de l'immigration? Quelques centaines? Si l'on prend acte du fait que, pour que ces bébés soient français, il faut qu'au moins l'un des deux parents soit né à l'époque de l'Algérie française, le nombre ne peut qu'aller en se restreignant. Par ailleurs, des visas sont exigés pour se rendre en France, et les autorités consulaires de notre pays les délivrent parcimonieusement. [...]

La proposition de loi votée par le Sénat comprenait déjà, en son article 35, une modification de l'article 23 du code qui consacre ce droit. Celle-ci, adoptée depuis par l'Assemblée, ne reconnaît plus la nationalité française aux enfants nés en France, après le 1er janvier 1994, d'un parent né sur un territoire ayant, au moment de la naissance de ce parent, le statut de colonie ou de territoire d'outre-mer. On a voulu, là, mettre un frein à la naissance en tant que Français de petits enfants noirs. «*Ma ville se noircit!*», ne cessent de se plaindre plusieurs maires de l'agglomération parisienne devant l'apparition sur la place publique de la «deuxième génération» des immigrés du fleuve Sénégal. Mais elles se noirciront plus encore, ces banlieues, maintenant que ces bébés noirs ne pourront plus se prévaloir du drapeau tricolore!

Le Sénat, néanmoins, n'avait pas voulu toucher à la naissance française d'enfants nés de parents algériens. Par crainte de nier l'histoire française de l'Algérie, et surtout par crainte de jeter la suspicion sur la nationalité de centaines de milliers de Français originaires d'Algérie qui, fils (et filles) de Maltais, d'Espagnols ou d'Italiens, ont acquis la nationalité française selon ce même principe de la double naissance en France. [...]

Demain, peut-être, reconnaîtra-t-on que s'avère contraire à nos textes constitutionnels cet amendement qui nie la naissance française d'un enfant dont l'un des deux parents algériens n'est pas installé en France depuis au moins cinq ans. Mais le mal, d'ores et déjà, est fait.

Bien sûr, le gouvernement objectera qu'on lui fait là un mauvais procès, et que les modifications qu'il apporte à l'article 23 du code n'ont pas d'autre but que de parer les détournements de la fermeture des frontières à de nouvelles immigrations. Mais quand on commence à distiller la suspicion sur la légitimité de la nationalité française de certaines catégories de populations, comment peut-on croire que l'on va maîtriser les réactions dans une opinion déjà encline à rejeter la part maghrébine de la société française?

D'autres projets de loi, de plus, se préparent: contrôles «préventifs» d'identité, expulsions et interdictions du territoire pour les auteurs d'actes de délinquance, obstacles au regroupement familial, etc., qui tous ciblent en priorité les jeunes Maghrébins et les jeunes originaires d'Afrique noire. Que cela soit voulu ou non, la chasse aux beurs est ouverte! Et on fera mine, désormais, de s'étonner que cette jeunesse soit sur la défensive, quelquefois agressive, et qu'elle opte pour des replis communautaires...

▶ **Christian Delorme est prêtre, chargé des relations avec l'islam au diocèse de Lyon et membre du Conseil national des villes.**

Le Monde, 15 mai 1993, p. 12

G. Résumez l'opinion de l'auteur de cet article sur le vote de la réforme du code de la nationalité. Quels sont ses arguments? Comment explique-t-il ce vote? Quelles sont ses craintes? Lisez ensuite le texte extrait de *Née en France* et dites ce que révèle ce document sur les différences culturelles existant entre les jeunes Français élevés dans la tradition judéo-chrétienne et les jeunes beurs (enfants, nés en France, d'immigrants algériens). Quelles peuvent en être les conséquences sur le plan social?

Aïcha Benaïssa et Sophie Ponchelet: *Née en France* (extrait)

Post-scriptum de Sophie Ponchelet

Naître en France...

Quoi de plus ordinaire quand on s'appelle Catherine ou Isabelle, fille de Jean-Marc et Viviane X. Tout est écrit... Baptême, école laïque ou catholique, mariage en blanc, naissance, héritages... Tout s'inscrit dans la tradition judéo-chrétienne.

Mais naître en France et choisir de l'assumer quand on s'appelle Aïcha, fille de Mohamed et Fatima X, cela devient, qu'on le veuille ou non, une aventure, un choc, un combat où la seule volonté ne fait pas loi. La tradition, la religion, la famille deviennent autant d'obstacles à franchir dans une véritable course à la recherche d'une identité où les pesanteurs culturelles écrasent la personnalité. Des pesanteurs d'autant plus asservissantes que l'on est née fille.

C'est cette conquête de la liberté d'être, de ce qu'elle a choisi d'être que raconte ici Aïcha. Née en France il y a vingt-cinq ans, de parents algériens, immigrés au début des années soixante.

Française, fille d'étrangers.

Quand elle a pris conscience du fossé qui la séparait de ses origines, quand elle a voulu être elle-même, jeune beur élevée en France dans la tradition patriarcale musulmane, Aïcha a commencé à voir les barrières s'élever puis se refermer comme un piège.

C'est ce piège, la prison de sa condition de femme d'origine algérienne, qu'elle a refusé de subir et dont elle a décidé de s'évader. Elle y est finalement parvenue, choisissant résolument d'être française, sans pour autant renier totalement ses racines.

Née en France: Histoire d'une jeune beur, PAYOT, 1990, pp. 135–136

Etat des lieux

Les enfants de la crise

Nés entre 1968 et 1978, les 15–25 ans ont subi les conséquences de la « révolution » à laquelle ont été mêlés leurs parents. Mais ils ne l'ont connue qu'à travers les descriptions, probablement floues, que ceux-ci ont pu leur en fournir et grâce aux images d'archives des médias.

Ils ont eu 15 ans entre 1983 et 1993. Leur adolescence a donc été largement placée sous le signe des excès des années 80. Leur vision de la société est influencée par les contradictions contemporaines: confort matériel et inconfort moral; protection au sein de la famille et menaces du monde extérieur; sophistication technique et accroissement de l'inégalité... C'est pourquoi leur perception est parfois teintée de schizophrénie.

Du monde, les 15–25 ans connaissent surtout l'image qui leur en est donnée par la télévision, car la grande majorité d'entre eux vivent chez leurs parents jusqu'à l'âge de 20 ans (ils sont encore plus de 50 % à 22 ans). Une image souvent violente, menaçante, en tout cas pessimiste.

Gérard Mermet, *Francoscopie 1995,* © Larousse, p. 158

Alain Kimmel: *«Culture(s) jeune(s)»*

Dans la société française, de plus en plus morcelée, fragmentée, sinon éclatée, les jeunes ne constituent pas un ensemble homogène, un groupe indifférencié. D'ailleurs, dire *les* jeunes, comme on dit *les* Français, *les* femmes, *les* agriculteurs..., ne correspond plus à la réalité multiforme d'aujourd'hui. Comme il y a désormais *des* Français, *des* femmes, *des* agriculteurs, il y a aussi *des* jeunes.

On peut certes distinguer des catégories statistiques, des classes d'âges (les 13–17 ans, les 15–20 ans, les 16–22 ans, les 16–25 ans...), mais au sein de ces générations, les jeunes diffèrent souvent les uns des autres par leur milieu familial et social, leur niveau d'études, selon qu'ils sont citadins ou ruraux... A l'instar de leurs aînés, leurs modes de vie et leurs mentalités, leurs tendances et leurs valeurs, leurs rites et leurs mythes, bref leur culture, se sont multipliés et diversifiés, parfois jusqu'à s'opposer.

UNE CULTURE ATOMISÉE

Au-delà des difficultés que certains d'entre eux rencontrent (école, chômage, violence, exclusion, marginalité...), la plupart paraissent culturellement intégrés. Aussi peut-on, sans doute, parler d'une "culture jeune". Jean-Michel Djian, responsable d'Eurocréation, une entreprise finançant des projets de jeunes créateurs grâce à des fonds du ministère de la Culture, de la jeunesse et des entreprises, observait récemment: "L'existence d'une culture jeune originale est évidente. Il faut remonter aux années 1960 pour assister à sa naissance: le déclin de la spiritualité et des idéologies a constitué un terreau favorable à l'émergence d'une nouvelle culture. Les vingt dernières années ont simplement permis l'autopromotion de cette culture dont les générations successives ont hérité. Deux spécificités la caractérisent: elle confine la jeunesse dans *un sentiment d'appartenance exclusive* (souligné par nous), car elle possède *des véhicules de reproduction culturelle originaux*. Le rock a créé, à travers les vêtements et le langage, des sous-produits suffisamment codés pour ne pas être appropriables par les adultes. D'autre part, il s'agit d'*une culture atomisée* dans des milieux spécifiques (étudiants, ouvriers, marginaux), mais avec des *langages communs suffisamment transversaux* pour créer un véritable marché de la jeunesse."

ZAP, RAP ET VIDÉO

Toutes les enquêtes — et elles sont nombreuses — le démontrent: la culture jeune est essentiellement audiovisuelle, "zap, rap et vidéo", pour reprendre le titre d'un article du *Monde* consacré aux 15–20 ans. Le symbole de cette culture pourrait être le film de Luc Besson *Le Grand Bleu*. "Film culte", cette histoire d'hommes et de dauphins a été vue "dix, quinze, vingt fois" par des jeunes de seize à dix-huit ans, selon Laurent Beccaria et Isabelle Giordano, auteurs d'un documentaire qui a pour titre *Génération Grand Bleu*. Une jeune fille, interrogée par le *Nouvel Observateur*, affirme: "*Le Grand Bleu*, c'est le rêve. Pendant deux heures, tu vis hors de la réalité. La quête de l'absolu, du tout ou du rien. Une vie merveilleuse ou bien le néant. Je ne sais pas si les adultes peuvent comprendre."

Le cinéma est d'ailleurs une des principales "pratiques culturelles" des jeunes, puisqu'un "habitué" (qui va au cinéma au moins une fois par mois) sur deux des salles obscures a moins de vingt-cinq ans. Ces jeunes cinéphiles sont en majorité des élèves et des étudiants, vivant dans les grandes agglomérations et, notamment, Paris et la banlieue parisienne. Pour choisir les films qu'ils vont voir, ils se fient essentiellement aux bandes-annonces, aux affiches, aux émissions de télévision et aux magazines spécialisés (*Première, Studio magazine*). Outre *Le Grand Bleu*, les films qu'ils ont plébiscités ces dernières années furent *Subway* et *Nikita*, toujours de Luc Besson, ainsi que deux films américains, *Rain Man* et *Le cercle des poètes disparus*.

Toutefois, avant le cinéma, c'est la musique qui est la première activité culturelle des jeunes. [...] Selon Olivier Donnat et Denis Coigneau, "c'est ce caractère quotidien de l'écoute qui donne la mesure de l'intensité du rapport que les 15–24 ans entretiennent avec la musique."

Le rock demeure la musique préférée des 15–20 ans, mais ils aiment également celle qui accompagne les chansons de Renaud, Jean-Jacques Goldman, Patricia Kaas, Vanessa Paradis ou Patrick Bruel. [...]

Médiatisation encore, médiatisation toujours de la culture des jeunes, avec les personnalités qu'ils admirent le plus ou qui incarnent le mieux leurs aspirations, et qui sont toutes des personnalités "médiatiques" (c'est-à-dire connues essentiellement par la télévision), qu'il s'agisse du commandant Cousteau, de l'abbé Pierre ou de Bernard Tapie. Défense de l'environnement, action humanitaire, "business" et politique sont les domaines qu'incarnent ces trois personnalités et qui font partie des valeurs (ou contre-valeurs) des jeunes d'aujourd'hui.

La culture jeune s'exprime aussi par des langages et des modes vestimentaires: parlers "branché" ou verlan, pulls Benetton ou Kookaï, Jeans Levi's 501 ou Lee Cooper, blousons Chevignon ou Perfecto, baskets Nike ou Reebok...

UNE CULTURE DE BANLIEUE

Partie intégrante de la culture jeune — peut-être alors faut-il mieux parler de cultures jeunes? — s'est développée récemment une "nouvelle culture de banlieue" ou culture "hip hop". D'origine jamaïquaine et américaine, celle-ci "combine de nouvelles formes d'expression: le rap, une musique sans musiciens, à base de sons déjà enregistrés et de textes parlés-rythmés comme des litanies et les graffitis".

Cette nouvelle culture est celle des jeunes, vivant dans les grandes cités des banlieues (de Paris, Lyon, Marseille...) souvent immigrés, élèves des collèges et des lycées d'enseignement professionnel ou garçons et filles sans qualification ni emploi. Blancs, Blacks, ou Beurs, membres ou non de la "tribu" des "Zoulous", ils sont rappeurs, taggeurs ou graffiteurs.

Qu'ils inscrivent leurs signatures ("tags"), dessinent des fresques bariolées ("graffitis") sur les murs des villes, les wagons du métro et des trains ou qu'ils chantent et dansent ("rap"), ces jeunes expriment ce qu'ils sont ou veulent être, leurs racines, leur marginalité ou leur exclusion, leurs révoltes ou leurs défis. Leurs modes d'expression sont aussi des modes de vie. Un de leurs groupes a pour nom IZB ("Incredible Zulu Boys"); cela signifie également "intégration des zones banlieusardes". C'est dire que, même s'ils se réclament de la "Zulu Nation", même s'ils constituent des micro-sociétés, des tribus à fort sentiment d'appartenance, même s'ils contestent la société française dans laquelle ils vivent, ils souhaitent, pour la plupart, continuer à vivre dans cette société et, si possible, y réussir. En tout cas, beaucoup semblent persuadés, comme le rappeur Lionel D., "qu'il (leur) faut décider, se bouger, s'activer".

Culture jeune ou cultures jeunes? Vraie culture ou sous-cultures?

A ces questions sans cesse reformulées, chacun peut répondre comme il l'entend. Une chose est sûre cependant: il existe bien des préférences, des habitudes et des attitudes, des comportements, des modes d'expression culturels propres aux jeunes. A des jeunes, et non à tous les jeunes. Avec des constantes, mais aussi des différences et des divergences. A l'image de la diversité et de l'hétérogénéité des jeunes eux-mêmes.

LE FRANÇAIS DANS LE MONDE, n° 246, janvier 1992, pp. 50–52

H. Complétez le tableau suivant:

	Avant 1968	**Après 1968**
Type de société		
Appartenance géographique		
Appartenance temporelle		
Valeurs privilégiées		

Maintenant faites la liste des pratiques culturelles communes à tous les jeunes ainsi que les modes d'expression qui leur sont propres. Enfin justifiez le pluriel du titre de l'article: «Culture(s) jeune(s)».

Points de vue

Annie Ernaux: «*La gosse*»

Annie Ernaux, dont le père était ouvrier puis commerçant dans un petit village normand, raconte sa vie d'adolescente dans les années 50.

> Annie Ernaux a passé son enfance à Yvetot en Normandie. Elle est professeur de lettres et a publié six romans. *La place* a obtenu le prix Renaudot.

On avait tout *ce qu'il faut*, c'est-à-dire qu'on mangeait à notre faim (preuve, l'achat de viande à la boucherie quatre fois par semaine), on avait chaud dans la cuisine et le café, seules pièces où l'on vivait. Deux tenues, l'une pour le tous-les-jours, l'autre pour le dimanche (la première usée, on *dépassait* celle du dimanche au tous-les-jours). J'avais *deux* blouses d'école. *La gosse n'est privée de rien.* Au pensionnat, on ne pouvait pas dire que j'avais *moins bien que les autres*, j'avais *autant* que les filles de cultivateurs ou de pharmacien en poupées, gommes et taille-crayons, chaussures d'hiver fourrées, chapelet et missel vespéral romain.

Ils ont pu embellir la maison, supprimant ce qui rappelait l'ancien temps, les poutres apparentes, la cheminée, les tables en bois et les chaises de paille.

Avec son papier à fleurs, son comptoir peint et brillant, les tables et guéridons en simili-marbre, le café est devenu propre et gai. Du balatum à grands damiers jaunes et bruns a recouvert le parquet des chambres. La seule contrariété longtemps, la façade en colombage, à raies blanches et noires, dont le ravalement en crépi était au-dessus de leurs moyens. En passant, l'une de mes institutrices a dit une fois que la maison était jolie, une vraie maison normande. Mon père a cru qu'elle parlait ainsi par politesse. Ceux qui admiraient nos vieilles choses, la pompe à l'eau dans la cour, le colombage normand, voulaient sûrement nous empêcher de posséder ce qu'ils possédaient déjà, eux, de moderne, l'eau sur l'évier et un pavillon blanc.

Annie ERNAUX, *La place*, © Editions GALLIMARD, pp. 56–57

Suzanne Prou: «*Fin de semaine en famille*»

Anne et Simon, âgés d'une quarantaine d'années, ont acheté une vieille maison de campagne non loin de Paris, et c'est là qu'ils viennent passer leurs week-ends.

Suzanne Prou est romancière et membre du jury du prix Fémina. Elle a obtenu le prix Renaudot en 1973.

La journée passait lentement, occupée par des tâches ménagères. La soirée du samedi était la meilleure, Anne, Simon et Catherine la prolongeaient à plaisir. Un fermier voisin venait parfois pour une courte visite; il parlait fort avec un accent beauceron prononcé, du temps, de ses travaux; on lui offrait un verre d'apéritif; à tout il préférait le vin rosé de Provence que Simon avait rapporté à la fin des dernières vacances dans le Midi.

Puis la famille dînait sous la lampe, retournait dans la chambre-salon pour une longue veillée. Ils lisaient, écoutaient de la musique, causaient de tout et de rien. De temps à autre l'un d'entre eux se levait pour remettre une bûche dans la cheminée, attiser le feu qui éclatait en myriades d'étincelles dorées. Une branche noire tapait contre une vitre, et on eût cru l'arrivée d'un hôte inattendu qui se fût annoncé par un mystérieux signal. Ils étaient bien, à l'abri, comme au creux d'un cocon. Le dimanche restait entier, étale devant eux. Ils songeraient plus tard au retour du lundi.

Le dimanche matin, Catherine paressait au lit, tandis que Simon et Anne se rendaient à la messe, dans un des villages voisins. Il y avait plusieurs petites églises, simples et belles, desservies chacune à son tour par un prêtre des environs. Des chants naïfs s'élevaient sous les voûtes romanes. L'air sentait le vieux bois moisi et la poussière. Les livres de cantiques étaient usés et leurs pages cornées.

La foi de Simon était solide, appuyée sur les textes bibliques qu'il aimait lire. Celle d'Anne, plus conventionnelle, lui avait été transmise par sa famille et elle ne se posait pas trop de questions métaphysiques.

A la sortie de la messe ils échangeaient quelques propos avec les habitants du village, contents de les voir assister aux offices et augmenter la maigre assistance. Puis ils retournaient vers leur maison où Anne s'activait pour préparer le repas dominical.

Le dimanche soir ils se couchaient plus tôt: Catherine allait au lycée, Simon à son bureau, il leur faudrait repartir avant l'aube. Le réveil du lundi était toujours pénible. Catherine maugréait, Anne s'activait pour tout ranger, Simon chargeait la voiture. Ils partaient dans l'obscurité, gênés souvent par une tempête qui les obligeait à rouler sans voir autre chose que la danse précipitée des flocons contre le pare-brise. Simon s'égara parfois, les conduisit jusqu'à des villages inconnus dont ils eurent du mal à sortir pour retrouver leur chemin. Catherine somnolait à l'arrière. Anne se disait qu'elle et Simon avaient peut-être tort de l'emmener de force à la campagne, de lui faire subir cette contrainte. Ils auraient pu rentrer à Paris le dimanche soir, mais Simon répugnait à se lancer sur la route au milieu de tous ceux qui revenaient de week-end. Il préférait se lever de bonne heure, et bon gré mal gré la famille devait le suivre. Anne pensait aussi que Catherine changeait et qu'elle ne les accompagnerait plus longtemps. A ces moments elle regrettait de n'avoir pu donner naissance à l'enfant qu'elle avait désiré, pour qu'il lui restât encore un petit à mettre dans le jardin. Pour Catherine la maison avait été acquise trop tard, elle n'y avait pas de souvenirs d'enfance, rien ne l'y attachait, et elle restait insensible à la vanité de propriétaire.

Suzanne Prou, *La maison des champs,* © Editions Bernard Grasset, 1993, pp. 18–21

I. Les deux textes décrivent des aspects de la vie familiale dans les années 55-60. Dites ce qu'ils révèlent des préoccupations, des plaisirs et des modes de vie de cette période.

ELLE ECRIT
MAGALI

Le 21 novembre 1989

Chère Odile,

Cette lettre sera sûrement en retard, mais je peux quand même te souhaiter un bon anniversaire. La semaine dernière, on m'a arraché six dents pour pouvoir mettre l'appareil dentaire que j'ai depuis hier. Hier et aujourd'hui, j'ai passé la journée à gémir. J'ai très mal dormi et je me suis levée à cinq heures et demie. En ce moment, je dois être fatiguée car je pleure sans trop savoir pourquoi, je n'ai pas de très bonnes notes et il suffit que maman me gronde un tout petit peu et je pleure de nouveau; c'est dur, la vie! Je te fais de gros bisous et encore une fois: «Bon anniversaire!»

Magali (qui attend Noël).

4 octobre 1990

J'écris dans la date «1990» parce que si dans trois cents ans des savants retrouvent cette lettre, ils n'auront pas à se creuser la tête pour savoir de quelle année ça vient. Ingénieux, non? J'ai fait la même chose dans mon journal. Bon. Je commence.

Chère (très chère) Odile,

A certains moments, les parents nous pompent: certaines copines n'ont pas le droit de sortir avec des mecs. Moi, avec Nico, je l'ai dit à maman, mais pas la prochaine fois parce qu'elle le raconte à tout le monde. Toi, t'es une exception. Y a des adultes qui apparemment ne se souviennent pas de leur jeunesse. Ils sont fêlés. Surtout les hommes (et les femmes, mais moins. Exemple: Catherine Trautmann) qui font de la politique. Ils font jamais rien pour les enfants. C'est sûr: c'est tous des vieux croûtons qui ont des enfants qui dans quelques années prendront leur place de vieux croûtons, etc. C'est un cercle vicieux. Je viens de me rendre compte d'un truc: avec Nico, je pensais qu'il m'aimait: je l'ai aimé. Pareil pour Pierre, mais là je me suis mis le doigt dans l'œil. Echec et mat. Quand un garçon me demande de sortir avec lui, je réponds «non», mais souvent, après (pas avec tous, faut pas exagérer), je me dis qu'il était pas mal, finalement. Mais s'il ne m'avait rien dit, moi, je n'aurais rien pensé de bien sur lui. Deux fois, je ne me suis pas repérée sur ce qu'ils pensaient de moi.

Hélène Lassalle, *11 ans et demi,* © Autrement, septembre 1991, pp. 78, 83

J. Dites ce que ces deux lettres révèlent du point de vue d'une jeune fille sur le monde adulte.

L'école

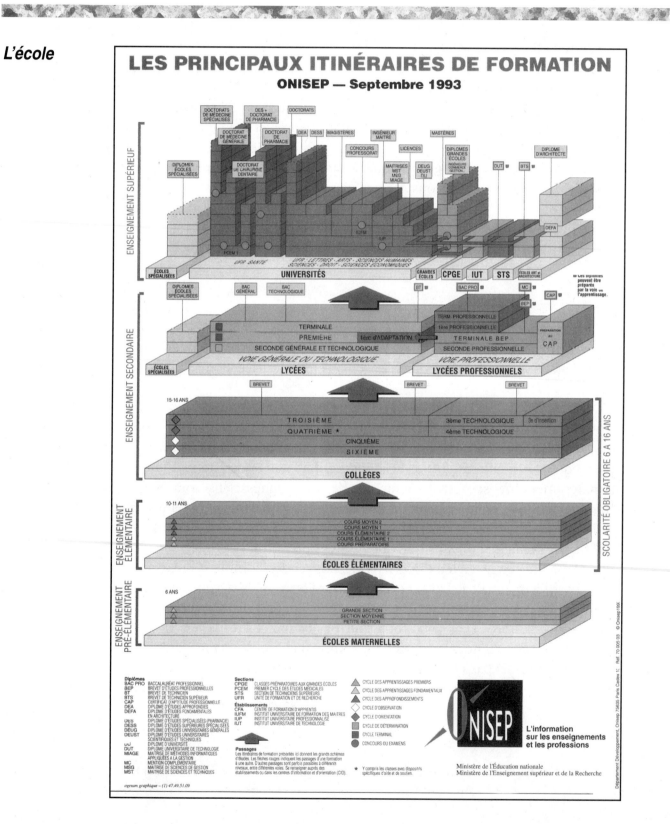

LES PRINCIPAUX ITINÉRAIRES DE FORMATION
ONISEP — Septembre 1993

«Passe ton bac d'abord!»

Cette litanie, des générations de parents l'ont déversée sur des générations de lycéens pour les empêcher de dévier d'un iota du but suprême de «leurs sacrifices»: décrocher le bac, ce sésame-ouvre-toi de la vie.

LE PLUS VIEUX DIPLOME FRANÇAIS

Le mot existait déjà — il remonte au Moyen Age — lorsque Napoléon décida en 1808 de créer le baccalauréat, premier des trois grades (avec la licence et le doctorat) de l'université. Pour sa première session, des professeurs ont sillonné la France pendant près d'un semestre pour faire passer les épreuves — essentiellement orales et portant sur les auteurs grecs et latins — aux 1.054 candidats inscrits.

En 1821, les épreuves se font individuellement et on rajoute des matières scientifiques, ainsi que l'histoire et la géographie. Dix ans plus tard, on organise l'examen par écrit.

Une femme de 37 ans devient bachelière en 1862, grâce à une dérogation, car les filles ne sont que tolérées au baccalauréat jusqu'en 1924: elles ne sont en effet encore que 1.000 en 1920.

En 1880, le latin cède la place au français. En 1890, le bac moderne et le bac classique deviennent la nouvelle formule. En 1959, le sport fait son entrée, obligatoire.

En 1860, il y a 4.000 bacheliers. Ils sont 15.000 en 1931 (soit 2,5% de la classe d'âge), 32.000 en 1950 (5%), 67.000 en 1970 (20%).

A partir des années 80, on passe à la vitesse supérieure en nombre de candidats mais aussi en pourcentage de reçus. On compte 220.000 bacheliers en 1980 (25,9% de la classe d'âge), 384.000 en 1990, c'est-à-dire 44,4% de la classe d'âge et 50% de plus qu'en 1985.

Le baccalauréat moderne est né en 1902 avec la création de quatre options (A, B, C, D). Il y a peu de changements jusqu'en 1959, mais ensuite on essaie un peu tout, pré-bac en février, session de rattrapage en septembre, suppression de la «première partie» du bac en 1re, suppression puis réintroduction des mentions. Le premier bac technologique est né en 1964, le premier bac professionnel en 1987.

Devenu examen de masse, le bac commence à poser des problèmes d'organisation. On décentralise les responsabilités des centres d'examen, puis les sujets deviennent académiques. L'épreuve de français est passée en fin de première à partir de 1989, celle de philosophie avancée de 15 jours. Mais c'est des aménagements plus importants qu'il faudra introduire pour tenir le pari des «80% d'une classe d'âge au niveau du baccalauréat en l'an 2000».

Journal français d'Amérique, 28 juin–11 juillet 1991, p. 12

Sujets de réflexion

Chaque série avait, hier matin, le choix entre trois débats d'idées philosophiques.

Ile-de-France, Amiens, Lille, Rouen

Série A:
— Pourquoi y a-t-il un devoir de mémoire?
— La raison humaine est-elle, par nature, conduite à supposer dans le monde plus d'ordre qu'elle n'en trouve?
— Un texte de Kant sur l'instinct sexuel.

Série B:
— Faut-il reconnaître à l'homme une place particulière dans le monde?
— Est-il toujours possible de faire la différence entre travail et divertissement?
— Un texte d'Alain sur la résistance et l'obéissance.

Séries C, D, E:
— Le vrai est-il toujours vraisemblable?
— Le travail n'est-il pour l'homme qu'un moyen de subvenir à ses besoins?
— Un texte de Sartre sur le passé.

Bordeaux, Caen, Clermont, Limoges, Orléans, Poitiers, Rennes, Nantes

Série A:
— Comment se fait-il qu'en dépit du temps je demeure le même?
— Qui est autorisé à me dire: «Tu dois»?
— Un texte de Cournot sur la science.

Série B:
— Pourquoi obéir aux lois?
— Peut-il y avoir de mauvais usages de la raison?
— Un texte de Bergson sur la pensée et la matière.

Séries C, D, D', E:
— La vérité a-t-elle une histoire?
— L'Etat est-il l'ennemi de la liberté?
— Un texte de Hobbes sur la foi, l'athéisme et la superstition.

juin 1993

La France qui planche

Entre le bac et les divers examens et concours trois millions de jeunes à la poursuite d'un diplôme

La France a deux passions: l'égalité des chances et la sélection des élites. Attachée, depuis deux bons siècles, à l'ambition démocratique d'un accès de tous au savoir, elle a, dans le même mouvement, mis un talent unique à distinguer les meilleurs, les plus méritants ou les mieux dotés. Elle a construit, au fil des décennies, une formidable machine à classer, évaluer, trier, distribuer bons et mauvais points, promouvoir ou exclure des pans entiers de chaque génération. Multipliant examens et concours, écrits et oraux, options et mentions. Du plus modeste au plus huppé, du certificat d'aptitude professionnelle à l'agrégation ou à Normale Sup'. Sans oublier, évidemment, le passage initiatique par le baccalauréat [...], rituel saisonnier. Aux futurs bacheliers, s'ajoutent les huit cent mille collégiens du brevet, six cent mille postulants aux examens professionnels du secondaire, cent mille candidats à l'entrée dans les grandes écoles ou aux concours de recrutement de professeurs, plus d'un million d'étudiants passant DEUG, licence ou maîtrise. Bref, plus de trois millions de jeunes qui jouent un peu leur destin face à une copie blanche.

Et autour d'eux, chacun s'agite. Les familles, qui partagent espoirs et trac. Les bataillons de surveillants, qui traquent l'anti-sèche. L'armée des professeurs qui corrige, interroge et note à tour de bras. Les divisions de fonctionnaires anonymes. La France qui planche. [...]

G. Courtois et J.-M. Dumay, *Le Monde,* 10 juin 1993, p. 1

Pour nuancer votre expression

L'école

la fréquentation scolaire	*school attendance*
obligatoire	*compulsory, mandatory*
le CES ou le Collège	*junior high school*
le lycée	*high school*
mixte	*coeducational*
le proviseur	*headmaster, principal*
le trimestre	*school term*
les petites vacances	*midterm vacations*
l'emploi *(m.)* du temps	*schedule*
l'absentéisme *(m.)*	*absenteeism*
abandonner ses études	*to drop out of school*
se spécialiser en	*to major in*
passer un examen	*to take an exam*
réussir, être reçu(e)	*to pass an exam*
échouer, se faire recaler	*to fail an exam*
une bourse	*scholarship*

En langage jeune

le collège, le lycée	*le bahut*
le proviseur	*le protal*
le professeur	*le prof*
être absent(e) (à un cours)	*sécher (un cours)*
tricher	*tuster*
copier sur son voisin	*pomper*
avoir peur	*baliser, flipper*
être renvoyé(e)	*se faire jeter*
être un(e) très bon(ne) élève	*être balèze, être une tronche*
se reposer, traîner	*buller, zoner, glander*

K. Après avoir étudié le tableau représentant le système scolaire français, répondez aux questions suivantes:

1. A quel âge les enfants entrent-ils à l'école maternelle?
2. Combien d'années passent-ils à l'école élémentaire? au collège? au lycée?
3. Quand passent-ils le «Bac»?
4. Quelles sont les différentes séries de Bac?
5. Qu'est-ce qui permet d'être admis(e) à l'université?

Après avoir lu «La France qui planche», dites si les affirmations suivantes sont vraies ou fausses. Justifiez vos réponses.

6. Le système scolaire français a des objectifs contradictoires.
7. Les élèves français passent de moins en moins d'examens.
8. La mise en place du Bac est de plus en plus difficile chaque année.
9. Le plus souvent, les sujets proposés sont des questionnaires à choix multiple.
10. Avant le Bac de philosophie, les parents sont plus inquiets que les élèves eux-mêmes.

Points de vue

Victor Hugo: *Les contemplations* (extrait)

O jeunes gens! Elus! Fleurs du monde vivant,
Maîtres du mois d'avril et du soleil levant,
N'écoutez pas ces gens qui disent: soyez sages!
La sagesse est de fuir tous ces mornes visages!
Soyez jeunes; gais, vifs, amoureux, soyez fous!
O doux amis, vivez, aimez! Défiez-vous
De tous ces conseillers douceâtres et sinistres.
Vous avez l'air joyeux, ce qui déplaît aux cuistres,
Des cheveux en forêt, noirs, profonds, abondants,
Le teint frais, le pied sûr, l'œil clair, toutes vos dents;
Eux, ridés, épuisés, flétris, édentés, chauves,
Hideux; l'envie en deuil clignote en leurs yeux fauves.
Oh! comme je les hais, ces solennels grigous!
Ils composent, avec leur fiel et leurs dégoûts,
Une sagesse pleine d'ennuis et de jeûnes,
Et, faite pour les vieux, osent l'offrir aux jeunes!

Jacques Prévert: «*Le cancre*»

Il dit non avec la tête
mais il dit oui avec le cœur
il dit oui à ce qu'il aime
il dit non au professeur
il est debout
on le questionne
et tous les problèmes sont posés
soudain le fou rire le prend
et il efface tout
les chiffres et les mots
les dates et les noms
les phrases et les pièges
et malgré les menaces du maître
sous les huées des enfants prodiges
avec des craies de toutes les couleurs
sur le tableau noir du malheur
il dessine le visage du bonheur.

Jacques PREVERT, "Le cancre"
in *Paroles,* © Editions GALLIMARD

L. Après avoir relu la *Fiche méthodologique 3* (p. 37), faites l'analyse de chacun de ces poèmes. Soyez particulièrement attentif(ve) au vocabulaire choisi par Victor Hugo pour décrire les jeunes et les vieux et comparez-le à celui de Prévert.

Emploi du temps d'un élève de Terminale C

	LUNDI	MARDI	MERCREDI	JEUDI	VENDREDI	SAMEDI
8.30–9.30	philosophie	maths	histoire	biologie	géographie	
9.30–10.30	philosophie	maths	physique	espagnol	histoire	
10.30–11.30	maths	biologie	physique	maths	biologie	
11.30–12.30	maths	biologie	anglais	maths	espagnol	
14.00–15.00	physique	latin		biologie	sport	
15.00–16.00	physique	sport		philosophie	anglais	
16.00–17.00	anglais			latin	latin	

Plantu est spécialiste des caricatures politiques et sociales. Il a un dessin quotidien dans *Le Monde*.

Plantu, *Wolfgang, tu feras informatique!*, Editions La Découverte, p. 42

Lettre de Magali

Lundi 8 octobre 1990

Aujourd'hui, rien de spécial. En math, on a eu une interro. Je savais tout mais j'ai pas eu le temps de finir. En anglais, Madame L... nous a informés qu'en fin d'année, on irait en Angleterre; je ne m'en plains pas! En musique, le prof nous a appris «Aux Champs-Elysées», une chanson vraiment nulle. Je chantais en play-back! Monsieur H..., c'est le prof de français et allemand, et c'est celui qui nous sert à nous défouler ou à dormir. Aujourd'hui, on était dans une salle où les chaises grincent alors tout le monde se balançait sur sa chaise, bougeait, etc. Ce qui a bien énervé H...! Bon, ben, j'attends une réponse rapidement. Mercredi matin, je te résumerai ma matinée dans la cour, mais seulement le mercredi, parce que les autres jours, Michaël a cours et je suis occupée à le regarder!!!

Hélène Lassalle, *11 ans et demi,* © Autrement, septembre 1991, p. 85

Daniel Pennac: «*La rentrée*»

Daniel Pennac évoque la vie d'un professeur de lettres.

Soit une classe adolescente, d'environ trente-cinq élèves. Oh! pas de ces élèves soigneusement calibrés pour franchir vite-vite les hauts portiques des grandes écoles, non, les *autres*, ceux qui se sont fait renvoyer des lycées du centre ville parce que leur bulletin ne promettait pas de mention au bac, voire pas de bac du tout.

C'est le début de l'année.

Ils ont échoué ici.

Dans cette école-ci.

Devant ce professeur-là.

«Echoué» est le mot. Rejetés sur la rive, quand leurs copains d'hier ont pris le large à bord des lycées-paquebots en partance pour les grandes «carrières». Epaves abandonnées par la marée scolaire. C'est ainsi qu'ils se décrivent eux-mêmes dans la traditionnelle fiche de la rentrée:

Nom, prénom, date de naissance...

Renseignements divers:

«J'ai toujours été nul en math... » *«Les langues ne m'intéressent pas»*... *«Je n'arrive pas à me concentrer»*... *«Je ne suis pas bon pour écrire»*... *«Il y a trop de vocabulaire dans les livres»*... *«(sic! Eh! oui, sic!)*... *«Je ne comprends rien à la physique»*... *«J'ai toujours eu zéro en orthographe»*... *«En histoire, ça irait, mais je retiens pas les dates»*... *«Je crois que je ne travaille pas assez»*... *«Je n'arrive pas à comprendre»*... *«J'ai raté beaucoup de choses»*... *«J'aimerais bien dessiner mais je suis pas trop doué pour»*... *«C'était trop dur pour moi»*... *«Je n'ai pas de mémoire»*... *«Je manque de bases»*... *«Je n'ai pas d'idées»*... *«J'ai pas les mots»*...

Finis...

Daniel Pennac est professeur de lettres dans un lycée. Ses romans ont beaucoup de succès auprès des jeunes.

Plantu, *Wolfgang, tu feras informatique!*, Editions La Découverte, p. 68

Claire Bretécher, *Agrippine*, 1993

C'est ainsi qu'ils se représentent.

Finis avant d'avoir commencé.

Bien sûr, ils forcent un peu le trait. C'est le genre qui veut ça. La fiche individuelle, comme le journal intime, tient de l'autocritique: on s'y noircit d'instinct. Et puis, à s'accuser tous azimuts, on se met à l'abri de bien des exigences. L'école leur aura au moins appris cela: le confort de la fatalité. Rien de tranquillisant comme un zéro perpétuel en math ou en orthographe: en excluant l'éventualité d'un progrès, il supprime les inconvénients de l'effort. Et l'aveu que les livres contiennent «trop de vocabulaire», qui sait? vous mettra peut-être à l'abri de la lecture... [...]

La seule chose qui soit immuable, c'est le contenu de la fiche individuelle. L'esthétique «ruine», dans toute son ostentation: je suis paresseux, je suis bête, je suis nul, j'ai tout essayé, ne vous fatiguez pas, mon passé est sans avenir...

Bref, on ne s'aime pas. Et on met à le clamer une conviction encore enfantine.

On est entre deux mondes, en somme. Et on a perdu le contact avec les deux. On est «branché», certes, «cool» (et comment!), mais l'école nous «fout les glandes», ses exigences nous «prennent la tête», on n'est plus des mômes, mais on «galère» dans l'éternelle attente d'être des grands...

On voudrait être libre et on se sent abandonné.

Daniel PENNAC, *Comme un roman,* © Editions GALLIMARD, pp. 105–108

M. Commentez les points de vues exprimés dans les divers documents. Puis comparez la vie d'un(e) lycéen(ne) français(e) et celle d'un(e) lycéen(ne) américain(e). Enfin dites quel vous paraît être le rôle de l'école dans la société française.

Azouz Bégag: *«Le cours d'anglais»*

La famille Abdallah habite un appartement F4 dans un immeuble de la cité Duchère à Lyon. Béni, un des enfants, est au lycée. Dans cet extrait du roman, Béni ou le paradis privé, Béni parle de son expérience dans un lycée français.

Azouz Bégag est romancier et docteur en économie algérien. Il est né en 1957 à Villeurbanne. Il a obtenu le prix Sorcières en 1987 pour son premier roman *Le gone du Chaâba*.

Avant, petit cabri gentil, je voyais tout joli autour de moi. Maintenant un peu moins. Et je peux pas supporter qu'on me demande mon nom. C'est pas pour faire semblant que je déteste qu'on m'appelle Ben Abdallah, même si c'est le nom de mon ancêtre mort du typhus à Sétif au début du siècle. Je préfère encore tous les petits noms que Nordine a conçus pour me faire plaisir: Big Ben, gros sac, gros porc, [...]. Mais j'aime surtout quand on m'appelle Béni, parce que là, on voit pas que je suis arabe. Pas comme Ben Abdallah que je suis obligé de porter comme une djellaba toute la journée en classe.

J'ai commencé à vouloir changer de prénom à cause de l'école. Les profs n'arrivaient jamais à prononcer correctement le mien, soi-disant parce qu'ils n'avaient pas l'habitude. Mon œil, oui! Moi je crois plutôt que c'était pour faire rire la classe. Et que faisait-elle la classe pour faire plaisir aux profs? Elle riait à pleines dents évidemment. Au début je me forçais à rire avec tout le monde pour ne pas être trop différent et pour montrer que je prenais ces plaisanteries à la rigolade. Mais, ensuite, je ne riais plus. Je laissais faire et point c'est marre.

Maintenant, je suis en seconde au lycée. Dans trois ans, ce n'est plus le BEPC que ma mère va afficher au-dessus de la télé, mais le BAC d'électronicien, le Brevet des Algériens Calés (en électronique). Et là, ça va être une fête où il va pleuvoir des grains de couscous pendant des jours et des jours, accompagnés de jolis morceaux de mouton à la sauce piquante, de bouteilles de Coca-Cola et d'orangeade, et de pastèques grosses comme la lune.

Une fête en mon honneur et celui de notre famille.

Mais il faut que je surmonte la honte quotidienne de Ben Abdallah.

Pour passer du cours de français au cours d'anglais, de maths, de physique... on doit changer de prof, malheureusement, et chaque fois, il faut que je me paye l'appel. Ça commence toujours bien, Alain Armand, Thierry

Boidard... et ça s'écrase sur moi: Benadla, Benaballa, Benbella disent même ceux qui se trompent d'époque et mélangent tous les Ben. Oubligi je corrige le prof qui se casse la langue sur mon nom: «Ben Abdallah, m'sieur.» Tout le monde se marre autour de moi. Je rougis, je transpire des pieds et des mains, et surtout je ne sais pas où regarder. C'est ça le plus dur. Même quand personnne ne rigole, je sens chacun se retenir et, d'un côté comme de l'autre, je suis coincé.

On rentre chez le prof d'anglais. Un raciste qui souffre pas les gros Arabes. Ça se voit comme un nez au milieu de la figure. Au début de l'année, il m'a humilié en pleine classe. On faisait une traduction de texte et, à un moment donné, il pose une question: quelle forme emploie-t-on après la conjonction «aussi», lorsqu'elle est placée en tête de phrase? Et il se tait. La classe aussi, à croire que j'étais le seul à connaître la réponse. Je regarde autour de moi, les yeux des élèves étaient promeneurs, les lèvres sifflantes, les épaules arc-boutées sur les tables. Je lève le doigt en l'air, le prof dit oui et moi je donne la réponse, très sûr de moi grâce à ma mémoire infaillible:

— M'sieur, on emploie la forme interrogative, c'est-à-dire, par exemple: je lis beaucoup à la maison, aussi suis-je capable de répondre aisément à votre question.

Silence de mort dans les rangs.

M. Agostini, dans un accent londonien parfait s'exclame:

— Very good, Ben Alla!

— Ben Abdallah! Sir.

Bien calé sur son bureau, il sourit, se met à regarder toute la classe d'un œil de prof écœuré avant de dire:

— Si c'est pas un comble que le seul étranger de la classe soit le seul à pouvoir se vanter de connaître notre langue!

Naturellement, le silence heurtait encore plus les oreilles. Les autres prenaient cette erreur pour argent comptant.

— M'sieur, faut dire quand même que je suis pas totalement étranger puisque je suis né à Lyon comme tout le monde, je fais remarquer.

Michel Faure qui était assis à mon côté me corrige:

— Pas tous, moi je suis né à Oran!

Et quelques téméraires se mettent à rire à voix haute pour décrisper la situation. Je continue sur ma lancée:

— Autrement dit, je suis né à Lyon, aussi puis-je demander à être considéré comme un Lyonnais.

Et cette fois, même Agostini se met à rire et l'affaire est classée sans dégâts pour les Français. Mais il m'avait quand même traité d'étranger devant toute la classe. C'était toujours à cause de mon nom. Du côté du racisme il était pas clair le prof d'anglais dont les parents avaient quitté leur botte natale il y a plusieurs années. J'avais failli lui dire qu'il était sans doute plus étranger que moi, mais ce n'est jamais bon de déstabiliser un prof devant sa classe.

Après le coup de la forme interrogative, M. Agostini faisait presque systématiquement l'appel en demandant:

— Ben Abdallah Bellaouina est-il présent?

— Présent, m'sieur!

Il se moquait. Ça se voyait bien que j'étais dans la classe, non? J'étais facilement reconnaissable!

Béni ou le paradis privé, d'Azouz Bégag, coll. *Point-Virgule*,
© Editions du Seuil, 1989, pp. 40–43

Plantu, *Wolfgang, tu feras informatique!*, Editions La Découverte, p. 33

N. Etablissez la fiche d'identité de Béni.

Nom:

Surnoms:

Origine ethnique:

Lieu de naissance:

Lieu d'habitation:

Etudes:

Points forts:

Ce qu'il déteste:

Ce qu'il souhaite:

Puis dites quelle est l'idée centrale de ce texte. Enfin, étudiez le dessin de Plantu et commentez la situation présentée. Sachant que ce dessin date de 1988, que pouvez-vous dire du message de Plantu?

Corinne Bouchard: *La vie des charançons est assez monotone* (extrait)

Dans cet extrait, le professeur parle de son enthousiasme pour la littérature et de ce qui lui advient lorsqu'elle essaie de faire apprécier Phèdre *de Racine à une classe de lycéens.*

Il y a des jours — si si, c'est vrai, je le jure! — où j'ai la frite pédagogique. Où je me dis: ah c'que c'est beau la littérature! Et la poésie donc! Ah, quelle chance est la mienne d'exercer un métier qui me met en contact, chaque jour, avec les immortels chefs-d'œuvre produits par les génies de tous les temps! A-t-on jamais rien écrit de plus beau que *Kikine**, par exemple, cette perle et ce joyau de la littérature! Quelle noble mission que d'en révéler les richesses à de jeunes âmes avides de savoir, assoiffées de beauté! Ah, *Kikine*, quelle merveille!

Malheureusement, *Kikine* n'est pas au programme du jour. A la place, dans le genre chef-d'œuvre, il y a *Phèdre*. Partant tôt au boulot dans ma petite auto — alexandrin cacophonique —, je me récite des bouts du chef-d'œuvre. Le chef-d'œuvre, habilement découpé en tranches, est au menu de la première classe de la matinée. Tranche du jour: les aveux de Phèdre à Hippolyte (II, 5). Pour ceux qui n'auraient pas bien écouté en classe ou à la Comédie Française, je fais la *présentation du texte*: cette pauvre Phèdre, victime d'une malédiction de Vénus, est tombée amoureuse de son beau-fils Hippolyte; elle voudrait mourir en emportant dans la tombe son funeste secret; malheureusement, chaque fois qu'elle ouvre la bouche — ô puissance cruelle des passions! — elle ne peut pas s'empêcher d'en parler. Déjà, elle a raconté sa misère à sa nourrice, et — progression dramatique — voilà que, mise en face d'Hippolyte, elle finit, sous prétexte d'évoquer son époux, par lui faire des déclarations qu'un bon fils ne saurait entendre sans rougir. [...]

Devant le lycée, les cars scolaires déversent des charretées de jeunes âmes qui n'ont pas l'air plus que ça avides de savoir et assoiffées de beauté. Les bâtiments sont comme d'habitude: moches et tristes. La sonnerie: stridente. Tout le monde se rend dans sa salle, en raclant des patins. Tout ça n'est pas fort propice à l'éclosion poétique. Boh, l'important, c'est d'y croire, tous les inspecteurs vous le diront. On s'installe. Rassemblant mes feuilles et mon enthousiasme, la *présentation du texte* ayant été faite (*cf.* supra), je commence:

Oui, Prince, je languis, je brûle pour Thésée.
Je l'aime, non point tel que l'ont vu les enfers...

Gloussement suraigu sur l'aile droite. C'est Stéphanie Turelu, qui a un rire presque aussi strident que la sonnerie. Non point qu'elle se moque de mes talents de tragédienne: elle cause, tout bonnement, avec sa voisine. Le rire — strident — de Stéphanie Turelu a suscité l'hilarité de toute la classe. Quand ça se calme, je lui demande: «C'est le texte que vous trouvez si drôle?» Beuh non, c'est pas le texte. Le texte, le texte, elle ne sait même pas lequel c'est. Ne l'a point sur la table, non plus que feuille et stylo, pour prendre des notes. Les voisins, serviables, la renseignent: «Mais non, on fait pas résumé! Aujourd'hui, c'est expli!» Bon. Reprenons.

Oui, Prince, je languis, je brûle pour Thé...
«You hou! You hou!»

Cette fois, c'est des élèves qui passent dans le couloir, et font coucou à la classe, par les vasistas ménagés dans la cloison. Comme les vasistas sont hauts — de façon à ce que les élèves passant dans le couloir ne puissent point faire des signes à ceux qui sont en cours —, pour faire, du couloir, coucou à une classe, il faut sauter. Ce qui donne l'impression charmante qu'une horde de kangourous hilares traverse l'établissement. D'un regard terrible, je dompte ceux qui seraient tentés de répondre. Les kangourous s'éloignent. Reprenons.

Oui, Prince, je lan...

Toc toc toc, on frappe. Entre, la mine chafouine, Sébastien Tralalère, porteur d'un billet de retard. «J'ai loupé mon bus», dit-il, avec toutes les apparences de la consternation. «Eh ouais c'est pas vrai! braille-t-on au fond. M'dame, il était avec la fille de l'infirmière!» Suivent des commentaires confus, mais de nature nettement égrillarde, pour autant qu'on puisse en juger dans le brouhaha. D'un deuxième regard terrible, je calme le troupeau (plus ou moins). Puis j'annonce que ça va bien comme ça, que le prochain qui perturbe le cours, ça va lui arriver des ennuis, et au boulot!

Oui, Prince, je languis, je brûle pour Thésée.
Je l'aime, non point tel...

Tchak-a-tac, tchak-a-tac, tchak, tchak, tchak. Crépitement sur la paroi du fond. De toute évidence, il y a un cours de maths dans la salle d'à côté. Seuls les professeurs de mathématiques écrivent au tableau avec autant de furie, et réussissent à produire, avec une simple craie, ce bruit de mitrailleuse. Ne nous troublons pas.

... que l'ont vu les...

Re toc toc. Comme je me prépare à accueillir l'importun par une bonne engueulade de derrière les fagots, la porte s'ouvre, sur un spectacle consternant: Ernestine Mireli, des larmes sur les joues, le nez rouge, un Kleenex à la main et toute la détresse du monde dans le regard, reste immobile sur le seuil. Seigneur. Que se passe-t-il? Ravalant mon engueulade, je la rejoins dans le couloir, je lui demande à voix basse ce qui ne va pas. Elle fond en larmes. Il faut l'essorer, ou à peu près, avant qu'elle puisse articuler trois mots. La classe, de l'autre côté de la cloison, est remarquablement silencieuse, et pour cause: tout le monde tend l'oreille, guettant ce qui se dit dans le couloir. «C'est mon copain, gémit enfin Ernestine Mireli, qui m'a larguée.» Ils sortaient ensemble depuis quinze jours, et voilà, encore un amour tué dans l'œuf. Evidemment, c'est cruel. «Vous voulez aller à l'infirmerie?» demandé-je gentiment, et bêtement — on n'a jamais vu l'aspirine guérir les chagrins d'amour. Ernestine Mireli redouble de larmes. C'est pour la fille de l'infirmière, justement, que son copain l'a quittée. Alors... Je lui conseille de se moucher, on rentre dans la classe, elle va s'effondrer à sa table en reniflant. Tout autour d'elle, on chuchote: «Qu'est-ce que tu as? Qu'est-ce qu'elle a?» Moi, je reprends:

Oui, Prince, je languis, je brûle pour Thésée.
Je l'aime, non point tel que l'ont vu les enfers,
Volage adorateur de mille objets divers...

A sa table, Ernestine Mireli fond en sanglots bruyants. Remous dans l'assemblée. Je dis à Ernestine que si vraiment ça ne va pas, elle peut aller prendre un peu l'air, le temps de se remettre. Une copine l'accompagne, car il n'est pas question de laisser un élève livré à lui-même. La copine, au moins, empêchera le suicide de la désespérée. Et rattrapera le cours plus tard, ou ne le rattrapera pas. Avec tout ça, de mon enthousiasme lyrique, il ne reste plus grand-chose. Quand je reprends la belle tirade de Phèdre à Hippolyte, je crains que le ton soit plus hargneux que pathétique. Je ne déclame plus: j'aboie. Ce ne sont plus des aveux, c'est une scène de ménage. A défaut de rendre compte des finesses du texte, ça calme l'auditoire, qui subit la lecture complète sans plus broncher.

Oui, Prince, je languis, je brûle pour Thésée.
Je l'aime, non point tel que l'ont vu les enfers,
Volage adorateur de mille objets divers,
Qui va du Dieu des morts déshonorer la couche;
Mais fidèle, mais fier, et même un peu farouche,
Charmant, jeune, traînant tous les cœurs après soi,
Tel qu'on dépeint nos Dieux, ou tel que je vous vois.
[...]
Etc.

Alors, arrivée au bout de cette saleté de tirade, je pose la question traditionnelle: «Quel est l'intérêt de ce passage?»

Grand silence... A côté, on entend crépiter les mathématiques. Dans les regards, je peux lire des réponses: ça va de «je me le demande» à «j'en ai vraiment rien à cirer». Et puis, Stéphanie Turelu lève la main. Moi, pleine d'espoir: «Oui?

— M'dame, c'est à faire pour quand, le résumé?»

Le pire, c'est qu'elle ne le fait même pas exprès. Stéphanie Turelu a un petit pois dans la tête, c'est comme ça. Donc, ne nous énervons pas. Je l'informe, d'abord, qu'en ce moment on travaille sur *Phèdre,* ensuite, que le résumé, c'est à faire pour vendredi prochain. Et je repose ma question: «Quel est l'intérêt de ce texte?»

Le retour d'Ernestine Mireli et de sa copine qui la soutient comme une infirmière accompagnant un malade au stade terminal fait diversion. Les chuchotis reprennent. Ne nous laissons pas distraire. J'insiste: «Alors?» Finalement, Aurélie Larifla se décide:

«Ben, c'est Phèdre...

— Oui?...

— Ben, elle aime Thésée, quoi!

— Vous êtes sûre?

— Ben, c'est son mari!»

Un découragement me vient. Faut-il vraiment révéler, à cette innocente, les turpitudes tragiques, et que Phèdre n'aime pas son mari, mais son beau-fils? Finalement, la tragédie, ce n'est pas de leur âge.

Vaille que vaille, on arrive tout de même à décortiquer le texte. Il pourra figurer dignement sur la liste de bac, dans la rubrique «La représentation de l'amour et de la passion». Quand la cloche sonne, les élèves s'en vont, gavés de savoir et rassasiés de beauté.

Le tout, c'est d'y croire, tous les inspecteurs vous le diront.

Kikine: Texte de Colette intitulé *Conte de Bel-Gazou à sa poupée,* in *La chambre éclairée.* Je ne le répéterai jamais assez, c'est un pur chef-d'œuvre, qu'il n'est malheureusement pas possible de reproduire ici.

La vie des charançons est assez monotone de Corinne Bouchard, © Calmann-Lévy 1992, pp. 45–53, 172

O. Répondez aux questions suivantes en vous appuyant sur le texte de Bouchard.

1. Quelle est la chronologie des faits de cette histoire?

2 Comment l'attitude du professeur se modifie-t-elle au cours de la leçon sur *Phèdre?*

3. Quels éléments comiques pouvez-vous identifier dans ce texte?

4. Quel commentaire est-ce que la narratrice fait sur l'enseignement et sur les élèves au lycée?

Etat des lieux

La consommation

L'ARGENT DE POCHE DES PETITS FRANÇAIS

Près de trois quarts (72%) des parents français donnent de l'argent de poche à leurs enfants (28% jamais) et leur allouent en moyenne 141 francs ($23) par mois, selon un sondage Ipsos/Budgets Famille/Caisse d'Epargne Ecureuil.

Si 76% des parents laissent toute liberté à leurs enfants pour dépenser leur argent de poche comme ils l'entendent (16% contre), huit parents sur 10 incitent leurs enfants à comparer les prix dans les différents magasins et à s'assurer du rapport qualité prix.

Cet argent de poche, qui représente plusieurs milliards de francs par an, est d'abord utilisé pour l'achat de disques ou de livres (56%), le cinéma ou les sorties (49%), les vêtements (12%), les fournitures scolaires (11%), les transports scolaires (2%).

La majorité (58%) des parents ne donnent pas davantage d'argent de poche à leurs enfants pour les récompenser en cas de bons résultats scolaires et 76% des parents se refusent à réduire l'argent de poche après de mauvais résultats scolaires.

Enfin, 69% des parents ne salarient jamais leurs enfants pour faire la vaisselle ou laver la voiture, 79% ne souhaitent pas que leurs rejetons travaillent pendant l'année scolaire mais 70% pendant les vacances.

Journal français d'Amérique, 27 décembre–3 janvier 1992, p. 3

La technique du cofinancement

En dehors des petits achats quotidiens (bonbons, journaux, cinéma, etc.) financés par l'argent de poche, les achats concernant des biens d'équipements (sport, musique...), certains vêtements coûteux ou le transport sont cofinancés par les enfants et les parents.

Un système de partenariat s'est donc mis en place dans beaucoup de familles. Lorsqu'un adolescent reçoit 10 francs, il est ainsi capable d'en dépenser 30... tout en mettant de côté 10 francs, qu'il placera sur son livret de caisse d'épargne ou sur son compte bancaire plutôt que dans sa tirelire.

Fils de pub

Les enfants aiment la publicité. L'image les fascine davantage que le son, ce qui explique leur intérêt pour les spots télévisés ou les affiches dans la rue. D'ailleurs, près d'un spot publicitaire sur cinq à la télévision est réalisé avec la participation d'enfants. Dans la publicité, ils apprécient le merveilleux, les choses qui ne se passent pas comme dans la vie, qui transgressent ou ignorent les règles et les contraintes du monde des adultes.

Mais cela ne les empêche pas de savoir prendre leurs distances par rapport au message publicitaire. Avant 10 ans, ils sont séduits par le «spectacle» publicitaire; ils deviennent ensuite de plus en plus sélectifs vis-à-vis des marques et des produits.

Gérard Mermet, *Francoscopie 1993,* © Larousse, pp. 158, 159

Courtesy of Nike France

Photographe: Enrique Badulescu
Agence: Wieden & Kennedy
Directeur artistique: Warren Eakins
Concepteur/Rédacteur: Janet Champ

Notre fille
s'habille en Kookaï.
J'espère qu'elle ne va pas
s'enrhumer.

KOOKAÏ

Je suis la principale
cause d'échec scolaire chez
les garçons de ma classe.

KOOKAÏ

CLM/BBDO

Marchands d'uniformes

Chevignon, Creeks, Reebok et quelques autres se disputent un marché rentable mais inconstant: la mode des juniors. A coups d'idées, de marketing, mais sans usines...

C'est moins une mode qu'un uniforme. Puisque, comme le rappelle le sociologue Denis Stoclet, *«les adolescents ne souscrivent pas à une mode mais recherchent un mode d'identification à leur classe d'âge».* Leur mode, c'est donc leur tenue des sorties de collège. La paire de baskets, ouvertes, languettes relevées. Le jean trop large. Le blouson — ou plutôt le «bomber» — qui étale son étiquette d'origine. La casquette de baseball, parfois. Le sac à dos, toujours. Et un univers de marques qui, de Nike à Reebok, de Levis à Esprit, Creeks, Chevignon ou Chipie, essaient, chacune dans leur univers, de capter cet insaisissable air du temps.

Il n'y a pas de mode ado. Mais il y a un marché. Difficile à cerner quand, dès 8 ans, on veut s'habiller comme les grands. Quand les parents chaussent les marques des enfants. Quand les adultes «nippent» leurs blues avec les fringues de leurs vingt ans. Quand les statistiques mêlent 15 ans et plus. A défaut, le Centre textile de conjoncture et d'étude économique (CTCE) évalue le marché global des vêtements pour les 9–14 ans à 10,6 milliards de francs. Sans les chaussures. Et sans les accessoires (ceinture, gants, écharpe...) [...]

A la hausse, le jean surteint (+30% en un an) et surtout, la... robe (+40%). A la baisse, le blouson (-15%) et le pantalon de toile (-30%). *«Mais le recul du marché du polo touche toutes les générations»,* précise le CTCOE. Bref, le marché existe si bien que la société Who's Next a décidé de créer, en 1994, un salon qui lui sera consacré. *«Nous avons discerné trois grandes catégories de jeunes, trois ethnies,* explique son PDG, Xavier Clergerie. *Les «next jump», inspirés par tous les sports de ville comme le basket, le baseball ou le football américain; les «next wave» venus des sports de glisse, ski ou surf; les «next root», qui recherchent l'authentique!»*

«Basics» et grigris

Si la mode est par essence éphémère, condamnée à se renouveler de saison en saison, peut-on sérieusement parler de mode junior? A la mode, les jeans, les tee-shirts, les sweats, les parkas, les blousons et les baskets? Probablement. Mais depuis quand?

Les années 60 aux Etats-Unis, les années 70 en France. Est-elle l'apanage des juniors, cette panoplie qui devient du «sportswear» ou du «casualwear» quand elle est portée par les parents ou les grands-parents?

Pourtant, c'est bien ce qui vient à l'esprit quand on parle de mode junior: des vêtements de base, des «basics», simples, fonctionnels, solides, confortables.

Alors la mode? Elle passe par des grigris, des bitoniaux, des pin's, des trucs et des machins, du bracelet brésilien à la tétine en sautoir, aux porte-clés, aux lacets ou aux chaussettes illustrées selon les âges et les années.

Car la mode des juniors est partout sauf sur le vêtement. Ce qui compte, c'est avant tout une ambiance: héros de l'aviation des années 40, nostalgie de l'Amérique de Norman Rockwell sur fond de be-bop, de base-ball et de voitures de rêve, aventuriers des arches perdues, cow-boys au soleil couchant, ouvrier à l'œil sombre sur les raisins de la colère... toute cette imagerie fait vendre des vêtements sans imagination.

Un tee-shirt garde sa forme originelle, celle d'un «T» majuscule, qu'il arbore des inscriptions, des graphismes, des dessins, ou des slogans. Quant au jean, on a beau lui en faire voir de toutes les couleurs, de l'indigo au noir, du délavé au surteint, le surpiquer, le clouter, le couvrir de pièces à rayures, à fleurs ou à pois, l'user, le vieillir ou le déchiqueter, on le préfère toujours avec cinq poches et une braguette à boutons, comme ce bon vieux 501, la référence d'un nouveau denim, le «double X», arrivé à San-Francisco chez Levis en... 1890.

Martine Silber, *Le Monde,* 22 décembre 1992, p. 28

P. En vous appuyant sur l'ensemble des documents, traitez les points suivants:

1. Les jeunes Français gagnent-ils leur argent de poche? A quoi le dépensent-ils?
2. Expliquez en quoi consiste la technique du cofinancement.
3. Quels sont les différents rôles joués par les jeunes dans la publicité?
4. Analysez les publicités de Nike et Kookaï après avoir relu la *Fiche méthodologique 2* (p. 28). Dites à quel public elles sont destinées et justifiez votre réponse.
5. Quels sont, selon la journaliste du *Monde,* les vêtements préférés des jeunes? Quels autres éléments jouent un rôle important dans la mode junior?

Etat des lieux

Le temps libre

Q. Après avoir demandé à vos camarades de classe quel genre de livres ils préfèrent, comparez leurs réponses à celles des jeunes Français.

LES GENRES DE LIVRES PREFERES			
	J'aime bien ce genre	Il m'arrive d'en lire	J'ai au moins un livre
Bandes dessinées	53 %	42 %	48 %
Les animaux, la nature	40 %	40 %	43 %
Romans	37 %	42 %	43 %
L'histoire	29 %	35 %	36 %
Encyclopédies	27 %	38 %	39 %
Contes et légendes	26 %	39 %	53 %
Les jeux	24 %	30 %	28 %
Les pays étrangers	23 %	36 %	25 %
Les sciences et techniques	22 %	31 %	23 %
Les personnages célèbres	20 %	30 %	21 %
Poésie	7 %	31 %	25 %
La cuisine	17 %	26 %	23 %
Le bricolage	16 %	25 %	19 %

Autrement, p. 114

La presse enfantine a perdu la moitié de ses lecteurs en 15 ans.

Sa diffusion globale est passée de 360 millions d'exemplaires en 1975 à moins de 150 millions aujourd'hui. Cette chute vertigineuse s'explique en partie par la baisse de la natalité; le nombre d'enfants de moins de 14 ans a diminué de 1,5 million en quinze ans.

Elle est aussi due à la concurrence croissante de l'audiovisuel et surtout des jeux vidéo, qui occupent la plus grande partie du temps libre des enfants et du budget cadeaux des familles. Elle est enfin la conséquence d'un changement d'attitude des parents, qui privilégient les journaux à caractère pédagogique, dans le but de mieux «armer» leurs enfants pour l'avenir. Depuis 1986, la presse éducative connaît en effet une diffusion supérieure à celle de la presse de distraction, qui ne peut guère lutter contre la télévision. Les journaux lancés avec succès cherchent d'ailleurs à s'appuyer sur elle (*Télérama Junior*) ou à la compléter (*le Journal des enfants*).

Les jeunes lisent moins qu'avant, mais le déclin semble aujourd'hui enrayé.

En vingt ans, la lecture de livres chez les 15–28 ans a baissé de 30 %. Un jeune sur cinq lit plus de trois livres par mois, deux sur trois en lisent moins d'un. 34 % lisent souvent ou de temps en temps des classiques de la littérature, mais 72 % des garçons et 59 % des filles en lisent rarement ou jamais. Les habitudes de lecture en fonction du milieu social se sont beaucoup rapprochées, mais ce mouvement s'est opéré vers le bas. Entre 1967 et 1988, la proportion de «grands lecteurs» chez les enfants de cadres supérieurs est passée de 62 % à 21 %, alors qu'elle passait de 21 % à 19 % chez les enfants d'ouvriers.

Les jeunes aiment la lecture, mais ils considèrent qu'elle nécessite un effort plus grand que les autres loisirs, en particulier audiovisuels. On constate cependant que ceux qui disposent du maximum d'équipements culturels (télévision, magnétoscope, micro-ordinateur...) sont aussi ceux qui lisent le plus.

Les filles sont plus nombreuses à lire que les garçons. Le seul domaine dans lequel les garçons se distinguent est la bande dessinée. La BD représente d'ailleurs la moitié des livres lus par les garçons, alors que les deux tiers des livres lus par les filles sont des romans.

Gérard Mermet, Francoscopie 1995, © Larousse, pp. 404, 406, 407

Ministère de la Culture et de la Communication, Secodip

● En général, qui vous aide à choisir vos lectures ?

	Ensemble	Filles	Garçons
● Vos parents	12	14	9
● Vos frères et sœurs	9	8	10
● Vos amis	41	43	41
● Vos professeurs	35	39	35
● Les journaux ou revues	21	22	21
● Votre libraire	5	5	5
● Un bibliothécaire de l'université	4	4	4
● Un bibliothécaire de la bibliothèque municipale	2	2	2
● La radio-TV	10	11	8
● La publicité	7	8	6
● Autre	3	3	3
● Personne	21	18	23

● Qu'avez-vous lu entièrement ou partiellement ces sept derniers jours ?

	Ensemble	Filles	Garçons
● Un roman	46	53	38
● Des poèmes	9	10	8
● Du théâtre	8	10	5
● Un essai	11	11	11
● Un ouvrage technique ou scientifique	15	9	22
● Un livre lié à vos études	46	50	42
● Une bande dessinée	22	16	28
● Un livre d'art ou de photo	8	10	6
● Des journaux quotidiens	37	35	38
● Des magazines	44	46	43
● Des dictionnaires ou encyclopédies	16	19	12
● Une revue spécialisée	18	15	22
● Des notes de cours	61	64	57
● Des polycopiés	35	33	37
● Un guide pratique	3	2	5
● Une banque de données	7	5	9

Le Monde, 28 janvier 1993, p. 16

Ministère de la Culture et de la Communication, Secodip

Écouter n'est pas jouer

• 40% des Français possèdent chez eux au moins un instrument de musique. 17% ont une flûte, 12% une guitare, 8% un harmonica, 7% un piano, 6% un orgue, 3% un violon ou un violoncelle, 3% un instrument à vent, 2% un accordéon, 2% un synthétiseur, 2% un instrument à percussion.

• 6% pratiquent le piano, 5% la guitare, 5% la flûte.

• 46% ont assisté au moins une fois dans leur vie à un spectacle de danses folkloriques.

• 42% ont assisté à un spectacle de music-hall-variétés.

• 32% ont assisté à un concert de musique classique.

• 27% ont assisté à un concert de rock.

• 22% ont assisté à un spectacle d'opérette.

• 17% ont assisté à un spectacle d'opéra.

Les instruments de la musique

Evolution de l'équipement musical des Français de 15 ans et plus (en %) :

	1973	1981	1993
• Chaîne hi-fi	8	29	67
• Electrophone, tourne-disques (hors hi-fi)	53	53	89
• Disques	62	69	74**
• Cassettes son	*	54	69**
• Baladeur	–	*	60
• Lecteur de disques compacts	–	–	50

* Question non posée
** 1989

Gérard Mermet, *Francoscopie 1995*, © Larousse, pp. 398, 400

QU'EST-CE QU'UN "BON FILM" ?

Considèrent comme très important :	Ensemble	Garçons	Filles
– l'histoire	91 %	88 %	95 %
– la beauté des images	89 %	85 %	93 %
– que ça finisse bien	71 %	65 %	78 %
– la présence d'acteurs qu'on aime	70 %	70 %	69 %
– les effets spéciaux	67 %	79 %	55 %
– la musique	66 %	66 %	67 %
– les récompenses reçues par le film	42 %	43 %	42 %
– le titre du film	40 %	40 %	39 %
– le metteur en scène	20 %	22 %	18 %
– que ça finisse mal	15 %	17 %	13 %

LES ATTENTES À L'ÉGARD DU FILM SELON LE SEXE

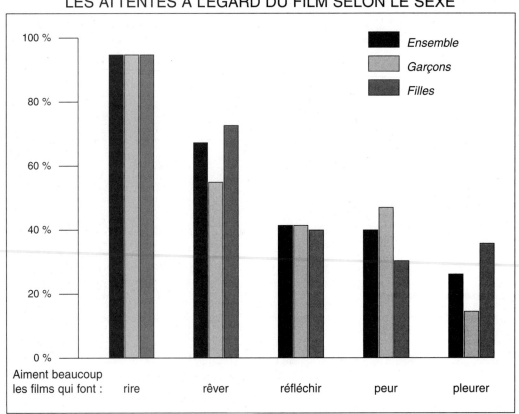

Autrement, p. 113

Points de vue

Lettres de Magali

7 octobre 1990

Aujourd'hui, c'est dimanche et je m'ennuie. J'aime pas le dimanche. Le samedi, ça va, mais le dimanche, je déteste. Les journées que je préfère, c'est le mardi et le vendredi parce que je mange à la cantine et j'ai cours aussi l'après-midi. Je viens d'accrocher le calendrier de papa (ou maman) de Tardi. C'est bien parce qu'il est en noir et blanc. J'aime le noir et blanc. J'ai un poster des Marx Brothers (noir et blanc), une pub pour les galettes de Saint-Sauveur (noir et blanc), le calendrier de Tardi (également), une carte postale d'un garçon de huit ans fier avec deux bouteilles dans les bras (aussi), deux cartes de Marilyn (évidemment en noir et blanc). En couleurs, j'ai un poster de Marilyn (j'aurais préféré en noir et blanc, mais c'était cher), un poster mini de Patricia Kaas, une carte que tu m'as envoyée: «Schweppes lime juice». Le noir et blanc, c'est mieux. A la Toussaint, si je vois Julie, j'achèterai une pellicule de noir et blanc et on fera les Marilyn ou Greta Garbo. Ça va être génial. Si je pouvais aller dans le passé, j'irais soit chez les Incas ou les Egyptiens ou les Grecs ou les Romains, soit chez Charlot ou les Marx Brothers ou Marilyn ou Greta Garbo. Ah! tiens, comment va ta Germaine de voiture? Hier, j'ai vu la pub à la télé pour la nouvelle Polo. Tu sais, c'est quand la fourmi est enceinte. [...]

Magali, 11 ans et demi.

Lundi 9 avril 1990

Chère Odile,

Lundi soir, j'ai eu mes règles jusqu'à samedi. Mardi au cours de musique, j'ai joué un duo avec mon prof de math qui est clarinettiste (me voilà dans de beaux draps!). Mercredi, Mathieu et moi, on a été au cinéma voir *Chérie, j'ai rétréci les gosses!* On l'avait déjà vu à Paris mais c'est «trop bien»! On y a retrouvé plein de copains et copines. C'était super-archi-génial! Samedi, j'ai fêté mon anniversaire. Il y avait cinq garçons et quatre filles. Papa nous avait organisé une chasse au trésor. On s'est tous marrés. Je suis la meilleure de la classe en dessin, j'ai seize et demi de moyenne. Samedi prochain, Pierre (un garçon de ma classe) organise une boum. Je n'ai pas très envie d'y aller parce que je ne sais pas bien danser, mais il y a toutes mes copines et aussi Nicolas... Je l'aime et lui aussi m'aime, mais j'ose pas le dire à maman parce qu'elle va me taquiner et patati et patata. Conseille-moi s'il te plaît!

Je t'embrasse très fort. Magali.

Hélène Lassalle, *11 ans et demi*, © Autrement, 1991, pp. 79, 84

R. Après avoir étudié les documents précédents concernant les comportements des jeunes Français en matière de loisirs, dites en quoi Magali est représentative de sa génération.

L'HABIT D'ARLEQUIN DE LA CHANSON FRANÇAISE

A l'heure des musiques du monde (world music, sono mondiale), la chanson française est planétaire. L'Hexagone est une géode, de nouvelles pages s'ajoutent aux dictionnaires de la «douce France», internationale bigarrée comme le manteau d'Arlequin.

New York, 14 juillet 1991. Pour célébrer la Fête Nationale, un concert de chanson française est organisé à Central Park. Au programme: Mory Kanté, le Guinéo-Malien de «Yéké-Yéké», les Gypsy Kings, authentiques Gitans hispano-camarguais, et Cheb Khaleb, le seigneur du raï algérien. Pas un mot de français.

Au dernier concours d'Eurovision, la France était représentée par une capiteuse princesse des Mille et une nuits, Amina, Tunisienne à la voix de miel et aux yeux de braise, dont le tube «le dernier qui a parlé» (en français) a volé autour du monde comme un tapis magique.

Et le folklore breton, qu'on croyait ancré au granit de ses mégalithes, voilà qu'il se met à chalouper sur des airs orientaux. Erik Marchand, gars du terroir, à la moustache de sapeur, et virtuose de la voix, chante breton, accompagné d'un tabla indien et d'un luth arabe.

Métissage des cultures et des langues, blanches et noires dansent sur les portées d'un monde sans frontières. De Bourges à Bamako, D'Haïti au Québec, des Antilles à la Louisiane, en passant par Oran, La Rochelle et Rennes, sans oublier Lyon ni Paris, la chanson française est un continent à la dérive joyeuse.

MANO NEGRA ET NEGRESSES VERTES

En pleine déferlante rock, les yé-yés français plaquent les accords de leurs guitares électriques sur des succès traduits d'outre-Atlantique. Nougaro est fou de bossa nova. Lavilliers surfe sur tous les rythmes, rock, latino, africain, asiatique. Le rap prend un label français dans les banlieues moroses. Et Gainsbourg, qui a composé, en dilettante inspiré, sur tous les tempos, nous laisse une Marseillaise reggae.

Assimilant tous les emprunts musicaux et puisant à son propre passé, la chanson de l'Hexagone perpétue ainsi la tradition du texte-refrain, qui offre à chaque génération, de Charles Trénet à Vanessa Paradis des airs à fredonner et à danser.

L'immigration, on s'en doute, ne peut être absente d'une scène où les cultures se croisent. Montand était d'origine italienne, Gainsbourg russe, Dalida italo-égyptienne. Aznavour vient d'Arménie, Kosma de Hongrie, le père de Mouloudji était kabyle. «Nous, on est comme l'équipe de France de foot... Et l'entraîneur, c'est Platini!», plaisantent sérieusement les Négresses vertes, groupe de rock alternatif.

Signe des temps: quand les aînés oubliaient leurs origines en mettant leur talent et leur voix au service de la langue française, les nouveaux enrichissent le patrimoine de leur liberté et du souvenir de leurs racines, mélangeant allègrement les genres et les idiomes. Le groupe Mano Negra passe du français à l'arabe ou à l'espagnol et lève le tabou en apprivoisant l'anglais. Chanson française, on vous dit!

Jean-Marc Dupuich, *Journal français d'Amérique*, 2–15 octobre 1992, p. 10

UN BOUQUET DE CHANTEURS

Variée, comme il se doit, la chanson française offre aux jeunesses successives les airs où se logent, génération après génération, les souvenirs qui accompagnent l'existence.

BRASSENS, l'irremplaçable trouvère des temps modernes, langue verte et paroles qui réchauffent.

BREL, la vie des gens, toute la vie d'amour et de vieillesse, brouillard et soleil sur le plat pays.

MONTAND, le gentleman impeccable poussant la chansonnette depuis le faubourg des immigrés.

GAINSBOURG, l'incomparable, affirmatif, magnétique, noctambule amoureux.

FERRE, gueule d'anar, amour aux lèvres et rage au cœur, pousse la goualante des poètes de la rue.

BARBARA, l'oiseau noir au cœur de rose traversant l'océan de la mort.

PIAF, la môme moineau, qui n'a jamais rien regretté de ses amours passionnées.

TRENET, le fou chantant sous la pluie, au piano à la plage, avec la lune et le soleil.

AZNAVOUR, à la voix voilée comme un jour incertain où se devine l'amour.

GRECO, est comme elle est, Juliette des esprits, charme et muse de Saint-Germain du monde entier.

NOUGARO, le gars de Toulouse la rose, secoue les mots au shaker de sa passion.

HIGELIN, adolescent de 50 balais, rocker zonard du rêve et funambule sans fil.

RENAUD, faux air de mauvais garçon, mais vrai rebelle au cœur tendre.

GOLDMAN chante à trois dans la nuit, sentimental câlin ou rythmique ironique.

JULIEN CLERC, le grand frère aux yeux rieurs, amoureux de la fille au bas nylon.

PATRICIA KAAS n'en fait qu'à sa tête et gagne.

BRUEL, se casse la voix contre les loups, nouvelle idole des jeunes filles et de leurs petits copains, numéro un des ventes.

JOHNNY HALLIDAY, l'idole des jeunes et de leurs enfants.

Journal français d'Amérique, 2–15 octobre 1992, pp. 10–11

S. Après avoir complété le tableau suivant, analysez le rôle joué par les immigrés dans l'évolution de la chanson française.

Représentants de la chanson française	Origine ethnique	Langue dans laquelle ils/elles chantent	Emprunts à d'autres cultures
Mory Kanté			
Gypsy Kings			
Cheb Khaleb			
Amina			
Erik Marchand			
Claude Nougaro			
Yves Montand			
Dalida			
Charles Aznavour			
Kosma			
Mouloudji			
Mano Negra			

La culture basket

Du stade à la rue. Les jeunes des banlieues plébiscitent un sport magnifié jeudi à Athènes par les joueurs de Limoges

L'exploit du Limoges CSP coïncide avec l'émergence d'une culture basket dans la société française. Simple coïncidence? Le décalage, il est vrai, est encore grand entre le basket sacré à Athènes et celui qui fait rêver la jeunesse des banlieues.

Phénomène essentiellement urbain, la mode s'épanouit au pied des cités. En particulier sous les panneaux installés à la hâte par Frédérique Bredin, ministre de la jeunesse et des sports de l'époque, lorsque l'été 1991 menaçait de flamber. Depuis, la mise en place de ces équipements sportifs de proximité se poursuit, la Fédération française de basket-ball, les municipalités et des fabricants de matériels ayant relayé l'initiative gouvernementale.

Hors des clubs et des rites de la compétition officielle, toute une jeunesse balbutie ce qui a fait la genèse du basket américain contemporain: un sport de rue, né spontanément dans le ghetto. A Gennevilliers, Sarcelles ou Argenteuil, le lourd ballon orange résonne sur le macadam avec des rythmes de rap. [...]

Alors qu'aux Etats-Unis les *playgrounds* servent de réservoir aux recruteurs du championnat universitaire, lui-même tremplin obligé vers la NBA, toute la pyramide du basket français se bâtit dans les clubs. [...]

Paillettes ou bleu de chauffe

Autre paradoxe, les milliers de jeunes qui se gavent d'images dans les florissants magazines spécialisés exigent un basket-spectacle: celui de la *«Dream Team»* des Jeux de Barcelone, mélange de scores fleuves et de smashes flamboyants. [...]

Quant aux vedettes, elles sont pour l'instant américaines, noires et milliardaires. Elles s'appellent Michael Jordan et Magic Johnson. Elles sont, aux yeux d'adolescents confrontés à l'exclusion, le symbole universel de la plus aboutie des promotions sociales par le basket. Les gamins chaussés de Nike délacées, au crâne rasé comme Jordan et au maillot estampillé NBA, connaissent sur le bout des doigts le «cinq» majeur des Chicago Bulls. Connaissaient-ils seulement, jusqu'à hier, la composition de l'équipe de Limoges? [...]

Jean-Jacques Bozonnet, *Le Monde,* 17 avril 1993, p. 1

T. Décrivez la culture basket dans la société française. Résumez les circonstances dans lesquelles ce sport s'est développé en France. Quelles sont les idoles des jeunes joueurs de basket?

Etat des lieux

Le travail et le chômage

Les jeunes sont deux fois plus touchés que la moyenne.
En mars 1992, 21% des 15–24 ans étaient à la recherche d'un emploi.

Le chômage des jeunes a un peu régressé au cours des dernières années, car les créations d'emplois et les incitations à l'embauche à destination des entreprises leur ont davantage profité qu'aux adultes. Mais les emplois occupés par les jeunes sont souvent d'un type particulier; TUC (Travaux d'utilité collective); SIVP (Stages d'insertion dans la vie professionnelle); stages d'apprentissage. Plus du tiers ont des contrats à durée limitée ou assurent des missions d'intérim.

La durée de la période de chômage est moins longue chez les jeunes que chez les personnes plus âgées. Elle varie cependant selon les individus, leurs caractéristiques personnelles et surtout leur formation. Les diplômes des grandes écoles n'ont en général que l'embarras du choix pour trouver leur premier emploi et sont largement favorisés par rapport aux autres diplômés de l'enseignement supérieur. Ceux qui ont arrêté leurs études à la fin du secondaire (y compris les bacheliers) éprouvent beaucoup plus de difficultés à entrer dans la vie professionnelle.

Gérard Mermet, *Francoscopie 1993,* © Larousse, pp. 269–270

U. Dites si les affirmations suivantes sont vraies ou fausses. Justifiez vos réponses.

1. Un diplômé de l'enseignement supérieur trouve plus facilement un emploi qu'un diplômé d'une grande école.
2. Le Bac ne permet pas de trouver un emploi.
3. De nombreux diplômés acceptent des emplois qui ne correspondent pas à leur qualification.
4. Le gouvernement a créé des emplois pour les jeunes non qualifiés.
5. Un adulte au chômage met moins de temps qu'un jeune à trouver un nouvel emploi.

Pour nuancer votre expression

Le travail

faire une demande d'emploi	*to apply for a job*
un demandeur d'emploi	*job applicant*
faire un stage en entreprise	*to do an internship in a business*
un(e) stagiaire	*intern*
trouver un emploi (être embauché[e])	*to find a job*
un salaire	*salary*
gagner sa vie	*to earn a living*

Langage familier

un boulot	*job*
un petit boulot	*odd job*
bosser	*to work*
être viré(e)	*to be canned (fired)*

Points de vue

V. Après avoir lu les interviews suivantes, faites le portrait de chacun des jeunes interrogés.

Renseignements: âge, situation, origine sociale, études/diplômes, ce qu'ils font, ce qu'ils ont fait, peurs, ambitions

Personnes: Martin Fauquet, Christine Costet, Nathalie Bessis, Marc Hadzi Vidojkovic, Olivier Vandard, Georges Sitbon, Nasser X, Claire Enco

18–25 ans: Les Déboussolés

Martin Fauquet, 23 ans

"L'emploi, obsession des gens de mon âge"

A 20 ans, Martin est venu à Paris pour devenir maquettiste de presse. En trois ans, de stages en remplacements — il travaille actuellement pour «Vogue» —, il a appris que *«l'emploi, plus que la drogue ou le sida, est l'obsession majeure de [sa] génération».* Et il a vérifié aussi que l'«*on n'accepte les jeunes que pour des boulots subalternes et à condition qu'ils entrent dans un moule».* Pour subsister — il vit calmement avec 4 000 francs par mois dans un appartement prêté par son père —, il ne refuse jamais *«un petit emploi alimentaire»* sans intérêt. Son cinéaste préféré s'appelle Hal Hartley. L'auteur américain du film «Simple Men», primé à Cannes en 1992, rejette les médias et prône un retour aux sources. Martin approuve ce rejet de la modernité et de la technologie car, selon lui, l'homme s'abêtit lorsqu'il attend trop de la machine. Ce révolutionnaire modéré vivrait avec plaisir un nouveau Mai-68. Pour secouer le climat de soumission qui déprime sa génération; et contester, calmement, la société *«métro, boulot (très peu), dodo que nos parents ont naguère rejetée, mais qu'ils nous proposent aujourd'hui».* Il a voté, du bout des doigts, pour les socialistes.

Christine Costet, 23 ans

"Nous devenons aussi bêtes que les Américains"

Le bac en poche, Christine, *«par goût du concret et besoin de considération»,* est partie à la conquête du monde du travail. Depuis peu, elle bosse le week-end comme ouvreuse dans un cinéma. Un emploi qui a mis à mal sa vanité, mais qui *«vaut mieux que le chômage».* Si elle ne voit pas la vie en rose, elle ne broie pas encore du noir. Et profite — vivant chez ses parents — de son salaire de 4 000 francs pour s'amuser et sortir le soir. *«Nos parents ont eu plus de chance que nous,* constate-t-elle. *Les personnes qui nous dirigent aujourd'hui nous exploitent.»* Volubile, elle dresse un constat sévère. Celui d'une société bloquée où même les études ne mènent à rien (elle connaît des amis serveurs titulaires d'une maîtrise de sciences éco). Christine regrette aussi — on décèle dans sa voix une froide colère à peine rentrée — l'abrutissement ambiant. Un symptôme? La télévision, et sa myriade d'émissions honteuses. Celles de Jacques Pradel, notamment: *«Nous devenons aussi bêtes que les Américains, collés devant nos écrans à manger des chips.»* Contre ce risque de contamination, un antidote: des voyages au bout du monde qui permettent de prendre du recul... en attendant de fonder une famille. Les discours des *«égoïstes»* de la politique ne l'intéressent pas. L'autre dimanche, Christine a préféré l'intimité de sa couette au secret de l'isoloir.

Nathalie Bessis, 24 ans

Le rêve: "Décrocher un travail utile"

A 24 ans, Nathalie, après une hypokhâgne, collectionne les diplômes: Sciences-Po, Langues orientales. Depuis un an, elle cherche un travail sur mesure, *«ni dans une banque ni dans une entreprise»*. Elle habite seule et, spécialiste du bouche à oreille, préfère gagner sa vie en faisant des petits boulots — actuellement, elle tape une thèse sur son Macintosh — plutôt que des stages bidon dans des *«entreprises qui t'exploitent mais ne t'apprennent rien».* Résultat: son revenu — en comptant l'argent que lui versent ses parents divorcés — avoisine 6 000 francs par mois. Une partie de cet argent va sur son dos, l'autre déforme les poches des garçons de café. Et pour se tenir au courant, chaque jour elle épluche attentivement la presse — sans oublier les petites annonces.

Malgré sa *«vie facile»,* Nathalie étouffe. Son rêve? Décrocher un travail «utile» pour partir loin de Paris: un poste d'enseignante en Russie, par exemple. *«Ma génération est saturée d'informations,* confie-t-elle, désabusée, *on se ressemble tous avec nos comportements stéréotypés.»* Résignée à ce que les choses aillent de mal en pis, elle assiste, impuissante, au *«naufrage de notre société».* Mais, pour elle, pas de conflit de générations: les baby-boomers, *«plus favorisés par les circonstances»,* ne sont pas les responsables de la crise. Le 28 mars, elle a quand même fait l'effort de voter. *«Pour les socialistes, même si ça n'est pas la panacée.»*

Marc Hadzi Vidojkovic, 28 ans

"La génération très égoïste de nos parents"

Tiré à quatre épingles, Marc mène, à 28 ans, une existence bourgeoise mais bohème. Avec 3 000 francs par mois pour vivre dans un appartement prêté par ses parents, il ne roule pas sur l'or. Il y a cinq ans, il a fait le choix, inconfortable, d'interrompre *«des études scientifiques étouffantes»* et de s'engager aveuglément, par passion, dans le cinéma. Son premier court-métrage, qu'il a financé en partie par *«des petits boulots abrutissants»,* a reçu le label CNC (Centre national de la Cinématographie). Un prix prestigieux mais inutile. Depuis, il végète. Par manque d'audace, selon lui. Démotivé par l'obstacle que représentent *«la crise et le mur de l'argent»,* mais pas tout à fait résigné, il garde des contacts avec des amis qui connaissent les mêmes problèmes que lui. Et exécute, froidement mais sans haine, la génération de ses parents, *«des égoïstes installés dans leur confort, décalés par rapport à la réalité et laissant les jeunes se débattre dans leurs difficultés».* S'il abomine la télévision, *«ce vide culturel et commercial»,* il assouvit son besoin de rêve et d'évasion en choisissant ses centres d'intérêt — de la musique à l'astronomie — en fonction de leur étrangeté *«poétique».* Sa jeunesse le porte à espérer — un peu! — dans l'avenir. Quant au reste, il a voté, par tradition, pour une droite modérée en laquelle il ne croit plus.

Jean-Laurent Del Bono, © *LE NOUVEL OBSERVATEUR,* 8–14 avril 1993, pp. 14–15

Avoir 20 ans et des ambitions plein les poches
Quatre jeunes gens qui en veulent

Ils veulent être président de la République, directeurs d'entreprise ou enseignants. Mais ils se veulent plus altruistes, moins durs que leurs aînés...

"Vouloir pour les autres"

Olivier Vandard, 26 ans, professeur d'histoire

Olivier Vandard n'a pas pour ambition de devenir le plus grand des raiders. Ce professeur, qui tient davantage de Poil de Carotte que de Bernard Tapie, voudrait pourtant bien changer la vie. Celle des autres surtout. Face à l'égoïsme il refuse de baisser les bras. C'est ainsi qu'après avoir donné ses cours d'histoire dans un CES, il se met chaque jour au service des jeunes qui ne savent pas comment trouver un emploi.

Ce qu'il espère, au fond, c'est former des citoyens, pour *«en finir avec les zombies».* Pour lui, chaque individu libre doit avoir un projet personnel. Car *«l'ambition peut expliquer le développement des civilisations».* Il regrette que la plupart des gens, obnubilés par l'appât du gain, oublient que l'ambition ne se mesure pas à *«ce qu'on a dans le porte-monnaie».* Altruiste, Olivier Vandard? Son visage s'illumine quand on lui annonce que ses *«stagiaires»* viennent de trouver du travail.

Aziz Zemouri

"La soif d'apprendre"

Georges Sitbon, 21 ans, en première année d'HEC

Ses parents sont comptables. Ses trois frères également. Lui est en première année d'HEC, il ne sera pas comptable. Quelle profession choisira-t-il? Il ne le sait pas encore. Ce qu'il sait, en revanche, c'est qu'il voudrait faire un métier qui le mette en contact avec beaucoup de monde. Il sait aussi qu'il aura plus tard des enfants, une vraie vie de famille et que le travail n'occupera pas tout son temps. A part cela, il n'a pas envie, dit-il, d'*«en mettre plein la vue ou de faire de grandes choses»*. Ce qui le motive vraiment, *«c'est la soif d'apprendre»*. Sage jeune homme! Si sage qu'il risque, dans ce dur monde, de se faire piétiner par plus ambitieux que lui? C'est à voir: *«Quand je me fixe un but, j'y arrive. J'ai fait de la boxe. J'avais décidé de devenir champion de Paris, je l'ai été. J'avais décidé de devenir champion de France, j'ai été vice-champion. Alors j'ai préféré arrêter.»* Georges a donc capitulé devant un demi-échec. Est-ce par manque d'ambition?

"Devenir président de la République"

Nasser X (souhaite rester anonyme), 23 ans, étudiant en droit, brigue l'Elysée

Enfin un beur président! Nasser, cheveu lisse et costume strict, aura 50 ans en l'an 2020. Et il espère bien, à ce moment-là, accéder à la fonction suprême. Aujourd'hui, étudiant en droit, futur élève de Sciences-Po, il s'apprête à entrer au PS. Cela pourra toujours lui servir... quand les éléphants qui encombrent le paysage ne seront plus là. En attendant, il lit «Comment devenir président de la République en 90 minutes», de Michel-Antoine Burnier, et réfléchit déjà à un programme de gouvernement: *«La seule solution sera de travailler trente heures par semaine. Il faut soulager la masse de travail de ceux qui ont des emplois pénibles. On ne peut pas perdre sa vie à la gagner.»* Et puis, ajoute-t-il, *«j'espère que je serai chauve, l'opinion préfère»*. Bourreau de travail, il passe ses vacances à convaincre les jeunes des cités de retrouver le chemin de l'école. *«Tous ceux qui vivent dans les quartiers défavorisés devraient vivre, manger et dormir à l'école. On a déjà perdu trop de temps.»* Avoir le sens du long terme, c'est décidément ce qui différencie l'homme d'Etat de l'homme ordinaire! Etre prudent aussi, peut-être: c'est pour cela que Nasser X a choisi de ne dévoiler ni son nom ni son visage. D'autres jeunes ambitieux pourraient lui voler la place...

Aziz Zemouri

"Avoir une ambition insidieuse"

Claire Enco n'a pas encore 20 ans. Etudiante à l'Inseec, elle espère diriger une entreprise

Frêle mais volontaire, yeux de braise, minijupe et bas noirs, Claire rappelle d'un air blasé qu'elle a eu son bac à 17 ans et demi. Qu'elle a *«fait une prépa»* l'année suivante, et qu'elle est aujourd'hui étudiante en 2e année à l'Inseec (Institut des Hautes Etudes économiques et commerciales). Très tôt, elle s'est sentie attirée par les affaires. *«Une folle envie de me battre»*, dit-elle en serrant les poings de ses petites mains. Marseille, où elle est née, est trop petite pour satisfaire sa soif de vaincre. Elle abandonne parents et amis et monte à Paris. Un studio, payé par son père, chef d'entreprise, un peu d'argent récolté en donnant quelques cours et la voici prête à *«la bagarre»*. Sa devise: *«Mieux vaut affronter la difficulté aujourd'hui que de se laisser surprendre demain.»* Son ambition? *«Cette nouvelle race de femmes d'affaires, qui ont su si bien collectionner pouvoir, renommée et argent, m'a toujours fascinée. Mais moi, je ne veux pas arriver à tout prix, tel un bulldozer massacrant tout sur son passage. Non, je crois que cette époque est révolue. Il faut se faire plus discret, moins prétentieux. Avoir une ambition feutrée, réservée, insidieuse. Et beaucoup d'humilité. Aujourd'hui, c'est dur de trouver un emploi, même si l'on est bardé de diplômes. La concurrence est vive. Il faut se faire modeste.»* Claire a dit cela d'un trait. Sans s'arrêter. Puis elle a poursuivi pour dire combien *«toutes ces ambitions tapageuses [la] font rire»*. Et elle a filé à l'Institut, où *«un cours très important»* l'attendait.

Alain Chouffan

Etat des lieux

Fuite ou révolte?

Drame: le suicide des jeunes

Chaque jour, trois jeunes se suicident en France. Le nombre de tentatives est estimé à 40.000 par an chez les 15-24 ans, suivies une fois sur trois d'une ou plusieurs récidives.

En 1989, 826 des suicidés répertoriés concernaient des jeunes gens.

Alors que moins de 20% des jeunes candidats au suicide souffriraient de troubles psychiatriques, en 1989 une étude de l'INSERM (Institut national de la santé et de la recherche médicale) a mis en évidence la corrélation entre les idées morbides des adolescents et un certain nombre de comportements: «déviance» (fugue, racket), toxicomanie, difficultés scolaires... [...]

Journal français d'Amérique, n° 20, 2–15 octobre 1992

INTERVIEW

Toute la ville en tags

*Cyril Collard avait réalisé un téléfilm sur les taggers
Commentaires du sociologue Paul Yonnet*

Impossible de ne pas voir les tags sur les murs des villes depuis plusieurs années. Le sociologue Paul Yonnet, auquel on doit le revigorant *Voyage au centre du malaise français, l'antiracisme et le roman national* (Gallimard), explique au *Figaro* ce que sont les tags et qui sont les taggers.

LE FIGARO. — Quelle est, pour vous, la signification sociale et «morale» des tags?

Paul YONNET. — C'est d'abord un phénomène urbain: le tag se développe dans l'anonymat des grandes villes et de leurs banlieues. Il est presque impossible d'observer ce genre de choses dans un espace à demi-ruralisé où le contrôle social est plus pressant. Deuxième caractéristique: le tag est une spécialité des adolescents, entre douze-treize ans et vingt-cinq ans, presque tous des garçons.

C'est très vraisemblablement un mode d'expression initiatique qui tend à disparaître lors du passage à la maturité. Il faut aussi relever, lorsqu'on analyse certaines pratiques sociales, la sexualisation des activités.

— L'agressivité des taggers contre l'espace public, la propriété privée, est-elle volontaire?

— On dit souvent que le tag est une signature, c'est vrai. Il y en a plusieurs sortes: certains taggers isolés inventent une griffe évoquant les super-héros de bande dessinée. Il existe aussi des taggers leaders qui lancent une signature, reprise et imitée. Dans les banlieues, il faut parler de bandes de taggers dont l'objectif n'est pas de s'attaquer à des symboles d'un ordre à contester mais de marquer des territoires par rapport à d'autres bandes.

— Existe-t-il, pour vous, des encouragements médiatiques aux taggers?

— Aux Etats-Unis, la grande vague du tag remonte aux années 71–74 et résulte d'une contre-culture, venue des faubourgs. Parmi ces taggers, plusieurs ont acquis une reconnaissance artistique. En France, le phénomène est inverse. Il existait déjà des graffiteurs et des pochoiristes antérieurement à 1986, lorsque le tag a fait sa véritable apparition médiatique. C'est arrivé alors que l'idée que tout était culturel était répandue, à un moment où la notion de déréglementation était très importante: phénomène typique d'une société libérale avancée. Cette période est aussi celle où se sont développées de nombreuses expressions de jeunes comme les concerts de SOS-Racisme et le mouvement étudiant et lycéen. Mais ceux qui taggaient n'appartenaient pas alors à ce dernier.

Le tag est un mode d'expression d'une catégorie de jeunes qui veulent attirer la curiosité et ne disposent que de moyens d'une grande pauvreté.

— La multiplication des tags est-elle un signe de l'éclatement social ou d'une décadence?

— Ce n'est pas un signe d'éclatement en tant que tel mais il est perçu ainsi par l'immense majorité des citoyens — et à juste titre — dans la mesure où ils se sentent agressés.

Le problème réside moins dans la signification du tag pour le tagger que pour celui qui est «taggé». Il faut faire comprendre aux taggers que les taggés ont le droit d'avoir un point de vue sur les tags.

Propos recueillis par **Philippe CUSIN**

Points de vue

VINGT ANS, SANS DOMICILE FIXE

À Paris, des centaines de jeunes vivent cachés comme des rats. Ils ont vingt ans et la rue pour maison. Lili Réka et la photographe Francine Bajande les ont rencontrés dans les gares, les entrées d'immeubles, et les caves. Ils racontent le désespoir.

Combien de jeunes issus de familles à problèmes se retrouvent à la rue avant vingt ans? «Mon père n'a jamais eu un sou, ma mère buvait, et c'est toujours moi qui prenait!» s'exclame Franck avec haine. Il a été viré à quatorze ans. «Mon père est mort, j'avais dix-huit ans, mes frères m'ont jeté, explique Momo. J'avais fait des bêtises. Avec mon CAP d'ajusteur, mes boulots ne me plaisaient pas. J'avais la haine, j'ai plongé dans l'alcool, et je me suis retrouvé dans la rue. J'étais jeune, j'avais besoin d'aide, et la seule chance que mes frères m'ont donnée, c'est de mourir dans un caniveau.»

Pour Nedjma, dix-sept ans, la route était toute tracée. La petite voleuse toxico-alcoolo au visage d'ange, qui zone dans les squats avec les zoulous des Halles, n'a fait que suivre les traditions familiales. «Mon père boit, mes sœurs sont défoncées, mon frère est en prison, il a descendu mon beau-frère. En foyer de la DDASS à partir de huit ans, en famille d'accueil ou chez mes sœurs, je n'ai jamais arrêté de cogner ou de fuguer. Je suis une galérienne qui vit dans la rue. Je ne sais que voler.»

Véronique, vingt ans, n'a connu que la vie en institution. «J'ai été confiée à la DDASS à trois ans. L'an dernier, j'ai raté mon CAP de boulangère, alors je suis montée à Paris pour changer de vie. Et je me retrouve dans un foyer d'urgence pour deux nuits. En institution, comme toujours: je n'ai rien, ni famille, ni boulot, ni argent, ni logis.»

Gus, vingt-cinq ans, lui non plus n'a pas eu de chance. Un père malade, une mère chômeuse, une scolarité qui plafonne au niveau cinquième, et l'espoir qu'en quittant sa banlieue tout ira mieux. Mais Gus vit dans un squat à Pigalle. Une bougie, un matelas, pas d'eau ni de chauffage. Pourquoi? Parce que quand on gagne le SMIG dans une pizzeria, il est impossible de se loger dans la ville où les loyers flambent depuis dix ans. «Avec mes économies, j'ai pu tenir deux mois à l'hôtel, explique Gus. Maintenant avec mon seul salaire, je ne peux plus. Vraiment. Je travaille comme un con, et ça me sert à quoi? De toute façon, je vis comme un chien.»

Georges-André, chauffeur intérimaire, Anita, secrétaire volante, Tony, garçon de café extra, et Diego, le coursier endetté, ont tous le même problème, une scolarité perturbée et des revenus insuffisants ou encore irréguliers qui ne leur permettent ni de louer un appartement ni de se payer l'hôtel.

LE POIDS DE LA MALÉDICTION

Qu'ils aient un emploi, qu'ils soient toxico, galériens ou assistés, tous les jeunes sans-abri parlent de «malchance» ou de «malédiction». Avec sa tête de déterré, Franck n'a pas obtenu l'emploi convoité de serrurier; Nedjma qui commençait un stage de réinsertion s'est fait fracasser la tête à coups de marteau par sa sœur; Momo, shooté à l'alcool et aux médicaments, s'est fait salement renverser par une voiture dans la rue; Martine la toxico vient d'apprendre qu'elle est infectée par le virus du sida... Face à ces drames, ces jeunes lancent une provocation: «J'en ai rien à foutre!» Une manière de refuser la pitié, de masquer leur impuissance, et la seule parade un peu digne face à un destin qui les écrase et contre lequel ils pensent qu'ils ne peuvent rien. Ont-ils vraiment tort? Les très sérieux rapports 1990 de l'INSEE et du CERC (Centre d'études des revenus et des coûts) disent exactement la même chose en constatant que, depuis dix ans, les inégalités en France se sont aggravées.

Dans une société où l'envolée des Bourses, de l'immobilier et des taux d'intérêt rendent les riches beaucoup plus riches, les pauvres deviennent de plus en plus pauvres. Au nom de la logique de l'après-crise économique et de l'évolution rapide de notre société, ces fils de pauvres, ces gamins assistés et mal aimés sont condamnés. Notre société n'a pas de place pour eux. Ils ont perdu tous leurs droits: emploi, logement, santé, éducation, et jusqu'à celui d'être punis. Car les sans-logis qui font la manche défient à tout moment les articles 269 et 274 du Code pénal. Vagabondage et mendicité y sont des délits punissables de trois à six mois d'emprisonnement. «Plus aujourd'hui, affirme le commissaire Debuire, du commissariat des Halles. Sur instructions plus ou moins officielles, ces articles sont tombés en désuétude. D'ailleurs, si nos services les appliquaient à la lettre, je vous assure que cela ferait exploser les prisons!» Ni dans les prisons comme de mauvais citoyens, ni dans la société comme des bons, alors où vont vivre ces jeunes dont personne n'a besoin? Il leur reste un seul territoire, celui dont tout le monde se sert, mais que personne ne veut: la rue! «Votre société m'a niqué. Je suis prisonnier de la rue, fait comme un rat», déclare l'Ange de la place Sainte-Opportune.

Marie Claire, avril 1991, pp. 82, 87

W. Dites quelles sont les différentes formes d'exclusion vécues par les jeunes français décrits dans les articles que vous venez de lire. Analysez les facteurs (sociaux, économiques, psychologiques) qui ont conduit à de telles situations. Enfin relisez *la Fiche méthodologique 3* (p. 37) et analysez l'affiche du Secours Populaire Français (l'objectif de cette affiche).

ETRE ADULTE

Fodé Sylla

Qu'est-ce qu'être adulte? Cette semaine, c'est Fodé Sylla, président de SOS-Racisme, qui répond à la question posée conjointement par La Vie et l'association Grande Ecoute.

Pour moi, ce qui est important dans le fait d'être adulte, c'est d'avoir tout d'abord la capacité de comprendre les événements qui vous concernent. Et, à partir de là, il s'agit d'avoir suffisamment de sens des responsabilités pour chercher à prendre ces événements en main, autrement dit de créer à partir de cette compréhension. C'est ainsi que, Sénégalais arrivé en France à l'âge de dix ans et élevé dans une famille française, j'ai décidé de consacrer une bonne partie de ma vie au militantisme. Alors que j'étais éducateur, j'ai créé l'association Banlieues unies, puis, j'ai pris la succession d'Harlem Désir en tant que président de SOS-Racisme. Je me bats pour les valeurs d'égalité, de solidarité et de générosité: je crois que je peux me considérer comme adulte.

Etre adulte est une notion compliquée qui ne revêt pas du tout le même sens dans un pays du tiers monde, par exemple. Là-bas, une jeune fille peut avoir un enfant à l'âge de treize ans. Mère de famille, elle devient adulte. Ici, dans notre société marquée par le chômage et l'exclusion, beaucoup de gens marginalisés se trouvent dans l'impossibilité d'exercer leurs responsabilités, donc de se comporter comme des adultes. C'est donc la société qui détermine où est la barrière entre adultes et non-adultes. Et j'estime que, dans un contexte de pauvreté, d'échec scolaire et de drogue, comme celui que l'on connaît dans les banlieues, ma tâche est de me battre pour que chacun puisse devenir vraiment adulte.

En France, on a une chance formidable. On peut vivre pour ainsi dire plusieurs rythmes en même temps. Moi, enfant musulman, j'ai fréquenté une école laïque et républicaine et j'ai été élevé par une famille de militants de la Jeunesse ouvrière chrétienne. J'ai eu la chance d'aller au lycée, de faire des études d'histoire. Alors que j'aurais pu vivre dans un autre coin de la Terre, être enfant de la rue à Bogotá ou au Brésil. Le moment de devenir adulte aurait été alors pour moi soit singulièrement avancé soit indéfiniment retardé. En France, j'ai pu trouver ma place grâce aux valeurs républicaines, et donc devenir adulte. A aucun moment, on ne m'a dit que, pour être intégré, je devais cesser d'être musulman. Je crois qu'être adulte, c'est pratiquer le respect mutuel, qui peut déboucher sur une vraie intégration, une intégration naturelle. Pour moi, l'intégration forcée, qui nie les valeurs culturelles de l'autre, ne s'appelle pas intégration mais assimilation.

Je crois que le véritable adulte est celui qui sait respecter l'étape qui précède et l'étape qui suit: l'enfance et la vieillesse. Il n'y a rien de plus terrible que le désir de tous ces enfants, aujourd'hui, dans les banlieues. Dès l'âge de treize ans, ils estiment qu'ils n'ont plus qu'une chose à faire dans la vie: gagner de l'argent. Un enfant doit pouvoir vivre sa vie d'enfant. De même qu'un vieillard a droit non seulement au respect, mais encore à la possibilité de continuer à jouer un rôle dans la société. Les adultes sont au pouvoir? Eh bien, cela relève de leur responsabilité, de leur devoir, de permettre aux enfants de mieux organiser leur vie d'enfants et aux adolescents et aux personnes âgées de participer aux décisions qui les concernent. C'est pour cette raison que j'ai envie de me battre.

Propos recueillis par
MARLENE TUININGA

La Vie, n° 2491 du 27 mai 1993, p. 79

X. Que signifie «être adulte» pour le leader de SOS-Racisme?

Analyse statistique

Faisons parler les chiffres!

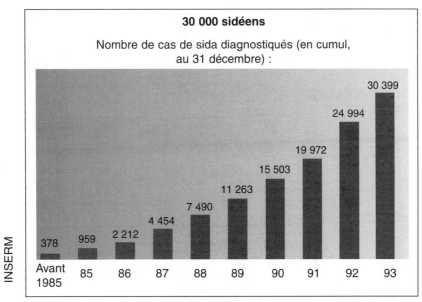

30 000 sidéens

Nombre de cas de sida diagnostiqués (en cumul, au 31 décembre) :

378	959	2 212	4 454	7 490	11 263	15 503	19 972	24 994	30 399
Avant 1985	85	86	87	88	89	90	91	92	93

INSERM

Gérard Mermet, *Francoscopie 1995,* © Larousse, p. 87

Le record d'Europe du sida

La France est doublement concernée par ce fléau, apparu en 1978. D'abord parce que c'est une équipe française, celle du docteur Montagnier, qui a découvert un premier virus en 1983. Ensuite, parce qu'elle détient le triste record du plus fort taux de sida de l'Union européenne. Cette situation s'explique par l'utilisation peu répandue des préservatifs et par une prise de conscience insuffisante et en tout cas tardive, surtout parmi les jeunes. Les diverses campagnes d'information diffusées n'ont pas eu un effet comparable à celui constaté dans d'autres pays ; leur impact a été limité par la croyance en l'arrivée prochaine d'un vaccin.

Gérard Mermet, *Francoscopie 1995,* © Larousse, p. 86

Médecins et patients : le désaccord

68 % des Français (et 55 % des médecins) estiment qu'un malade qui se sait séropositif et qui ne prend pas de précautions vis-à-vis de son ou de ses partenaires sexuels doit être poursuivi par la justice (29 % des Français et 39 % des médecins sont de l'avis contraire).
90 % des Français et 57 % des médecins considèrent que, si leur conjoint était séropositif, le devoir du médecin serait de les prévenir, rompant ainsi le secret médical (8 % des Français et 41 % des médecins sont de l'avis contraire).
83 % des Français et 47 % des médecins sont favorables à un dépistage systématique et obligatoire du sida pour l'ensemble de la population (16% des Français et 53 % des médecins sont de l'avis contraire).

Gérard Mermet, *Francoscopie 1993,* © Larousse, p. 84

Impact médecin-FR3/Ifop Santé-Cera, juin 1991

42 pays se rencontrent à Paris pour renforcer la lutte

Mobilisation au sommet contre le SIDA

A l'occasion de la journée mondiale contre le sida, les représentants de quarante-deux pays se retrouvent, aujourd'hui, en France. Une réunion sans précédent qui se veut un tournant dans la lutte contre ce fléau dont les ravages atteignent de plus en plus de jeunes.

Sida : la guerre totale

LA FRANCE ET LE MONDE SE MOBILISENT

TOUS CONTRE LE SIDA

SIDA : L'IMPÉRIEUSE RESPONSABILITÉ

42 PAYS SE MOBILISENT AUJOURD'HUI À PARIS CONTRE LE FLÉAU

SIDA : LE GRAND S.O.S.

Quatre millions de malades et 14 millions de séropositifs dans le monde. Et, en France, l'épidémie a déjà fait 20 000 morts alors que le nombre des contaminés augmente à une vitesse terrifiante.

Pour nuancer votre expression

Le sida

le sida	AIDS
une épidémie	epidemic
un virus	virus
attraper le virus	to pick up the virus
être contaminé(e)	to be infected (be HIV positive)
être séropositif(-ive)	to be HIV positive
être porteur/porteuse du virus	to be a carrier
transmettre	to transmit
la transmission par seringue contaminée	transmission through needle use
contracter le sida	to develop AIDS
un(e) sidaïque	a person with AIDS
une transfusion sanguine	blood transfusion
un donneur de sang	blood donor
sexuellement transmissible	sexually transmitted

Points de vue

Une action musclée d'Act-Up Paris

BERLIN

de notre envoyé spécial

Une action musclée de l'association Act-Up Paris (1) a troublé, mercredi 9 juin à Berlin, la conférence sur le sida. Elle a eu lieu au stand de «L'espace France», qui groupe, sous l'égide de l'Agence française de lutte contre le sida (AFLS), une quarantaine d'associations spécialisées.

Quelques dizaines de militants d'Act-Up — tee-shirts noirs, triangles roses — ont bousculé et agressé verbalement les membres de l'AFLS. Reprochant à l'agence gouvernementale de ne pas prendre l'exacte mesure de la gravité de l'épidémie, ils ont distribué des affiches reproduisant les photos de Jean de Savigny, directeur de l'AFLS, et de Françoise Varet, directrice adjointe. *«Ils ont tué mon ami,* expliquaient les affiches. *Ils doivent démissionner.»*

Act-Up réclame *«une réorientation complète de la politique de prévention du sida en France».* *«Depuis quatre ans,* explique Christophe Martet, vice-président d'Act-Up Paris, *l'Agence française cède à toutes les pressions moralisatrices. Les homosexuels, les toxicomanes et les immigrés sont les grands exclus de ses campagnes en direction du grand public.»*

Les actions d'Act-Up ont été condamnées par les associations présentes (Aides, Arcat-Sida, Médecins du monde, France-Libertés, MAAVAR, SCRIPS, etc.). Françoise Varet a qualifié ces méthodes de *«fascistes».* Elle rejoint néanmoins les critiques visant la faiblesse des crédits dont dispose l'agence et espère que le budget 1994 de 251 millions de francs, accepté par le cabinet de Simone Veil, ne sera pas demain remis en cause.

J.-Y. N.

_____

(1) Emanation de Act-Up New York, Act-Up Paris, créée en 1989, revendique environ trois cents adhérents, contaminés ou non, homosexuels ou pas. D'autres associations équivalentes ont été créées à Toulouse, Nice, Lyon et Lille.

Le Monde, 11 juin 1993

Hervé Guibert:
A l'ami qui ne m'a pas sauvé la vie (extrait)

Hervé Guibert (1955–1991) a été parmi les premiers écrivains français à témoigner de l'horreur du sida. Il est mort du sida à l'âge de 36 ans.

J'ai eu le sida pendant trois mois. Plus exactement, j'ai cru pendant trois mois que j'étais condamné par cette maladie mortelle qu'on appelle le sida. Or je ne me faisais pas d'idées, j'étais réellement atteint, le test qui s'était avéré positif en témoignait, ainsi que des analyses qui avaient démontré que mon sang amorçait un processus de faillite. Mais, au bout de trois mois, un hasard extraordinaire me fit croire, et me donna quasiment l'assurance que je pourrais échapper à cette maladie que tout le monde donnait encore pour incurable. De même que je n'avais avoué à personne, sauf aux amis qui se comptent sur les doigts d'une main, que j'étais condamné, je n'avouai à personne, sauf à ces quelques amis, que j'allais m'en tirer, que je serais, par ce hasard extraordinaire, un des premiers survivants au monde de cette maladie inexorable.

Hervé GUIBERT, *A l'ami qui ne m'a pas sauvé la vie*, © Editions GALLIMARD, p. 9

Y. Dites ce que ces documents révèlent de l'attitude des Français vis-à-vis du sida.

Vue de l'extérieur

Catherine Vigor: *Hawa: l'Afrique à Paris* (extrait)

En France, quand ils m'ont fait une carte de Sécurité sociale, ils m'ont donné une date de naissance. Ils ont choisi le 31 décembre en 1954. Ils donnent la même date de naissance à tous les Africains qui en manquent comme mon mari, par exemple. C'est pour ça que nous avons tous l'air d'être nés le même jour.

Ici en France, c'est très bien pour avoir les bébés, mais après ça devient trop dur. Il y a beaucoup de problèmes avec les enfants. Les institutrices nous appellent tout le temps, on ne comprend pas pourquoi ça ne va pas à l'école. Après ça, elles nous disent d'aller voir le psychologue ou l'orthophoniste et nous, on ne sait pas pourquoi il faut répondre à toutes ces questions.

Nous, les Africains, nous avons beaucoup de difficultés avec les enfants. Moi, je n'ai jamais été à l'école, comment est-ce que je peux bien comprendre, comment est-ce que je peux bien savoir? Quelquefois ma fille revient et elle me parle de choses de l'école. Je lui dis:

— Mina, pourquoi est-ce que tu me racontes tout? Ça ne m'intéresse pas. C'est une mauvaise habitude de tout raconter. Une petite fille chez nous a des secrets, il faut qu'elle commence à avoir des secrets.

C'est bien que Mina me raconte des choses, mais pas trop. Elle me dit tout ce qu'elle fait à l'école ou dans la rue, ce n'est pas bon. Un jour, elle me racontera des choses qui ne me plairont pas du tout.

Moi, quand j'étais petite, et que je disais à ma mère quelque chose qu'elle n'aimait pas, elle me répondait: «Tire la langue», et elle me pinçait un peu la langue avec ses ongles pour que j'apprenne, ou bien, elle me tirait l'oreille très fort et me disait «Est-ce que je t'ai demandé, est-ce que je t'ai demandé?» Si elle avait besoin, elle m'interrogeait. Moi, je suis comme ma mère, je ne veux pas que mes enfants racontent n'importe quoi, par exemple quelque chose de pas intéressant qui se passe dans la rue parce que ça me met des idées inutiles dans la tête. Et quand je dis à mes enfants: «Ça, ça reste là à la maison», je suis sûre que ça ne sort pas.

Les enfants français ne sont pas comme les enfants noirs: ils sont intelligents, ils travaillent bien, mais ils traitent mal leurs parents. Moi, je n'ai jamais dit non à ma mère. Peut-être que je n'aimais pas faire ce qu'elle me demandait mais, même si je n'y arrivais pas, j'essayais quand même.

Avec mes filles, je fais ce que ma mère faisait avec moi, mais c'est difficile. Parfois je n'y arrive pas bien, je m'en rends compte. Quelquefois je n'ai pas le courage de leur parler, peut-être que j'ai peur d'elles. Coumba a treize ans, c'est encore un bébé, et pourtant, elle fait tout ce qui lui plaît, elle rentre quand elle veut. Elle a une copine martiniquaise à l'école qui a été enceinte l'année dernière à quatorze ans, et elles doivent tout se raconter. Je ne sais pas quoi faire: une mère française, qu'est-ce qu'elle ferait? Est-ce que c'est facile de n'être ni africaine, ni française?

Pourtant c'est plus facile pour les filles que pour les garçons. Les garçons ça coûte moins cher, c'est sûr: un tee-shirt, un pantalon, ça y est! Tandis que pour les filles, il faut des boucles d'oreilles, des pagnes, des crèmes, il faut leur tresser la tête, c'est cher. Mais les garçons, c'est dur. Mon amie Aïssa a des problèmes graves avec son fils: elle ne savait pas que c'était la drogue et qu'il avait beaucoup d'argent. Mais s'il s'achetait des choses à cinq cents francs, elle devait bien se demander où il trouvait cet argent. Une mère voit bien ces choses-là. Elle peut lui tirer les oreilles et lui dire:

— Comment ça se fait que tu aies tant d'argent? D'où ça vient tout ça?

Mais elle ne savait pas, le père non plus, et leur enfant est en prison...

J'aime les pères français, ils promènent leurs enfants au jardin, ils n'ont pas honte, ils les prennent dans leurs bras, ils les mettent sur le toboggan et les attendent en bas. Jamais vous ne verrez un père africain mettre son enfant sur une balançoire... Mes enfants, ce n'est pas leur père qui les élève. Il ne me demande jamais rien, il ne demande jamais pour l'école des filles non plus, et quand on le convoque chez le psychologue parce qu'elles travaillent mal, il ne veut jamais y aller. Si en plus ce sont des femmes psychologues, jamais il n'ira.

Catherine VIGOR, *HAWA: L'AFRIQUE A PARIS,* © Flammarion, 1991, pp. 109–111

Calixthe Beyala: *Le petit prince de Belleville* (extraits)

Les mères? Eh bien! J'en ai deux et c'est elles qui sont les causes de tout ce raffut! Vous savez bien! C'est passé dans les journaux. Un nègre avec deux femmes et un tas de mômes pour toucher les allocations familiales. Ça a fait un foin du diable! J'étais sur le cul! Mais zut alors! Comment j'aurais pu savoir que tout le monde n'avait qu'une femme et qu'un môme n'avait qu'une mère? Moi, je pensais tout naturellement que les enfants de l'école en avaient aussi deux, mais jamais je ne leur ai rien demandé, vu qu'il fallait pas en parler.

Mais vaut mieux que je commence par le commencement et par vous dire pourquoi les mères se sont chamaillées. C'était à cause que je savais pas lire et que la maîtresse, Mademoiselle Garnier, m'a harponné tout de suite, comme elles le font toujours.

Elles sont marrantes, ces maîtresses, je sais pas comment ça se fait, mais elles sont toutes pareilles. Elles vous posent toujours les mêmes questions, et quand on veut leur expliquer que nous, on apprend le Coran et que le Coran est toute la science infuse qu'il y a sur terre et que le père est conseiller auprès d'Allah et que d'ailleurs j'ai pas besoin d'apprendre à cause que les femmes vont bosser pour moi, elles se regardent en secouant la tête et en disant:

— Oh! C'est affreux. Le pauvre gosse.

Toujours est-il que Mademoiselle Garnier m'a demandé où j'habitais exactement, ce que faisaient mon père et ma mère, si je savais lire et écrire et tout ce qui s'ensuit, et quand j'ai répondu: «Et comment, je sais lire», elle m'a apporté le livre en question, pour voir. Un livre épatant, d'ailleurs, du moins d'après ce que j'ai pu piger. Ça parlait d'un gosse, un petit prince qui voit un chapeau qui se transforme en serpent et c'était chouette. Qu'est-ce que je donnerais pour pouvoir remettre la main dessus et savoir comment ça finit... Si vous savez quelque chose, écrivez-moi à l'adresse ci-dessus indiquée.

Pour en revenir à Mademoiselle Garnier, en voyant tout le mal que ce livre me donnait, elle a ajusté ses lunettes, elle m'a regardé et elle a fait:

— Hum... Hum... je m'en doutais!

C'est vrai que c'était pas comme sur des roulettes. C'est pas qu'il y avait des mots difficiles, mais le type qui l'avait écrit avait des mots kilométriques, des mots et des mots à rallonges.

— Mamadou, tu aurais dû me dire que tu ne savais pas lire. Tes parents ne t'ont-ils jamais dit qu'un petit garçon ne doit pas mentir?

— D'abord, je suis pas un petit garçon. Ensuite, je sais lire, M'amzelle. Seulement ce truc-là, c'est écrit si bizarre!

— Oserais-tu insinuer que Saint-Exupéry ne maîtrisait pas les règles élémentaires de la grammaire française?

— Connais pas qui c'est ce type. Mais, j'sais une chose, c'est que son machin est drôlement construit et que personne ne pourrait rien y piger. Tenez, je vais vous faire voir.

J'avais un chewing-gum dans la bouche. Je l'ai sorti sur le bout de ma langue et j'ai fait une bulle. Ça a pété *clash!* puis je suis allé au tableau, alors, j'ai écrit.

— Tenez, je lui dis en montrant du doigt où c'était, regardez ça: «Wa ilâhoun Wâhid, lâ ilâha illâ houwa rahmânou-rahîm.»

Là, elle m'a arrêté, et qu'est-ce qu'elle m'a passé! Elle voulait pas croire que je lisais pour de bon. Moi, je lui disais pourtant que c'était inscrit là sous son nez, en toutes lettres, que: «Votre Dieu est un Dieu unique, nul autre Dieu que lui, clément, le miséricordieux.»

— Vous voyez bien, je lui ai dit, que c'est vous qui comprenez rien.

Alors elle a fait:

— Eh bien, ça c'est le bouquet!

Ça lui a suffi. Elle a dit qu'un garçon qui sait pas lire autre chose que le Coran, c'est honteux et contraire au mode de vie français, et qu'elle allait saisir l'inspection académique et me mettre dans une école spécialisée. Ça me plaisait pas, bien sûr, mais je ne pouvais rien faire et fallait bien que j'attende que mon papa sorte de son service de poubelles.

Toujours est-il que les élèves sont méchants et ils se sont mis à chahuter et à crier: «il sait pas lire-eu!» Et j'étais malade d'entendre tous ces gosses brailler. Comme si c'est pas malheureux, ça, d'être intolérant.

Après l'école, M'am est venue me chercher. Alors, il y a eu comme qui dirait une réunion, avec la maîtresse, et puis avec le Directeur de l'école, et ça chauffait dur avec M'am, qui leur disait qu'elle faisait tout ce qu'elle pouvait et allait plus me quitter jusqu'à ce que je connaisse parfaitement le français.

Moi, dans mon coin, je tâchais de bigler encore quelques lignes du livre, des fois qu'ils me l'auraient repris, et j'ai demandé à M'am:

— Tu as entendu parler de Saint-Exupéry?

— Ouais, elle m'a répondu. Il est dans le Coran verset 18.

· · · · · · · ·

[...] Là, le Directeur, il s'étrangle un peu et il dit:

— Désolé, Madame, mais si nous revenions à votre fils?

— Mon fils? Ah, celui-là, Monsieur, vous pouvez pas comprendre. Toujours le nez fourré dans les livres! Toute la journée, Monsieur! A ce rythme-là, il en saura bientôt plus long qu'une assistante sociale.

— Madame, parlons sérieusement. Si vous désirez que votre fils s'intègre dans sa classe, il est temps de prendre des mesures...

— Dites pas ça, Monsieur. Dites pas ça, mon bon Monsieur... C'est du racisme! Parfaitement! Du racisme!

— Madame...

— N'ajoutez rien! ah, ça, qui l'aurait cru!

— Madame, ici tous les enfants...

— Pas tous les enfants, Monsieur le Directeur. Pas tous les enfants... Mon petit Loukoum est si gentil! Donnez-lui une chance et vous n'allez pas le regretter. Ah, que non!

Et M'am avait les larmes aux yeux rien qu'à dire combien j'étais gentil.

Ce qui fait qu'ils ont encore discuté pendant un bout de temps et finalement ils se sont mis d'accord avec M'am et ils m'ont permis de rester dans la classe à Mademoiselle Garnier. Mais ils l'ont prévenue que si je ne savais pas lire et écrire avant la fin du trimestre, ils m'enverraient pour de bon dans une école spécialisée d'Antony. [...]

© Ed. Albin Michel, 1992, pp. 9–13

Z. Que révèlent ces deux textes des points de vue d'enfants d'origine africaine sur le monde des adultes?

Faisons le point!

AA. Commentez les quatre affirmations suivantes à la lumière des documents déjà étudiés ainsi que des textes ci-après.

1. La culture des jeunes Français est essentiellement plurielle.

2. Les jeunes Français sont désenchantés mais non dépolitisés.

3. L'engagement des jeunes s'est déplacé du politique vers l'humanitaire.

4. «J'avais 20 ans. Je ne laisserai personne dire que c'est le plus bel âge de la vie.» (Paul Nizan)

Les 15–24 ans: les partis écologistes en tête

Le baromètre des 15–24 ans que *Le Monde de l'éducation* publie chaque mois depuis janvier 1992 permet d'apporter un éclairage régulier jusque-là sur les préférences des jeunes. Il apparaît que les écologistes sont préférés par un quart à un tiers des jeunes, selon les mois, que le Parti socialiste arrive en deuxième position avec un quart des «suffrages» environ, et que les deux partis de droite réunis (RPR, UDF) totalisent environ un autre quart. A l'opposé, le Front national et le Parti communiste ne grappillent guère plus de 2 à 3% chacun des préférences juvéniles.

Cependant, derrière ces grandes lignes, se dessinent quelques différences en fonction des âges et du statut des jeunes. Les plus jeunes (les 15–19 ans) et les lycéens sont les plus ardents partisans des formations écologistes. Ainsi, quand 33% des personnes interrogées optent pour celles-ci, le chiffre monte à 37% chez les 15–19 ans et à 39% chez les lycéens. A l'inverse, ceux qui ne sont plus scolarisés sont moins «verts» que la moyenne.

En vieillissant, nos sondés penchent légèrement plus à droite. Certes, les écologistes restent en tête, suivis par le Parti socialiste. Mais, chez les étudiants, le RPR fait un score variant entre 17 et 23% selon les mois, contre un score de 14 à 18% parmi l'ensemble des jeunes interrogés.

Etudiants et lycéens sont réfractaires au Front national (1 à 2% maximum). C'est auprès des jeunes non scolarisés que ce parti rencontre le moins mauvais accueil (5% environ).

Le Monde de l'éducation, mars 1993, p. 75

Rêves noirs

Raphaël et Passi, vingt et un ans, ont envie «*de dire les choses cash*», c'est-à-dire franchement: «*On vit dans un système hypocrite. On essaye de nous faire croire qu'on est dans une démocratie, le pays des droits de l'homme, que tout le monde peut y arriver, et au bout du compte, c'est tout le contraire. Nous, c'est la banlieue qui veut ça, mais on est obligé de se battre tous les jours, il ne faut pas lâcher, on a seulement deux vies possibles: l'école ou la rue.*»

Raphaël et Passi n'ont pas lâché. L'un est en première année d'économie à l'université, l'autre a terminé un BTS de commerce. Rappeur dans le groupe Ministère amer, Passi a écrit une chanson: *Le savoir est une arme.* Raphaël, lui, est adhérent de l'association Entraide pour l'avenir noir, qui donne des cours de rattrapage scolaire aux petits, qui «*les instruit aussi sur l'histoire de la communauté noire dans le monde*».

Arrivés dans la cité HLM de Sarcelles (Val-d'Oise) à l'âge de huit ans, ils venaient d'Angola et du Congo: «*On avait encore l'Afrique, le soleil plein la tête mais on ne se rendait pas compte, c'était l'époque où le soir, après l'école, tu jetais ton sac et tu te retrouvais dans la rue à jouer avec les Blancs, les Arabes, les juifs, tu t'en foutais complètement.*» En vieillissant, ils se sont repliés sur leur communauté: «*C'est obligé, ça se fait presque malgré toi.*» Raphaël a perdu l'un de ses meilleurs amis, Ismaël, à la suite de deux jours d'émeutes — plutôt rares à Sarcelles — entre les communautés noire et juive. «*Il n'est jamais revenu.*»

Un poids politique

Raphaël rêve à une «*union des Noirs*», à l'esprit «*black power*», à une révolte collective «*à la Malcolm X*», le leader noir américain auquel il s'était intéressé bien avant le film de Spike Lee et dont il déteste l'effet de mode — «*maintenant tout le monde porte le X sur sa casquette sans savoir ce que ça représente*». Passi sait que «*le black power a une connotation agressive et qu'on peut se faire traiter de raciste, mais l'union noire, c'est d'abord pour avoir un poids politique, économique, pour avoir un vrai rapport de forces*».

Raphaël est persuadé qu'en France, un «*Blanc analphabète a plus de chances qu'un Noir licencié d'université. Le Noir n'aura même pas la place de manutentionnaire si le Blanc analphabète est postulant*». Pour Raphaël, «*ta couleur arrive en direct. Tous les jours, tu tombes sur quelqu'un qui te rappelle que tu es noir*». «*On ne peut pas nous demander, en plus, d'oublier notre identité et nos origines.*»

La banane et la carotte

Raphaël et Passi n'ont pourtant pas envie d'une communauté noire à l'américaine, d'un ghetto avec ses pauvres et son élite. Mais à Sarcelles, ils regardent vivre les autres communautés: «*On devrait prendre exemple sur les juifs ou les Chinois. Ils arrivent en France, tout de suite ils s'entraident, on n'entend pas parler d'eux, ils sont bien acceptés et en cinq ans, ils se retrouvent avec un commerce ou un beau pavillon.*»

«*Chez nous, il n'y a pas de solidarité. Il y a les gamins qui choisissent l'école, le travail, y'aura pas de gros gain mais c'est carré. Et les autres, qui sont dans le bizness et qui voient circuler beaucoup d'argent.*»

Raphaël n'aimerait pas que ce soit les «*politiciens à l'extérieur de la communauté qui résolvent nos problèmes, ça voudrait dire qu'on serait incapable de nous sortir de notre propre merde. Il faudrait qu'on se réveille nous-mêmes mais je ne sais pas comment. A moins de réussir à s'en sortir tout seul...*»

Il trouve dommage qu'il n'y ait pas d'histoire commune entre les Noirs vivant en France. «*On se tire entre nous. Il y a des Noirs qui se croient plus blancs que les autres, les Antillais plus français que les autres, les Bounty, des Noirs qui se sentent blancs à l'intérieur, les «Malins», les Noirs qui se frottent aux Blancs pour s'intégrer.*» A chaque fois, Passi nuance en disant: «*C'est peut-être la banlieue qui veut ça.*» Mais pour lui, les élections législatives ressemblent «*comme deux gouttes d'eau*» au référendum de Maastricht: «*Tu votais oui, tu prenais une banane. Tu votais non, tu prenais une carotte.*»

DOMINIQUE LE GUILLEDOUX

Le Monde, 12 mars 1993, p. 7

Avoir 20 ans le dimanche de Maastricht

Les vrais Européens vivent déjà parmi nous et vous ne les voyez pas. Vous les connaissez pourtant. Ils sont sveltes, ils sont beaux. Ils affichent le même air de jeunesse, d'apparente nonchalance et de désinvolture. Ils parlent peu, sauf entre eux. Ils ont leurs codes, leur langage, leur musique. Ils ignorent nos nostalgies, ils n'ont pas de passé, pas de guerre dans leur mémoire. Ils ont 20 ans. Ce sont vos enfants.

Faire ou non l'Europe? La question leur semble saugrenue: L'Europe, ils sont tombés dedans en naissant. Mais enfin, puisque leurs parents en parlent maintenant comme d'un poison ou d'une potion magique, ils ont commencé à s'interroger. Cette Europe des slogans et des affiches, des urnes et du référendum elle sera demain leur maison, leur patrie. [...]

[...] Pas de doute, ils vivent l'Europe au quotidien: deux sur trois (21 sur 34) se sentent plus proches d'un jeune Européen de leur âge que d'un Français d'une autre génération. Deux sur trois encore (24 contre 6) se sentent «*déjà Européens*». Quand? Lorsqu'ils voyagent — «*sans passeport du tout, ce serait bien*» —, quand ils regardent un match de foot «*où il y a, dans l'équipe qui met une pilée, un Portugais, un Allemand, un Italien*», quand ils rencontrent d'autres jeunes et quand ils vont «*ailleurs, aux Etats-Unis par exemple*». Vieille Europe, quand tu nous tiens.

En somme, on pourrait croire le problème réglé. Ce n'est pas vrai. Aujourd'hui, ils hésitent, ils ont peur. Secrètement, ils sont fous d'inquiétude. Pourtant, ils aimeraient bien rêver. Si possible en couleurs.

Mais ils ne rêvent pas. Dès qu'on commence à jouer avec les mots, les ambiguïtés et les craintes se révèlent. L'Europe, c'est «*un ressort*» pour Phu San, le Vietnamien du fond de la classe. Parce que le ressort, ça peut projeter en l'air mais ça peut aussi casser. C'est une locomotive à vapeur, pour Marc. Parce que la loco à vapeur avance mais c'est lourd, archaïque et lent à manœuvrer. C'est une tour de Babel dans laquelle on ne se comprendra pas. Un château de cartes, «*la grenouille qui voulait se faire aussi grosse que le bœuf*». Ceux qui parlent de fusée pensent au décollage, ceux qui parlent de navire pensent au possible naufrage. [...]

[...] «*Moi, j'ai voyagé en Allemagne, en Belgique, en Italie, au Luxembourg, en Autriche et en Yougoslavie, mais mon pays préféré, ce sont les Pays-Bas. J'y travaille comme serveur chaque été et souvent à Noël. J'ai même appris la langue. Eh bien, c'est une autre mentalité là-bas. Les gens sont plus ouverts, plus faciles. Ils n'ont pas de frein mental. Je n'ai jamais entendu dire "Je n'aime pas l'Allemagne", ou "Je déteste l'Angleterre parce qu'on y mange mal"... Ici, on se bloque pour rien, sur des sujets mineurs. En France, on ne fonce pas. C'est pourtant une chance, l'Europe, il faut la saisir, sinon on va se faire bouffer. On sait quand même où on va, il y a des lois précises, ce n'est pas quelque chose qu'on vient de commencer. On devrait sauter le pas.*» Le garçon aux yeux bruns qui tient ce discours s'appelle Sociane. Français. Père kabyle. Se dit «*Kabyle en Kabylie, Hollandais en Hollande et Français tout le temps*». Le parfait Européen de demain.

JOSETTE ALIA
(avec Anne Fohr)

© *LE NOUVEL OBSERVATEUR*, 17 septembre, pp. 30–32

Les nôtres et les autres

Les jeunes Français et leurs voisins

Ni tout à fait du Nord ni complètement du Sud, les jeunes Français se situent entre Danois et Grecs. C'est l'image que donnent les sondages d'opinion réalisés auprès des jeunes de 15–24 ans par la Commission des Communautés européennes (1).

— **Le moral: moyen**

98% des Danois et Néerlandais sont *«satisfaits de la vie [qu'ils] mènent»*. Les Portugais sont les plus malheureux, avec «seulement» 79% de *«satisfaits»*. Chez nous, la température correspond parfaitement à la moyenne européenne: 88% de satisfaits.

— **Le fric: juste**

Quatre jeunes Européens sur dix jugent que, côté finances, *«tout va bien»* ou qu'ils *«y arrivent»*. Chez nous, on aurait un tout petit peu plus souvent *«du mal à boucler ses fins de mois»* ou d'*«énormes difficultés»*. Mais les copains allemands de l'ex-RFA disent la même chose.

— **Chômage: la frousse numéro 1**

C'est le *«principal problème»* de 80 à 90% des jeunes Irlandais, Danois, Allemands de l'ex-RDA, Grecs et Italiens. Tout de suite derrière, les Français. Heureux Espagnols et Luxembourgeois: moins d'un sur deux craint le chômage. Leur souci, c'est la drogue!

— **Voyages: moderato**

Presque tous les Danois et Luxembourgeois ont quitté leur pays un jour, mais à peine un tiers des Grecs. La France dépasse un peu la moyenne européenne: chez nous, huit jeunes sur dix ont passé au moins une fois une frontière.

— **Do you speak english? Yes, a little**

42% des jeunes Européens (mais 53% des jeunes Français) parlent désormais correctement l'anglais (contre seulement 19% des plus de 25 ans). Le jeune Luxembourgeois parle correctement près de trois langues étrangères en moyenne, le Danois deux, le Français moins d'une.

— **Etudes: bof...**

Ils font tous ou presque les études qu'ils désirent! Il reste quand même 14% de mécontents chez les Français, 12% chez les Britanniques, seulement 5% en Belgique.

A.F.

(1) «Les Jeunes Européens en 1990», sondage eurobaromètre jeunes, Commission des Communautés européennes.

CHAPITRE 5

Les actifs —
Ceux qui paient?

Arrêt sur image

A. Regardez attentivement les photos ci-dessus et essayez d'en dégager des questions générales qui serviront de point de départ à l'analyse de cette catégorie de Français. Emettez des hypothèses sur ce que ces photos représentent de ces Français.

Analyse statistique
Faisons parler les chiffres!

Chercheur plutôt que ministre

Les 12 métiers préférés des Français, par ordre
décroissant d'intérêt:

• Chercheur	20 %
• Pilote de ligne	17 %
• Rentier *(investor)*	17 %
• Médecin	17 %
• Journaliste	17 %
• Chef d'entreprise	13 %
• Comédien	12 %
• Publicitaire	12 %
• Professeur de faculté	7 %
• Avocat	7 %
• Banquier	5 %
• Ministre	2 %

VSD/Louis Harris, février 1992

Gérard Mermet, *Francoscopie 1993,* © Larousse, p. 283

SYSTÈMES DE VALEURS

L'analyse des clivages de la société française a permis d'identifier cinq systèmes de valeurs. Ces systèmes apparaissent dans de multiples cas, que l'on considère des variables socio-démographiques comme l'âge, l'habitat ou le niveau d'instruction, ou des attitudes à l'égard d'institutions, de marques, de produits, de services. Trois systèmes de valeurs restent majoritairement partagés par les Français. Ce sont eux qui assuraient et assurent encore la cohésion sociale: **la Communauté, l'Autorité, l'Action.** Deux autres systèmes de valeurs, même s'ils touchent plutôt des minorités, s'inscrivent dans un courant très fort, dans l'ensemble du monde occidental, de désir d'épanouissement personnel: **la Singularité, le Plaisir.** Comment se structurent, s'organisent ces valeurs?

La Communauté est caractérisée par le sens d'appartenance, le goût de la possession matérielle et des vertus collectives.

L'Autorité est caractérisée par le besoin d'ordre.

L'Action est caractérisée par le pragmatisme, la volonté de puissance et le goût du conflit.

La Singularité est caractérisée par le besoin de rupture, le détachement critique et la volonté de différenciation.

Le Plaisir est caractérisé par la recherche de sensations, de rêve, de sublimation.

Gérard Mermet, *Francoscopie 1993,* © Larousse, p. 37

Les mots les plus appréciés des Français indiquent un besoin d'harmonie.

On n'est pas surpris de constater que le mot *paix* est le mieux noté des 210 mots proposés, alors que son contraire, *guerre,* arrive en dernière position. Les premiers mots du classement montrent aussi la volonté des Français de vivre en paix avec eux-mêmes, en privilégiant l'*amitié,* la *fidélité,* la *famille,* en faisant *confiance* et en se montrant *honnête.* La *tendresse,* le *rire,* la *gaité,* la *douceur* sont pour eux les ingrédients principaux du bonheur, traduit par des mots comme *caresse, fleur, naissance* ou *maison.*

A l'inverse, les mots les moins appréciés traduisent la crainte de tout ce qui peut nuire à l'harmonie: la *guerre* (et son symbole, le *fusil*), la trahison (*trahir*), l'*angoisse,* la *mort* (ou le simple fait de *vieillir*), le *désordre,* la rupture (*rompre*). Le *danger,* le *vide* et le *doute* apparaissent aussi comme des sensations très désagréables dont les Français s'accommodent mal.

Le palmarès des mots

Liste des 15 mots les plus appréciés et des 15 mots les moins appréciés (avec leur classement et les notes moyennes de chacun, de 1 à 7):

Les plus appréciés		Les moins appréciés	
1 - Paix	6,72	210 - Guerre	1,30
2 - Tendresse	6,65	209 - Trahir	1,42
3 - Amitié	6,62	208 - Angoisse	1,57
4 - Rire	6,59	207 - Mort	1,79
5 - Gaité	6,54	206 - Désordre	2,23
6 - Fidélité	6,51	205 - Rompre	2,32
7 - Famille	6,51	204 - Fusil	2,37
8 - Guérir	6,51	203 - Danger	2,40
9 - Confiance	6,48	202 - Vide	2,45
10 - Douceur	6,44	201 - Vieillir	2,51
11 - Honnête	6,43	200 - Chasse	2,61
12 - Caresse	6,43	199 - Punir	2,64
13 - Fleur	6,39	198 - Attaquer	2,69
14 - Naissance	6,38	197 - Faute	2,73
15 - Maison	6,38	196 - Doute	2,79

© Francoscopie/Sofres

Les autres mots

Classement par ordre décroissant d'intérêt (du 16e au 195e mot):

16 - Cadeau	46 - Ensemble	76 - Bleu	106 - Produire	136 - Humble	166 - Etranger
17 - Campagne	47 - Construire	77 - Robuste	107 - Audace	137 - Cérémonie	167 - Obéir
18 - Courage	48 - Nid	78 - Inventeur	108 - Ecole	138 - Recueillement	168 - Acharnement
19 - Humour	49 - Adorer	79 - Poésie	109 - Peau	139 - Immense	169 - Interroger
20 - Confort	50 - Science	80 - Charitable	110 - Viril	140 - Noble	170 - Souverain
21 - Musique	51 - Précision	81 - Pardon	111 - Bâtisseur	141 - Fermeté	171 - Inconnu
22 - Politesse	52 - Richesse	82 - Raison	112 - Sommet	142 - Discipline	172 - Sauvage
23 - Maternel	53 - Admirer	83 - Précieux	113 - Concret	143 - Commerce	173 - Ruse
24 - Enfance	54 - Or	84 - Réfléchir	114 - Tradition	144 - Elite	174 - Feu
25 - Respect	55 - Soigner	85 - Créateur	115 - Patrie	145 - Changement	175 - Métallique
26 - Dynamique	56 - Animal	86 - Puissance	116 - Economiser	146 - Loi	176 - Nœud
27 - Arbre	57 - Souplesse	87 - Acheter	117 - Héros	147 - Escalader	177 - Soldat
28 - Récompense	58 - Art	88 - Travail	118 - Mode	148 - Prêtre	178 - Frontière
29 - Revers	59 - Perfection	89 - Nager	119 - Original	149 - Infini	179 - Sacrifice
30 - Eau	60 - Sensuel	90 - Hériter	120 - Gloire	150 - Nudité	180 - Immobile
31 - Mariage	61 - Gratuit	91 - Volontaire	121 - Conquérir	151 - Industrie	181 - Rigide
32 - Féminin	62 - Moelleux	92 - Justice	122 - Utilitaire	152 - Aventurier	182 - Détachement
33 - Désir	63 - Logique	93 - Voluptueux	123 - Charnel	153 - Rouge	183 - Désert
34 - Attachement	64 - Océan	94 - Maîtriser	124 - Sacré	154 - Commander	184 - Masque
35 - Pureté	65 - Propriété	95 - Ile	125 - Ame	155 - Défi	185 - Noire
36 - Efficace	66 - Sublime	96 - Modestie	126 - Dieu	156 - Absolu	186 - Orage
37 - Protéger	67 - Montagne	97 - Jeu	127 - Foi	157 - Vitesse	187 - Ironie
38 - Elégance	68 - Raffiné	98 - Ambition	128 - Modération	158 - Matériel	188 - Armure
39 - Parfum	69 - Bijou	99 - Minceur	129 - Morale	159 - Mystère	189 - Révolte
40 - Intime	70 - Féconder	100 - Théâtre	130 - Lune	160 - Magie	190 - Muraille
41 - Victoire	71 - Consoler	101 - Eternel	131 - Prudence	161 - Bohème	191 - Méfiance
42 - Livre	72 - Astucieux	102 - Fleuve	132 - Secret	162 - Différent	192 - Critiquer
43 - Honneur	73 - Patience	103 - Certitude	133 - Effort	163 - Règle	193 - Cri
44 - Argent	74 - Enseigner	104 - Vert	134 - Evasion	164 - Question	194 - Labyrinthe
45 - Séduire	75 - Chercheur	105 - Ecrire	135 - Emotion	165 - Légèreté	195 - Interdire

© Francoscopie/Sofres

Gérard Mermet, *Francoscopie 1995,* © Larousse, pp. 32–33

B. Regardez attentivement les renseignements ci-dessus avant de répondre aux questions suivantes:

1. Les métiers préférés des Français correspondent-ils aux valeurs en lesquelles ils affirment croire? Justifiez votre réponse.
2. Que reflètent ces préférences par rapport à l'image qu'ont les Français du travail?
3. Partagez-vous cette conception du travail? Discutez.
4. Dans les tableaux *Le palmarès des mots* et *Les autres mots,* quels mots représentent le mieux vos valeurs à vous? Comparez-les à ceux de vos camarades.

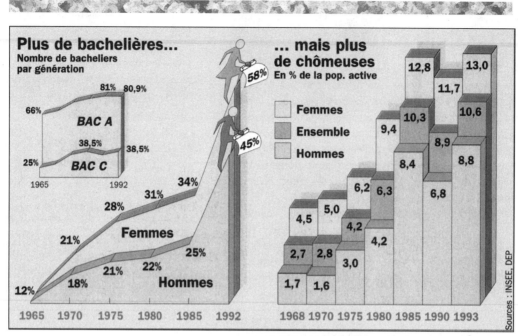

LE NOUVEL OBSERVATEUR, 15–21 avril, 1993, p. 75

Les hommes gagnent un tiers de plus que les femmes

Evolution des salaires nets moyens annuels (en milliers de francs) selon le sexe :

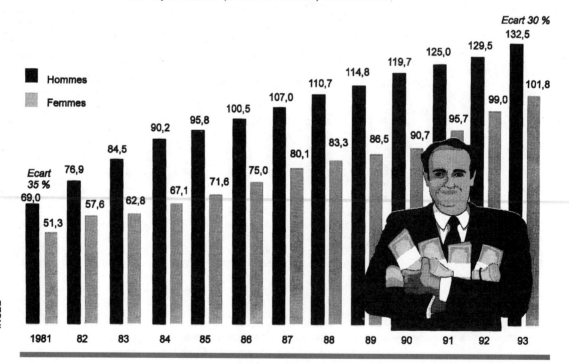

Gérard Mermet, *Francoscopie 1995,* © Larousse, p. 322

C. Regardez les deux tableaux ci-dessus avant de traiter les points suivants:

1. Commentez la situation des femmes sur le marché du travail en France (qualifications, emplois, salaires).

2. Analysez l'évolution des salaires masculins et des salaires féminins entre 1981 et 1993.

Les droits sociaux

PETITION DES FEMMES
DU TIERS-ETAT
AU ROI

1er janvier 1789

Ce qu'on sçait droitement, on en dispose,
sans regarder au patron.
Essais de Montaigne, L.I, c. XXV

Sire,

Dans un tems où les différens Ordres de l'Etat sont occupés de leurs intérêts, où chacun cherche à faire valoir ses titres & ses droits; où les uns se tourmentent pour rappeller les siècles de la servitude & de l'anarchie; où les autres s'efforcent de secouer les derniers chaînons qui les attachent encore à un impérieux reste de féodalité, les femmes, objets continuels de l'admiration & du mépris des hommes, les femmes, dans cette commune agitation, ne pourraient-elles pas aussi faire entendre leur voix?

Exclues des Assemblées Nationales par des loix trop bien cimentées pour espérer de les enfreindre, elles ne vous demandent pas, Sire, la permission d'envoyer leurs députés aux Etats-Généraux; elles savent trop combien la faveur aurait de part à l'élection, & combien il serait facile aux élus de gêner la liberté des suffrages.

Nous préférons, Sire, de porter notre cause à vos pieds: ne voulant rien obtenir que de votre cœur, c'est à lui que nous adressons nos plaintes & confions nos misères.

Les femmes du Tiers-Etat naissent presque toutes sans fortune; leur éducation est très-négligée ou très-vicieuse: elle consiste à les envoyer à l'*école,* chez un Maître qui, lui-même, ne sait pas le premier mot de la langue qu'il enseigne; elles continuent d'y aller jusqu'à ce qu'elles sachent lire l'Office de la Messe en français, & les Vêpres en latin. Les premiers devoirs de la Religion remplis, on leur apprend à travailler;

parvenues à l'âge de quinze ou seize ans, elles peuvent gagner cinq ou six sous par jour. Si la nature leur a refusé la beauté, elles épousent, sans dot, de malheureux artisans, végètent péniblement dans le fond des provinces, & donnent la vie à des enfans qu'elles sont hors d'état d'élever. Si, au contraire, elles naissent jolies, sans culture, sans principes, sans idée de morale, elles deviennent la proie du premier séducteur, font une première faute, viennent à Paris ensevelir leur honte, finissent par l'y perdre entièrement & meurent victimes du libertinage.

Aujourd'hui que la difficulté de subsister force des milliers d'entre elles de se mettre à l'encan; que les hommes trouvent plus commode de les acheter pour un tems que de les conquérir pour toujours, celles qu'un heureux penchant porte à la vertu, que le désir de s'instruire dévore, qui se sentent entraînées par un goût naturel, qui ont surmonté les défauts de leur éducation & savent un peu de tout, sans avoir rien appris, celles enfin qu'une ame haute, un cœur noble, une fierté de sentiment fait appeller *bégueules,* sont obligées de se jetter dans les cloîtres où l'on n'exige qu'une dot médiocre, ou forcées de se mettre au service, quand elles n'ont pas assez de courage, assez d'héroïsme pour partager le généreux dévouement des filles de Vincent de Paul.

Plusieurs aussi, par la seule raison qu'elles naissent filles, sont dédaignées de leurs parents, qui refusent de les établir pour réunir leur fortune sur la tête d'un fils qu'ils destinent à perpétuer leur nom dans la Capitale; car il est bon que Votre Majesté sache que nous avons aussi des noms à conserver. Ou si la vieillesse les surprend filles, elles la passent dans les larmes & se voyent l'objet des mépris de leurs plus proches parents.

Pour obvier à tant de maux, Sire, nous demandons: que les hommes ne puissent, sous aucun prétexte, exercer les métiers qui sont l'apanage des femmes, soit couturière, brodeuse, marchande de modes, &c. &c.; que l'on nous laisse au moins l'aiguille & le fuseau, nous nous engageons à ne manier jamais le compas ni l'équerre.

Nous demandons, Sire, que votre bonté nous fournisse les moyens de faire valoir les talents dont la nature nous aura pourvues, malgré les entraves que l'on ne cesse de mettre à notre éducation.

Que vous nous assigniez des charges qui ne pourront être remplies que par nous, que nous n'occuperons qu'après avoir subi un examen sévère, après des informations sûres de la pureté de nos mœurs.

Nous demandons à être éclairées, à posséder des emplois, non pour usurper l'autorité des hommes, mais pour en être plus estimées; pour que nous ayons des moyens de vivre à l'abri de l'infortune, que l'indigence ne force pas les plus faibles d'entre nous, que le luxe éblouit et que l'exemple entraîne, de se réunir à la foule de malheureuses qui surchargent les rues et dont la *crapuleuse* audace fait l'opprobre de notre sexe & des hommes qui les fréquentent.

Nous désirerions que cette classe de femmes portât une marque distinctive. Aujourd'hui qu'elles empruntent jusqu'à la modestie de nos habits, qu'elles se mêlent partout, sous tous les costumes, nous nous trouvons souvent confondues avec elles; quelques hommes s'y trompent & nous font rougir de leur méprise. Il faudrait que, sous peine de travailler dans des atteliers publics, au profit des pauvres (on sait que le travail est la plus grande peine que l'on puisse leur infliger), elles ne puissent jamais quitter cette marque... Cependant nous réfléchissons que l'empire de la mode serait anéanti & l'on risquerait de voir beaucoup trop de femmes vêtues de la même couleur.

Nous vous supplions, Sire, d'établir des Ecoles gratuites où nous puissions apprendre notre langue par principes, la Religion & la morale; que l'une & l'autre nous soient présentées dans toute leur grandeur, entièrement dénuées des petites pratiques qui en atténuent la majesté; que l'on nous y forme le cœur, que l'on nous y enseigne sur-tout à pratiquer les vertus de notre sexe, la douceur, la modestie, la patience, la charité; quant aux Arts agréables, les femmes les apprennent sans Maître. Les Sciences?... Elles ne servent qu'à nous inspirer un sot orgueil, nous conduisent au Pédantisme, contrarient les vœux de la nature, font de nous des êtres mixtes qui sont rarement épouses fideles, &, plus rarement encore, bonnes meres de famille.

Nous demandons à sortir de l'ignorance, pour donner à nos enfans une éducation saine & raisonnable, pour en former des Sujets dignes de vous servir. Nous leur apprendrons à chérir le beau nom de Français; nous leur transmettrons l'amour que nous avons pour Votre Majesté; car, nous voulons bien laisser aux hommes la valeur, le génie; mais nous leur disputerons toujours le dangereux & précieux don de la sensibilité; nous les défions de mieux vous aimer que nous; ils courent à Versailles la plupart pour leurs intérêts; & nous, Sire, pour vous y voir, quand, à force de peine & le cœur palpitant, nous pouvons fixer un instant votre auguste Personne, des larmes s'échappent de nos yeux, l'idée de Majesté, de Souverain, s'évanouit, & ne voyons en vous qu'un Pere tendre, pour lequel nous donnerions mille fois la vie.

D. Analysez le texte en fonction des points suivants:

1. Situez le contexte historique de ce texte.
2. Précisez sa nature et ses auteurs.
3. Relevez dans le premier paragraphe les termes qui sont révélateurs du statut des femmes dans la société de 1789 et commentez-les.
4. Dites ce que ce texte vous apprend sur l'éducation des jeunes filles pauvres et sur les rôles qui leur étaient imposés par la société.
5. Etablissez la liste des qualités qu'elles s'attribuent ainsi que celle des défauts qu'elles attribuent aux hommes.
6. Dites quel est l'objectif de cette pétition.
7. Donnez votre opinion sur les revendications de ces femmes.

La conquête des droits sociaux

1. LA LONGUE MARCHE DES FEMMES FRANÇAISES

1878 : Le Congrès international des femmes réclame une aide des municipalités aux mères pauvres.

1884 : Le divorce, créé en 1792, supprimé en France en 1816, est rétabli.

1892 : Loi interdisant le travail de nuit des femmes; limitation de la durée de travail à onze heures par jour et six jours sur sept.

1904 : Les féministes manifestent contre la célébration du centenaire du Code Civil.

1909 : Loi garantissant pendant 8 semaines l'emploi des femmes s'absentant pour cause d'accouchement.

1923 : Loi punissant sévèrement l'avortement.

1924 : L'enseignement secondaire pour les filles est le même que celui des garçons.

1932 : Généralisation des allocations familiales.

1938 : Fin de l'incapacité civile pour les femmes mariées; le mari peut interdire à sa femme d'exercer une profession.

1944 : Obtention du droit de vote.

1965 : Possibilité d'exercer une profession et d'ouvrir un compte en banque sans l'autorisation du mari.

1967 : La loi Neuwirth autorise la contraception; il faudra attendre 1972 pour les décrets d'application.

1970 : L'autorité parentale est partagée.

1971 : 343 femmes (dont Simone de Beauvoir et Catherine Deneuve) affirment publiquement avoir avorté.

1972 : Création de l'allocation de frais de garde accordée aux femmes qui travaillent.

1974 : Création par Valéry Giscard d'Estaing du premier Secrétariat d'Etat à la Condition Féminine; poste confié à Françoise Giroud.

1975 : Simone Veil défend le droit à l'avortement; la loi est votée; le divorce par consentement mutuel est rétabli.

1979 : La mère devient l'allocataire prioritaire.

1983 : Loi sur l'égalité des salaires.

1992 : Abrogation de la loi interdisant le travail de nuit aux femmes.

La chronologie de "la longue marche" de 1817 à 1992, parue dans le n° 2207 de *Télérama* du 29 avril 1992, pp. 11–15

2. LA LONGUE MARCHE DES TRAVAILLEURS

1936 : Institution de 2 semaines de congés payés.

1945 : Institution des prestations familiales (indépendamment de l'activité professionnelle).

1950 : Création du SMIG (Salaire Minimum Interprofessionnel Garanti).

1956 : Institution d'une 3ème semaine de congés payés.

1967 : Création de l'ANPE (Agence Nationale Pour L'Emploi).

1969 : Institution d'une 4ème semaine de congés payés.

1970 : Remplacement du SMIG par le SMIC (Salaire Minimum de Croissance) indexé sur les prix et les salaires.

1972 : Calcul de la retraite sur les 10 meilleures années; obligation pour l'employeur d'assurer, à travail égal, une même rémunération quel que soit le sexe.

1973 : Indemnisation du chômage.

1975 : Instauration du principe d'égalité en matière d'embauche et de licenciement.

1976 : Création d'une allocation pour les parents isolés.

1977 : Création d'un congé parental d'éducation non rémunéré (durée maximum: 2 ans); création du complément familial attribué aux familles de 3 enfants pour enfant(s) de moins de 3 ans.

1980 : Instauration d'un supplément de revenu familial en faveur des familles de 3 enfants les plus démunies.

1982 : Réduction à 39 heures de la semaine de travail; institution de la 5ème semaine de congés payés; abaissement de l'âge de la retraite à 60 ans.

1987 : Obligation pour les entreprises publiques et privées de plus de 20 salariés d'intégrer dans leur personnel au moins 6% de handicapés.

1988 : Mise en place du RMI (Revenu Minimum d'Insertion).

1990 : Création des CES (Contrat Emploi Solidarité) ayant pour principaux bénéficiaires les jeunes (16–25 ans), les demandeurs d'emploi et les titulaires du RMI.

1993 : Extension des droits aux prestations sociales aux "compagnons du même sexe".

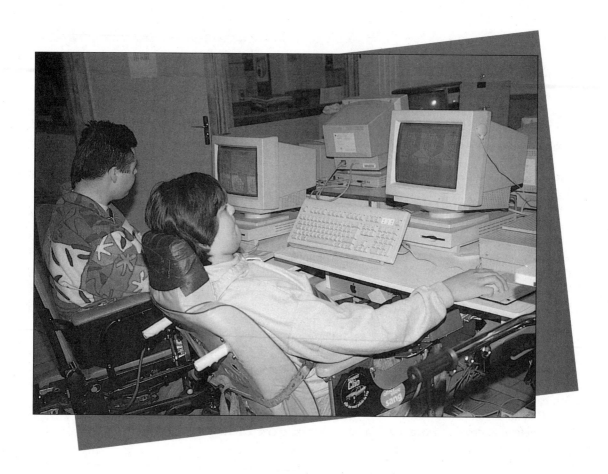

400 000 travailleurs handicapés

La loi du 10 juillet 1987 oblige les entreprises publiques ou privées de plus de 20 salariés à employer à temps plein ou partiel des personnes handicapées, dans la proportion de 6 % de leurs effectifs. 80 % des bénéficiaires sont des hommes. 58 % sont ouvriers, 8 % employés, 17 % appartiennent aux professions intermédiaires et 8 % sont cadres. Les employeurs peuvent faire face à cette obligation en embauchant des invalides, en faisant travailler en sous-traitance les handicapés des centres d'aide par le travail (CAT) ou en versant de l'argent à un organisme chargé de financer leur insertion professionnelle. Cette solution est choisie par environ la moitié des entreprises.

Gérard Mermet, *Francoscopie 1995,* © Larousse, p. 265

E. Après avoir pris connaissance de ces repères historiques, dites quelles lois vous semblent les plus importantes pour les femmes d'une part et pour l'ensemble des travailleurs d'autre part. Justifiez votre choix. Puis répondez aux questions suivantes:

1. Comment expliquez-vous la différence entre les lois françaises et les lois américaines en matière de congés payés?
2. Que pensez-vous de la loi de 1992 légalisant le travail de nuit pour les femmes? Quelle loi avait été votée en 1892?
3. Quel peut être l'impact des mesures prises à partir de 1972 sur le travail des femmes?
4. Pensez-vous que les textes de loi suffisent à faire changer les mentalités? Appuyez-vous sur des exemples précis (emploi des handicapés, embauche et salaire des femmes, droits des homosexuels, etc.).

Règlement intérieur (1830)

1. Piété, propreté et ponctualité font la force d'une bonne affaire.

2. Notre firme ayant considérablement réduit les horaires de travail, les employés de bureau n'auront plus à être présents que de 7 heures du matin à 6 heures du soir et ce, les jours de semaine seulement.

3. Des prières seront dites, chaque matin dans le grand bureau. Les employés de bureau y seront obligatoirement présents.

4. L'habillement doit être du type le plus sobre. Les employés de bureau ne se laisseront pas aller aux fantaisies des vêtements de couleurs vives. Ils ne porteront pas de bas non plus, à moins que ceux-ci ne soient convenablement raccommodés.

5. Dans les bureaux on ne portera ni manteau ni pardessus: toutefois, lorsque le temps sera particulièrement rigoureux, les écharpes, cache-nez et calottes seront autorisés.

6. Notre firme met un poêle à la disposition des employés de bureau. Le charbon et le bois devront être enfermés dans le coffre destiné à cet effet. Afin qu'ils puissent se chauffer, il est recommandé à chaque membre du personnel d'apporter chaque jour quatre livres de charbon durant la saison froide.

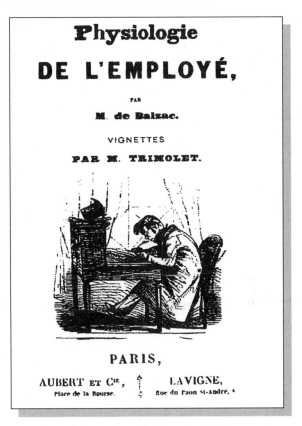

7. Aucun employé de bureau ne sera autorisé à quitter la pièce sans la permission de Monsieur le Directeur. Les appels de la nature sont cependant permis et, pour y céder, les membres du personnel pourront utiliser le jardin au-dessous de la seconde grille. Bien entendu, cet espace devra être tenu dans un ordre parfait.

8. Il est strictement interdit de parler durant les heures de bureau.

9. La soif de tabac, de vin ou d'alcool est une faiblesse humaine et, comme telle, est interdite à tous les membres du personnel.

10. Maintenant que les heures de bureau ont été énergiquement réduites, la prise de nourriture est encore autorisée entre 11 h 30 et midi, mais en aucun cas, le travail ne devra cesser durant ce temps.

11. Les employés de bureau fourniront leurs propres plumes. Un nouveau taille-plume est disponible sur demande chez Monsieur le Directeur.

12. Un senior, désigné par Monsieur le Directeur, sera responsable du nettoyage et de la propreté de la grande salle, ainsi que du bureau directorial. Les juniors se présenteront à Monsieur le Directeur quarante minutes avant les prières et resteront après l'heure de la fermeture pour procéder au nettoyage. Brosses, balais, serpillières et savons seront fournis par la Direction.

13. Augmentés dernièrement, les nouveaux salaires hebdomadaires seront désormais les suivants: Cadets (jusqu'à 11 ans) = 0,50 F; juniors (jusqu'à 14 ans) = 1,45 F; employés = 7,50 F; seniors (après 15 ans de maison) = 14,50 F. Les propriétaires reconnaissent et acceptent la générosité des nouvelles lois du travail mais attendent du personnel un accroissement considérable du rendement en compensation de ces conditions presque utopiques.

F. Analysez le texte en traitant les points suivants:

1. En lisant ce règlement, relevez les termes qui se réfèrent à une obligation, à une interdiction et à une permission. Que constatez-vous?

2. Dites en quoi ce texte nous informe sur
   a. les conditions de travail des employés.
   b. les relations patrons/employés.
   c. certains aspects de la vie quotidienne à cette époque.

Pour nuancer votre expression

Les Français au travail

un demandeur d'emploi	*job applicant*
le travail à plein temps	*full-time job*
le travail à mi-temps	*half-time job*
le travail à temps partiel	*part-time job*
faire les trois huit	*three eight-hour shifts*
le chômage	*unemployment*
le chômage partiel	*partial unemployment*
être au chômage	*to be unemployed*
les conditions de travail	*work conditions*
faire des heures supplémentaires	*to work overtime*
un licenciement économique	*layoff*
un permis de travail	*work permit*
embaucher (recruter, engager)	*to hire (someone)*
un manœuvre	*unskilled worker*
une chaîne de montage	*assembly line*
un(e) salarié(e)	*employee*
un(e) fonctionnaire	*civil servant*
un cadre (supérieur)	*executive*
un PDG	*CEO*
un patron	*boss*
le personnel (la main-d'œuvre)	*work force*
gagner sa vie	*to make a living*
travailler à son compte	*to be self-employed*
le secteur tertiaire	*the service industry*
le SMIG (salaire minimum interprofessionnel garanti)	*minimum wage*

Points de vue

Patrons et employés...

Dessin 1

Plantu, *Wolfgang, tu feras informatique!*, Éditions La Découverte, p. 99

Dessin 2

Les Français, Zeldin, p. 201

Dessin 3

Plantu, *Wolfgang, tu feras informatique!*, Éditions La Découverte, p. 101

LE PIGISTE

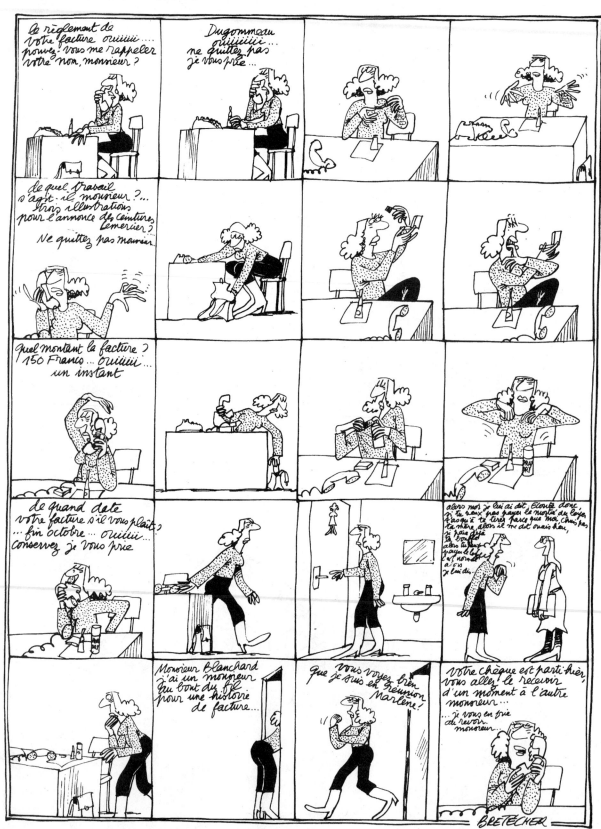

Claire Bretécher, *Les Frustrés*, n° 2, 1980

G. Regardez l'ensemble de ces dessins avant de traiter les points suivants:

Dessins 1, 2 et 3
1. Décrivez la situation, les personnages et leurs attitudes.
2. Analysez l'échange verbal entre les protagonistes.

Dessin 4
3. Faites le portrait de la secrétaire.
4. Décrivez ses activités.
5. Commentez son attitude par rapport au travail et par rapport au patron.
6. Y a-t-il des points communs entre les représentations que donnent les trois dessinateurs des relations patron-employé? Lesquels? Analysez leurs intentions.

Partage du travail ?
Les avis sont partagés

Trois millions de chômeurs en 93. Angoisse des Français, panique des politiques, perplexité des économistes. Des solutions miracles, il n'y en a pas. Les spécialistes eux-mêmes naviguent à vue et proposent des remèdes parfois contradictoires. Travailler moins, pourquoi pas? Mais à quel prix? Partager le travail comme un camembert pour que chacun y trouve sa part? L'idée est belle, généreuse et peut-être utopique. Et pas vraiment efficace. Les entreprises qui ont réduit horaires et salaires n'ont pas toujours créé de nouveaux emplois. Quant aux salariés, les uns y trouvent leur compte, d'autres pas.

«Partage du travail?», de Dominique Louise Pélegrin, paru dans *Télérama* n° 2255 du 31 mars 1993, p. 62

Modes d'emplois partiels

Christine, 36 ans: «13 jours de travail par mois pour le même salaire.»

Alors que la plupart des entreprises d'informatique sont en difficulté, chez Hewlett Packard, à Grenoble, on «partage le travail». Et on embauche! Il y a six mois, pourtant, personne ne pavoisait. Pour les 250 personnes d'atelier où l'on répare du matériel de très haute technologie, le couperet est passé très près: au siège mondial de la multinationale américaine, on envisageait purement et simplement de transférer l'unité française à Singapour, pour augmenter sa productivité à moindre coût.

A Grenoble, il fallait trouver très vite une solution pour éviter la catastrophe. Pour produire plus et moins cher, il faut faire tourner les machines jour et nuit, sept jours sur sept, donc réorganiser le travail, jusqu'alors réparti entre une équipe du matin et une de l'après-midi. Après des semaines de discussions, négociations, un accord est finalement voté en janvier dernier.

Les deux équipes déjà existantes travaillent désormais 8 h 30 par jour, quatre jours par semaine, plus deux samedis par mois, soit 34 heures hebdomadaires, payées sur la base de 37 h 30. Trois équipes nouvelles, constituées de volontaires et de nouveaux embauchés, assurent les nuits, les dimanches et deux jours par semaine, soit 27 heures hebdomadaires, toujours payées sur la base de 37 h 30. L'originalité de ce plan est de remplacer les traditionnelles primes de nuit ou de week-end par une réduction substantielle du temps de travail.

Christine, 36 ans, célibataire, n'a pas hésité longtemps à se porter volontaire pour l'«équipe alternante». Après deux mois à ce nouveau régime, elle reconnaît qu'elle n'a pas vraiment trouvé le rythme, qu'elle ne dort pas beaucoup après une nuit de travail. «*Mais pour moi, c'est un progrès de travailler moins. Ce système m'offre une semaine libre par mois, que je peux organiser comme je veux. En fait, je ne travaille que treize jours par mois, pour le même salaire! Lundi, je pars faire du ski!*»

Marie-Jo, elle, a préféré rester dans son équipe d'après-midi. «*Mon mari a fait les trois huit pendant six ans: le rythme de nuit, ça ne réussit pas à tout le monde.*» Et puis, pour elle, les week-ends en famille sont sacrés. Elle a bien été obligée, pourtant, d'abandonner à l'entreprise deux samedis par mois. «*J'ai une journée libre par semaine, ça compense. Et puis on n'a pas le choix, on est déjà privilégiés de ne pas être obligés d'intégrer une équipe alternante. On ne peut pas avoir des avantages d'un côté sans inconvénients de l'autre...*»

Yves, 40 ans: «Laisser les pleins-temps aux plus jeunes.»

Il avait 40 ans, une belle maison, un salaire mirobolant. Sa carrière «fulgurante» l'avait propulsé à un poste important, dans une entreprise prestigieuse — et basée dans le sud de la France, ce qui assurait à sa famille une excellente qualité de vie. Quelle mouche a donc piqué Yves Vidal, brillant directeur des ressources humaines, pour qu'il renonce à grimper encore un échelon, à négocier un salaire encore plus somptueux dans une entreprise encore plus puissante, à travailler encore plus pour être encore plus performant? L'ennui. La perspective de vivre à Paris. La sensation de ne pas très bien connaître ses enfants. L'envie d'inventer autre chose, et de vivre autrement.

Alors, Yves Vidal a demandé un mi-temps, qu'on a eu l'intelligence de lui accorder, malgré l'incongruité d'une telle situation pour un cadre supérieur. Il a pris son bâton de pèlerin, pour démarcher des petites entreprises de 50 à 70 salariés qui n'ont ni les moyens ni le besoin de s'offrir à temps plein les services d'un cadre de si haut niveau. Yves Vidal leur a proposé ses compétences à temps partiel: un jour par semaine ici, un jour et demi par là. Le résultat fut concluant. Ses multiples employeurs ont rapidement mesuré le bénéfice de leur investissement dans un homme expérimenté; sa famille a apprécié son emploi du temps plus lâche et mieux géré.

Bientôt, sa région tout entière a entendu parler de l'expérience, peu ordinaire. De conférences en séminaires, Yves Vidal défend son «concept de cadre à temps partagé». Il fait des adeptes et écrit même un mode d'emploi (1). Heureux, il répète son credo à qui veut l'entendre: «*Laisser les postes à temps plein aux plus jeunes; prendre le temps de vivre; créer des ponts entre grosses et moyennes entreprises; dispenser nos compétences et notre expérience, c'est une manière de réguler l'emploi des cadres. Le temps partagé contribue à partager le travail.*»

(1) *Cadres à temps partagé, l'optimisation du temps et des compétences*, ESF Editeur.

Jacques, 58 ans:
«Parce que ma femme gagne sa vie.»

Jacques Leheurteur, 58 ans, est employé du groupe GMF. Il est l'unique homme de sa société a avoir choisi, depuis six ans, de travailler à temps partiel. *«J'avais de l'argent de côté; ma femme, brodeuse en haute couture, n'avait pas la possibilité de travailler moins. Nos deux filles étaient encore petites, j'ai pris du temps pour elles.»* Dans la petite agence où il travaille, les jours chômés de Jacques Leheurteur sont des jours pénibles pour ses collègues à plein temps: aucun poste n'a été créé pour compenser son absence.

Pourtant, Bruno Seydoux, directeur des ressources humaines du groupe GMF, estime «grosso modo» qu'une centaine d'emplois ont été créés depuis dix ans pour absorber le travail des 400 personnes (soient 10 % des salariés) à temps partiel. *«Lorsque nous avons mis cette formule en place,* explique-t-il, *c'était une idée nouvelle, fort peu courante dans les entreprises; un progrès social, pour faciliter la vie des nombreuses mères de familles que nous employons.»* La formule s'est révélée avantageuse: un salarié heureux dans sa vie quotidienne travaille mieux; il est moins souvent absent, plus motivé. Et puis... *«plus il y a de salariés, plus il y a de vendeurs potentiels: notre clientèle se recrute aussi chez les familles, les voisins, les amis»...*

Aujourd'hui, au groupe GMF comme ailleurs, le travail à temps partiel est surtout devenu une mesure de crise, un moyen de régler les problèmes de sureffectif... Il n'est jamais imposé, mais vivement encouragé: on promet notamment aux éventuels volontaires qu'ils seront les derniers sur la liste en cas de licenciements économiques.

«Si j'avais eu 40 ans, je n'aurais jamais fait ce choix, explique Jacques Leheurteur. *J'ai mis plus de cinq ans à obtenir une promotion — les pleins-temps étaient toujours prioritaires, ce qui n'est plus le cas aujourd'hui. En fait, j'ai simplement organisé et financé moi-même une sorte de préretraite; j'ai pu le faire parce que ma femme gagne sa vie. Autrement, avec un petit salaire comme le mien, c'est ingérable: "partager le travail" de cette façon, c'est une vue de l'esprit.»* ● **V.P.**

«Modes d'emplois partiels», de Valérie Péronnet, paru dans *Télérama* n° 2255 du 31 mars 1993, pp. 65–66

H. Après avoir lu les témoignages de Christine, Marie-Jo, Yves et Jacques, donnez les renseignements suivants les concernant: âge, métier, situation familiale, temps de travail, raisons du choix, conséquences financières, conséquences personnelles.

Franquin, *La saga des gaffes,* Dupuis, 1982, p. 7

♦ COURRIER DES LECTEURS ♦

Nous sommes tous responsables du chômage. La remarque la plus pertinente est émise par M. Longuet, qui exprime une réflexion élémentaire mais combien réaliste: «Le consommateur ne peut pas à la fois prendre sa retraite à 60 ans, exiger cinq semaines de congés, être indemnisé en cas de chômage et acheter des voitures japonaises ou des costumes fabriqués en Chine.» (...) Réfléchissons très sérieusement à cette plaie qui risque de nous emporter et, par pitié, n'accusons pas Pierre, Paul ou Jacques, mais admettons que notre égoïsme individuel et collectif est le principal responsable de la situation.

P. Blondeau, *Marseille.*

Quel est donc ce pays où, pour créer des emplois, certains suggèrent de réinventer les domestiques, de supprimer les charges sociales (pour les nouvelles embauches), de renvoyer les femmes au foyer, de baisser le smic, de diminuer les impôts pour les hauts revenus, de travailler la nuit et le dimanche? Est-ce cela, le progrès?

Yves Junet, *Saint-Priest.*

D'office, pour l'entrepreneur français, les Caddie-boys deviennent une question de coût supplémentaire nécessairement répercuté sur le prix à la consommation. Or, aux Etats-Unis, les Caddie-boys sont chose courante et n'ont aucun effet inflationniste sur les prix. Le consommateur ne choisit tout simplement pas le supermarché n'offrant pas cette facilité. Le service global est considéré comme un dû et fait partie du jeu concurrentiel de l'entreprise américaine. (...) En général, le concept de service échappe complètement aux entreprises françaises. Elles ont trop tendance à confondre leur niveau de profit avec leur survie. L'Europe arrive! Effectivement, les «hard discounters» allemands vont s'implanter avec leurs magasins spartiates et leurs prix planchers... et certainement avec leurs Caddie-boys ou bien d'autres services élémentaires. (...)

Christopher O'Brien, *Paris.*

Je me range parmi les 83 % de Français qui souhaitent la mise à la retraite anticipée des salariés les plus âgés pour permettre d'embaucher des jeunes à leur place. Toutefois, la seule solution juste consisterait à laisser partir à la retraite uniquement ceux qui ont totalisé 37,5 ans de cotisations, même s'ils ont moins de 60 ans.

Jean-Claude Cayzeele, *Malakoff.*

L'Express, 11 mars 1993, pp. 17–18

I. Imaginez d'abord les questions qui ont été posées par le journaliste de *L'Express* à ces quatre personnes. Ensuite dites quelles sont les réponses de ces lecteurs au problème du chômage: qui est responsable du chômage, quelles solutions sont proposées, quelles solutions sont rejetées?

Boris Vian: «*Pourquoi travailler?*»

Colin est un jeune homme riche qui s'ennuie et rêve de tomber amoureux comme son ami Chick. Un jour, Colin fait la connaissance de Chloé et soudain la vie devient merveilleuse. Après leur mariage, ils partent en voyage de noces et traversent une région minière sinistre où les hommes leur jettent des regards narquois.

> **Boris Vian (1920–1959):** Ingénieur, écrivain, chanteur, musicien de jazz, Vian est l'un des existentialistes les plus populaires, notamment auprès des jeunes.

— Pourquoi sont-ils si méprisants? demanda Chloé. Ce n'est pas tellement bien de travailler...

— On leur a dit que c'était bien, dit Colin. En général, on trouve ça bien. En fait, personne ne le pense. On le fait par habitude et pour ne pas y penser, justement.

— En tout cas, c'est idiot de faire un travail que des machines pourraient faire.

— Il faut construire des machines, dit Colin. Qui le fera?

— Oh! Evidemment, dit Chloé. Pour faire un œuf, il

faut une poule, mais, une fois qu'on a la poule, on peut avoir des tas d'œufs. Il vaut donc mieux commencer par la poule.

— Il faudrait savoir, dit Colin, qui empêche de faire des machines. C'est le temps qui doit manquer. Les gens perdent leur temps à vivre, alors, il ne leur en reste plus pour travailler.

— Ce n'est pas plutôt le contraire? dit Chloé.

— Non, dit Colin. S'ils avaient le temps de construire les machines, après ils n'auraient plus besoin de rien faire. Ce que je veux dire, c'est qu'ils travaillent pour vivre au lieu de travailler à construire des machines qui les feraient vivre sans travailler.

— C'est compliqué, estima Chloé.

— Non, dit Colin. C'est très simple. Ça devrait, bien entendu, venir progressivement. Mais on perd tellement de temps à faire des choses qui s'usent...

— Mais, tu crois qu'ils n'aimeraient pas mieux rester chez eux et embrasser leur femme et aller à la piscine et aux divertissements?

— Non, dit Colin. Parce qu'ils n'y pensent pas.

— Mais, est-ce que c'est leur faute s'ils croient que c'est bien de travailler?

— Non, dit Colin, ce n'est pas leur faute. C'est parce qu'on leur dit: «Le travail, c'est sacré, c'est bien, c'est beau, c'est ce qui compte avant tout, et seuls les travailleurs ont droit à tout». Seulement on s'arrange pour les faire travailler tout le temps et alors ils ne peuvent pas en profiter.

— Mais, alors, ils sont bêtes? dit Chloé.

L'écume des jours de Boris VIAN, © Librairie Arthème Fayard, 1963, pp. 69–70

J. Après avoir lu le texte de Vian, traitez les points suivants:

1. Identifiez le mot clé et dites à quelles valeurs il est associé dans les sociétés occidentales.
2. Identifiez et analysez le paradoxe souligné par Colin.
3. Dites ce que vous pensez de la conclusion à laquelle aboutit Chloé.
4. Analysez les intentions de Boris Vian.

Etat des lieux

Le travail des immigrés

La grande peur de l'étranger

• 75 % des Français ne croient pas que le nombre d'immigrés est le même aujourd'hui qu'il y a dix ans (17 % oui).

• 88 % souhaitent que la nationalité française ne soit accordée qu'à des étrangers ayant une connaissance minimale de la langue française (8 % non), 83 % à des étrangers qui respectent les coutumes françaises sur le mariage (9% non) 66 % à des personnes qui prêtent solennellement serment de fidélité à la France (20 % non).

• 51 % estiment qu'en matière d'emploi il n'y a pas de raison de faire une différence entre un Français et un immigré en situation régulière; 45 % considèrent qu'on doit donner la priorité à un Français.

• 52 % estiment qu'en matière d'attribution de logements sociaux il n'y a pas de raison de faire une différence entre un Français et un immigré en situation régulière; 45 % considèrent qu'on doit donner la priorité à un Français.

• 74 % sont opposés au droit de vote des étrangers vivant depuis un certain temps en France (60 % en 1988), 21 % y sont favorables (32 % en 1988).

• 48 % estiment que les allocations familiales doivent être versées aux immigrés en situation régulière, 45 % qu'elles doivent être réservées aux Français et aux ressortissants de la Communauté européenne vivant en France.

Figaro Magazine/Sofres, septembre 1991

Gérard Mermet, *Francoscopie 1993*, © Larousse, p. 211

Des sentiments contradictoires

Le racisme se porte bien dans l'esprit des Français, selon le sondage annexé au rapport 1992 de la Commission des droits de l'homme (1). 40 % des personnes interrogées se déclarent «plutôt» ou «un peu» racistes (41 % en 1991) alors que 57 % se disent «pas très» ou «pas du tout» racistes. [...]

Les travailleurs immigrés sont de plus en plus perçus comme *«une charge pour l'économie française»* (63 % en 1992 contre 54 % en 1990), ce qui n'empêche pas 59 % des personnes interrogées d'approuver l'opinion selon laquelle *«les travailleurs immigrés doivent être considérés ici comme chez eux puisqu'ils contribuent à l'économie française»*, et 42 % de voir dans les immigrés *«une source d'enrichissement culturel et intellectuel»*.

La tolérance gagne timidement quelques points: la construction de mosquées est mieux acceptée, le rôle de l'école dans l'intégration des étrangers est apprécié par 74 % des personnes interrogées (69 % en 1991). La présence des Maghrébins est moins mal tolérée: en 1992, près de deux personnes interrogées sur trois estimaient qu'il y a *«trop d'Arabes»*, contre plus des trois quarts deux ans plus tôt.

Les idées généreuses s'arrêtent cependant dès que l'on se sent individuellement concerné: les trois quarts des personnes interrogées désapprouvent l'exclusion de l'école des enfants d'immigrés par un maire, mais les deux tiers auraient des réticences à envoyer leur enfant dans une école dont les élèves seraient majoritairement immigrés. De même, 50 % des personnes interrogées trouvent *«normale»* la construction de mosquées (42 % en 1991), mais 51 % n'en veulent pas dans leur quartier.

---

(1) Sondage CSA réalisé sur un échantillon national représentatif de 1 017 personnes du 9 au 14 novembre 1992.

Le Monde, 26 février 1993, p. 12

K. En vous appuyant sur les textes proposés dans cet «Etat des lieux», justifiez le titre de l'article du *Monde* «Des sentiments contradictoires» et commentez le choix des termes cités entre guillemets par le journaliste.

IMMIGRÉS.

TRAVAILLEURS, CONTRIBUABLES,
COMMENT LES AIDER A S'INTEGRER
MIEUX?

Après une première phase de réhabilitation, Sonacotra transforme ses résidences.

Sonacotra est née il y a trente ans pour relever un défi : construire et gérer un habitat d'urgence pour les travailleurs immigrés venus accompagner la croissance économique de notre pays. Aujourd'hui, il ne s'agit plus seulement de construire, mais de contribuer, par l'amélioration de l'habitat et de la qualité de vie, à la meilleure intégration des quelques 110 000 clients annuels de Sonacotra. Un autre défi, pour une entreprise qui gère une chaîne de 340 résidences et de 70 000 chambres ! Depuis cinq ans, Sonacotra s'est engagée résolument dans cette voie, en ouvrant ses résidences à d'autres clientèles, en s'attaquant à toutes les formes d'habitat ségrégatif, en ayant consacré 1,3 milliard de francs à la réhabilitation de ses résidences. Maintenant, elle va plus loin avec la volonté de les transformer radicalement. Concrètement, les chambres sont agrandies, modernisées, embellies, dotées de téléphone; l'ensemble du mobilier est renouvelé; le confort des résidences est modernisé, c'est-à-dire que sont installés plus de douches confortables, plus d'équipements sanitaires et de cuisines; de nouveaux services sont peu à peu étendus, tels que laveries automatiques et accès privatifs des résidences. Ce sont quelques aspects d'un nouveau défi majeur, qui exigera encore cinq ans d'efforts et pour lequel Sonacotra a commencé d'investir une nouvelle tranche de 2 milliards de francs.

SONACOTRA
l'Habitat en mouvement

L. Commentez cette publicité en vous aidant de la *Fiche méthodologique 2* (p. 28) (composition, couleur, angle de photo, 1er plan, rapport texte/image). Ensuite analysez le texte qui accompagne l'image (à qui s'adresse-t-il, ton, objectif, vocabulaire?).

Points de vue

Vos papiers, s'il vous plaît...

Le garde des Sceaux, Pierre Méhaignerie, a présenté un projet de loi modifiant le champ des vérifications d'identité par la police. Ce nouveau texte légalise les contrôles «de toute personne quel que soit son comportement, pour prévenir une atteinte à l'ordre public». Attention à la chasse au faciès! protestent la gauche et les organisations antiracistes. L'obsession sécuritaire menace-t-elle les droits de l'homme?

Code de la nationalité

La nationalité implique des droits. Il faut donc la mériter, notamment être préalablement intégré à la société. Le mariage, à lui seul, n'est pas un élément d'intégration sociale. Une assez longue cohabitation, oui. Ne faudrait-il pas aussi envisager la possibilité d'un retrait de nationalité par voie judiciaire dans des cas d'incivisme? Car la nationalité implique aussi des devoirs: soumission aux lois nationales, service national... On ne peut donc l'imposer à qui ne la demande pas, même né sur le sol national, même issu de parents ayant cette nationalité. Ajoutons qu'il serait sage d'inclure dans la demande de nationalité un engagement de soumission à la loi nationale, de préférence à toute autre loi, fût-elle religieuse.

Robert Collin, *Toulon*.

Le Code de la nationalité, tel qu'il a été voté à l'Assemblée nationale, et les mesures draconiennes que M. Pasqua est en train de préparer mettent en cause des droits acquis, et auront des conséquences désastreuses pour les immigrés et leurs enfants vivant sur notre sol. Selon moi, deux actions s'imposent: dénoncer avec vigueur cette politique d'exclusion et éclairer l'opinion publique française, qui n'est pas informée.

Henri Béguin, *Saint-Ouen*.

Avant guerre, Polonais, Espagnols, Italiens ont apporté leur force de travail, et leur intégration s'est faite sans problèmes et sans coût pour la nation. Après guerre, nous avons accueilli les travailleurs d'Afrique, qui participèrent à la reconstruction du pays. Mais, aujourd'hui, l'overdose d'immigrés au chômage, rebelles à toute intégration, épuise financièrement notre pays, n'en déplaise aux évêques, crée des problèmes de drogue, de sécurité, de délinquance ingérables et sans issue. Notre pays n'a plus et n'aura plus jamais de travail pour eux, alors que l'Afrique, immense et magnifique continent, sous-cultivée, sous-équipée, souvent sous-peuplée, mais hélas! sur — et mal — administrée, représente une énorme réserve de travail. Aidons-les à retourner chez eux dans la dignité. Développons l'emploi dans leur pays d'origine et formons-les aux tâches indispensables à leur économie.

André Vignet, *Saint-Etienne*.

Ceux qui prétendent que le «droit du sol» doit être maintenu pour que les enfants qui naissent en France de parents étrangers deviennent, de ce seul fait, français, ont un comportement totalement incohérent. En effet, si leur femme accouchait en Algérie, au Mali, ou dans n'importe quel autre pays, ils exigeraient que ce soit le «droit du sang» qui soit appliqué, car ils ne toléreraient pas que leur enfant soit algérien, malien ou de toute autre nationalité.

René Agarrat, *Rognac*.

Il est parfaitement illusoire, mensonger, malhonnête de prétendre résoudre actuellement le problème du chômage si, comme toujours, on refuse de prendre en compte la «donnée démographie», fondamentale dans un monde où, partout, de plus en plus de machines supprimeront de plus en plus d'emplois et où la majorité des gens vivront de plus en plus vieux. Autre donnée délicate, autre tabou aussi: l'immigration. Plus de 100 000 étrangers (hors CEE) arrivent en France chaque année, sans compter les clandestins; cela ne peut qu'accroître le nombre des demandeurs d'emploi et alourdir, bien souvent, les charges des contribuables. Mais oser le dire, n'est-ce pas être xénophobe, raciste, fasciste même, aux yeux de certains? Or cette affirmation ne relève que du simple bon sens, rien de plus.

Marcel Massiou, *Villebon-sur-Yvette*.

L'Express, 8 juillet 1993, pp. 14-15, 11 mars 1993, p. 18

Raymond Devos: «*Xénophobie*»

On en lit des choses sur les murs!...
Récemment, j'ai lu sur un mur:
«Le Portugal aux Portugais!»
Le Portugal aux Portugais!
C'est comme si l'on mettait:
«La Suisse aux Suisses!»
Ou :
«La France aux Français!»
Ce ne serait plus la France!
Le racisme, on vous fait une tête
comme ça avec le racisme!
Ecoutez...
J'ai un ami qui est xénophobe.
Il ne peut pas supporter
les étrangers!
Il déteste les étrangers!
Il déteste à tel point les étrangers
que lorsqu'il va dans leur pays,
il ne peut pas se supporter!

Raymond DEVOS, *Sens dessus dessous,*
© Editions Stock, p. 115

L'épicier arabe

Mahmoud, je t'aime! Mahmoud, voleur! Ce cri s'entend maintenant chaque jour dans nos scènes de la vie parisienne comme dans celles de la province. Mahmoud, également connu sous l'appellation générique de l'«Arabe du coin», incarne à la fois le petit commerce de proximité et l'immigré du troisième type, aussi différent de l'émir des beaux quartiers que du laborieux travailleur de chantier. Mais pourquoi l'«Arabe»? Mahmoud et ses frères sont des Berbères, et la différence est de taille. Marocains du Sous ou, plus souvent encore Algériens du Mzab et Tunisiens de l'île de Djerba, ils sont majoritairement des kharidjites. L'histoire et la religion interfèrent alors avec la sociologie de l'épicerie.

[...] Mahmoud ou Saïd sont montés à l'assaut de l'ancienne métropole, dès le lendemain de la décolonisation. Ils ont conquis d'abord petitement les banlieues. Puis les quartiers du centre, où Bretons, Auvergnats, Basques et Savoyards craquaient devant les horaires déments, le flot de la paperasserie, la concurrence massive des grandes surfaces. Mahmoud, lui, travaille avec sa parentèle, est ouvert le dimanche, et il suffit souvent de frapper fort tard à sa porte pour le faire surgir, d'humeur gracieuse, de l'arrière-boutique où il réside. Sa banque, ce sont ses pairs. Mahmoud fait crédit à ses habitués, aime les tutoyer, en jouant le rôle un peu bouffon de l'«Arabe» qu'il n'est pas. Mais il est notre sauveteur du dimanche et celui du soir.

Tout cela a naturellement un coût. Notre puritain pratique des prix élevés. Mais il lui sera pardonné pour sa disponibilité, sa gentillesse qu'il aurait tort de trop forcer, et la menthe qu'il sait parfois distribuer. Il est cher, mais il a su devenir notre cher Mahmoud. **Yves Cuau** ∎

L'Express, Spécial 40 ans, p. 150

M. Dites en quoi les documents que vous venez de lire illustrent les sentiments contradictoires des Français vis-à-vis des travailleurs immigrés.

Analyse statistique
Faisons parler les chiffres!

Les Françaises au travail

FEMMES, TRAVAIL ET ENFANTS

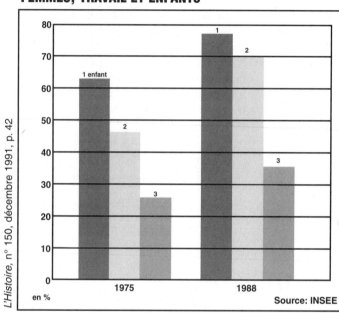

L'Histoire, n° 150, décembre 1991, p. 42

en %

Source: INSEE

Sur le graphique, ci-contre, on note, entre 1975 et 1988, une nette augmentation de la proportion de femmes actives par rapport au total de la population féminine en âge de travailler. Cette proportion décroît en fonction du nombre des enfants : le troisième restant un obstacle au travail des femmes, à tel point que les démographes parlent de «concurrence» entre lui et la carrière professionnelle — bien que plus du tiers des mères de trois enfants travaillent à la fin des années 1980 !

La place des femmes dans les professions libérales *(en pourcentages des effectifs globaux)*		
PROFESSION	1982	1990
Médecins spécialistes	22	31,5
Médecins généralistes	13	27
Chirurgiens-dentistes	26	31
Psychologues et psychothérapeutes	71	73,5
Vétérinaires	12	27
Pharmaciens	49	52
Avocats	33	40
Notaires	4	12
Conseils juridiques et fiscaux	28	24
Experts-comptables et comptables agréés	11,5	16
Architectes	5	15
Huissiers de justice et divers	15,5	25

Source: INSEE

Le Monde, 17 février 1993, p. 28

N. Commentez ces tableaux en vous aidant de la *Fiche méthodologique 1* (p. 9).

Points de vue

Politique: les femmes au régime

1936: on croit rêver. Pour la première fois de notre histoire, et alors même que les femmes n'ont pas le droit de vote, un gouvernement, celui de Léon Blum, daigne accueillir pas moins de trois femmes aux postes de sous-secrétaires d'Etat, dont Irène Joliot-Curie, Prix Nobel. L'exception qui confirme la règle. Pendant des décennies, il faudra de nouveau contempler le spectacle d'un Conseil des ministres monopolisé par des costumes trois-pièces. 1974, enfin, ces messieurs se rappellent que les femmes existent. Le président Giscard d'Estaing nomme ministre Françoise Giroud, Monique Pelletier, sort Simone Veil de l'anonymat, et d'autres encore. Tradition largement relayée par François Mitterrand, qui n'ergote pas, allant même, un beau jour de 1991, jusqu'à offrir Matignon à une femme, Edith Cresson. L'histoire prend date et la classe politique fulmine. [...]

Edith Cresson? Un cauchemar. Sitôt sa nomination, l'ironie masculine s'en donne à cœur joie. On fustige l'ascension de «madame de Pompadour», on raille «l'ouvreuse de cinéma» parce qu'elle distribue des roses à la fin d'un meeting. Bientôt, on s'en prendra au timbre de sa voix. Allez démarrer du bon pied après pareils encouragements!

«On lui a reproché son discours d'investiture sans âme, explique Laure Adler, son entourage, ses petites phrases du style "la bourse, j'en ai rien à cirer", que sais-je encore. Même ses ministres la critiquaient. Sans analyser la politique qu'elle conduisait, on peut tout de même se demander si ses défauts méritaient ce tir groupé, ces attaques misogynes, ces airs goguenards! On peut aussi se demander si un homme aurait subi de telles attaques.» Probablement non. Seulement voilà, c'est une femme. Or, qu'elles soient ministres ou non, gare à celles qui ont l'outrecuidance de songer à s'installer en zone estampillée «mâle» [...]

[...] L'UDF Monique Pelletier, qui fut chargée de la Condition féminine sous Giscard, n'a pas été mieux servie. «En 1981, raconte-t-elle, j'ai été parachutée pour me présenter à la députation à Chartres. La tête des hommes politiques du département! Ils m'ont flinguée, il n'y a pas d'autre mot. Préférant même aller jusqu'à tenter de trouver des arrangements entre adversaires pour que la circonscription m'échappe. L'horreur! Moi, je vous le dis: la plupart des hommes politiques ont pour femme une bobonne méritante et dévouée à la cause de leur époux. Avec une telle image de la femme, comment voulez-vous qu'ils puissent imaginer que d'autres aient envie de se lancer dans la bataille?» [...]

LE CHAMP POLITIQUE ÉCHAPPE À LA MOITIÉ DE L'HUMANITÉ

Denise Cacheux, toujours remontée, confirme: «Il est classique, le coup du type qui est le vingtième à prendre la parole et qui déclare: "Camarades, je serai bref. Les autres ont dit ce que je voulais dire, mais... Pour nous, les femmes, quand quelqu'un a dit l'essentiel, peu importe qui il est, ça suffit. D'abord, parce que nous sommes moins joueuses que les hommes, mais aussi parce que les femmes sont, bien plus que leurs collègues masculins, confrontées à des conflits d'urgence: celui de la politique et celui de leur vie familiale, qu'elles tiennent à assumer. Ce dont beaucoup d'hommes, aujourd'hui encore, ne se soucient pas. Les femmes font de la politique un œil sur la montre: "Ah, j'ai promis d'aller chercher mon gamin à l'école", ou "Zut, il faut penser à acheter du dentifrice." Elles n'ont pas le temps de jouer. Moi, au plus fort de ma vie politique, je ne dormais pas plus de quatre heures par nuit. Cela dit, quand on prend de la bouteille en politique, on comprend qu'il ne faut pas laisser passer son tour de parole, même si on n'a rien à dire. C'est aussi grâce au verbe qu'on est reconnu. Il faudrait que les femmes arrivent en nombre dans la vie politique pour changer les données, mettre des bémols à ces manies exaspérantes.» [...]

«SI ÇA CONTINUE, ON FINIRA COMME LES OURS DES PYRÉNÉES»

Choisiront-elles pour autant de foncer dans l'arène politique, quand de multiples possibilités de faire carrière ailleurs s'offrent à elles? L'ex-ministre socialiste du Logement et du Cadre de vie, Marie-Noëlle Lienneman, quarante et un ans, a beau militer ardemment pour l'arrivée en masse des femmes à tous les stades de la vie politique, elle n'en reste pas moins dubitative sur les desiderata de ses congénères. «Malheureusement, dit-elle, la fonction politique est aujourd'hui très dévalorisée socialement, mais aussi culturellement. Sans doute, un certain nombre de femmes ont-elles l'image d'un univers un peu pourri, *un univers où les R25 et le fric priment sur le devenir de la société. La politique a perdu de son pouvoir attractif et, faute d'offrir aux femmes des perspectives comparables à la vie professionnelle, celles-ci, quelles que soient leur formation et leurs compétences, peuvent penser que le jeu n'en vaut pas la chandelle. De plus, le féminisme en général et la promotion des femmes en politique en particulier ne se portent pas bien. Nous sommes entrés dans une phase de grand conformisme culturel, social, philosophique. La crise économique, le chômage, les changements de valeurs, de modes de production: autant de bouleversements que nous subissons au lieu de les maîtriser. Aujourd'hui, il n'y a plus de grands textes, de grandes idées, de grandes créations. L'immobilisme semble être la seule réponse collective. Quand la société est si peu vivace, comment voulez-vous que les politiques se remettent en question?»* Les hommes. Mais aussi quelques femmes. Soyons honnêtes: parmi celles qui ont fait leur trou en politique, certaines ne cachent pas que la rareté facilite la célébrité. Agacement de Roselyne Bachelot: *«La promotion des femmes ne peut venir que d'elles-mêmes, et particulièrement de celles qui ont acquis des responsabilités. Rien ne sert de franchir des arcs de triomphe en s'assurant de ne pas être suivi. Même si c'est dur d'en arriver là, et même si le statut de femme politique nous propulse rapidement au rang de vedette, ce qui ne déplaît pas à tout le monde.»* Denise Cacheux lève les bras au ciel. *«Minorité, minorité! On ne va tout de même pas en rester là pour le seul plaisir d'être bichonnées. Si on continue comme ça, on va finir par connaître le même sort que les ours des Pyrénées. Combien sont-ils déjà?»* Treize.

ANNE DECLÈVES ■

La Vie, n° 2491 du 27 mai 1993, pp. 51–54

O. En vous appuyant sur les textes, faites le portrait politique (appartenance politique, rôle politique, opinion sur les hommes politiques, etc.) des femmes suivantes: Edith Cresson, Monique Pelletier, Denise Cacheux, Marie-Noëlle Lienneman. Ensuite répondez aux questions suivantes:

1. Quelles ont été les réactions des hommes politiques français à la nomination d'une femme premier ministre?
2. Qu'est-ce qui, dans la société d'aujourd'hui, freine l'arrivée des femmes en politique?

Philippe Sollers: *«Kate»*

Femmes se présente comme un livre polémique et délibérément provocateur. Le héros-narrateur, libertin, écrit au jour le jour le livre que nous lisons: une chronique des mœurs de l'intelligentsia parisienne.

Kate arrive, avec son chapeau fantaisie cow-boy. Elle se prend maintenant pour une amazone. La tête farcie d'épopée femme et re-femme. «Nous les femmes...» On sent qu'elle y pense sans arrêt, excitée, déprimée, terrorisée. Maniaque. Elle souffre, mais elle doit le cacher sous une allure toujours «en forme», gaie, décidée... Surtout que personne ne se rende compte que le tissu de sa vie n'est que vertige, peur. Sans fin donner le change, mentir. La dissimulation est pour elle une première nature, une nature d'avant la nature, une protection spontanée, un voile au sens où on dit qu'une roue est voilée... Je la vois serrer légèrement les dents. Elle va m'approcher, moi, l'ennemi public n° 1, la tête de liste noire, celui qui en sait dix fois trop, qui est renseigné de l'intérieur... Elle m'embrasse, elle allume les stéréotypes de la séduction. Rapports de forces... Je la regarde. Elle est épuisée, elle sort d'une longue journée de travail pour marquer ses droits, s'affirmer; d'une interminable série de presse du candidat réactionnaire-progressiste qu'elle doit, elle, progressiste-réactionnaire, feindre de trouver réactionnaire modéré. Ou quelque chose dans ce genre. Sa peau est grasse, luisante, ses seins affaissés, son ventre ballonné comme par une grossesse à demi rentrée permanente. Le foie?

«Tu comprends, mon chéri, tu ne laisses aucune place aux femmes.»...

La ritournelle a repris. Elle n'a pas attendu cinq minutes avant de mettre son disque. Chaque moment compte, toute situation doit servir. Rien pour rien. Je l'observe à la dérobée. Elles sont vraiment folles. Complètement, radicalement, systématiquement. Cette lueur dans l'œil, plombée, fixe. Elle ne voit rien, n'entend rien. Pourtant, le bar près de l'Etoile où je lui ai donné rendez-vous est agréable, fauteuils de cuir confortables, lampes basses, airs feutrés d'opéras... Mais non, elle est ailleurs, immobile, somnambulique. Aspirée, avalée par sa passion.

«Tu sais que, souvent, je me demande sur telle ou telle

question ce que tu en penses, ce que tu ferais. Et je sais tout de suite que je dois penser, ou faire exactement le contraire.»...

C'est dit. Je suis pour elle, et son réseau, l'étalon tordu absolu... Le plus étrange, après ça, est qu'elle a l'air de penser que la conversation peut continuer comme si de rien n'était. Davantage: on dirait que sa perversité a besoin de ce genre de préambule agressif. Dans un moment, après m'avoir raconté quand même un maximum de potins; après avoir dit le plus de mal possible des amis qu'elle va retrouver tout à l'heure; après avoir essayé de m'extorquer quelques renseignements qu'elle juge importants pour sa carrière des huit jours ou deux mois à venir, elle va tout à coup se pencher sur moi, me faire sentir son haleine déjà chargée d'alcool:

«Tu vois, je pourrais t'en dire plus... Un certain nombre de choses... Mais il faudrait du temps... Que je m'habitue... Au bout de deux ou trois jours, peut-être...» Ça y est, le coup du voyage!... Un déplacement... Pour mieux rentrer... En Egypte, en Grèce, à Rome, à Venise, aux Indes, à Singapour, au Maroc... Seulement un week-end... Trois jours, huit jours... Qu'on reste ensemble... Qu'on ne se quitte plus... L'hôtel, le face-à-face, le bord-à-bord, les promenades, les repas, les musées... Et puis peut-être, le second jour... Vers la fin de l'après-midi... Après quelques achats... Des souliers... Une bague... Un bracelet... Un collier... La fusion... On se dirait tout, vraiment tout... L'affaire serait faite... Le mariage, quoi. Finalement, ça en revient toujours là: qu'on s'installe, qu'on régularise, qu'on réglementarise, que ça ne fasse plus qu'une seule atmosphère partagée... La bulle unanime... La transparence... Le placenta en commun... Les petites choses de la vie, un peu dégoûtantes mais tellement touchantes, les vraies choses... Là, donc, elle me dirait ce dont j'ai besoin... Les trucs qui me menacent... Les conseils... Ce que les autres projettent, ont réellement contre moi, les ragots, tout ce qui se trame dans mon dos... Les détails que je brûle de connaître... Je me creuse légèrement sous le choc. Il ne faut pas qu'elle perçoive ma répulsion. Au contraire, j'y vais tout de suite... Je lui prends la main, je me courbe, je l'embrasse un peu dans le cou... Rien... Moi pourtant si client...

«Mais oui, il va falloir calculer ça.»...

Philippe SOLLERS, *Femmes*, © Editions GALLIMARD, pp. 16–17

— On se le fait à la gréco-romaine ou au karaté ?

P. Faites l'analyse du texte de Sollers en vous aidant de la *Fiche méthodologique 3* (p. 37). Ensuite faites le portrait de Kate d'un point de vue féministe.

La télévision aime-t-elle les femmes?

Six journalistes de Marie Claire ont regardé la télévision pendant toute une journée.

07.00 JOURNAL TÉLÉVISÉ

Sur le plateau, pas la moindre femme. Mais dans les infos, il y en a deux: la reine d'Angleterre qui a décidé de payer des impôts, et la princesse célibataire de Monaco, qui a fait un bébé. Les roturières et mères célibataires imposables devront trouver autre chose pour passer au JT.

07.20 «CLUB DOROTHÉE»

«La légende de Croc Blanc»: La petite blonde sauve sa copine indienne d'une hutte en feu. Des hommes armés et méchants les menacent. Ça s'évanouit, ça sanglote: sans Croc Blanc, les gamines seraient incapables de s'en sortir.

«Papa longues jambes»: Julie est une pimbêche tirée à quatre épingles et Judith une timide mal fagotée. Elles aiment le même garçon, Jimmy. Julie envoie à Jimmy des déclarations d'amour et des tas de cadeaux. Elle a tout faux. Sans hésiter, Jimmy a déjà choisi Judith la moche et laissé tomber la bien sapée.

Un dessin animé à passer et à repasser à votre grande fille qui passe tous ses samedis chez Agnès B.; cela vous fera des économies!

08.25 «TÉLÉ SHOPPING»

«Hum, hum», acquiesce Maryse en voix off sur les flots de paroles de Pierre Bellemare, comme toujours intarissable, à propos des «Etudes de Guernica». «Une œuvre incontournable!» dit-il. «Incontournable», appuie la gentille Maryse. «Une belle histoire», poursuit le bavard. «Oui, belle histoire», ponctue la dame. Puis quand son compère s'exclame: «On rappelle l'adresse, Maryse», sobre et précise, eh bien, elle le fait.

09.00 «HÔPITAL CENTRAL»

(Série américaine) Soupirs, halètements, voix chavirée et sur le souffle. «Qui peut m'aider?»... une femme en pleine crise. Persécutée, poursuivie, folle peut-être? «Je ne suis rien sans toi. J'ai besoin de toi. Je ne suis personne», expire une autre bouclée. Mais pourquoi donc toutes ces femmes endimanchées sont-elles complètement fêlées?

09.20 «HAINE ET PASSIONS»

(Série américaine) Une femme rousse avoue: «C'est de ma faute. C'est à cause de mes mensonges que tout est arrivé.» La blonde frisottée n'est pas mieux. Elle cache un horrible secret à son futur et très riche époux. Et la brune énervée ment à tout le monde: elle a un amant.

Regards hallucinés, toutes ces femmes s'emmêlent dans des histoires de familles déchirées par le pouvoir et le fric. Quelle imagination torturée a pu produire ce type de femmes terrifiantes-terrifiées, toujours prêtes à défaillir?

Pas la peine de déterrer la hache de guerre, les hommes sont absolument dans le même état. Larmoyants et raplapla ou en pleine crise de nerfs. Une véritable catastrophe. Vu de ma couette, femmes et hommes en plein débordement émotionnel m'ont littéralement épuisée. Ne me dites pas que c'est ça la passion, sinon je vais faire de ma vie un long fleuve tranquille.

10.00 «LES ENQUÊTES DE REMINGTON STEELE»

(Série américaine) Laura bosse; quel impair! et en plus elle est célibataire. Ça fait un peu trop masculin, dit son patron, l'inspecteur Harry. En quarante minutes, il va arranger tout ça. «Est-ce que tu as l'intention de poursuivre cette carrière jusqu'à la fin?» susurre Harry à la belle Laura. «Supposons que tu aies des enfants? Tu voudrais continuer à travailler?» Et Harry, sûr de lui, enlace la célibataire. «La place d'une femme, c'est à la maison, et dans un endroit très particulier de la maison.» Il l'attire sur le lit, Laura, en pâmoison, capitule. J'espère que la belle Laura ne va pas devenir aussi zinzin et moche que les femmes mariées de «Haine et Passions».

10.45 «MARC ET SOPHIE»

(Série française) Lui est vétérinaire, elle médecin. Un couple français guilleret et entièrement dévoué à leur concierge en bigoudis. Une concierge bourrue et farfelue, comme on n'en fait plus. Mini-drames et bons sentiments, ou la vie qui repose.

11.15 «TOURNEZ... MANÈGE!»

(Jeu) «Que penserais-tu d'une femme mécanicienne qui ferait du rugby et de la musculation?» demande Sandra (qui vient de Mérignac) à Ludovic (qui vient de Meaux). «Je m'enfuirais», s'exclame Ludovic. «Et l'égalité des sexes?» proclame Sandra. Ludovic: «Je suis pour l'égalité des sexes. Mais un homme doit ressembler à un homme et une femme à une femme.» C'est ben vrai, ça! Quoique... Il y a peut-être une «mécani-muscu-rugby» qui adore les câlins, les gamins, la cuisine et les dessous à froufrous? Alors là, Ludovic, tu cours toujours ou tu demandes à voir?

11.50 «LA ROUE DE LA FORTUNE»

(Jeu) Le présentateur mène le jeu. La présentatrice est grande, mince et brune. Elle a une superbe robe longue. Elle s'agite le long des cases. Elle fait des mimiques parce qu'elle est bien embêtée de ne pas avoir de micro. Elle sourit quand un joueur gagne et elle est toute triste quand il perd. Elle est très belle et a en tout cas l'air rudement gentille. Il paraît qu'elle reçoit des milliers de lettres de téléspectateurs et trices. Comme quoi, mannequin ou présentatrice, les belles filles pour être aimées n'ont pas besoin de parler.

12.20 «LE JUSTE PRIX»

(Jeu) Tiens, encore un présentateur! Le clone du précédent. Même âge, même costume, même sourire, même entrain et mêmes blagues. Et puis il y a les indispensables «Sois belle et tais-toi» qui, elles, n'ont pas besoin de dire des bêtises. Sourires figés et gestes de parade. Le boulot de ces mignonnes, c'est de s'affaler sur les cadeaux, canapé, fauteuil ou cuisinière...

13.00 «LE JOURNAL DE LA UNE»

Un présentateur. Et toujours la reine et ses impôts et la princesse qui a fait son bébé toute seule.

13.35 «LES FEUX DE L'AMOUR»

(Série américaine) Le patriarche aux cheveux blancs est heureux: «Quand on se remarie à mon âge et qu'on est PDG d'une grande entreprise, c'est très agréable de voir ses enfants faire tourner les affaires pendant que moi je reste à la maison avec ma nouvelle épouse adorée.» Un vieux riche qui fait sa vie avec une trente-cinq ans, ça doit plaire à pas mal de messieurs et à certaines jeunettes. Qui a zappé? Peut-être les jeunettes fatiguées de leurs vieux maris? Mais sûrement pas les téléspectateurs fauchés et les téléspectatrices de plus de soixante ans. Un bonheur interdit, c'est chouette à savourer sur sa télé.

14.30 «POUR L'AMOUR DU RISQUE»

(Série américaine) C'est interminable, malgré les poursuites en voiture et les cascades. Réveil en fanfare sur le générique de...

15.25 «HAWAÏ, POLICE D'ÉTAT»

(Série américaine) Ça se passe entre hommes. Des policiers contre des truands. Sauf que l'un des trois tueurs est une tueuse. Mais c'est pas de sa faute: son gigolo la faisait chanter.

16.10 «CLUB DOROTHÉE»

Dorothée mène à la baguette trois hommes potiches qui font les zouaves en veste rose.

«Ricky ou la belle vie» (série américaine): Une soumise se révolte: «Tu ferais mieux de te taire, dit-elle à son horrible mari. N'oublies pas que j'ai le contrôle de toutes les sociétés. C'est mon père qui m'a tout légué.» Résultat, son macho de mari se transforme en ramollo qui baise les pieds de sa nana friquée. Et la nunuche est ravie.

Le féminisme ridiculisé et récupéré dans une série années 75–80. Pourquoi nous faire croire qu'un macho flapi fera un bon mari?

«Huit, ça suffit» (série américaine): Une belle maison avec maman, papa et les huit enfants. C'est le rêve américain à la sauce contemporaine. La famille est moderne mais elle fonctionne comme une famille traditionnelle. Pendant trente minutes, c'est si bon de se sentir en famille.

17.25 «UNE FAMILLE EN OR»

(Jeu) Sympa, les femmes qui jouent. De tous âges, avec des tenues du dimanche, marrantes et décontractées. Et pas intimidées du tout, même devant les blagues éculées du présentateur. «Vous vous appelez Véronique, comme la chanson?» Il chante: «Véronique, nique, nique. Mais c'est une chanson. Vous trouvez ça grossier?»

18.00 «HÉLÈNE ET LES GARÇONS»

(Série française) Ouf, enfin un bol de rire avec trois adolescentes qui font les folles sous la douche! Mais très vite, la fille aux cheveux courts a ses vapeurs. Évanouissement, médecin, déprime. Ça s'arrête illico quand Sébastien l'emmène en moto. Comme dit le générique: «Une fille, c'est si fragile et si tendre à la fois / Et ça peut souffrir quelquefois / Pour l'amour d'un garçon.» La fille de ma copine adore cette série. Ma copine, une superwoman décidée, est désespérée.

18.25 «SANTA BARBARA»

(Série américaine) J'en ai ras le bol des femmes chavirées en train de se déchirer au nom de l'amour, du fric et du pouvoir. Je suis en overdose d'émotions bidons. Je lâche le petit écran.

18.55 «COUCOU... C'EST NOUS!»

Dechavanne a donné un micro à la présentatrice de «La Roue de la fortune». C'est rudement gentil. Notre belle muette va nous parler des femmes. En deux minutes, bien sûr. Mamma mia, c'est le flop! Un texte récité sur des histoires pas très futées de petites culottes. Ça ne fait rien, le présentateur, son acolyte et le ministre invité continuent de bavarder entre eux comme des potaches. Finalement, les hommes sont beaucoup plus à l'aise que les filles pour dire des sottises à la télé.

20.00 «LE JOURNAL DE LA UNE»

Veste rouge et cheveux blonds, ce soir, le présentateur est une femme. Et ça ne change rien.

20.45 «LES MARCHES DE LA GLOIRE»

En coulisse, deux jolies filles font semblant d'habiller le présentateur. Ça fait star, enfin, pour le présentateur. Les faux-vrais reportages font de la surenchère: danger, angoisse... Un gamin presque dévoré par un bouc, un type qui passe sous une batteuse-lieuse... J'ai la nausée. Sur le plateau, ce soir, héros et victimes, il n'y a que des hommes. Et le présentateur rame: Il fait tout pour que l'émotion dégouline sur le plateau. Mais rien à faire: le sauvé remercie; les sauveteurs se refusent aux trémolos. Chapeau, messieurs, pour cette pudeur et cette retenue. Des valeurs qui semblent avoir déserté les écrans de notre télé.

22.35 «EN QUÊTE DE VÉRITÉ»

Un présentateur. Sur un sujet dramatique: les soldats disparus de Mourmelon, des parents témoignent. Le présentateur n'a à forcer personne: les mères veulent parler et réclament des explications. Comment font-elles pour rester si calmes? Des femmes simples qui s'expriment clairement. Elles me font penser aux femmes argentines qui, pendant des années, ont tourné sur la place de Mai, à Buenos Aires, pour demander justice, pour que l'on n'oublie pas leurs fils, leurs maris disparus. Des femmes, en colère, et dignes.

IMAGES CONTRADICTOIRES
DU BONBON AU BATTLE-DRESS
Par Michelle Perrot

Quel impact la télévision a-t-elle sur les images des femmes contemporaines? Beaucoup et peu à la fois, et de manière contradictoire. Beaucoup parce qu'elle les a démultipliées, et donc diversifiées. Les femmes sont largement présentes à tous les niveaux de la communication. Comme présentatrices de journaux quotidiens ou de grandes émissions d'actualités, elles ont planté les femmes dans l'espace le plus public. De manière presque opposée, l'influence d'une Ockrent ou d'une Sinclair — l'une plutôt androgyne, l'autre plus classiquement féminine — a été considérable dans cette conciliation de la féminité et de l'intelligence du monde. De même, celle des femmes reporters qu'on a vues si nombreuses, aux pires moments des événements du Liban, de la guerre du Golfe ou du putsch russe. Les Laroche-Joubert, Joly, Chamelay, etc., envoyées spéciales, se sont dépensées sans compter et, sans rien perdre de ce qu'on appelle «charme», ont su faire passer les messages les plus dramatiques.

En comparaison, les représentations que nous offrent les émissions de «variétés» ont quelque chose de beaucoup plus convenu. Les participantes des jeux télévisés, qu'on n'appelle que par leur prénom, sont douces, lisses, pomponnées, interchangeables. Dans les images de fiction (téléfilms notamment), l'impression première est que les personnages féminins y accusent un certain retard par rapport au réel, comme si la télévision avait pour fonction de rassurer par l'usage de stéréotypes ceux qu'angoissent les modifications des rôles et des identités sexuelles.

De la femme «bonbon» à la femme «battle-dress», la télévision a certes enrichi la représentation des femmes. Mais ses formidables capacités d'expression sont toujours bridées, voire engluées, par le poids des conventions.

M. Perrot, historienne, coauteur de «Images de femmes» (Plon).

France 3: Mamies pub et hommes entre eux

Tout d'abord, ce qui saute aux yeux, c'est l'absence de femmes. Le sexe masculin est aux commandes, il énonce et s'autocongratule. Reste l'éternel féminin qui pleurniche, s'inquiète de son physique, cuisine ou se tait. Avec, tout de même, des séquences infos avec de vraies, et compétentes, journalistes. *Katie Breen*

07.30 «BONJOUR LES PETITS LOUPS»

L'aube est encore grise, mais il n'est pas trop tôt pour un premier portrait de femme: Corinna, la vedette des «Moomins» (un dessin animé japonais), une chanteuse geignarde et, qui plus est, fieffée menteuse: quand elle pleure, ce sont des larmes de crocodile (grâce aux oignons). Heureusement, elle est mise au pas par une armée de «roudoudous» à forme phallique. Quel symbole! Après cela, plus de femmes, rien que des petits loups...

08.00 «CONTINENTALES»

Présentée par Alex Taylor, une heure de reportages produits par les télévisions de l'Est.
Premier arrêt: Mikova en Slovaquie, village dont est originaire Andy Warhol, et auquel il a légué une partie de sa fortune. Mais l'argent a été détourné par l'Eglise orthodoxe. Une vieille femme commente: «On veut les sous.» Méchante, édentée, c'était la sorcière de Slovaquie.
Puis Europodyssée, Paris-Moscou en péniche. Mâle ambiance dans la cabine. On commente le nom d'un cap: «En finlandais, ça veut dire vieille femme.» Sourires entendus, avant de passer à la prochaine séquence: un Russe qui chante «L'Amour inutile». Pas gai tout ça.

9.35 «LES ENTRETIENS D'OCÉANIQUES»

Une heure d'entretien avec Nina Berberova. Une glorieuse intouchable, une de ces vieilles dames haut de gamme qui, passé le temps de la séduction, deviennent des demi-déesses et entrent au panthéon de nos gloires nationales.

10.55 «L'HOMME DU JOUR»

Ce matin, monsieur Joubert, de la société LAM, est venu nous entretenir des métaux en feuille. Il est interrogé par un Philippe Bouvard relooké pour l'occasion façon «Nouvel Economiste». J'en retiens l'information suivante: les affaires de M. Joubert vont bien. Philippe Bouvard, plein d'allant: «Est-ce que cela vous donne de la fierté?» «Ah oui, on est très contents.» Les hommes entre eux, au moins, ils s'épaulent...

11.15 «LE JARDIN DES BÊTES»

Deux animateurs, lui et elle, mais il parle pour les deux: «Petra et moi, ce qui nous touche...» «Petra et moi vous souhaitons un bon week-end.»

11.30 «CONFIDENTIEL FEMMES»

Sujet du jour: «Les mamies de la pub font-elles vendre?» Invitée: Jackie Sardou, l'une des «mamies» du film d'Annick Lanoë. «Alors, demande Marika Prinçay, l'animatrice, pour quels produits faites-vous de la publicité?» «Eh bien, j'en ai fait beaucoup pour les appareils dentaires.» Une seconde d'embarras. Cela ne vous a pas gênée? «Pas du tout, j'étais très bien payée.» «Mais oui, les mamies font vendre, et pas seulement des dentiers! commente un publicitaire. Elles sont formidables pour les produits de tradition. Les mamies, c'est l'expérience, la tolérance.»
Extrait de film, trois mamies sur l'écran. Elles jurent: «Zut, flûte, crotte!» «Eh oui, commente un autre homme de pub, les mamies aussi connaissent des gros mots. Vous savez, il faut considérer les mamies comme des êtres à part entière...»

11.45 «LA CUISINE DES MOUSQUETAIRES»

La parole est à deux êtres à part entière, deux mamies sympathiques, Maïté la Bordelaise et sa comparse. Spécial moules: La «mouclade» et l'«églade» en vedette. Terriblement appétissant.

12.00 «LE 12-13 DE L'INFORMATION»

Fini les images toutes faites: les méchantes, les pleurnicheuses, les mamies-pots de confiture. Impression tout à coup de pénétrer dans un monde normal, avec des filles jeunes et des plus âgées, des marrantes et des sévères, des guindées et des décontractées. Et puis, surtout, on voit des femmes: présentatrices du journal, national et régional, météo, reporters, elles sont partout; l'univers, soudain, est devenu familier.

13.00 «ISAURA»

(Feuilleton brésilien) Dans cet «Autant en emporte le vent» brésilien, Dona Malvina contre son époux Léoncio, misogyne et esclavagiste. Léoncio: «Tu es mon épouse, tu me dois respect et obéissance.» Malvina: «La jeune bécasse que j'étais est morte, elle est devenue une femme. Je veux tous mes droits.» Beau portrait de femme.

14.00 «FRANÇAIS, SI VOUS PARLIEZ»

Aujourd'hui, en direct de Strasbourg: la virilité. André Bercoff au Dr Schouman, andrologue: «Docteur, est-ce que les hommes s'inquiètent de la longueur de leur sexe?» Et pour le cas où le docteur aurait mal compris: «Est-ce qu'ils disent: si j'ai une petite quéquette, c'est que je ne suis pas un homme?» Protestations dans l'assistance: non, non, la virilité ne se mesure pas au centimètre. C'est autrement plus noble: «La virilité, c'est la loyauté, le respect des règles, c'est positif.» «C'est avoir du cœur et un certain honneur.» «Attention, s'inquiète un troisième, il y a des filles ici, elles risqueraient de se vexer...»
La parole à Alban Ceray, acteur de porno. «Un jour, dit André Bercoff, ça vous est arrivé dix-huit fois dans la journée...» Lui, pour se justifier: «Changer de partenaire, ça aide. Mais ce qui compte aussi, c'est le décor. Une perle, c'est très joli, mais l'écrin, c'est important.»
Quelques «perles» font partie de l'assistance. «Votre point de vue, mesdames, sur la virilité?» Difficile de s'exprimer sur le sexe de l'homme. L'un des derniers tabous sans doute.

14.45 FEUILLETONS AMÉRICAINS

«Dynasty»; puis on enchaîne avec «La Croisière s'amuse». Mais on ne s'amuse pas tout le temps. Larmes de femme, sans oignon cette fois. C'est la cinquième qui pleure aujourd'hui. Morne sieste...

16.20 «ZAPPER N'EST PAS JOUER»

(Jeu) Virilité façon John Wayne avec Vincent Perrot, Aventure, conquête... Mais voici Joëlle, le mannequin du jour, et «bientôt chers amis, vous verrez ce qu'elle porte dessous!» France 3 nous la joue charme au retour de l'école.
Puis arrivent d'autres femmes, encore quelques mamies. Elles ont des angiomes et on va les leur enlever en direct. Séquence suivie de «nouveau look», une nouvelle tête par ordinateur. Un peu pitoyable toutes ces femmes (qu'est-ce qu'on en voit soudain) avec leurs petits défauts.

18.25 «QUESTIONS POUR UN CHAMPION»

Animateur, Julien Lepers. Il se plaint du petit nombre de candidates pour sa célèbre émission: «N'hésitez pas, mesdames, ne soyez pas timides.» Le champion du jour, quarante ans, remercie son papa et sa maman.

18.55 «UN LIVRE, UN JOUR»

Le livre du jour s'intitule fort à propos: «Un si gentil petit garçon» de Jean-Loup Chillet. Après le si gentil chef d'entreprise, le si gentil docteur et tous ces gentils champions.

20.05 «HUGO DÉLIRE»

Une animatrice, je rêve. Où étaient-elles passées toute la journée? «Hugo Délire», c'est un jeu, et Karen Cheryl est aux commandes. Blonde platine, bustier à la Madonna, mais qu'est-ce qu'elle dit?

20.45 «THALASSA»

Georges Pernoud et sa bande de copains nous présentent ce soir «Filles de Venise». Un sujet sur les femmes? Rien de tout ça! Pour paraphraser la pub Fidji, «La femme est une île», le reportage (intéressant comme toujours) a pour thème: les îles autour de Venise.
Interview d'un spécialiste de l'écosystème lagunaire, d'un moine et d'un champion de la rame. On se demande comment ils se reproduisent là-bas: à Venise et dans ses cent dix-huit îles, on n'aperçoit pas la moindre femme.

23.10 «TRAVERSES»

«l'histoire oubliée»: les goumiers du Maroc, témoignage de tous ceux qui se sont engagés dans l'armée française. Un beau documentaire sur un point précis de l'histoire coloniale.
Champions de la rame et coureurs en solitaire, soldats de la coloniale, cela n'avait pas été annoncé à l'avance, mais c'était une soirée «Spécial hommes».
Ce soir, on a tout de même fini par apercevoir une femme: c'était une de nos mamies favorites et cela se passait dans la séquence de publicité. Et qu'est-ce qu'elle cherchait donc à nous vendre, cette ronde et brave quinquagénaire? De l'expérience? De la tolérance? Des produits de tradition? Rien de tout cela: du papier toilette. Bonne nuit à tous.

Marie Claire, mars 1993, pp. 62, 63, 66

Q. Lisez attentivement les programmes des deux chaînes de télévision TF1 et FR3 et commentez l'image de la femme (âge, statut social, préoccupations, etc.) qui y est présentée. Puis, classez le vocabulaire associé aux femmes et aux hommes en trois catégories: neutre, valorisant, dévalorisant. Lisez ensuite l'article «Du bonbon au battle-dress» et expliquez le titre. Qu'en concluez-vous sur l'image de la femme véhiculée par la TV? Enfin, à quelle catégorie de lecteurs/lectrices s'adresse le magazine *Marie Claire?* Justifiez votre réponse.

Portraits de femmes

MATISSE Henri (1869–1954)
La robe violette
THE GRANGER COLLECTION

DEGAS Edgar
(1834–1917)
Femme aux
chrysanthèmes
THE
GRANGER
COLLECTION

PISSARRO
Camille
(1830–1903)
Fenaison à
Eragny
MUSÉE DES
BEAUX-ARTS
DU CANADA,
OTTAWA

Baudelaire: *A une passante*

La rue assourdissante autour de moi hurlait.
Longue, mince, en grand deuil, douleur majestueuse,
Une femme passa, d'une main fastueuse
Soulevant, balançant le feston et l'ourlet;

Agile et noble, avec sa jambe de statue.
Moi, je buvais, crispé comme un extravagant,
Dans son œil, ciel livide où germe l'ouragan,
La douceur qui fascine et le plaisir qui tue.

Un éclair... puis la nuit! — Fugitive beauté
Dont le regard m'a fait soudainement renaître,
Ne te verrai-je plus que dans l'éternité?

Ailleurs, bien loin d'ici! trop tard! *jamais* peut-être!
Car j'ignore où tu fuis, tu ne sais où je vais,
O toi que j'eusse aimée, ô toi qui le savais!

Les fleurs du mal, 1861

Charles Baudelaire
(1821–1867), auteur des
Fleurs du mal (1857) et de
L'art romantique (1868),
fut aussi traducteur des
œuvres d'Edgar Allen
Poe. Poète maudit de son
vivant. Condamné pour la
publication de certains
poèmes des *Fleurs du
mal.* Exilé à Bruxelles en
1864, il est ramené
malade à Paris par sa
mère quelques mois avant
sa mort.

Yves Simon: *Jours ordinaires* (extrait)

Je vais encore parcourir cette place Dauphine, imaginer la silhouette de Simone marchant sur le trottoir d'en face, côté nord, puis aussitôt me dire qu'elle n'est plus là. Plus là avec sa mémoire à ne rien oublier. Revoir alors ses lunettes blanches, ses pantalons de jersey, me souvenir de choses sans importance comme d'avoir bu avec elle, pour la première fois de ma vie, du Fernet-Brancat, ou de l'avoir accompagnée à la Samaritaine pour acheter du canevas à broder. L'avoir entendue plaisanter avec la vendeuse sur le sort des femmes à la maison qui brodent en attendant le retour d'un mari... «Les femmes d'acteurs ressemblent à celles des marins, elles attendent.»

Dangers des océans, dangers des séductions, les acteurs et les marins frôlent des vagues qui parfois les submergent.

Yves Simon, *Jours ordinaires,* © Editions Bernard Grasset, 1978, p. 54

R. Après avoir lu les deux portraits de femmes et regardé les représentations qu'en donnent les peintres, dites quel portrait vous préférez et celui que vous aimez le moins. Justifiez votre choix.

Analyse statistique
Faisons parler les chiffres!

Les Français et leurs occupations

Loisirs et médias

Temps journalier de fréquentation des médias par la population adulte (1991, en heures) :

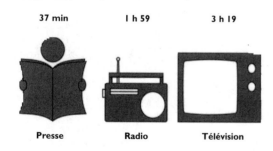

37 min	1 h 59	3 h 19
Presse	**Radio**	**Télévision**

Total 5 h 55,
dont 2 h 33 d'attention exclusive portée aux médias

CESP

Les week-ends des Français

Les activités pratiquées habituellement par les Français pendant les week-ends :

• 65 % restent à la maison à lire, regarder la télévision, bricoler, écouter de la musique.
• 39 % sortent au moins une journée, se promènent dans les rues ou à la campagne.
• 20 % travaillent (à la maison ou ailleurs).
• 19 % partent à la campagne dans leur résidence secondaire, chez des parents ou amis.
• 16 % bricolent.
• 14 % jardinent.
• 14 % font une «virée», une journée ou plus, en vélo, moto, voiture, train, car...
• 11 % font des courses.
• 11 % font du sport, seul ou en club, en salle ou en plein air.
• 10 % vont au cinéma, au théâtre, au restaurant.
• 9 % s'occupent de cuisine, réceptions et font des écarts gastronomiques.
• 3 % visitent des musées ou expositions.
• 8 % vont danser, vivent la nuit.
• 6 % s'occupent d'eux-mêmes.
• 6 % font des excursions, des visites culturelles.

Secodip/Openers

Gérard Mermet, *Francoscopie 1993,* © Larousse, pp. 365, 414

S. Commentez ces statistiques en vous aidant de la *Fiche méthodologique 1* (page 9).

Les activités quotidiennes des Français

Pendant leur année d'études en France, des étudiants américains ont fait une enquête dans leur famille d'accueil sur le temps passé au travail, en déplacements, aux repas, aux courses, au téléphone, devant la télévision et ainsi de suite. Voici les résultats de cette enquête.

LES ACTIVITÉS QUOTIDIENNES	À QUEL MOMENT DE LA JOURNÉE	LE TEMPS QU'ON Y CONSACRE
salle de bains	matin	15 à 30 minutes
déplacements	matin, midi, soir	de 10 minutes à 2 heures
travail (école)	8h à 17h ou 18h	
petit déjeuner	vers 7h30	15 à 20 minutes
déjeuner	vers midi	plus d'une heure
dîner	vers 20h ou 20h30	plus d'une heure
courses	tous les matins	une heure
téléphone	pas avant 10h ou 11h pas après 21h	adultes = peu de temps ados = 2 à 3 heures/jour
sport	rarement	très peu de temps
télévision	le soir après dîner	2 à 3 heures
lecture (journaux, livres, magazines)	le week-end	30 minutes
vie sociale (amis, voisins...)	le soir	une heure ou plus

Enquête faite par les étudiants de Dickinson College, 1993

T. Discutez des différences entre les activités quotidiennes des Français et celles des Américains en vous rappelant que l'enquête ci-dessus ne représente qu'un échantillon très limité de la population française.

Maintenant lisez les extraits de lettres écrites par les étudiants américains et rédigez un court article rendant compte des similarités et des différences dans les occupations quotidiennes des Français et des Américains. N'oubliez pas de donner un titre à votre article.

Des jeunes Américains, étudiants dans une université française, ont donné leurs premières impressions sur les occupations quotidiennes des Français. Voici quelques extraits qui n'ont pas été corrigés pour garder leur authenticité.

«Le principal rôle de la famille dans la vie des français influe les autres aspects de la vie quotidienne aussi. Par exemple, la mère fait des courses chaque jour pour acheter la nourriture fraîche pour un bon repas. Aux Etats-Unis, on le fait un fois par semaine.»

J. K.

«Sortir un français de table dès qu'il a fini un repas? Jamais! Le français moyen reste à table beaucoup plus longtemps que l'américain moyen. "Et pourquoi?" demande-t-on. Car pour le français, la table sert de lieu de famille, de lieu de fête, et de lieu de rencontre entre amis.

Même lors du petit déjeuner, qui est nettement moins important chez les gaulois, on y traîne beaucoup plus longtemps. Les projets de la journée ou le journal matinal occupent le français moyen pendant qu'il mange sa tartine et son café.

Le français qui bosse toute la matinée ne pense qu'à une chose—midi. A midi, tout s'arrête. Les banques, les pharmacies et la plupart des magasins ferment entre midi et 14 heures pendant que les restaurants s'ouvrent. Cette coupure quotidienne permet aux français de voir leurs amis, de faire du business, ou même de rentrer chez eux pour prendre du repos en famille, tout en mangeant, bien entendu, le repas le plus important de la journée. Beaucoup d'enfants rentrent aussi à midi et ainsi solidifient les liens familiaux.»

S. C.

«Une autre différence trouvée à propos des repas est celle de l'heure où on prend le dîner. Aux Etats-Unis l'heure où on dîne est normalement entre 5 et 7 heures. Mais en France, le dîner ne commence pas avant 8 heures ou même 9 heures en général. Pour moi, l'heure du dîner français est plus sage, parce qu'on mange assez tard et comme résultat on n'est pas tenté de goûter pendant le soir en regardant la télé, par exemple. Les Américains qui prennent leur dîner assez tôt, ont faim vers 8 heures et 9 heures du soir et comme résultat n'hésitent pas à chercher quelque chose dans le frigo ou de prendre un sac de chips en regardant la télé.»

L. C.

«... la vie sociale est très importante aux gens en France. C'est important aux gens aux Etats-Unis, mais le but d'une soirée, par exemple, est de devenir ivre tandis que les Français sortent pour être entourés par des amis. J'imaginais les Français étaient comme les Américains, pourquoi pas? A cause de la culture et les traditions. La France est un pays plus maturé des Etats-Unis. Les Etats-Unis ne sont pas assez maturés.»

C. L.

«Pendant mon séjour à Toulouse, je faisais tout particulièrement attention à la manière que les jeunes français s'occupent dans leur temps libre. En comparaison aux jeunes américains, la plupart des français passent moins de leur temps au téléphone et moins de leur temps en regardant la télévision. Par exemple, le français moyen passe une demie heure au soir regardant la télévision, alors qu'un américain moyen passe trois heures chaque soir devant la télé. Au lieu de regarder la télé les jeunes français préfèrent de passer ce temps en discutant avec leurs familles ou copains. D'ailleurs, la plupart des jeunes français ne participent pas aux sports aussi que les américains.»

C. M.

«Enfin, le déplacement. Il me semble qu'un Américain n'aime pas marcher, parce qu'un Américain conduit sa grande voiture partout, même aux endroits très près. Le Français aime marcher. Il marcherait partout, si possible. Sinon, il va à bicyclette ou il conduit son solex. C'est seulement dans les cas rares, quand c'est tout à fait nécessaire, que le Français conduit sa voiture.»

J.W.

Etat des lieux

Le temps libre

Que faites-vous le dimanche?

> ➤ Les mots qui évoquent le mieux le dimanche pour les Français sont: famille (74 %); repos (58 %); loisirs (51 %); plaisir (18 %); fête (16 %); sacré (15 %); affection (11 %); solitude (5 %); ennui (5 %); angoisse (2 %).
> ➤ 32 % des Français font la grasse matinée le dimanche, 68 % non.

La cuisine est aussi un loisir.

Les Français ressentent de plus en plus le besoin de faire la fête, pause appréciée dans le tourbillon de la vie. Le bon repas partagé avec les proches en est l'une des formes les plus recherchées. La cuisine de fête revêt aujourd'hui des aspects plus variés que par le passé. Du plat unique, dont la recette est empruntée aux traditions régionales les plus anciennes (pot-au-feu, cassoulet, choucroute, etc.) à la cuisine la plus exotique (chinoise, africaine, mexicaine, antillaise...) en passant (de plus en plus rarement) par la nouvelle cuisine.

Opposée par définition à la cuisine-devoir, la cuisine de fête, ou cuisine-loisir, en est aussi le contraire dans sa pratique. Le temps ne compte plus, tant dans la préparation que dans la consommation. Si le menu est profondément différent, la façon de le consommer ne l'est pas moins: le couvert passe de la cuisine à la salle à manger; la composante diététique, souvent intégrée dans le quotidien, en est généralement absente. Enfin, les accessoires prennent une plus grande importance: bougies, décoration de la table et des plats, etc.

La cuisine-loisir est également marquée par la recherche du «polysensualisme»: le goût, l'odorat, l'œil, le toucher y sont de plus en plus sollicités; c'est le cas aussi de l'ouïe, car la musique est souvent présente dans les salles à manger.

La cuisine n'est pas, on le devine, une activité comme une autre. C'est tout l'être profond qui s'exprime face au premier besoin de l'individu, celui de manger. Rien n'est donc gratuit dans les rites qui président à sa célébration.

Gérard Mermet, *Francoscopie 1993,* © Larousse, pp. 410, 413

Points de vue

Jacques Prévert: «L'addition»

LE CLIENT

Garçon, l'addition!

LE GARÇON

Voilà. *(Il sort son crayon et note.)* Vous avez... deux œufs durs, un veau, un petit pois, une asperge, un fromage avec beurre, une amande verte, un café filtre, un téléphone.

LE CLIENT

Et puis des cigarettes!

LE GARÇON *(il commence à compter).*

C'est ça même... des cigarettes...
... Alors ça fait...

LE CLIENT

N'insistez pas, mon ami, c'est inutile, vous ne réussirez jamais.

LE GARÇON

! ! !

LE CLIENT

On ne vous a donc pas appris à l'école que c'est ma-thé-ma-ti-que-ment impossible d'additionner des choses d'espèce différente!

LE GARÇON

! ! !

LE CLIENT, *élevant la voix.*

Enfin, tout de même, de qui se moque-t-on?... Il faut réellement être insensé pour oser essayer de tenter d'«additionner» un veau avec des cigarettes, des cigarettes avec un café filtre, un café filtre avec une amande verte et des œufs durs avec des petits pois, des petits pois avec un téléphone... Pourquoi pas un petit pois avec un grand officier de la Légion d'honneur, pendant que vous y êtes!

Il se lève.

Non, mon ami, croyez-moi, n'insistez pas, ne vous fatiguez pas, ça ne donnerait rien, vous entendez, rien, absolument rien... pas même le pourboire!

Et il sort en emportant le rond de serviette à titre gracieux.

Grandville
Le café

Jacques PREVERT, "L'addition" in *Histoires,* © Editions GALLIMARD, pp. 828–829

Les derniers cafés où l'on cause

Il ne reste plus en France que 70 000 cafés, contre 107 000 en 1980, 200 000 en 1960 et plus de 500 000 en 1910. En un siècle, leur nombre aura été divisé par dix, alors que la population a augmenté d'un tiers. On peut distinguer trois causes à ces disparitions: le déplacement d'une partie de la population des centres-villes vers les banlieues où la densité de cafés est moins élevée, la crise économique qui a touché certaines régions et surtout le changement d'attitude à l'égard des loisirs. Le temps passé au café est remplacé par celui consacré à la télévision ou à des activités spécifiques. Enfin, la multiplication des fast-foods a porté un coup décisif aux cafés, le hamburger ayant remplacé le sandwich, en particulier pour les jeunes. Avec le café, c'est un outil privilégié de la convivialité qui disparaît, en même temps qu'un mode de vie.

Gérard Mermet, *Francoscopie 1993,* © Larousse, p. 207

U. Analysez le texte de Prévert et commentez l'article «Les derniers cafés où l'on cause».

Françoise Mallet-Joris: «*Les joies simples d'un repas*»

Stéphane, musicien dans une brasserie parisienne, est un homme désabusé qui tente, par ses aventures amoureuses, de fuir la médiocrité de sa vie quotidienne. Une maladie contractée pendant qu'il était prisonnier de guerre l'a obligé à quitter Paris pour faire un séjour à la montagne. Il retrouve sa femme Louise.

Françoise Mallet-Joris est née en Belgique en 1930. *L'empire céleste* (1958), *La maison de papier* (1970) et *Adriana Sposa* (1989) **sont parmi ses romans les plus connus.**

— Tu n'as pas oublié le pain brioché? demanda la voix de Stéphane, de sa chambre.
— Non.
— Tu as pris le nouveau remède?
— Oui.
Elle avait pensé à tout, ce soir, et elle se tenait devant la table, dans la cuisine nouvellement peinte, regardant le couvert mis. Les melons jaunes coupés en deux et le jambon de Parme sombre. Les œufs piquetés de brun étaient pour demain, mais elle n'avait pas pu résister au plaisir de les disposer dans le compotier, en pyramide. Le steak pour Stéphane. La salade de champignons (elle adorait les champignons, et pas seulement leur goût toujours un peu terreux, mais aussi les laver, tenir en main ces petites têtes rondes qui avaient percé la terre, avec une drôle de force aveugle)... Et le vin, une très bonne bouteille de vin qui devait être encore un peu frais... Dans ce petit appartement (ils avaient chacun leur chambre, mais devaient manger dans la cuisine), c'était la seule pièce où elle se sentait bien. Les reproches, les allusions de Stéphane lui avaient gâché le plaisir de posséder "une maison". Mais elle aimait encore ces moments de calme dans la cuisine, à préparer, à disposer les joies simples d'un repas. Elle n'avait rien oublié, ce soir, et elle regardait la table.

Mais elle pensait à autre chose. [...]
— Le vin sera trop chaud..., soupira-t-elle. Mais enfin... Il lui prit la bouteille des mains.
— Dis donc, tu as pris des habitudes de luxe, pendant mon absence. Du vin millésimé, maintenant! [...]
Elle débouchait la bouteille, remplissait les verres, lentement. [...]
— Il est vraiment remarquable, ce vin, dit Stéphane. Il n'y a de bon que les vins français, d'ailleurs. Ces Chianti, ces vins italiens, ça n'a pas de classe. (Décidément, il se sentait bien, la radio jouait doucement, l'air frais et doux, avec une odeur de feuilles, emplissait la pièce propre, lumineuse — ce bleu était joli, et Lou, impressionnée sans doute par cette cuisine toute neuve, avait enfin récuré les casseroles.) On pourrait recréer toute une civilisation à partir d'un vin, mon amie. Le goût a une importance égale à l'ouïe, au fond. Ce qui prouve entre autres choses cette supériorité française si discutée. Prends la cuisine ailleurs qu'en France... Ces ragoûts n'ont pas plus de finesse que leurs patois bredouillés — l'italien dégoulinant, l'anglais mâchonné d'une bouche prudente —, compare cela à notre tourangeau, par exemple, si clair, si limpide, à notre provençal, si riche, si nourrissant...

L'empire céleste, © Editions Julliard 1958, pp. 197–201

Que mangent les Français?

Une enquête de l'INSEE sur la période 1979–1989 fait apparaître une «lente déformation» de la structure de l'alimentation depuis dix ans; les hommes consomment plus de produits énergétiques tandis que les femmes, elles, font des «extras».

Les ménages abandonnent les produits traditionnels ruraux et énergétiques au profit des produits plus élaborés, plus diététiques, plus rapides à préparer (surgelés, plats cuisinés) et souvent plus chers.

A niveau de vie égal, les catégories socio-professionnelles ont des comportements différents. Ainsi chez les agriculteurs l'alimentation reste «traditionnelle», riche en apport énergétique et calorique (pain, pommes de terre, corps gras, sucre).

Les retraités privilégient les produits frais et négligent les surgelés, les plats préparés ou le porc, au profit des légumes et des fruits, du poisson frais. Ils achètent aussi davantage de produits stockables (huile, café, sucre).

A l'inverse, l'alimentation des cadres et des professions «intellectuelles supérieures» est plus «raffinée»: pâtisseries, viande d'agneau, poisson frais, légumes surgelés, crustacés...

Enfin l'enquête souligne les différences de comportement alimentaire entre hommes et femmes. A domicile, les hommes célibataires dépensent plus que les femmes pour les produits énergétiques (pâtes, riz, pain) et certains produits élaborés (soupes en boîte, charcuterie, plats préparés).

Les femmes, elles, font des «extras» (chocolat, gâteaux, glaces) qu'elles compensent par d'autres aliments plus «sains» ou plus légers, comme les fruits et légumes, les yaourts, le poisson, les biscottes, la margarine, le jambon, le veau, le thé et les tisanes.

MOINS À LA MAISON, PLUS AU RESTO

Les Français dépensent de moins en moins pour leurs repas à la maison mais de plus en plus pour leur alimentation hors du domicile — à la cantine, au café ou au restaurant — d'après l'étude de l'INSEE.

L'alimentation à domicile coûte désormais en moyenne 840 francs ($ 153) par mois et par personne, soit 17 % du budget familial. Les dépenses de sorties au restaurant, repas à la cantine ou consommations prises au café occupent une place grandissante; désormais les repas dehors absorbent 1/5ème du budget alimentaire des Français.

Les citadins sont les plus fidèles adeptes des sorties, pratiquement les deux tiers des Parisiens ne déjeunent pas chez eux. Les plus gros clients des restaurants sont les célibataires, en particulier les hommes.

Journal français d'Amérique, 19 mars–1er avril 1993, p. 8

V. Dites ce qui, dans l'alimentation des Français, a changé de la façon la plus spectaculaire au cours de ces 20 dernières années.

— Maintenant, je voudrais vous poser la question que doivent se poser tous nos téléspectateurs : Comment votre concept onirique à tendance kafkaïenne coexiste-t-il avec la vision sublogique que vous faites de l'existence intrinsèque ?

Au palmarès culturel des années 80, la télévision arrive nettement en tête, devançant la musique et la lecture. Durant cette dernière décennie, les Français sont-ils devenus plus cultivés? Entre l'optimisme des uns et le pessimisme des autres, quel est l'état réel de la culture, quel est son avenir?

LA TÉLÉVISION «SUPER-STAR»

Cette évolution est d'abord caractérisée par la part de plus en plus importante prise par la télévision. Aujourd'hui, 95 % des Français possèdent un poste de télévision (contre 86 % en 1973) et 25 % un magnétoscope. 73 % la regardent tous les jours (au lieu de 65 %) et la durée moyenne d'écoute est passée de 16 à 20 heures par semaine. Le pourcentage des téléspectateurs assidus plus de 20 heures hebdomadaires a considérablement augmenté: 36 % en 1988 contre 20 % en 1973.

La progression la plus sensible de la pratique quotidienne télévisuelle a été enregistrée chez les cadres supérieurs, la génération des 20–24 ans, les élèves et les étudiants, enfin les Parisiens, catégories de population qui étaient jusqu'alors les moins consommatrices de télévision. Toutefois, c'est parmi ces catégories que la durée d'écoute demeure la plus faible. Les auteurs de l'enquête soulignent à cet égard que «la télévision est désormais si intégrée au quotidien que le fait d'allumer le poste ne paraît pas constituer dans la majorité des foyers une réelle décision, correspondant à un véritable choix». De fait, 52 % des personnes interrogées déclarent «mettre la télé» sans connaître le programme.

Mais la véritable nouveauté de cette enquête, par rapport aux deux précédentes, réside d'une part dans ce qu'elle fait apparaître le recours au «zapping» et l'utilisation du magnétoscope. Ces deux innovations technologiques permettent la liberté de choix, mais aussi l'affirmation d'une «distinction» sociale, notamment chez les catégories «cultivées». D'autre part, elle révèle l'émergence d'une «génération-télé», constituée de ceux nés à la fin des années 60 ou au début des années 70.

Au sein de cette génération, l'augmentation de la pratique télévisuelle est spectaculaire, tant en régularité qu'en durée d'écoute (+ 60 % depuis 1973, pour une moyenne de 29 %). Il en est de même pour le magnétoscope, qu'il s'agisse du taux d'équipement, de la fréquence et de la durée d'utilisation ou du nombre de vidéo-cassettes possédées.

LE «BOUM» DE LA MUSIQUE

Après la télévision, c'est la musique qui arrive en seconde position au palmarès culturel des années 80. Responsable, ici encore, de cette «arrivée au sommet»: l'innovation technologique. [...] La radio est le média préféré des jeunes de 15 à 19 ans, parce qu'ils peuvent y écouter la musique qu'ils aiment.

Toutes les catégories de population confondues, le taux d'écoute de la musique a doublé, mais il a été multiplié par cinq chez les agriculteurs et par six chez les retraités. Tous les genres musicaux progressent, mais leur hiérarchie demeure inchangée: en tête la chanson, puis la musique classique, le rock, le jazz et l'opéra. La chanson est plébiscitée dans toutes les catégories. Comme l'écrit Pierre Lepape dans *Le Monde*: «la musique occupe désormais une place centrale dans notre champ culturel. C'est sans doute, dans ce domaine, le phénomène majeur, la révolution des sensibilités la plus inattendue de ces années 80. Tout se passe comme si l'accès à l'émotion, notamment dans les nouvelles générations, s'était déplacé de la lecture à la musique».

LA LECTURE EN QUESTION

De fait, la lecture est dans une situation incertaine. Celle des journaux en premier lieu: en 1973, 55 % des Français lisaient un quotidien tous les jours, ils n'étaient plus que 43 % en 1988, tandis que 11 % (contre 6 %) en lisent moins d'une fois par semaine. Ce phénomène est particu-lièrement marquant dans la région parisienne, parmi les ouvriers, les employés et les jeunes de moins de 24 ans; il touche davantage les quotidiens nationaux que les quotidiens régionaux (rappelons que la plus forte diffusion de la presse quotidienne est *Ouest-France).* Les magazines ont plus de succès: ils sont lus par 68 % des Français, notamment les femmes et les jeunes, les Parisiens et les catégories «cultivées». Si les magazines sont considérés comme «modernes», il n'en est pas de même pour les livres. Certes seulement 13 % des Français n'ont aucun livre chez eux (contre 27 % en 1973), et 25 % (au lieu de 30 %) n'en lisent jamais, mais ces chiffres sont à peu près identiques à ceux de 1981. Stagnation donc qui s'est en outre accompagnée d'une diminution du nombre des livres lus. En 1983, 13 % de la population lisaient plus de cinquante livres par an, ils n'étaient plus que 9 % en 1988. Ce recul affecte tous les genres de livres, toutes les catégories socio-professionnelles, tous les âges. Les jeunes, les cadres supérieurs, les professions libérales et les cadres moyens, c'est-à-dire ceux qui lisaient le plus, sont les principales catégories «déficitaires».

UN BILAN MITIGÉ

Si ces derniers chiffres sont quelque peu préoccupants, il faut cependant retenir que davantage de Français possèdent des livres (+ 14 %), en lisent (+ 5 %), écoutent de la musique (+ 75 %), ont des disques (+ 12 %)... Mais, force est aussi de constater que deux Français sur trois ne visitent ni musées, ni monuments historiques, que trois sur quatre ne voient jamais d'expositions, que cinq sur six ne vont ni au théâtre, ni aux concerts de rock ou de jazz et ne fréquentent aucune bibliothèque, que neuf sur dix n'assistent ni aux concerts classiques ni aux spectacles de danse et, enfin, que 97 % ignorent totalement l'opéra. Quant au cinéma, s'il attire encore 49 % de nos compatriotes, il ne cesse de perdre des spectateurs depuis 1957!
[...]

Pourtant, certaines données tendent à faire pencher la balance du côté de l'optimisme. Ainsi, 85 % des Français affirment que l'art est indispensable, 66 % que le ministère de la Culture est utile et 55 % que les intellectuels ont un rôle à jouer.

Plus concrètement, 10 % sont des musiciens actifs et 55 % regrettent de ne pas l'être, 25 % occupent leurs loisirs à écrire des romans ou des poèmes, à peindre ou à sculpter, à faire du théâtre ou de la danse, 14 % dessinent (l'activité la plus répandue) et plus de 6 % tiennent un journal intime!
[...]

En dernière analyse, la vraie question n'est-elle pas de savoir «si la culture sera le privilège de quelques sectes protégées de la barbarie ou si la barbarie sera évitée par l'insertion d'un minimum de dimension culturelle dans des pratiques de masse dont le développement est irréversible?»

Alain Kimmel, *LE FRANÇAIS DANS LE MONDE,* n° 234, juillet 1990, pp. 19, 20, 21

W. Faites une description détaillée des documents représentant des Français devant la TV (personnages, décor, paroles). Puis dites si cela confirme ou non l'article d'Alain Kimmel.

Etat des lieux

Les Français et le sport

Une détente et une hygiène de vie

Faire du sport, c'est:

- Une détente, un moyen de s'évader de la vie de tous les jours (48 % des Français).
- Une hygiène de vie (30 %).
- Un jeu, un divertissement (24 %).
- Un défoulement (23 %).
- Retrouver des amis, des camarades (13 %).
- Le moyen de retrouver la nature, de communier avec elle (11 %).
- Le plaisir de se servir de son corps (8 %).
- L'éducation de son esprit autant que de son corps (8 %).
- Un effort douloureux (7 %).
- Une agitation inutile (5 %).
- Une passion à laquelle on pense sans cesse, dont on parle tout le temps (5 %).
- Un dépassement, pour repousser, en s'entraînant, les limites de ses capacités (4 %).

Gérard Mermet, *Francoscopie 1993,* © Larousse, p. 407

Secodip/Openers

TOUR DE FRANCE

Voilà c'est reparti comme chaque année: la plus prestigieuse course cycliste qui mérite plus que jamais son nom va sillonner nos campagnes dans toute la France. Ce tour de France a été créé en 1903 par Henry Desgrange directeur du journal L'Auto. Mais l'idée ne vient pas de lui, on la doit à Geolefevre.

Pour la première édition du Tour, soixante participants parcourent 2 428 kilomètres répartis en six étapes. Seuls vingt concurrents arriveront sur les Champs-Elysées.

A chaque tour de France sa petite histoire! 1911, Duboc, un des coureurs, est victime d'un empoi-sonnement. L'auteur de cet attentat ne sera jamais démasqué.

En 1919, c'est la création du Maillot jaune. Mais savez-vous pourquoi le maillot du leader est jaune? Tout simplement parce que c'est la couleur du journal L'Auto dont le directeur est aussi l'organisateur du Tour de France, et ce jusqu'en 1937. Sachez d'ailleurs que certains coureurs ont gagné le Tour sans jamais porter le célèbre maillot jaune comme Jacques Anquetil gagnant en 1961.

Le plus long Tour de France a eu lieu en 1926 avec 5 745 kilomètres dont l'étape la plus longue était de 488 kilomètres entre les Sables d'Olonne et Bayonne.

En 1954, pour la première fois les coureurs du Tour prennent le départ à l'étranger (à Amsterdam). La course prend une dimension européenne. [...]

En 1975, le Tour prend des ailes: c'est le premier transbordement en avion entre Clermont-Ferrand et Nice.

Générations nostalgie, juillet 1993, p. 30

Tout s'arrête pendant Roland-Garros...

Points de vue

José Maria de Heredia: *«Le coureur»*

José Maria de Heredia (1842–1905):
un poète français et membre de
l'Académie française. Il est l'auteur
du recueil *Les trophées* (1893).

«Le bras tendu, l'œil fixe et le torse en avant,
Une sueur d'airain à son front perle et coule;
On dirait que l'athlète a jailli de son moule,
Tandis que le sculpteur le fondait, tout vivant.

Il palpite, il frémit d'espérance et de fièvre,
Son flanc halète, l'air qu'il fend manque à sa lèvre
Et l'effort fait saillir ses muscles de métal;

L'irrésistible élan de la course l'entraîne
Et passant par-dessus son propre piédestal,
Vers la palme et le but il va finir dans l'arène»

Les trophées, 1893

Pierrette Fleutiaux: *Sauvée!* (extrait)

Pierrette Fleutiaux a vécu et enseigné à New York et à Paris. Elle est l'auteur de *Histoire du tableau, Nous sommes éternels* (prix Fémina, 1990) et *Sauvée!* (1993).

Je suis allée courir au parc. Il faisait chaud. A peine au milieu de la rue Legendre, j'ai regretté de n'avoir pas pris une bouteille d'eau. Mais où la mettre quand on court? La rue Legendre descend tout droit à travers le quartier commerçant. Au carrefour de la rue de Lévis, sur la placette, s'est installé un nouveau kiosque à journaux, et j'ai regretté aussi de ne pouvoir prendre une revue.

En fait, je n'avais pas très envie de courir, la chaleur sans doute, qui modifiait les tropismes du corps.

Ce qui est agréable au parc — et en cela je le trouve bien supérieur au stade ou au club de sport —, c'est qu'il y a toujours quelque chose pour nourrir le regard: les arbres, les massifs, les parterres, très beaux ici, et les gens aussi dans leurs activités.

D'ailleurs ce jour-là, l'animation y était si grande — le soleil encore, qui le transformait en station estivale — que j'ai préféré aller sur un banc un moment, attendre que la chaleur passe, qu'un peu de monde s'en aille, que les allées se dégagent, et que mon désir de course revienne.

Mon désir de course, oui, c'était cela qui était en jeu, et je devinais bien que c'était grave.

Je me suis laissée tomber sur le banc et dans la même seconde je l'ai vue, elle: une femme qui passait devant moi à grandes enjambées souples.

Lorsque j'essaie de penser à sa tenue, il ne me vient que deux mots: «simple» et «adéquate», au lieu d'images. Et maintenant que je veux décrire le reste de sa personne, je m'aperçois que je ne peux le faire que par contraste avec la masse des autres joggeurs.

Son visage n'était pas tendu, ses yeux n'avaient pas ce regard fixe, presque fou qu'on voit à certains. Tout en elle était diamétralement autre. Elle ne portait pas son corps, c'était son corps qui la portait. Le sol de même, il la faisait rebondir au lieu de la retenir, et l'air surtout, l'air était pour elle un appel, une longue trouée déjà ouverte, et non pas ce mur invisible auquel il faut arracher si durement quelques bouffées... Tous les joggeurs comprendront ce que je veux dire par là.

Fascinée, je l'ai un peu suivie. Mais j'avais peur qu'elle n'entende mon souffle trop fort, mon pas irrégulier, qu'elle ne se retourne, et alors quelle honte! Mon visage cramoisi et boursouflé, qu'en aurais-je fait?

Je me suis assise sur un autre banc, attendant son prochain passage, et elle est passée, une sueur éclatante brillait sur ses épaules, un tour, bientôt quatre, cinq, dix. Il faut dire que, à mon maximum, je n'en fais jamais plus de trois. Et soudain, je l'ai perdue de vue.

J'ai senti un grand chagrin, comme s'il n'y avait plus personne au monde. Oh comme j'étais seule! Je me suis mise à courir un peu, à trottiner pour être exacte, car c'était cela que j'étais devenue: une enfant, perdue.

Pierrette FLEUTIAUX, *Sauvée!*, © Editions GALLIMARD, pp. 11–12

Pierre Sansot: «*Le roi des carreaux*»

Pierre Sansot enseigne l'anthropologie à l'Université de Montpellier.

Le jeu de boules se développe grâce à une vie sociale chaude, fraternelle qu'il contribue ensuite à développer et à rendre plus intense, plus colorée: en arrière-fond, nous ne manquerons pas de percevoir à quel point le sport moderne (singulièrement de compétition) s'éloigne de ce type de relations où l'homme a le bonheur de rencontrer l'homme. [...]

[...] A la pétanque, il suffit, en principe, d'une paire de boules, d'un but et de quelques partenaires pour entreprendre une partie. Quand on organise à Grenoble un championnat, on joue bravement sur une esplanade qui sert à tout autre chose et où par exemple, la foire s'installe pendant l'hiver. Tant pis si, parfois, l'éclairage n'est pas satisfaisant. On ne récusera pas les aspérités du sol (rien à voir avec le soin avec lequel on entretient la terre battue d'un court de tennis). Il est admis à la pétanque qu'il faut savoir tenir compte des cailloux, d'un terrain dont les nappes accélèrent ou freinent la boule. [...]

[...] Dans mon quartier de Grenoble — à la Capuche, tout près du centre de la ville, il existe en retrait d'un café, dans une impasse que rien ne dénonce et qui n'a pas de nom (le 51 de la rue Stalingrad) un terrain de boules que l'étranger pressé ignorera toujours. Qui oserait d'ailleurs s'y risquer, s'il n'était pas un familier, tout comme on hésite à entrer dans certains bistrots en quelque sorte interdits aux curieux et où, par sa seule présence, on dérangerait, on interromprait les conversations. [...]

[...] Cela dit, le jeu de boules prend sens très souvent par rapport à une tradition, mais aussi dès qu'il s'insère dans une vie sociale, à ses rythmes, à la circulation amicale de ceux qui la composent — et ce peut-être pendant les vacances. Nous pensons aux campings, par exemple, à ceux de La Capte. Entre les tentes et les caravanes, non loin du linge qui sèche ou d'un transistor qui répercute un tube de l'été, des campeurs s'associent par doublettes ou par triplettes et les jeux des boulistes se mêlent aux bonheurs estivaux de la vie du camping: les plats préparés que l'on est allé chercher «chez Nicole», la drague des adolescents, l'odeur des frites et des merguez, une équipe qui revient du volley-ball, l'apéritif sur des tables improvisées, les cuisinières en maillots de bains...

Pierre Sansot, *Les gens de peu,* Presses Universitaires de France, 1991, pp. 155, 156, 157, 158, 159

X. Après avoir pris connaissance de l'ensemble des documents consacrés au sport, commentez l'attitude des Français par rapport au sport, soit en tant que participants soit en tant que spectateurs.

JEUX DE MOTS

PAR DOMINIQUE BRÉMOND

Invitation aux vacances

Préparer ses vacances n'est pas de tout repos! Il faut y penser à l'avance. Choisir en fonction de son budget et de son temps. Peser le pour et le contre. Faire des compromis. Bref, c'est un vrai travail pour lequel on devrait avoir quelques jours de congés afin de s'acquitter le mieux possible de cette tâche difficile. Hélas, qui a des vacances pour planifier ses vacances? Et des vacances pour se reposer de vacances toujours un peu fatigantes?

A la terrasse d'un bistro.

Mme Loisir: Ah! Je vois que vous avez guides et cartes pour préparer vos vacances d'été.

M. Leconger: Oui mais cette année, je ne sais vraiment pas où aller.

Mme Loisir: Si vous voulez **vous mettre au vert**, il y a l'Ardèche.

M. Leconger: Ah non! **Un trou perdu!** Les vacances **dans un bled**, c'est pas pour moi!

Mme Loisir: Alors St. Tropez!

M. Leconger: C'est trop snob!

Mme Loisir: Et la montagne? Vous pourriez faire le sentier du tour du Mont Blanc?

M. Leconger: Maintenant, c'est balisé comme une autoroute et attention aux carrefours! C'est la bousculade!

Mme Loisir: Essayez la mer, Deauville!

M. Leconger: C'est pour **les rupins**!

Mme Loisir: Les plages du Roussillon, vers Montpellier?

M. Leconger: Ça **fait trop congés payés**!

Mme Loisir: Pourquoi pas **faire un viron** dans les caves, en Alsace par exemple.

M. Leconger: Avec toutes **les trognes**, merci bien!

Mme Loisir: Je ne vois plus qu'une solution: un pélerinage à Lourdes.

M. Leconger: Lourdes? C'est devenu un vrai **piège à touristes**!

Mme Loisir: Oui mais pour trouver un endroit qui vous plaise vous aurez besoin d'un miracle!

F. Margerin, *Chez Lucien*, copyright "HUMANO SA/GENEVE — LES HUMANOIDES ASSOCIES", 1993

Journal français d'Amérique, 11–24 juin 1993, p. 16

Y. Remplacez les mots ou expressions en caractères gras dans le texte ci-dessus par des synonymes. Ensuite commentez le dessin de Margerin.

Analyse statistique

Faisons parler les chiffres!

DESTINATIONS

79 % des vacanciers sont restés en France au cours de l'été 1993.

Cette très forte proportion ne varie guère dans le temps, malgré la baisse des prix des transports aériens et les invitations au voyage et à l'exotisme. Elle est très supérieure à celle que l'on mesure dans d'autres pays. Plus de quatre séjours à l'étranger sur dix ont pour but de rendre visite à sa famille (notamment pour des étrangers travaillant en France). La part des séjours à l'étranger qui ne sont pas effectués à ce titre est en diminution régulière depuis cinq ans.

On peut citer au moins trois raisons à ce phénomène. La première est la richesse touristique de la France, avec sa variété de paysages et son patrimoine culturel. La seconde est le caractère plutôt casanier et peu aventurier des Français, qui ne parlent guère les langues étrangères et sont souvent méfiants à l'égard des autres cultures ou habitudes gastronomiques. Enfin, les contraintes financières ont pesé d'un poids croissant au cours des années 80, avec la stagnation du pouvoir d'achat, l'accroissement des inégalités de revenus et la crainte pour l'avenir, entraînant un retour de l'épargne de précaution.

44 % des séjours sont effectués à la mer, mais le «tourisme vert» se développe.

L'image symbolique de la mer baignée de soleil reste fortement ancrée dans l'inconscient collectif. Il s'y ajoute pour les plus jeunes l'attrait des sports nautiques (voile, planche à voile, ski nautique, etc.). Les plus fidèles sont les patrons, les cadres et professions libérales, les habitants d'Ile-de-France. Plus de 40 % des journées de vacances passées en France se déroulent en Bretagne, sur la côte atlantique ou méditerranéenne.

Pourtant, les Français se tournent aujourd'hui vers les régions intérieures, plus accessibles, qui gagnent à être connues. Les séjours à la campagne sont en progression; ils représentaient 24 % des séjours et concernent surtout les ménages modestes et les habitants des grandes villes. Le développement se fait surtout dans les régions centrales récemment ouvertes au tourisme. Les vacanciers viennent y chercher le calme, l'authenticité et certains modes de vie oubliés dans les grandes villes et les régions à vocation touristique ancienne.

La montagne a attiré 14 % des vacanciers, dont beaucoup d'agriculteurs et d'habitants de communes rurales. Quatre vacanciers sur dix déclarent s'y rendre pour se reposer, deux sur dix pour se promener et un sur dix pour pratiquer un sport.

10 % des vacanciers se rendent dans des villes, principalement pour y rendre visite à des parents ou amis. Enfin, les circuits représentent 8 % des séjours d'été; ils concernent surtout les ménages à hauts revenus et les personnes de plus de 50 ans, en particulier des retraités.

12 % des Français sont partis à l'étranger au cours de l'été 1993.

Après avoir atteint un maximum de 13,4 % en 1989, la proportion de Français partant à l'étranger a baissé. Elle est très faible par rapport aux autres pays d'Europe, surtout au Nord: plus de 60 % des Néerlandais ou des Allemands, plus de 50 % des Belges ou des Irlandais, environ 40 % des Danois et des Anglais partent en vacances dans un autre pays. Les séjours à l'étranger représentent 17 % de l'ensemble des séjours.

Les taux les plus forts concernent les jeunes de moins de 30 ans, les Parisiens, les cadres et les patrons. La proportion très élevée parmi les ouvriers non qualifiés s'explique par les voyages d'immigrés dans leurs pays d'origine, 40 % des séjours à l'étranger avaient pour but de rendre visite à des parents ou amis, de sorte que la proportion de départs à l'étranger, en dehors de ces cas, n'est que de 13 % (au lieu de 21 % pour l'ensemble des séjours).

Gérard Mermet, *Francoscopie 1995*, © Larousse, pp. 426–427

Z. En utilisant les statistiques ci-dessus, émettez des hypothèses sur les habitudes des Français en ce qui concerne les vacances.

Points de vue

Françoise Xenakis: *Moi, j'aime pas la mer* (extrait)

La narratrice raconte ses premières vacances avec son mari,
un passionné de kayak. Elle n'aime ni l'inconfort ni la mer...

Romancière française, Françoise Xenakis est née en 1930. Elle est connue surtout pour ses romans *Elle lui dirait dans l'île* (1970), *Moi, j'aime pas la mer* (1972) et *Zut, on a encore oublié Mme Freud* (1985).

J'étais toute neuve dans sa vie. Le kayak aussi et il avait droit à toutes ses tendresses. Il devait voyager debout, calé par mon corps. Il pleuvait, pleuvait depuis le matin sur la Simca V totalement décapotée sinon le bateau empaqueté n'aurait pu entrer. Bras tendus, je tenais une toile cirée au-dessus des bois neufs et vernis pour qu'ils ne se mouillent pas.

Trois cents, cinq cents kilomètres? Soudain, j'ai lâché la toile cirée. «Mais un bateau, un bateau, ça va sur l'eau alors c'est pas la peine de...»

Lui, imperturbable: «Remonte cette toile, veux-tu, l'eau douce fait gonfler les bois et après il sera impossible de le monter.»

Je reprends ma position, mais grogne, suis trempée et cette masse d'eau froide qui se mêle à ma petite mouillure que mon corps arrivait tant bien que mal à chauffer.

«Plus jamais de ma vie, je ne pourrai baisser les bras.

— Cesse de geindre. Tu n'as pas encore l'âge. Et puis, tu devrais chanter, nous partons en vacances avec un bateau tout neuf. Tu ne vois jamais ta chance.

— Oui, mais moi, je n'aime pas la mer...

— Comment peux-tu dire ça! Tu ne connais que les étangs.»

Dix, douze heures de route... Ne pas s'arrêter. Arriver le plus vite possible à la mer. Trop de pluie pour dormir à la belle étoile... les auberges complètes... les routiers complets: «Monsieur à ct' heure-ci, voyons.» Les dîners-chambres tout compris: complets. «Madame, s'il vous plaît, ma femme est un peu souffrante.» Un peu! et puis, peut-être tant de fatigue dans nos yeux.

«Essayez chez la veuve...»

Une chambre. Un petit lit de bois pour une personne et demie, un édredon rond, dodu, tremblant un long temps au moindre mouvement. Un vase de nuit tout blanc dans une table de nuit comme il faut que cela soit et dans le tiroir un petit râtelier, quasiment un râtelier de bébé, un broc bleu en émail profond et sur la cheminée encadré: Verdun perdu, Verdun gagné, de toute façon pour rien. Je sais encore l'odeur des rideaux qui entouraient le lit. Une nuit qui laisse souriant, des années encore après.

Un autre été, dix, douze heures de route... je pleure de fatigue. J'ai vingt ans et suis un petit peu enceinte.

«Complet, complet, Monsieur.» Deux heures du matin... «Ah, si vous voulez, y a la chambre du commis» et moi qui dis oui et la remercie du plus beau sourire qui me reste et ne veux pas sentir la sueur du commis qui imprègne la petite pièce à la lucarne scellée. Ses vêtements de travail, sur une chaise, «il est parti danser, faudra que vous partiez tôt».

Il veut s'en aller, mais je n'en peux plus alors il se couche par terre pour ne rien toucher, enveloppe sa tête de son lainage pour ne rien sentir et glisse sous sa nuque, vieux truc de révolutionnaire emprisonné, ses chaussures de tennis. Et moi, je me recroqueville sur le coin du lit et ne peux dormir, honteuse de mes gémissements de jeune femme qui nous ont amenés là.

Et puis, il nous a fallu courir contre le temps. Voler trois jours à la route pour les offrir à la mer.

Françoise Xenakis, *Moi, j'aime pas la mer,* © Balland, 1972, pp. 11, 12, 13

Christiane Rochefort:
Les petits enfants du siècle (extrait)

Josyane, l'aînée des enfants de la famille Rouvier, vit avec ses parents dans un de ces grands «blocs de béton» (Habitation à loyer modéré) construits dans la périphérie de Paris. C'est un quartier populaire animé. Pour la première fois, la famille va passer les vacances dans un hôtel à la campagne.

Christiane Rochefort est née à Paris en 1917 dans un quartier populaire. Ses œuvres les plus connues sont *Le repos du guerrier* (1958), *Les petits enfants du siècle* (1961), *Les stances à Sophie* (1966), *Printemps au parking* (1969) et *La porte du fond* (1988).

Le lendemain, les vacances commencèrent. Je m'attendais à aimer la Nature. Non.

C'étaient les mêmes gens, en somme, que je voyais d'habitude, qui étaient là. La différence est qu'on était un peu plus entassés ici dans ce petit hôtel qu'à Paris où on avait au moins chacun son lit; et qu'on se parlait. Comme ils disaient, en vacances on se lie facilement. Je ne vois pas comment on aurait pu faire autrement, vu qu'on se tombait dessus sans arrêt, qu'on mangeait ensemble à une grande table, midi et soir, et que dans la journée on allait pratiquement aux mêmes endroits. Avec ça qu'on n'avait rien à faire du matin au soir, puisque justement on était là pour ça, et même il n'y avait pas de télé pour remplir les moments creux, avant les repas, alors ils se payaient des tournées et causaient; et entre le dîner et l'heure d'aller au lit, car si on va au lit juste après manger, comme il y en avait toujours un pour le faire remarquer à ce moment-là, on digère mal; alors on allait faire un tour dehors, sur la route, prendre l'air avant de rentrer: c'était sain, disaient-ils, ça fait bien dormir;

c'est comme de manger une pomme, et de boire un verre de lait, ajoutait l'un, et la conversation partait sur comment bien dormir.

Moi je dormais plutôt mal dans le même lit que mes sœurs, Catherine avec toujours ses sacrés cauchemars, qui sautait, et Chantal avec ses sacrés ronflements; et je ne pouvais même pas bavarder avec Nicolas, qui était dans l'autre pieu avec ses frères.

Le pays était beau, disaient-ils. Il y avait des bois, et des champs. Tout était vert, car l'année avait été humide. Les anciens, qui étaient arrivés avant nous, nous indiquaient où il fallait aller, comment visiter la région. On faisait des promenades; on allait par le bois et on revenait par les champs; on rencontrait les autres qui étaient allés par les champs et revenaient par le bois. Quand il pleuvait, papa faisait la belote avec deux autres cloches, également en vacances. Les gosses jouaient à des jeux cons. Les femmes, à l'autre bout de la table, parlaient de leurs ventres.

«En tout cas on se repose. Et puis il y a de l'air, disaient-ils. Pour les enfants.»

Christiane Rochefort, *Les petits enfants du siècle,* © Editions Bernard Grasset, 1961, pp. 60–61

Nathalie Sarraute: *Enfance* (extrait)

Nathalie Sarraute est née en Russie en 1900. Romancière, essayiste et auteur de pièces de théâtre, elle a écrit *Le planétarium* (1959), *Les fruits d'or* (1972), *Enfance* (1983) et *Tu ne t'aimes pas* (1989).

«Fin d'été»

Je dévale en courant, en me roulant dans l'herbe rase et drue parsemée de petites fleurs des montagnes jusqu'à l'Isère qui scintille au bas des prairies, entre les grands arbres... je m'agenouille sur son bord, je trempe mes mains dans son eau transparente, j'en humecte mon visage, je m'étends sur le dos et je l'écoute couler, je respire l'odeur de bois mouillé des énormes troncs de sapins écorcés portés par son courant et qui ont échoué près de moi dans les hautes herbes... je colle mon dos, mes bras en croix le plus fort que je peux contre la terre couverte de mousse pour que toutes les sèves me pénètrent, qu'elles se répandent dans tout mon corps, je regarde le ciel comme je ne l'ai jamais regardé... je me fonds en lui, je n'ai pas de limites, pas de fin.

Le brouillard qui monte jusqu'à l'hôtel, recouvre les prés, emplit la vallée, est bienfaisant, il adoucit, il rend moins douloureuse la fin des vacances...

Nathalie SARRAUTE, *Enfance,* © Editions GALLIMARD, p. 255

MONET Claude (1840–1926)
Les Coquelicots.
Environs d'Argenteuil.
GIRAUDON
Art Resource

AA. Commentez ces trois textes en vous aidant de la *Fiche méthodologique 3* (p. 37). Puis comparez le style et le ton des textes de Xenakis, de Rochefort et de Sarraute.

Analyse statistique

Faisons parler les chiffres!

Les Français et la famille

La crise du couple marié

Trente ans de mariages

Evolution du nombre annuel de mariages (en milliers) :

Année	Nombre
1960	320
1962	317
1964	348
1966	340
1968	357
1970	391
1972	417
1974	395
1976	374
1978	355
1980	334
1982	312
1984	281
1986	266
1988	271
1990	287
1992	271
1993	254

INSEE

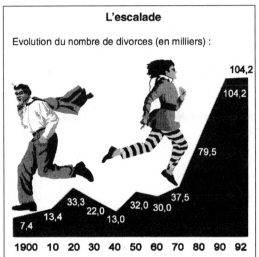

L'escalade

Evolution du nombre de divorces (en milliers) :

7,4 13,4 33,3 22,0 13,0 32,0 30,0 37,5 79,5 104,2 104,2

1900 10 20 30 40 50 60 70 80 90 92

Ministère de la Justice

Qui fait quoi ?

Répartition des tâches domestiques dans les couples (en %):

	Homme	Femme	Les deux conjoints également	Autre personne du ménage	Tiers rémunéré
Tâches «féminines»					
• Laver le linge à la main	1,1	96,7	0,5	0,9	0,8
• Laver le gros linge à la machine	2,6	94,2	1,3	0,9	1,0
• Laver du petit linge à la machine	2,0	95,0	1,7	0,8	0,5
• Repasser	2,2	89,3	0,9	2,4	5,2
• Recoudre un bouton	2,0	93,3	0,9	2,4	1,4
• Faire les sanitaires	4,4	89,7	1,9	1,2	2,8
Tâches «masculines»					
• Porter du bois, du charbon, du mazout	74,1	20,2	2,2	3,2	0,3
• Laver la voiture	71,3	12,3	2,3	3,1	11,0
Tâches négociables					
• Faire la cuisine	8,3	84,0	5,1	1,9	0,7
• Faire les vitres	13,6	77,9	2,1	1,1	5,3
• Passer l'aspirateur, le balai	13,5	75,3	5,5	2,9	3,0
• Faire la vaisselle à la main	16,4	73,7	6,8	2,6	0,5
• Faire les courses	19,9	67,4	10,6	2,0	0,1
• Remplir et vider le lave-vaisselle	21,9	63,0	6,3	8,4	0,2
• Mettre le couvert	23,5	52,0	8,4	15,9	0,2

INSEE, 1980

Gérard Mermet,
Francoscopie 1995,
© Larousse,
pp. 134, 140, 146

Etat des lieux

Pour nuancer votre expression

La famille

une famille nucléaire	*nuclear family*
une famille monoparentale	*single-parent family*
un(e) célibataire	*single person*
célibataire *(adj.)*	*single*
un beau-père	*stepfather, father-in-law*
une belle-mère	*stepmother, mother-in-law*
un(e) parent(e) [membre de la même famille]	*relative*
un(e) enfant unique	*only child*
l'éducation *(f.)*	*upbringing*
une mère de famille (une femme au foyer)	*homemaker*
divorcer	*to get divorced*
la pension alimentaire	*alimony*
la garde des enfants	*child custody*
une personne de référence	*significant other*

La famille «ouverte» bientôt majoritaire

Les attitudes et comportements des parents vis-à-vis de leurs enfants ne sont évidemment pas uniformes dans l'ensemble de la société française. Les enquêtes réalisées par l'Institut de l'enfant permettent de distinguer quatre types principaux de familles et de mesurer leur évolution. Chacune d'elles a des caractéristiques, des modes de vie, des attitudes face à l'éducation et un système de valeurs spécifique:

La famille Ouverte (43 % des familles en 1992 contre 20 % en 1987).
Elle cherche à constituer un îlot de paix, un territoire d'autonomie dans lequel la responsabilité de chacun est limitée. S'adapter aux circonstances de la vie implique de remettre en cause ses propres convictions. L'enfant bénéficie d'un espace de liberté, afin de faire ses propres expériences, mais il est soutenu à chaque instant par ses parents. Les valeurs essentielles sont l'égalité et le plaisir.

Le Groupement d'intérêt familial (27 % des familles en 1992 contre 15 % en 1987).
Elle se donne pour objectif de construire et de vivre une expérience commune dans le respect de la personnalité de chacun des membres de la famille. Elle part du principe que tout individu, pour s'épanouir, doit se prendre en charge. Dans ce contexte, l'enfant est un être mûr et raisonnable, capable de faire un bon usage de l'autonomie qui lui est laissée. Les valeurs essentielles sont le réalisme, l'autonomie et le plaisir.

La famille Tradition (19 % des familles en 1992 contre 25 % en 1987).
La famille est vécue comme le lieu privilégié de la transmission des valeurs des parents: morale, sécurité, réalisme, ordre. Ces valeurs sont proches de celles de la famille Cocon, mais elles s'appliquent à une vision globale de la société plutôt qu'au simple cadre familial. L'aptitude de l'enfant à s'adapter et à s'intégrer à la société est considérée comme prioritaire par rapport à ses capacités d'initiative personnelle.

La famille Cocon (11 % des familles en 1992 contre 40 % en 1987).
Une cellule familiale dans laquelle chacun a un rôle à jouer pour parvenir à la réalisation d'un projet commun. Les relations sociales sont basées sur la solidarité envers autrui. Le but de l'éducation est d'aider les enfants à avoir plus tard une vie harmonieuse autour d'une famille unie. Ses valeurs essentielles sont la morale, la sécurité, l'égalité et l'ordre. Sa vocation est de constituer un refuge face aux agressions et aux dangers extérieurs de toutes natures.

Institut de l'enfant / Gérard Mermet

Gérard Mermet, *Francoscopie 1993*, © Larousse, p. 172

Alain Duhamel: «*L'évolution de la famille française*»

La famille reste la valeur sociale française la plus populaire dans tous les sondages, la plus valorisée par la culture, la mieux entretenue par sa charge affective et sentimentale. Elle déborde la dimension sociale, elle survit aux avatars économiques et matériels, elle persiste grâce à sa nature biologique, instinctive, émotionnelle. Elle constitue toujours la cellule souche, le lien social par excellence, le refuge et le foyer. Elle possède un capital affectif et physique inaliénable. Elle n'en est pas moins soumise à rude épreuve. Elle n'en traverse pas moins une crise spectaculaire. Elle ne s'en applique pas moins par priorité aux néo-citadins qu'elle contribue ainsi à isoler et à déstabiliser. Elle n'en participe pas moins, à sa façon, à grossir la peur des villes.

Le tissu familial tend en effet à se déchirer comme le tissu religieux, comme le tissu politico-syndical, même si ce n'est pas au même rythme, de la même façon, dans les mêmes proportions et surtout avec les mêmes perspectives. Il n'empêche: la crise familiale est là, d'autant plus significative qu'elle touche une institution plus solide et plus ancestrale. Celle-ci reste infiniment plus influente et plus présente dans la vie sociale et personnelle que ne le sont l'institution religieuse ou l'institution syndicale ou partisane. [...]

La famille tribale dépérit: les cousinages, les parentèles, les alliances s'estompent, se distendent, se relâchent. Hormis quelques cérémonies essentielles (baptêmes, mariages, enterrements), les limites de la famille tendent à se raccourcir et à se concentrer sur la famille la plus proche. Dans les campagnes ou dans les petites villes, les traditions se perpétuent encore, tant bien que mal. Dans les métropoles, dans les cités dortoirs, dans les banlieues des grandes villes, elles dépérissent peu à peu. Le lien du sang n'est plus ce qu'il était, le lien social se délite.

La famille patriarcale, elle aussi, régresse progressivement. La cohabitation entre trois générations—grands-parents, parents, enfants—se fait de plus en plus rare, notamment là encore dans les systèmes urbains. Il est vrai que deux tiers des Français ont encore des parents ou des enfants mariés à moins de vingt kilomètres de leur domicile. Chacun tente ainsi de préserver, tant que faire se peut, une proximité physique. La nature des logements (les appartements de taille modeste remplaçant les fermes), l'allongement des scolarités (avec des enfants plus longuement installés chez leurs parents), les nécessités professionnelles et, par-dessus tout, l'évolution des mœurs et des cultures éloignent cependant les aïeuls. Les maisons où les différentes générations se répartissaient les étages sont devenues aujourd'hui des curiosités. Les fermes menées par le patriarche et sa femme, régnant sur deux autres générations actives ou scolarisées, font figure de survivance. Le pourcentage des personnes âgées vivant seules augmente sans cesse. S'il n'est que de 20% dans les villes de moins de cent mille habitants, il atteint 46% à Paris, presque une personne âgée sur deux. [...]

En somme, la famille rétrécit. Les rites et les cérémonies se raréfient. La famille type française devient de plus en plus la famille nucléaire de quatre personnes: les parents et un peu moins de deux enfants en moyenne. C'est la victoire du cercle privé restreint sur le cercle familial plus large. C'est aussi, immanquablement, une rupture et une «désocialisation» de la famille. Chacun se recroqueville sur le noyau élémentaire, cependant que les liens plus larges se relâchent. Là aussi, c'est un motif d'isolement, de déracinement et d'insécurité psychologique pour les migrants de l'intérieur que sont les néo-citadins.

Il faut même pousser le constat plus loin: non seulement la famille tend à se circonscrire à son noyau le plus élémentaire, accélérant ainsi les risques de déstabilisation sociale, mais ce noyau lui-même se fissure. C'est l'aboutissement logique de toute cette évolution. L'institution familiale ne dépérit pas seulement par ses extrémités (les cousins, les parents, les alliés); elle ne se concentre pas seulement sur le noyau central (parents-enfants); elle se défait aussi en son cœur même: le mariage. La France se situe, sur ce plan, en flèche de l'évolution générale en Europe. Le nombre des mariages a diminué du tiers—pourcentage énorme—de 1972 à 1985. Il tend à se stabiliser plus ou moins depuis. Cela signifie en pratique que 20% des naissances ont désormais lieu hors mariage et que plus de la moitié des nouveaux mariés vivaient ensemble avant de décider de s'épouser. Lorsqu'on se remémore le drame que constituait, il y a seulement une génération, une naissance hors mariage et le scandale que représentait, notamment en milieu rural et dans les classes moyennes, le fait de vivre ensemble sans être passés auparavant devant M. le curé et M. le maire, on constate qu'il s'agit là d'une révolution sociale et privée.

Avant-guerre, le divorce était considéré comme une extravagance ou une provocation. Aujourd'hui, la durée moyenne d'un premier mariage est tombée à une douzaine d'années. Il y a une génération, une naissance «illégitime» était regardée comme une tragédie et une vie de couple sans anneau nuptial préalable comme la transgression suprême. Tout cela est banalisé. Les familles se font et se défont, ou bien ne se font pas. Les couples s'unissent et se séparent, cohabitent, se marient à l'essai ou ne se marient pas. Les enfants remplacent progressivement leurs frères et sœurs d'antan par des demi-frères et des demi-sœurs, nés d'un autre père ou d'une autre mère, ou même, de plus en plus, par d'autres enfants avec lesquels ils cohabitent, souvent harmonieusement d'ailleurs, sans aucun lien de parenté, parce que leurs parents respectifs vivent ensemble. C'est là une situation totalement nouvelle qui rompt avec des siècles de traditions, d'habitudes, de coutumes et de lois.

Alain DUHAMEL, *Les peurs françaises,* © Flammarion, pp. 136, 137, 138, 139

BB. Commentez l'évolution des différents modèles familiaux tels qu'ils sont évoqués par les documents que vous venez de lire. Quel est, aujourd'hui, le modèle familial français le plus répandu? Ce modèle vous semble-t-il spécifiquement français? Justifiez votre réponse.

Points de vue

Patriarche, comme papa

A sa femme le courage. A lui la puissance. Naturellement.

Il en reste, quelques hommes comme avant. Pierre Marcou, par exemple. Il a 70 ans. Il est agriculteur et a eu six enfants, qu'il a aimés à sa façon, de loin, sans baisers ni mots doux. Du regard, en leur donnant son pain et sa foi.

Père puissance, père respect, poings sur la table, épaules larges, droit. Le père qu'on écoute, qu'on craint, qu'on suit. Celui qui donne mais qui exige. Père à l'ancienne, le patriarche mène la ferme, dirige la maison, protège tout son monde... de loin.

Pierre est né à Betpouey, village de montagne des Hautes-Pyrénées. Sa femme aussi. Juste en face. Ses fils, ses filles, également. Dans un village où les hommes sont rois, les pères tout-puissants et les mères courageuses.

Il n'a jamais langé ses fils, jamais lavé son linge, jamais fait sa vaisselle, jamais cocooné, embrassé, caressé, enlacé ses mômes. Quelques tapes sur l'épaule quand ils étaient grands. Des tapes franches et vraies... et des yeux noirs qui en imposent; et qui voient: on ne ment pas à son père, on ne triche pas, on ne bluffe pas. Des yeux noirs d'homme de cœur et de foi qui réchauffent. Père chrétien, généreux. Il a appris la prière aux enfants. La prière et l'esprit de famille. «Il ne faut pas trop donner aux enfants, dit-il. Simplement les choses essentielles: je leur ai appris le respect et le partage.»

Dans ces montagnes, des siècles de rude paternité: nouveaux pères, papas poules, ici, ça fait sourire. «Rien de bon», dit Rosalie. C'est la femme de Pierre. «Sans profession», comme les autres. Elle a juste élevé les enfants, nourri la famille et aidé son mari. Comme les autres. Pierre ne s'occupe pas de bercer les enfants: il soigne le bétail et va de grange en grange, du matin à la nuit. Rosalie approuve: «A chacun son rayon.» Quant à la méthode, elle convient: «Le respect ne vient que par la crainte. La crainte du père.»

D'ailleurs, gamin, Pierrot ne disait rien non plus: il vouvoyait son père, saluait chaque jour le curé et s'inclinait devant le maître: trilogie des montagnes. Le père, le maître et le curé. Là-haut, la tradition est sauve.

Christine Thomas ■

L'Express, 13 juin 1991, p. 73

UN PÈRE POUR QUOI FAIRE?

Evelyne Sullerot, sociologue et féministe célèbre, ne craint pas dans son dernier livre *Quels pères? Quels fils?* d'apparaître «réactionnaire, renégate, hérétique» au regard du féminisme pour lequel elle a tant combattu. Elle y prend, en effet, la défense... des pères.

Par Marie-Gaëlle Florent

Fondatrice du Planning Familial et des centres «Retravailler en France», chargée par la CEE de promouvoir l'égalité des chances dans les douze pays européens, membre du «Conseil économique et social» pendant quinze ans, Evelyne Sullerot a beaucoup étudié la démographie, la famille et la politique sociale. Après vingt ans de luttes glorieuses pour la libération sexuelle, pour la libération de la femme, pour la libération de l'individu, la sociologue pousse à nouveau un cri d'alarme.

Certes, nous avons bouleversé nos mœurs, modifié nos lois et enterré le patriarcat sans fanfare et sans regrets, mais aujourd'hui, en France, 2.000.000 d'enfants sont séparés de leur père, 600.000 ne le voient plus ou ne le connaissent pas.

Un curieux renversement des rapports des forces s'exerçant cette fois au profit de la mère et au préjudice du père s'observe maintenant dans presque tous les pays occidentalisés et ce phénomène ne peut que s'accentuer. En effet, depuis vingt ans le nombre des séparations ne cesse d'augmenter et les femmes sont presque toujours assurées de garder leurs enfants.

Puisque désormais c'est la femme seule qui dispose des moyens de contraception efficaces, puisque c'est elle qui peut seule décider si oui ou non elle aura ou n'aura pas un enfant, le pouvoir a changé de sexe. Désormais la femme peut priver de paternité un homme qui désire un enfant, elle peut faire devenir père un homme qui ne le voulait pas. La femme est devenue celle qui décide et celle qui met au monde.

C'est elle qui choisit l'homme avec qui elle fera son enfant, c'est d'elle que dépendra, en cas de séparation, la qualité du rapport père-enfant. La paternité dépend entièrement de la mère, de sa volonté propre et des rapports qu'elle a avec le père.

PÈRE «ECTOPLASME»

Mais le père où est-il? Quel est son rôle aujourd'hui? Doit-il être un «nouveau» père, un double de la mère? Comment s'est-il laissé déposséder du pouvoir absolu et sans partage qui a été le sien pendant des siècles?

Sans doute a-t-il été heureux, ce père des temps modernes, d'être délivré du devoir de décision, d'autorité, de responsabilité supérieure qui était jusque là l'apanage lourd à porter, du pater familias.

Vingt ans après, un père n'a pas les mêmes droits qu'une mère. Célibataire, il n'a aucun droit sur l'enfant qu'il a reconnu — mais il doit payer. Divorcé, même sans torts, il a très peu de droits — mais il doit toujours payer. Victimes, les pères, ou victimes consentantes?

Et les fils d'aujourd'hui, quels pères seront-ils demain? Evelyne Sullerot, pour le savoir, a enquêté dans les classes terminales d'un lycée parisien. Les garçons d'aujourd'hui l'affirment presque tous: «Nous serons des pères différents de nos pères, plus responsables, nous partagerons les tâches ménagères et l'éducation des enfants. Nous serons moins autoritaires et plus présents, plus compréhensifs...»

Le patriarcat est mort, mais mort aussi le père «laxiste», le père «irresponsable», le père «ectoplasme» qui s'est laissé évincer, après divorce, pour n'être plus qu'une «machine à sous».

Mais pour que ces adolescents puissent réaliser leurs désirs de paternité chaleureuse et active, il faut changer la loi, bien sûr, et il faut proclamer le droit des enfants à avoir deux parents, à connaître leurs deux parents, à n'être pas arbitrairement séparés de l'un ou l'autre. Car reconnaître au père la place et le rôle qu'il mérite, ce sera le couronnement heureux de la lutte des femmes pour l'égalité.

Journal français d'Amérique, 2–15 octobre 1992, p. 13

CC. Après avoir lu «Patriarche, comme papa», remplissez le tableau suivant:

	Pierre Marcou	Rosalie Marcou
Age		
Profession		
Enfants		
Lieu de naissance/vie		
Valeurs morales		
Valeurs religieuses		
Activités quotidiennes		
Ce qu'il/elle ne fait pas		

Comparez ensuite le comportement de Pierre Marcou à celui des «nouveaux pères». Le patriarcat est-il mort, ainsi que l'affirme l'auteur de l'article «Un père pour quoi faire?»? Justifiez votre opinion.

Analyse statistique

Faisons parler les chiffres!

L'environnement: le nucléaire

– Et vous trouvez
que j'ai une tête à croire que tous les matins,
c'est au nucléaire que je me rase ?

Pourtant, le nucléaire est là.
Là, sous la lumière qu'on tamise.
Là, entre chaque note de musique.
Dans le ronronnement familier
de la machine à laver. Derrière la T.V.
Même là, dans nos petits plats.
Dans chacun de nos gestes quotidiens,
le nucléaire est là. Car, aujourd'hui,
c'est le nucléaire qui couvre
plus des 3/4 de nos besoins en électricité.
C'est le nucléaire qui nous met à l'abri
des caprices et des marchés et
de l'actualité. C'est le nucléaire enfin,
qui nous permet de ne pas manquer
de cette électricité dont on ne saurait plus
se passer. Et ce bien-être,
cette autonomie et cette sérénité-là
c'est à EDF qu'on les doit.

Aujourd'hui, 75 % de l'électricité est nucléaire.

– Eteins donc la lumière, tu gâches du nucléaire...

Le nucléaire est là.
Là, sous la lumière qu'on tamise.
Là, entre chaque note de musique.
Dans le ronronnement familier de la machine à laver.
Derrière la T.V.
Là, dans chacun de nos gestes quotidiens.
Car, aujourd'hui, c'est le nucléaire qui couvre
plus des 3/4 de nos besoins en électricité.
C'est le nucléaire qui nous offre cette abondance,
cette propreté, cette indépendance, cette sécurité,
dont on ne saurait plus se passer.
Et ce bien-être, cette autonomie, cette sérénité-là
c'est à EDF qu'on les doit.
EDF qui est là pour informer, là pour expliquer,
là pour dialoguer et qui vous invite à vous faire une idée
par vous-même sur le nucléaire. Oui.

Aujourd'hui, 100% des utilisateurs
sont en doit d'en savoir plus.
Parce que,

Aujourd'hui, 75 % de l'électricité est nucléaire.

Le visuel presse de la campagne EDF,
Compagnie Corporate 1993

Le nucléaire, c'est drôle

EDF repart en campagne sur le nucléaire. Si 64 % des Français se disent en accord avec la politique énergétique contre 52% en 1988 — preuve que la pub d'initiation que fait l'agence Compagnie Corporate depuis 1991 fonctionne — femmes et jeunes restent réservés. 42% des Françaises, contre 31 % des hommes, disent n'y rien comprendre. L'humour reste décapant: dans un film de Jean-Marie Poiré (le réalisateur des «Visiteurs»), un dentiste apprend de son assistante que sa roulette marche au nucléaire.

LE NOUVEL OBSERVATEUR,
10–16 juin 1993

Le regret nucléaire

«Il faut continuer à construire des
centrales nucléaires»* (en %):

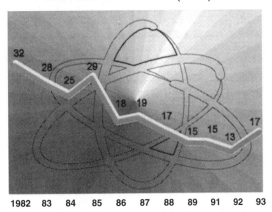

1982 83 84 85 86 87 88 89 91 92 93

Agoramétrie

* Cumul des réponses «entièrement d'accord»
et «bien d'accord».

Gérard Mermet, *Francoscopie 1995,* © Larousse, p. 254

➤ Les problèmes d'environnement les plus
ressentis par les Français sont: la pollution de l'air
(58 %); la pollution de l'eau (51 %); les déchets
industriels et domestiques (37 %); le bruit (35 %);
le manque d'espaces verts (19 %); les difficultés
de circulation automobile (18 %); la dégradation
des immeubles (15 %).
➤ 65 % des Français estiment qu'un accident
analogue à celui de Tchernobyl est toujours
possible (29 % non).
➤ 60 % des Français estiment qu'en matière de
protection de l'environnement leurs élus se
préoccupent plus des intérêts économiques
locaux et notamment des investisseurs
immobiliers, 26 % de la qualité de vie des
habitants.

Gérard Mermet, *Francoscopie 1993,* © Larousse, p. 109

DD. Faites le bilan des attitudes des Français face à l'énergie nucléaire. En quoi la publicité influence-t-elle ces attitudes? Comparez l'attitude française à l'attitude américaine à propos du nucléaire.

Vue de l'extérieur

Michel Tournier: *La goutte d'or* (extrait)

Idriss, jeune berger musulman, surveille son troupeau de chèvres quand une femme descend d'une Land-Rover et le photographie, promettant au garçon de lui envoyer sa photo. Deux ans plus tard, Idriss part pour la France à la recherche d'un travail et peut-être aussi de cette photo qu'il n'a jamais reçue.

Michel Tournier est né en 1924. Ses romans les plus connus sont *Vendredi ou les Limbes du Pacifique* (1967), *le Roi des Aulnes* (1970), *La goutte d'or* (1986) et *le Medianoche amoureux* (1989).

Achour ne se faisait pas faute entre deux coups de balai de lui (à son jeune cousin Idriss) faire la leçon et de lui communiquer les fruits de sa vieille expérience d'immigré.

—Ici, c'est pas comme au pays, lui disait-il. Au pays, t'es coincé dans une famille, dans un village. Si tu te maries, bon Dieu, tu deviens la propriété de ta belle-mère! Tu deviens comme un meuble de la maison. Ici non, c'est la liberté. Oui, c'est très bien la liberté. Mais attention! C'est aussi terrible, la liberté! Alors ici, pas de famille, pas de village, pas de belle-mère! T'es tout seul. Avec une foule de gens qui passent sans te regarder. Tu peux tomber par terre. Les passants continueront. Personne te ramassera. C'est ça la liberté. C'est dur. Très dur.

La timidité de son jeune cousin, sa gaucherie à saisir les moindres occasions offertes par le hasard, sa fierté un peu ombrageuse quand quelqu'un paraissait s'intéresser à lui, non vraiment, il fallait qu'il change, s'il voulait survivre à Paris.

—Ici, t'es comme un bouchon qui flotte sur l'eau, lui expliquait-il. Les vagues te jettent à droite, à gauche, tu coules, tu remontes. Alors tu dois profiter de tout ce qui se présente. Toi par exemple, t'es jeune et joli. Eh bien si quelqu'un te sourit, faut pas hésiter: va voir ce que c'est. C'est peut-être bien pour toi. Faut pas réagir comme une fille. Une fille, ça a une réputation à défendre, un honneur de femme. Il faut pas qu'elle se commette, sinon elle est perdue pour toujours. Toi, t'es pas une fille. T'as rien à perdre. De toute façon, nous autres ici, on n'a pas le droit d'être difficile.

Et bien entendu, il y avait l'environnement du foyer Sonacotra, le patron, Isidore, et la foule changeante des autres immigrés. Isidore avait reconstitué en plein Paris avec les locataires du foyer les relations paternelles et tyranniques qu'il entretenait quinze ans plus tôt avec les ouvriers arabes de la semoulerie qu'il dirigeait à Batna. «Moi les bicots, ça me connaît, affirmait-il aux inspecteurs qui venaient jeter un coup d'œil de routine dans les locaux du foyer. Je sais leur parler. Avec moi, jamais d'histoires.» Et il était vrai que les immigrés n'avaient pas à se plaindre de sa tutelle évidemment indiscrète et tatillonne, mais somme toute efficace.

—Les Français, commentait Achour, faut pas croire qu'ils nous aiment pas. Ils nous aiment à leur façon. Mais à condition qu'on reste par terre. Faut qu'on soit humble, minable. Un Arabe riche et puissant, les Français supportent pas ça. Par exemple, les émirs du Golfe qui leur vendent leur pétrole, ah ceux-là, ils les vomissent! Non, un Arabe, ça doit rester pauvre. Les Français sont charitables avec les pauvres Arabes, surtout les Français de gauche. Et ça leur fait tellement plaisir de se sentir charitables!

Mais son point de vue n'était pas exempt de sévérité et de revendication.

—Tous ces Français, faudrait quand même qu'ils le reconnaissent. La France moderne, c'est nous, les bougnoules, qui l'ont faite. Trois mille kilomètres d'autoroute, la tour Montparnasse, le C.N.I.T., le métro de Marseille, et bientôt l'aéroport de Roissy, et plus tard le R.E.R., c'est nous, c'est nous, c'est toujours nous!

Pourtant il se sentait découragé devant la foule passive et rêveuse des autres immigrés.

—Regarde les gars du foyer. Quelquefois je me demande ce qu'ils ont dans la tête. Si tu leur parles de l'avenir, il y a deux choses qu'ils peuvent pas admettre. La première, c'est de retourner au pays. Alors ça jamais! Ils sont partis, c'est pour toujours. Y en a quand même, ils pensent bien retourner au pays. Mais alors dans très, très longtemps quand le pays sera devenu une sorte de paradis sur terre. Autant dire jamais. Mais ici, ils ne sont pas heureux non plus. Ils voient bien qu'on ne veut pas d'eux. Alors rester ici pour toujours? Ah ça jamais! Alors qu'est-ce qu'ils veulent? Ni rentrer au pays, ni rester en France. Il y en a un qui m'a dit l'autre jour: ici c'est l'enfer, mais le pays, c'est la mort. Qu'est-ce qu'ils rêvent? Ils le savent pas eux-mêmes.

Michel TOURNIER, *La goutte d'or,* © Editions GALLIMARD, pp. 140, 141, 142, 143

Tahar Ben Jelloun: «*Un homme venu d'une autre durée*»

Tahar Ben Jelloun, sociologue et romancier, est né à Fès (Maroc) en 1944. Il a obtenu le prix Goncourt en 1987 pour *La nuit sacrée*.

Il a la peau brune, des cheveux crépus, de grandes mains calleuses noircies par le travail. Son visage sourit et son front dessine des rides serrées. Il a quarante ans, peut-être moins.

Cet homme, habillé de gris, a pris le métro à la station Denfert-Rochereau, direction Porte-de-la-Chapelle.

D'où vient-il? Peu importe! Son visage, ses gestes, son sourire disent assez qu'il n'est pas d'ici. Ce n'est pas un touriste non plus. Il est venu d'ailleurs, de l'autre côté des montagnes, de l'autre côté des mers. Il est venu d'une autre durée, la différence entre les dents. Il est venu seul. Une parenthèse dans sa vie. Une parenthèse qui dure depuis bientôt sept ans. Il habite dans une petite chambre, dans le dix-huitième. Il n'est pas triste. Il sourit et cherche parmi les voyageurs un regard, un signe.

Je suis petit dans ma solitude. Mais je ris. Tiens, je ne me suis pas rasé ce matin. Ce n'est pas grave. Personne ne me regarde. Ils lisent. Dans les couloirs, ils courent. Dans le métro, ils lisent. Ils ne perdent pas de temps. Moi, je m'arrête dans les couloirs. J'écoute les jeunes qui chantent. Je ris. Je plaisante. Je vais parler à quelqu'un, n'importe qui. Non. Il va me prendre pour un mendiant. Qu'est-ce qu'un mendiant dans ce pays? Je n'en ai jamais vu. Des gens descendent, se bousculent. D'autres montent. J'ai l'impression qu'ils se ressemblent. Je vais parler à ce couple. Je vais m'asseoir en face de lui, puisque la place est libre, et je vais lui dire quelque chose de gentil: Aaaaa... Maaaaa... Ooooo...

Ils ont peur. Je ne voulais pas les effrayer. La femme serre le bras de son homme. Elle compte les stations sur le tableau. Je leur fais un grand sourire et reprends: Aaaaa... Maaaaa... Ooooo... Ils se lèvent et vont s'installer à l'autre bout du wagon. Je ne voulais pas les embêter. Les autres voyageurs commencent à me regarder. Ils se disent: quel homme étrange! D'où vient-il? Je me tourne vers un groupe de voyageurs. Rien sur le visage. La fatigue. Je gesticule. Je souris et leur dis: Aaaaa... Maaaaaa... Ooooo... Il est fou. Il est saoul. Il est bizarre. Il peut être dangereux. Inquiétant. Quelle langue est-ce? Il n'est pas rasé. J'ai peur. Il n'est pas de chez nous, il a les cheveux crépus. Il faut l'enfermer.

Qu'est-ce qu'il veut dire? Il ne se sent pas bien. Qu'est-ce qu'il veut?

Rien. Je ne voulais rien dire. Je voulais parler. Parler avec quelqu'un. Parler du temps qu'il fait. Parler de mon pays; c'est le printemps chez moi; le parfum des fleurs; la couleur de l'herbe; les yeux des enfants; le soleil; la violence du besoin; le chômage; la misère que j'ai fuie. On irait prendre un café, échanger nos adresses...

Tiens, c'est le contrôleur. Je sors mon ticket, ma carte de séjour, ma carte de travail, mon passeport. C'est machinal. Je sors aussi la photo de mes enfants. Ils sont trois, beaux comme des soleils. Ma fille est une petite gazelle; elle a des diamants dans les yeux. Mon aîné va à l'école et joue avec les nuages. L'autre s'occupe des brebis.

Je montre tout. Il fait un trou dans le ticket et ne me regarde même pas. Je vais lui parler. Il faut qu'il me regarde. Je mets ma main sur son épaule. Je lui souris et lui dis: Aaaaa... Maaaaa... Ooooo... Il met son doigt sur la tempe et le tourne. Je relève le col de mon pardessus et me regarde dans la vitre:

Tu es fou. Bizarre. Dangereux? Non. Tu es seul. Invisible. Transparent. C'est pour cela qu'on te marche dessus.

Je n'ai plus d'imagination. L'usine ne s'arrêtera pas. Il y aura toujours des nuages sur la ville. Dans le métro, ce sera l'indifférence du métal. C'est triste. Le rêve, ce sera pour une autre fois. A la fin du mois, j'irai à la poste envoyer un mandat à ma femme. A la fin du mois, je n'irai pas à la poste. Je retourne chez moi.

Il descend au terminus, met les mains dans les poches et se dirige, sans se presser, vers la sortie.

Tahar Ben Jelloun, *Les amandiers sont morts de leurs blessures*, © Editions La Découverte, 1976, pp. 27–29

EE. Après avoir lu les deux textes, faites-en le commentaire en insistant sur le regard critique qui est porté sur les Français.

Faisons le point!

FF. Utilisez les textes suivants ainsi que ceux que vous avez déjà étudiés pour procéder à votre état des lieux de la société française d'aujourd'hui. Puis, sur le modèle du sondage «Comment vous voyez la France de demain», procédez à un sondage sur l'Amérique de demain. Comparez les résultats et commentez-les.

En un peu plus de vingt ans, la société française a connu six chocs importants: 1968, 1973, 1982, 1987, 1991, 1993.

Les grandes dates de l'histoire contemporaine ont accéléré le processus de transformation naturel de la société. Chacun de ces chocs a été l'occasion d'une prise de conscience, en même temps qu'il annonçait une forme de rupture avec le passé, la fin d'une époque.

1968 fut avant tout un choc *culturel:* les jeunes Français descendirent dans la rue pour dénoncer la civilisation industrielle et les dangers de la société de consommation. Fin des utopies.

Le choc *économique* de 1973 sonna le glas de la période d'abondance, annonçant l'avènement du chômage et la redistribution des cartes entre les régions du monde. Mais il fallut dix ans aux Français pour s'en convaincre. Fin de la croissance.

Fin 1982 eut lieu un choc *social,* plus important au regard de l'histoire de la société que celui, politique, de 1981. La gauche, et avec elle tous les Français, découvrait l'existence d'une dépendance économique planétaire et l'impossibilité pour un pays de jouer seul sa partition. La peur s'emparait de la société civile, suivie bientôt par le retour du réalisme. Fin des idéologies.

Le choc *financier* de 1987 mit en évidence les déséquilibres économiques, les limites de la coopération internationale, l'insuffisance des protections mises en place depuis 1929, l'impuissance des experts à prévoir et à enrayer les crises. Fin de la confiance.

Le choc de la guerre du Golfe, en 1991, fut d'ordre *psychanalytique.* Mettant un terme à la période d'angélisme inaugurée en 1989 par la libération des pays d'Europe de l'Est, il apportait la preuve que le monde reste dangereux et la coexistence avec les pays arabes précaire. Fin d'une certaine vision du monde.

1993 fut enfin un choc *sociologique,* avec le retournement de l'opinion en matière de solidarité; pour la première fois, une majorité des Français se disaient prêts à partager le travail *et* les revenus pour lutter contre le chômage. Fin d'une époque, peut-être d'une civilisation, organisée autour du travail. Avec la possibilité de véritablement changer la vie des gens, dans des proportions telles qu'il est difficile de les imaginer aujourd'hui.

Ces chocs répétés ont été d'autant plus forts qu'ils se sont produits sur fond de mutation technologique. Ils ont engendré des décalages, parfois même des divorces entre les catégories sociales. Chacun d'eux a accéléré l'évolution des mentalités et contribué à la mise en place progressive d'un nouveau système de valeurs.

Gérard Mermet, *Francoscopie 1995,* © Larousse, p. 241

Pierre Bourdieu: «*Notre état de misère*»

Partout, dans les villes, les ZUP, les cités, au fond des campagnes, dans les entreprises ou les écoles, dans les familles, des hommes, des femmes, des ados ont le sentiment d'être laissés pour compte. En 1989, Pierre Bourdieu, avec une équipe de sociologues, part à leur rencontre. Professeur au Collège de France, il a profondément révolutionné les sciences sociales par ses recherches.

L'EXPRESS: *Cette France qui se tait, d'ordinaire, sur ses souffrances sociales, pensez-vous que la présence de la gauche au pouvoir lui ait valu davantage de solidarité?*

PIERRE BOURDIEU: Les politiques que nous avons vues à l'œuvre depuis vingt ans présentent une continuité remarquable. Amorcé dans les années 70, au moment où commençait à s'imposer la vision néolibérale enseignée à Sciences Po, le processus de retrait de l'Etat s'est, ensuite, affirmé de plus belle. En se ralliant, vers 1983-1984, au culte de l'entreprise privée et du profit, les dirigeants socialistes ont orchestré un profond changement de la mentalité collective, qui a conduit au triomphe généralisé du marketing. Même la culture est contaminée. En politique, le recours permanent au sondage sert à fonder une forme des plus perverses de démagogie. Une partie des intellectuels s'est prêtée à cette conversion collective — qui n'a que trop bien réussi, au moins parmi les dirigeants et dans les milieux privilégiés. Pratiquant l'amalgame et sacrifiant à la confusion de pensée, ils ont travaillé à montrer que le libéralisme économique est la condition nécessaire et suffisante de la liberté politique. Qu'à l'inverse toute intervention de l'Etat renferme la menace du «totalitarisme». Ils se sont donné beaucoup de mal pour établir que toute tentative visant à combattre les inégalités — qu'ils jugent d'ailleurs inévitables — est d'abord inefficace et que, ensuite, elle ne peut être menée qu'au détriment de la liberté.

— *Ce sont donc les fonctions essentielles de l'Etat qu'ils mettaient en cause?*

— Exactement. L'Etat tel que nous le connaissons — mais peut-être ne peut-on en parler qu'au passé — est un univers social tout à fait singulier, dont la fin officielle est le service public, le service du public et le dévouement à l'intérêt général. On peut tourner tout cela en dérision, invoquer des formes notoires de détournement des fins et des fonds publics. Il reste que la définition officielle de l'officiel — et des personnages officiels, qui sont mandatés pour servir, et non pour se servir — est une extraordinaire invention historique, un acquis de l'humanité, au même titre que l'art ou la science. Conquête fragile, toujours menacée de régression, ou de disparition. Et c'est tout cela qu'aujourd'hui on renvoie au passé, au dépassé.

— *Comment le retrait de l'Etat s'inscrit-il dans les réalités sociales?*

— Dès les années 70, il s'est amorcé dans le domaine du logement, avec le choix d'une politique qui entraînait la régression de l'aide à l'habitat social et favorisait l'accès à la propriété. Là encore, sur la base d'équations truquées qui portaient à associer l'habitat collectif au collectivisme et à voir dans la petite propriété privée le fondement d'un libéralisme politique. Et personne ne s'est demandé comment échapper à l'alternative de l'individuel et du collectif, de la propriété et de la location: par exemple, en proposant, comme cela s'est fait ailleurs, des maisons individuelles publiques en location. L'imagination n'est pas au pouvoir, pas plus sous la gauche que sous la droite. On en est arrivé à un résultat que nos éminents technocrates n'avaient pas prévu: ces espaces de relégation où se trouvent concentrées les populations les plus défavorisées, c'est-à-dire tous ceux qui n'ont pas les moyens de fuir vers des lieux plus accueillants. Là, sous l'effet de la crise et du chômage, se développent des phénomènes sociaux plus ou moins pathologiques sur lesquels se penchent aujourd'hui de nouvelles commissions de technocrates. [...]

L'Express, 18 mars 1993, p. 112

COMMENT VOUS VOYEZ

Les Français, à lire le sondage Ifop - L'Express, envisagent leur avenir et celui de leurs enfants avec inquiétude. Mais le tableau n'est pas tout noir. Voici leurs espoirs et les hommes en qui ils ont confiance pour vivre mieux l'aube du troisième millénaire.

Pessimistes sur vous-même.

Lorsque vous pensez à ce que sera la France et la vie quotidienne en 2010, êtes-vous, pour vous et vos enfants...

Très optimistes	4 %	37 %
Assez optimistes	33 %	
Assez pessimistes	45 %	62 %
Très pessimistes	17 %	
Ne se prononcent pas.	1 %	

Les plus pessimistes

Les électeurs du FN	81 %
Les communistes	75 %
Les gens du Nord	75 %
Les ouvriers	74 %
Les inactifs	69 %
Les 50–64 ans	67 %
Les femmes	67 %
Les habitants des villes moyennes	65 %
Les Verts	65 %
Les 35–49 ans	63 %

Les plus optimistes

Les cadres supérieurs et les professions libérales	55 %
Les artisans et commerçants	54 %
Les gauchistes	49 %
Les habitants de l'agglomération parisienne	44 %
Les hommes	43 %
Les centristes	43 %
Les socialistes	42 %
Les moins de 35 ans	41,5 %
Les gaullistes	41 %
Les habitants du Sud-Ouest	40 %
Ceux du Sud-Est	40 %
Les employés	40 %

Sondage réalisé par l'ifop pour L'Express et Europe 1, du 25 au 27 mars 1993, auprès d'un échantillon de 1001 personnes, représentatif de la population française âgée de 15 ans et plus. La représentation a été assurée par la méthode des quotas (sexe, âge, profession, région, sympathie partisane...).

Mais ça va changer...

Pensez-vous que d'importants changements interviendront en ce qui concerne...

Si oui, ces changements seront-ils...

	oui %	non %	nsp %	positifs	négatifs
L'organisation du temps de travail	82	14	4	68	24
Les méthodes et les programmes d'éducation	82	14	4	75	19
Les niveaux de décisions politiques entre l'Europe, l'Etat et la région	73	16	11	60	25
Le paysage français, les campagnes	72	25	3	51	42
La croissance économique	71	21	8	59	29
La façon de faire de la politique	63	29	8	55	30
La culture française	61	33	6	67	23
La langue française	42	53	5	54	31

L'organisation du temps de travail

	Changement	
	positif	négatif
15–24 ans	57	36
Ouvriers	59	34
Employés	76	20
Prof. intermédiaires	76	21
Cadres sup. prof. libérales	79	14

Les méthodes et les programmes d'éducation

	Changement	
	positif	négatif
Gén. Ecologie	81	14
PS	78	17
RPR-UDF	76,5	17,5
Verts	73	19
PC	72	23
Front national	63	30

Les décisions politiques entre l'Europe, l'Etat...

	Changement	
	positif	négatif
Agriculteurs	34	42
FN	48	36
PC	53	33
Verts	57	29
Gén. Ecologie	64	24
PS	64	28
RPR	66	20
UDF	71	15

La croissance économique

	Changement	
	positif	négatif
Agriculteurs	50	38
Ouvriers	51	35
Retraités	60	25
Prof. intermédiaires	60	31
Employés	61	32
Prof. lib., cadres sup.	61	28
Inactifs	63	27
Artisans, comm.	70	23

LA FRANCE DE DEMAIN

Les Français sont des gens formidables, quoique légèrement déroutants. Ils sont pessimistes sur leur propre avenir, mais, pourtant, quand il s'agit de le décrire, ils l'envisagent plus harmonieux et, en tout cas, plus efficace qu'aujourd'hui. Leur inquiétude est toutefois à nuancer. Elle semble largement motivée par des angoisses immédiates liées à la conjoncture, qu'ils projettent sur leur propre devenir. On observe, en effet, que, pour chacune des grandes réformes, prises individuellement, les Français gardent le moral. Ce sont bien sûr les plus faibles, les plus concernés par les mutations, qui se montrent les plus pessimistes. Très nette en ce qui concerne l'organisation économique et sociale de demain, cette morosité a tendance à disparaître lorsqu'ils envisagent les changements culturels ou de mode de vie. Champions toutes catégories du pessimisme: les sympathisants du Front national, suivis de près par les écologistes, mais pour des raisons plus culturelles. Enfin, une certitude largement partagée: il y aura toujours autant de pauvres dans vingt ou trente ans.

... Plutôt en bien...

Pour chacune de ces phrases, dites si oui ou non
elle décrit ce que sera la vie quotidienne dans vingt ou trente ans.

	oui %	non %	nsp %
Les chefs d'entreprise feront de plus en plus de cours aux côtés des professeurs	76	18	6
Les gens changeront d'emploi beaucoup plus souvent	72	25	3
Les citoyens seront plus associés aux décisions	65	31	4
On reviendra à une morale plus stricte, plus sévère	64	33	3
Les rythmes de vie seront plus durs	61	36	3
Le cancer, le sida seront définitivement vaincus	57	40	3
L'espérance de vie sera de 100 ans	56	42	2
Il y aura un retour des gens vers la religion	55	40	5
Les couples seront moins stables	55	40	5
Des conflits naîtront entre les actifs et les retraités	51	45	4
Il y aura moins de pollution	46	51	3
Ce sera une époque plus agréable à vivre que l'époque actuelle	41	51	8
Grâce à la science, les femmes pourront avoir des enfants jusqu'à 60 ans	34	64	2
Il y aura moins de pauvres, d'exclus	31	66	3

Les citoyens plus associés aux décisions

	oui	non
15–24 ans	53 %	44 %
25–49 ans	63,5	33,5
50–64 ans	76	19
65 ans et plus	67	25
UDF	72	24
FN	55	40

Il y aura moins de pollution

	oui	non
Hommes	52 %	45 %
Femmes	41	55
15–24 ans	32	66
Verts	36	59

Il y aura un retour vers la religion

	oui	non
Hommes	53 %	42 %
Femmes	58	37
15–24 ans	41	56
25–34	46	50
35–49	54	41
plus de 50 ans	68	26

Le cancer, le sida seront vaincus

	oui	non
Très optimistes	67 %	28 %
PC	67	30
Cadres, prof. lib.	65	35
Agriculteurs	47	45
Verts	47	51
FN	48	47

La morale sera plus stricte

	oui	non
15–24 ans	44 %	53 %
25–34 ans	52	46
35 ans et plus	74	24
UDF-RPR	73	26

Ces changements...

... Ils les redoutent	... Ils les attendent
1 – FN	1 – L'UDF
2 – Les jeunes	2 – Le PS
3 – Les femmes	3 – Les cadres
4 – Les Verts	4 – Les hommes
5 – Les ouvriers	5 – Les Franciliens

... Grâce aux scientifiques

En qui avez-vous le plus confiance pour imaginer et préparer la France de demain, celle que vous souhaitez ?

Les scientifiques, les chercheurs	64 %
Les hommes politiques	40
Les chefs d'entreprise	37
Les intellectuels	21
Les responsables religieux	10
Les citoyens	3
Aucun de ceux-là	4
Ne se prononcent pas	1

Les scientifiques

Mieux cotés chez les...

Employés	76 %
Ecologistes	75
Artisans et commerçants	72
15–24 ans	71
Electeurs de gauche	68
Femmes	67

Que chez les...

Hommes	60 %
Electeurs du FN	60
UDF-RPR	59,5
Retraités	59,5
Franciliens	59
Cadres sup. prof. libérales	53

Les hommes politiques

Mieux cotés chez les...

Communistes	57 %
Gens du Nord	48
UDF	47
Socialistes	47
35–64 ans	45
Habitants des petites villes	45
RPR	44

Que chez les...

Moins de 35 ans	36 %
Retraités	36
Habitants du Sud-Est	34
Electeurs du FN	32
Inactifs	32
Ecologistes	28
Habitants des villes moyennes	27

CHAPITRE 6

CROYEZ VOUS VRAIMENT

Qu'il n'y a rien à faire
pour les personnes âgées ?
_____

Que leur situation matérielle est satisfaisante ?
_____

Que les pouvoirs publics peuvent tout faire ?
_____

Qu'il y a déjà bien assez de gens qui s'en occupent ?
_____

Que c'est un problème réservé aux spécialistes ?
_____

Qu'elles n'ont qu'à vivre dans des établissements ?
_____

Que la vieillesse est un naufrage ?
_____

Que les vieux n'ont rien à vous apporter ?
_____

Que vous n'avez rien à leur apporter ?

Les personnes âgées –
Ceux qui en profitent?

Arrêt sur image

A. Analysez ces photos et essayez d'en dégager des questions relatives à cette tranche d'âge de la population française.

Analyse statistique

Faisons parler les chiffres!

La vieille Europe

Part des personnes de 65 ans et plus dans la population totale des pays de l'Union européenne (1991, en %) :

	Hommes	Femmes
• Belgique	6,0	9,1
• Danemark	6,4	9,2
• Espagne	5,6	8,1
• FRANCE	5,6	8,6
• Grèce	6,2	8,0
• Irlande	4,9	6,6
• Italie	5,9	8,8
• Luxembourg	5,0	8,5
• Pays-Bas	5,2	7,8
• Portugal	5,4	7,8
• RFA	5,0	9,9
• Royaume-Uni	6,3	9,4
• **Union européenne**	5,6	8,9

Eurostat

La vieille France

Evolution de la part des personnes âgées dans la population totale :

	60 ans et plus (%)	85 ans et plus (%)	Population France (millions)
• 1850	10,2	0,2	35,8
• 1900	12,9	0,3	38,5
• 1970	18,0	0,8	50,5
• 1980	17,0	1,1	53,7
• 1990	19,9	1,8	56,6
• 1994	19,8	1,8	57,8

INSEE

Bientôt plus de seniors que de jeunes

Evolution de la part des moins de 20 ans et des 60 ans et plus (en % de la population totale*) :

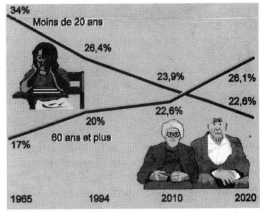

* Hypothèses : fécondité 1,8 ; poursuite de la tendance actuelle de mortalité.

INSEE

Gérard Mermet, *Francoscopie 1995,* © Larousse, pp. 162, 163, 164

Chronologie: Les grandes dates de la retraite

En 25 ans, de nombreuses dispositions ont modifié la retraite.

1971   *Loi Boulin, retraite calculée sur les 10 meilleures années.*

1972   *Les salariés licenciés de plus de 60 ans sont assurés de toucher 70 % de leur salaire.*

1977   *Extension de cette garantie aux salariés démissionnaires.*

1981   *• Le Fonds national de solidarité (FNS) est augmenté de 63 %;*

         • Mise en place des contrats de solidarité pour les salariés âgés de 55 à 59 ans. Création d'une allocation spéciale pour les salariés licenciés pour motif économique après 56 ans;

         • Le taux de la pension de réversion est porté de 50 % à 52 %;

1983   *• Retraite à 60 ans;*

         • Suppression des contrats de solidarité préretraite.

1984   *Retraite à 60 ans pour les artisans et commerçants.*

1986   *Retraite à 60 ans pour les agriculteurs.*

1988   *Instauration de la retraite progressive.*

Notre Temps, juin 1993, n° 242, p. 8

Des retraités plutôt urbains

7 000 000 de Français de plus de 60 ans vivent dans des communes urbaines.

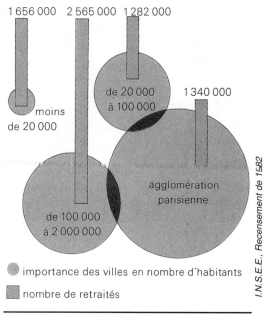

1 656 000   2 565 000   1 282 000

moins de 20 000

de 20 000 à 100 000

1 340 000

de 100 000 à 2 000 000

agglomération parisienne

I.N.S.E.E., Recensement de 1982

⬤ importance des villes en nombre d'habitants

▨ nombre de retraités

Régis Louvet & Colette Tournès, *Seniorscopie,*
© Larousse, p. 42

Six régions comptent plus de 25 % de retraités : Bourgogne, Limousin, Aquitaine, Midi-Pyrénées, Auvergne, Poitou-Charentes. 11 millions de Français ont plus de 60 ans, 3 millions habitent des communes rurales où ils représentent près du quart de la population. 8 millions habitent des communes urbaines où ils sont 19 % de la population. 66 % sont propriétaires de leur logement et ils sont moins de 6 % à vivre en institution.

Notre Temps, juin 1993, n° 242, p. 8

B. Commentez ces données statistiques en vous aidant de la *Fiche méthodologique 1* (p. 9) et formulez des hypothèses relatives aux changements politiques et sociaux que ces données risquent de provoquer dans les années à venir.

Etat des lieux

L'Avancée des seniors

Contrairement aux autres sciences du futur et sauf calamités exceptionnelles, la démographie est une science exacte très précise, en particulier lorsqu'elle fait des prévisions sur l'avenir de personnes vivantes. Quand le recensement de 1982 révèle que les Français de plus de 90 ans sont 215 000, les démographes calculent avec une bonne précision qu'ils seront 300 000 en l'an 2000. La fiabilité de leurs estimations permet de savoir que la baisse de la mortalité aux grands âges contribuera dans les prochaines années à relever l'âge moyen du pays, confirmant ce que l'on savait déjà: la France vieillit.

Régis Louvet & Colette Tournès, *Seniorscopie,* © Larousse, p. 8

Pour nuancer votre expression

Les personnes âgées

les personnes âgées les personnes d'un certain âge }	*the elderly*
le troisième (3e) âge	*senior citizens*
la génération vermeille	*the silver generation*
prendre de l'âge	*to get on in years*
l'espérance de vie	*life expectancy*
une retraite	*retirement pension*
prendre sa retraite	*to retire*
vivre de peu	*to live frugally*
avoir du temps devant soi	*to have time on one's hands*

L'Europe des personnes âgées

1993 : l'Europe met les personnes âgées à l'honneur... et cherche à mieux connaître ses plus de 60 ans.

En 30 ans, le nombre des personnes de 60 ans et plus est passé, au sein de la Communauté européenne, de 46,5 à 68,6 millions, soit une augmentation de près de 50 %. Une évolution qui, selon les prévisions actuelles, n'est pas prête de s'arrêter. Ainsi, en 2020, la CEE devrait compter près de 100 millions de personnes âgées, dont 20 millions dépasseraient les 80 ans.

Des perspectives qui ont incité la Communauté à lancer son premier programme triennal en faveur des plus âgés, afin de favoriser la prise de conscience de leurs conditions de vie, et de leurs problèmes, d'encourager la solidarité entre les générations, mais aussi de mieux connaître cette population trop souvent délaissée.

Un groupe hétérogène

Les 68,6 millions de personnes âgées dénombrées en 1991 au sein de la Communauté sont loin de constituer un groupe homogène.

Premier facteur d'hétérogénéité: l'âge lui-même. Ainsi, plus de 50 % de ces personnes ont entre 60 et 69 ans, un petit tiers entre 70 et 79 ans, et les 17 % restants dépassent les 80 ans. Ce dernier groupe ne cesse d'ailleurs de croître (tant en population qu'en taux), phénomène qui trouve son explication dans l'augmentation constante de l'espérance de vie, due aux progrès de la médecine, mais aussi aux conditions de vie.

Toutefois, en matière de longévité, d'importantes disparités méritent d'être soulignées. Ainsi, bien que dans chacun des douze Etats membres, l'espérance de vie des femmes dépasse largement celle des hommes, elle varie considérablement d'un pays à l'autre. Si, pour les hommes, les Grecs sont en tête, avec une espérance de vie de 79,2 ans (contre 76,6 ans pour les Irlandais), chez les femmes, ce sont les Françaises qui vivent le plus longtemps, avec une moyenne de 84,2 ans (contre 80,6 ans pour les Irlandaises)!

Ces écarts d'âge ne sont pas sans conséquences sur le mode de vie des aînés. Car alors que chez les 60-64 ans, on trouve à peu près autant d'hommes que de femmes, chez les 80-84 ans, les femmes sont deux fois plus nombreuses que les hommes, et chez les 90-94 ans, la gente féminine l'emporte à trois contre un sur le sexe masculin, conséquence directe de cet état de fait: par groupe d'âge, les hommes mariés sont deux fois plus nombreux que les femmes mariées. De plus, les femmes de plus de 75 ans sont en majorité veuves.

10 % des 60 ans et plus travaillent

Autre facteur de différenciation, la participation à la vie active. Dans la plupart des Etats membres de la CEE, hommes et femmes peuvent faire légalement valoir au même âge leurs droits à la retraite. Quatre pays font toutefois exception: la Grèce, l'Italie, le Portugal et le Royaume-Uni.

Quoiqu'il en soit, l'âge légal général de la retraite varie considérablement selon les pays de la CEE, tout comme celui du départ réel du marché du travail...

En Grèce, en Irlande, en Italie et au Portugal, ce dernier intervient de façon continue, et les taux d'activité des hommes ayant atteint l'âge légal de la retraite restent relativement élevés (29,4 % en Grèce, 35,1 % en Irlande, 40,2 % au Portugal et 47,8 % en Italie).

Au contraire de l'Allemagne et des Pays-Bas, où l'on a fortement tendance à anticiper le départ en retraite.

L'Espagne, la France et le Royaume-Uni occupent une position intermédiaire, caractérisée par un départ relativement continuel du marché du travail jusqu'à l'âge de la retraite.

Au Danemark, où la participation à la vie active présente un profil «en escalier» en fonction de l'âge, on constate des reculs considérables à 60, 62 et 67 ans

Enfin, en Belgique, le départ du marché du travail est continuel et s'accentue fortement entre 50 et 60 ans.

Mais à ce jour, au sein de la Communauté, 4,3 millions d'hommes et deux millions de femmes de 60 ans et plus exercent encore une activité, soit environ 10 % de la population de ce groupe d'âge. Des chiffres qui mériteraient réflexion.

F.F.-H.

Source: Europe sociale, 1/93

LES RETRAITÉS ONT BIEN CHANGÉ

Pour fêter son 24ᵉ anniversaire, le mensuel *Notre Temps* sort, dans son numéro de juin, un dossier-bilan intitulé: «Retraités, vous avez bien changé», sur l'évolution de la société et des retraités depuis 1968.

En 1993, «la France compte 11 millions de plus de 60 ans, dont 60 % sont des femmes». Ils ont «une espérance de vie accrue» (84 ans pour les femmes, 76 pour les hommes), ils consomment et voyagent. La consommation des ménages de 65/74 ans a progressé de 64 % entre 1979 et 1989 et, en 1975, une personne âgée sur trois partait en vacances, contre une sur deux aujourd'hui.

Malgré d'importants progrès sociaux et le droit de prendre sa retraite à 60 ans, il reste encore 1.300.000 retraités qui ne touchent que le minimum vieillesse de 3.130 F par mois ($569).

En 1991, un homme percevait en moyenne 9.424 F ($1,173), une femme 5.639 F ($1,025), et un exploitant agricole 2.350 F ($427).

Journal français d'Amérique, 25 juin–8 juillet 1993

LES RETRAITES:
Que fait-on à l'étranger?

La différence entre la France et la plupart de nos voisins ou des autres pays développés provient d'abord du fait que si les régimes de base sont généralement fondés sur la répartition, les complémentaires recourent, eux, à la capitalisation. La Grande-Bretagne, où les deux systèmes coexistaient, a encouragé l'essor des retraites par capitalisation, au détriment des régimes complémentaires par répartition.

La plupart des pays industriels n'ont pas hésité à appliquer ou à programmer des dispositions visant à équilibrer leurs régimes de retraite. Le plus souvent, on a retardé l'âge de cessation d'activité. L'Allemagne a prévu de le porter à soixante-cinq ans de 2000 et 2012, l'Italie vient également de le porter à soixante-cinq ans. Aux Etats-Unis, le départ en retraite va être retardé en fonction de l'année de naissance: les Américains nés en 1938 devront patienter jusqu'à soixante-sept ans. En Suède, il a été fixé à soixante-six ans contre soixante-cinq précédemment et les pensions ont été provisoirement «gelées». ■

Le Monde, 16 mars 1993

Etats-Unis/France:
que perçoivent
les aînés?

Les personnes âgées perçoivent, aux Etats-Unis, un revenu moyen supérieur d'environ 30 % à celui des aînés français. Mais l'inégalité des revenus est beaucoup plus large aux USA qu'en France — revenus les plus bas inférieurs de 15 % aux Etats-Unis, alors que les revenus des Américains âgés les plus aisés dépassent de 54 % ceux des Français!

Un phénomène qui s'explique en partie par le caractère facultatif des régimes de retraite complémentaire dans la patrie de l'oncle Sam, et par le poids des revenus de la propriété, deux fois plus important outre-Atlantique.

Sources: «Notes et graphiques», n° 21 du Centre d'études des revenus et des coûts.

Valeurs mutualistes, n° 151 de mars/avril 1993, p. 27

Âge de la retraite

● Dans le monde. Pour les hommes et, entre parenthèses, pour les femmes: C: cumul possible retraite et travail; B: bonification si pension retardée; V: vérification des gains pour moduler la pension.

Albanie 60 (55), ex-All. dém. 65 (60), ex-All. féd. C 65 (65), Australie 65 (60), Autriche V 65 (60), Belgique 65 (60), Bulgarie 60 (55), Canada V 65 (65), Danemark CV 67 (67), Espagne 65 (65), Etats-Unis V 65 (65), Finlande 63 (63), *France CB 60 (60),* Grèce 65 (65), Hongrie 60 (55), Irlande C 66 (68), Israël 65 (60), Italie CB 60 (55), Japon 65 (55), Luxembourg C 65 (65), Norvège 67 (67), Pays-Bas C 65 (65), Portugal 65 (62), Roy.-Uni BV 65 (60), Suède CBV 67 (67), Suisse C 65 (62), Tchécoslovaquie 60 (55), ex-URSS 60 (55), Yougoslavie 60 (55).

Mesures spéciales en faveur des personnes âgées: réduction sur transports en commun [SNCF, avion, région parisienne (anciens combattants ou veuves de guerre 14–18)]; installation du téléphone en priorité; réduction dans certains musées et salles de cinéma. *Démunies de ressources:* aide en argent (minimum vieillesse), gratuité sur certains transports en commun, allocation logement; en cas d'expulsion: le droit à être relogé dans des conditions similaires, prime de déménagement; installation gratuite du téléphone; exonération: de la redevance TV, des impôts locaux (taxe foncière et d'habitation), de la cotisation Sécurité sociale des employés de maison.

Frémy, Dominique et Michèle, *Quid 1994,* © Editions Robert Laffont, pp. 1409, 1412

C. Après voir lu les documents précédents,

1. complétez ce tableau:

Age de la retraite		
Pays	**en 1993**	**d'ici l'an 2000**
France		
Allemagne		
Italie		
Suède		
Etats-Unis		

2. trouvez cinq avantages dont bénéficient les «plus de 60 ans» dans leur vie quotidienne.
3. décidez si les idées suivantes sont vraies ou fausses (corrigez celles qui sont fausses):
   a. Dans les pays industrialisés, la situation financière des retraités ira en s'améliorant jusqu'à l'an 2050.
   b. D'une manière générale, la pension qui est versée par l'Etat aux retraités américains est plus élevée que celle versée aux Français.
   c. Les modifications du système de la retraite sont liées aux données démographiques.
   d. Tous les retraités français touchent la même somme d'argent.
   e. Il y a en France plus de 500 systèmes de retraite.
   f. Le système de retraite actuel est organisé selon le principe de solidarité entre les générations.
   g. La solution au déséquilibre du système de retraite passe par une immigration massive.

L'avenir des retraites

Les données démographiques à l'échelle des cinquante prochaines années sont connues dans leurs grands traits en ce sens que les acteurs de ce futur sont déjà présents dans une grande proportion. Elles font ressortir la conjonction d'éléments défavorables dans la première décennie du prochain siècle et l'apparition rapide de graves difficultés. Deux mouvements de sens contraire dans la succession des générations se conjuguent alors et cumulent les obstacles. C'est à partir de 2005 que les premières générations nombreuses du baby-boom, nées entre 1945 et 1970, atteignent le seuil de la retraite. Après avoir nourri l'âge d'or des retraites et son glorieux automne, elles exerceront leurs droits. Du fait de leur nombre et de l'accentuation du vieillissement, il y aura de plus en plus de retraités, disposant de pensions de plus en plus élevées grâce à l'euphorie des années 70, et vivant de plus en plus longtemps. La lame de fond s'amplifiera jusqu'en 2030, date à laquelle la dernière cohorte des "baby-boomers" arrivera à 60 ans. Mais, en contrepartie, et la démographie est là encore en cause, il y aura, on l'a vu, de moins en moins d'actifs pour supporter le surplus de cette vague trentenaire, car c'est aussi vers 2005 que les générations à effectif réduit correspondant à la baisse de fécondité des années 70–80 arriveront à l'âge de l'emploi.

La traversée de cette phase de transition de l'histoire démographique, où des générations creuses succèdent à des générations pléthoriques, sera difficile. Les conséquences de cette inexorable coïncidence à l'intérieur même du régime s'exprime dans une série de dilemmes qui sont autant de butoirs contre lesquels viennent achopper l'équilibre et donc la continuité du système. A législation inchangée, si l'on bloque les cotisations de façon que la charge des actifs de demain soit égale à ce qu'elle est aujourd'hui, les pensions versées s'amenuiseront et un régime accordant, par exemple 50 % d'un revenu d'actif en 1990 n'en versera plus que 36 % en 2010 et 25 % en 2035 — la moitié de ce qu'elle est actuellement. Si l'on continue à lier le niveau des retraites sur celui des revenus moyens d'activité, les taux de cotisation qui atteignent déjà 18,9 % du revenu brut grimperont à 26 % en 2010 et pourraient se situer à 40 % en 2040. On peut également envisager de compenser l'évolution démographique défavorable en renforçant la population des actifs par l'immigration, ce qui exigerait 150 à 200 000 immigrés par an pendant vingt ans.

Bien que les mesures énumérées ici s'inscrivent dans le cadre de la logique institutionnelle du système de répartition, elles sont, telles quelles, impraticables. Une immigration aussi massive semble peu réaliste, ne serait-ce qu'en raison des demandes d'emplois nouveaux qu'elle entraînerait, alors que le chômage devenu un mal chronique touche près de 10 % de la population active. Quant aux deux autres solutions, elles sont incompatibles avec la notion essentielle d'équité entre générations qui est le fondement des transferts successifs de richesse assurés par la répartition. Une diminution des retraites à cotisation fixe équivaut à une amputation par moitié des droits, à une pénalisation des pensionnés qui auront pourtant cotisé à taux plein durant trente-sept ans de vie active. D'un autre côté, la hausse des cotisations équivaut à une ponction de plus en plus importante sur le niveau de vie de générations successives sans que soit aucunement garanti le risque de voir le sacrifice consenti ne pas aboutir à un équivalent dans la retraite future. Ces deux approches relèvent au fond d'une démarche unique et tendent à déformer et éviter le partage et le transfert des richesses entre actifs et retraités en attribuant une part croissante des revenus d'activité au financement des pensions. (*)

Jean-Marie Poursin

(*) "L'Etat-providence en proie au démon démographique", Le Débat, n° 69, mars–avril 1992, pp. 128–129.

Equilibre électoral: le risque gérontocratique?

Un [autre] aspect du vieillissement qui mérite examen, même circonspect, est celui des effets du vieillissement sur le corps électoral et, par ce biais, sur les choix sociaux. La considération de ces problèmes pourrait-elle nous faire échapper aux types d'effets infinitésimaux qu'on a vu plus haut? Il suffirait de remarquer que les mécanismes électoraux impliquent une règle majoritaire qui a des effets amplificateurs bien connus. Selon une théorie usuelle, les partis sont contraints à proposer des programmes électoraux qui se rapprochent le plus possible des préférences de l'électeur médian. Imaginons un vieillissement tel que cet électeur médian devienne un retraité: dans ce cas, on peut imaginer qu'il y ait basculement des choix sociaux en faveur quasi-exclusive de ces retraités.

On doit rester circonspect. Un scénario aussi noir est irréaliste pour plusieurs raisons: d'une part parce que l'électeur médian reste un actif, dans tous les scénarios démographiques plausibles, ensuite parce que les choix électoraux ne sont pas uniquement dictés par les motivations égoïstes, mais aussi par une certaine idée que nous nous faisons de la justice sociale, enfin parce que des retraités, même électoralement majoritaires, devraient comprendre qu'ils ne peuvent pas peser au-delà d'un certain poids sur les actifs, leur revenu étant tributaire de l'effort productif de ces actifs.

Mais la crainte de ce "pouvoir gris" peut présenter une part de vérité. Une analyse détaillée de la situation nord-américaine a notamment montré que le vieillissement de la population s'y est traduit par un basculement assez net de l'effort social en faveur des personnes âgées, bien au-delà de ce qu'aurait dû entraîner leur simple accroissement numérique. Peut-être les années Clinton vont-elles reléguer aux oubliettes ce qui n'aurait été qu'un biais des années Reagan. Mais il faut cependant rester attentif à de potentiels conflits de génération et pratiquer une véritable politique des âges. Ceci débouche sur un autre thème en vogue, celui de l'équité intergénérationnelle.

Effets internes à l'entreprise

Revenons, enfin, sur la question du vieillissement interne de la population active. On a vu que ce vieillissement interne n'avait que peu d'effets sur la productivité; il n'aurait de même que peu d'effets relatifs sur le salaire moyen, pour les mêmes raisons. [...] Si les travailleurs âgés pèsent sur les comptes des entreprises, celles-ci seront tentées de les pousser à quitter l'activité de plus en plus tôt, ce qui, à l'évidence, est en contradiction avec ce qui est préconisé comme solution aux problèmes de retraite. On devine donc là un risque majeur pour les sociétés vieillissantes: ce serait une évolution où, pour des raisons d'équilibre financier, les systèmes exigeraient que les individus cotisent de plus en plus longtemps alors que, pour des raisons à la fois démographiques et économiques, les entreprises chercheraient à s'en débarrasser de plus en plus tôt. C'est une nouvelle phase du cycle de vie qui se créerait ainsi. Si le vieillissement vient surtout de notre durée de vie plus longue, il est très probable qu'il impliquera une modification du déroulement de nos existences. Il faut éviter que cet étirement du cycle de vie ne fasse apparaître des périodes à risques, auxquelles nous serions insuffisamment préparés.

Didier Blanchet,
chercheur à l'INED

La France et sa population. Didier Blanchet — *Cahiers français* n° 259 — La Documentation française — Paris, 1993

D. Commentez les points suivants:

1. Résumez en 80 à 100 mots l'article «L'avenir des retraites» (pp. 285–286).
2. Expliquez en quoi le vieillissement de la population peut avoir des répercussions politiques.
3. Dites quel est le poids politique de ce «pouvoir gris» aux Etats-Unis.

Points de vue

«Vivre enfin à la lumière du jour...»

Cette gueule noire aux yeux bleus a quitté la mine à 50 ans mais avait débuté à 14 ans. Sa pension de 7 000F rémunère (mal) une longue vie de labeur.

Roger Dany, 66 ans, ancien mineur

«On pousse un rude soupir de soulagement quand on part à la retraite, avec l'espoir de profiter de sa pension le plus longtemps possible.» Roger Dany, 66 ans, ne travaille plus depuis déjà seize ans. *«A 50 ans, j'ai bénéficié d'un départ anticipé à cause de ma silicose.»* Blouson bleu ciel assorti à ses yeux clairs, Roger a eu le sentiment de renaître en quittant la mine. *«On ne voyait pas le jour, on partait, il faisait déjà noir, on revenait, il faisait encore noir.»* Il est descendu pour la première fois au fond à l'âge de 14 ans, comme galibot (aide), à Hénin-Liétard, où on est mineur de père en fils. *«Une vie pareille ne s'oublie pas.»* Souvent il y pense, dans son jardin potager, en s'occupant de ses poireaux, de ses carottes et de ses tomates. *«La mine, c'est se traîner dans la boue, dans la poussière, c'est crier, se disputer, c'est se faire mal.»*

Aujourd'hui, il touche 5 000 F de retraite de base, 1 000 F de retraite complémentaire et 1 000 F d'indemnité de chauffage, soit un total de 7 000 F, auxquels s'ajoute une petite rente de maladie professionnelle.

Avec la mine, Roger Dany a abandonné son logement des Houillères, occupé pendant trente-trois ans. *«J'ai préféré avec ma femme habiter chez l'un de mes deux fils, préparateur en pharmacie, qui a acheté une maison. Ça me permet d'utiliser une baignoire et un* W.-C., *après m'être lavé toute ma vie dans un bac évier avec un robinet et m'être servi d'un W.-C. extérieur.»* Ses vacances, il les passe plutôt en France, chez l'une de ses deux filles, en Bretagne, mais aussi dans les Vosges, dans le Jura et en Dordogne. *«Ça change de pouvoir choisir ses dates, les Houillères vous mettaient en congé d'office quand ça les arrangeait.»*

Roger Dany ne s'ennuie jamais. *«Je m'occupe d'une section de retraités mineurs à Hénin, et je tente de régler leurs problèmes.»* Le reste du temps, il taquine le goujon avec la canne que lui a offerte l'Amicale des boute-feux lors de son départ à la retraite. Une ombre cependant, la crise: *«En trente ans, on a vu tout disparaître, les cités qu'on a rasées, les puits qu'on a détruits, et on subit le manque de travail qui disperse les familles.»* Roger Dany soupire: *«Ça m'est déjà arrivé d'aider mes enfants quand ils en avaient besoin, et, croyez-moi, dans le Nord, je ne suis pas le seul dans ce cas, qu'adviendra-t-il quand nous ne serons plus là?»*

L.B.

L'Evénement du jeudi, 14–20 octobre 1993, p. 61

Simone de Beauvoir: *La vieillesse* (extrait)

Aujourd'hui, un mineur est à 50 ans un homme fini tandis que, parmi les privilégiés, beaucoup portent allègrement leurs 80 ans. Amorcé plus tôt, le déclin du travailleur sera aussi beaucoup plus rapide. Pendant ses années de «survie», son corps délabré sera en proie aux maladies, aux infirmités. Tandis qu'un vieillard qui a eu la chance de ménager sa santé peut la conserver à peu près intacte jusqu'à sa mort.

Vieillis, les exploités sont condamnés sinon à la misère, du moins à une grande pauvreté, à des logements incommodes, à la solitude, ce qui entraîne chez eux un sentiment de déchéance qui se répercute dans l'organisme; même les maladies mentales qui les affectent sont en grande partie le produit du système.

S'il conserve de la santé et de la lucidité, le retraité n'en est pas moins la proie de ce terrible fléau: l'ennui. Privé de sa prise sur le monde, il est incapable d'en retrouver une parce qu'en dehors de son travail, ses loisirs étaient aliénés. L'ouvrier manuel ne réussit même pas à tuer le temps. Son oisiveté morose aboutit à une apathie qui compromet ce qui lui reste d'équilibre physique et moral.

Le dommage qu'il a subi au cours de son existence est plus radical encore. Si le retraité est désespéré par le non-sens de sa vie présente, c'est que, de tout temps, le sens de son existence lui a été volé. Une loi, aussi implacable que la «loi d'airain», lui a permis seulement de reproduire sa vie et lui a refusé la possibilité d'en inventer des justifications. Quand il échappe aux contraintes de sa profession, il n'aperçoit plus autour de lui qu'un désert; il ne lui a pas été donné de s'engager dans des projets qui auraient peuplé le monde de buts, de valeurs, de raisons d'être.

C'est là le crime de notre société. Sa «politique de la vieillesse» est scandaleuse. Mais plus scandaleux encore est le traitement qu'elle inflige à la majorité des hommes au temps de leur jeunesse et de leur maturité. Elle préfabrique la condition mutilée et misérable qui est le lot de leur dernier âge. C'est par sa faute que la déchéance sénile commence prématurément, qu'elle est rapide, physiquement douloureuse, moralement affreuse parce qu'ils l'abordent les mains vides. Des individus exploités, aliénés, quand leur force les quitte, deviennent fatalement des «rebuts», des «déchets». (...)

Simone de BEAUVOIR, *La vieillesse,* © Editions GALLIMARD, 1970

E. Traitez les points suivants en vous basant sur les deux textes précédents:

1. Faites la fiche d'identité de Roger Dany (âge, métier, situation aujourd'hui, famille, domicile, etc.). Indiquez également à quel âge il a commencé à travailler et à quel âge il a pris sa retraite.

2. Comparez sa vie de mineur et sa vie de retraité (avantages, inconvénients, logement, occupations, vacances).

3. Comparez les opinions du mineur à celles de Simone de Beauvoir à propos de la retraite.

Analyse statistique
Faisons parler les chiffres!

Les revenus

Gros salaires, petites retraites?

Montant de la retraite perçue en pourcentage du dernier salaire:

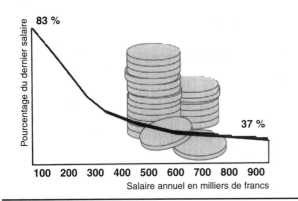

Pourcentage du dernier salaire

83 %

37 %

100 200 300 400 500 600 700 800 900
Salaire annuel en milliers de francs

AXIVA/CERC/AGIRC

[...] Les pensions perçues par les cadres représentent au bout de 10,5 années l'équivalent de la masse des cotisations qu'ils ont versées pendant leur vie active. La durée est un peu supérieure pour les professions intermédiaires, un peu inférieure pour les ouvriers. L'espérance de vie plus longue des cadres supérieurs (malgré leur départ en retraite plus tardif) fait qu'ils reçoivent en moyenne 160 % des cotisations versées, alors que le taux de récupération n'est que de 147 % pour les ouvriers et 151 % pour les employés (mais 168 % pour les professions intermédiaires).

➤ 60 % des Français estiment la situation matérielle des personnes très âgées insatisfaisante, 28 % sont de l'avis contraire.

Gérard Mermet,
Francoscopie 1993,
© Larousse, p. 165

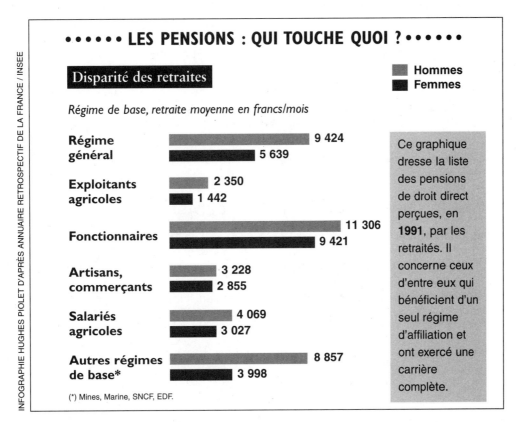

INFOGRAPHIE HUGHES PIOLET D'APRÈS ANNUAIRE RETROSPECTIF DE LA FRANCE / INSEE

•••••• LES PENSIONS : QUI TOUCHE QUOI ? ••••••

Disparité des retraites

■ **Hommes**
■ **Femmes**

Régime de base, retraite moyenne en francs/mois

Catégorie	Hommes	Femmes
Régime général	9 424	5 639
Exploitants agricoles	2 350	1 442
Fonctionnaires	11 306	9 421
Artisans, commerçants	3 228	2 855
Salariés agricoles	4 069	3 027
Autres régimes de base*	8 857	3 998

(*) Mines, Marine, SNCF, EDF.

Ce graphique dresse la liste des pensions de droit direct perçues, en **1991**, par les retraités. Il concerne ceux d'entre eux qui bénéficient d'un seul régime d'affiliation et ont exercé une carrière complète.

Les inégalités des retraites

On nageait en plein brouillard, perdu dans le labyrinthe des 120 régimes de base et des 450 institutions de retraite complémentaire de l'assurance vieillesse avant que, en 1988, le service statistique du ministère des Affaires sociales se décide à entreprendre une enquête de fond (1). Les pensions de quatre générations de retraités nés en 1906, 1912, 1918 et 1922 ont été auscultées. Plusieurs enseignements résultent de ce travail de titan.

1. Au sommet de la pyramide des pensions on trouve celles des salariés, en bas celles des indépendants.

2. Parmi les salariés, les pensions les plus élevées sont celles des fonctionnaires (en moyenne, 10 023 F par mois en 1991).

3. Les plus basses concernent les exploitants agricoles — dont les deux tiers relèvent du Fonds national de solidarité — ainsi que les plus âgés des commerçants et artisans.

4. Les disparités entre pensions sont fortes. Les femmes perçoivent une retraite inférieure d'un tiers à celle des hommes. Les octogénaires ont une pension inférieure de 38 % à celle des sexagénaires.

5. Au bout du compte, on parvient à un écart de 1 à 6 entre les 10 % des pensions les plus faibles (2 000 F par mois relevées au minimum vieillesse) et les 10 % les plus hautes (11 000 F et plus).

6. A l'intérieur de ces 10 %, 3,5 % de retraités touchent une pension de 17 000 F et plus par mois; et, parmi ces derniers, selon une enquête de l'Agirc (2), les cadres à haut revenu dont le salaire était de 50 000 F par mois atteignent une retraite globale de 30 000 F mensuels.   L.B.

(1) Enquête inter-échantillons Sesi 1988, actualisée 1991.
(2) Association générale des institutions de retraite complémentaire des cadres.

L'Evénement du jeudi, 14–20 octobre 1993, pp. 46–47

Point de vue

LA RETRAITE A 60 ANS EST DEJA DEPASSEE...

«Il faut un service civique obligatoire pour les seniors»

Béatrice Majnoni d'Intignano, auteur de «la Protection sociale», universitaire et expert à l'OMS, remet les pendules à l'heure sur la retraite et son avenir.

**L'EVENEMENT DU JEUDI: Les retraités sont-ils, d'une manière générale, des privilégiés?
Béatrice MAJNONI D'INTIGNANO: Pas tous.**

Loin de là! Les plus âgés, qui ont dans l'ensemble acquis des droits à la retraite faibles, surtout lorsqu'il s'agit de femmes, sont encore souvent défavorisés et exclus. En revanche, les retraités récents, qui ont cotisé pendant toute leur carrière, accumulent les avantages matériels: la sécurité de leur revenu, égal ou supérieur à celui des actifs; la détention de l'essentiel du patrimoine immobilier privé — deux sur trois possèdent leur logement, souvent trop grand pour eux — et d'actifs financiers dont les taux d'intérêt exceptionnellement élevés accroissent le rendement.

■ **Une situation confortable qui ne sera pas celle de la prochaine génération des 35–40 ans...**

☐ En effet, du fait du vieillissement de la France et du non-renouvellement des générations, il n'y aura pas, au XXIe siècle, assez d'actifs pour un nombre de retraités toujours plus grand. Ce qui provoquera dès 2010 la crise du financement des caisses de retraite.

■ **Crise parfaitement prévisible et même annoncée par l'Insee et le Plan... Vous accusez les caisses de retraite de ne pas avoir été assez prévoyantes...**

☐ Je constate que les caisses de retraite n'ont pas constitué de réserves suffisantes: six mois seulement pour le régime général, un an pour les régimes complémentaires. On a accordé des droits dont on savait qu'ils ne seraient pas finançables. Les partenaires sociaux (patrons et syndicats) ont des difficultés à mettre en place des mesures pour adapter la protection sociale à l'évolution démographique parce que ce sont des mesures impopulaires. [...]

■ **De fait, la réforme Balladur remet en cause, sans le dire, la retraite à 60 ans...**

☐ Elle va en effet repousser l'âge de la retraite au-delà de 60 ans pour un grand nombre de Français qui commencent à travailler au-delà de 20 ans, s'ils veulent conserver leurs pensions à taux plein.

■ **Vous écrivez dans votre livre que la retraite à 60 ans est le dernier tabou. Tabou que vous remettez en cause...**

☐ Autant cette revendication me paraissait légitime pour un mineur du XIXe siècle, épuisé, souvent malade, autant la retraite à 60 ans ne me paraît plus équitable pour quelqu'un qui est destiné à vivre en moyenne 77 ans si c'est un homme, et 85 ans, en l'an 2000, si c'est une femme.

■ **Vous affirmez qu'il faut moduler l'âge de la retraite...**

☐ Pas pour tout le monde. Mais il me semblerait en effet plus juste qu'il en soit ainsi pour la plupart des travailleurs intellectuels et des travailleurs qualifiés, qui ont une espérance de vie de sept à huit ans plus élevée que celle des travailleurs manuels.

■ **Mais l'espérance de vie n'est qu'une donnée statistique...**

☐ Bien sûr, mais je pense qu'il faut redéfinir, très largement, les relations entre les actifs et les inactifs, en termes à la fois de revenus, de temps et d'activité. Sans quoi, on va vers l'explosion.

■ **Pourquoi?**

☐ Parce que les actifs tendent à diminuer et que reposeront sur les seules épaules de 25–50 ans tout le poids du travail, de l'animation de la société et la charge de la solidarité. Ces 25–50 ans devront s'occuper à la fois des enfants, des jeunes en formation, des retraités — pour lesquels ils cotiseront —, des chômeurs et des personnes très âgées.

■ **Une situation intenable...**

☐ A l'industrialisation va succéder le conflit des générations, si l'on n'y prend garde. C'est pourquoi je propose que les retraités participent à l'effort national, ce qui leur évitera de se sentir exclus et de souffrir de la solitude qui est trop souvent leur lot.

■ **En payant, par exemple, la CSG...**

☐ Ils le font et cela me paraît équitable. D'autant que leurs cotisations de maladie sont dix fois inférieures à celles des actifs et que ce sont eux qui dépensent le plus en matière de santé. Mais, au-delà des contributions financières, je pense surtout à un partage du temps. Je suis faborable à une sorte de «service civique» obligatoire. Notre société ne peut pas payer des retraites élevées à un nombre toujours plus important de citoyens qui n'ont plus de fonction sociale.

Propos recueillis par Luc BERNARD

L'Evénement du jeudi, 14–20 octobre 1993, p. 47

F. Dites si les affirmations suivantes sont vraies ou fausses. Justifiez vos réponses en vous appuyant sur le texte.

1. Tous les retraités touchent une pension au moins égale à 80 % de leur salaire.
2. Quelle que soit leur catégorie socio-professionnelle, les femmes touchent une retraite équivalente à celle des hommes.
3. Plus les retraités sont âgés, plus leur pension est élevée.
4. Les agriculteurs représentent la catégorie sociale la plus défavorisée en matière de retraite.

Analyse statistique

Faisons parler les chiffres!

La consommation

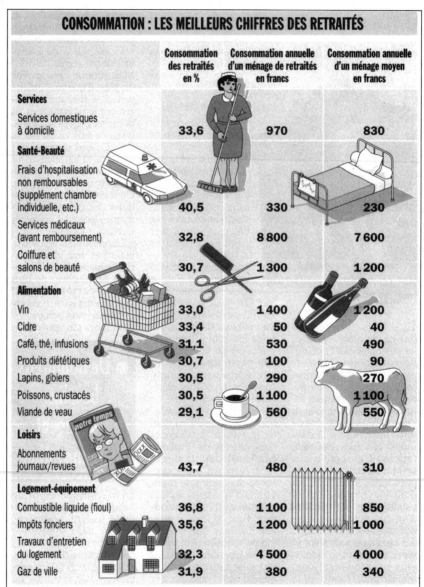

CONSOMMATION : LES MEILLEURS CHIFFRES DES RETRAITÉS

	Consommation des retraités en %	Consommation annuelle d'un ménage de retraités en francs	Consommation annuelle d'un ménage moyen en francs
Services			
Services domestiques à domicile	33,6	970	830
Santé-Beauté			
Frais d'hospitalisation non remboursables (supplément chambre individuelle, etc.)	40,5	330	230
Services médicaux (avant remboursement)	32,8	8 800	7 600
Coiffure et salons de beauté	30,7	1 300	1 200
Alimentation			
Vin	33,0	1 400	1 200
Cidre	33,4	50	40
Café, thé, infusions	31,1	530	490
Produits diététiques	30,7	100	90
Lapins, gibiers	30,5	290	270
Poissons, crustacés	30,5	1 100	1 100
Viande de veau	29,1	560	550
Loisirs			
Abonnements journaux/revues	43,7	480	310
Logement-équipement			
Combustible liquide (fioul)	36,8	1 100	850
Impôts fonciers	35,6	1 200	1 000
Travaux d'entretien du logement	32,3	4 500	4 000
Gaz de ville	31,9	380	340

Colonne 1. La part des retraités dans la consommation totale (tous produits contondus) représente 21 %. Les seniors sont particulièrement consommateurs de certains produits. C'est le cas des services à domicile (33,6) : soit environ un tiers de la consommation totale de services en France. Ils dépensent beaucoup pour leur santé et leur beauté. Au rayon alimentation, vin, café, thé et infusions sont leurs boissons préférées. Les retraités lisent de nombreux journaux et revues. Ils sont bons utilisateurs de combustibles. Enfin, ils possèdent plus de logements en propriété que la moyenne : ce qui leur coûte plus cher en impôts fonciers.

Colonnes 2 et 3. Pour comprendre ces données, il faut préciser qu'il y a davantage de personnes dans un ménage moyen (2,6 personnes) que dans un ménage de retraités (1,8 personne). Donc, en valeur absolue, les dépenses des seniors sont vraiment supérieures à la moyenne des français. Source : enquête Insee sur le budget des familles de 1989 (c'est la plus récente), exploitée en exclusivité pour *Notre Temps* par le Credoc.

Notre Temps, n° 286, octobre 1993

HUGHES PIOLET

"Consommer, c'est participer à la santé de notre pays"

**INTERVIEW
de Robert
ROCHEFORT,
directeur du Credoc**

«Dépenser davantage,
c'est une bonne manière
de contribuer au
maintien de l'emploi»,
dit aux retraités
Robert Rochefort.
Propos provocateurs?
Pas si sûr...

● **Dans le tableau établi pour** *Notre Temps,* **on voit que les seniors consomment beaucoup de vin et de viande. Qu'en est-il?**
Les habitudes alimentaires obéissent souvent à des raisons subjectives. Dans les sociétés rurales, le vin et la viande ont toujours symbolisé la force physique. De couleur rouge comme le sang, ils sont signe de vie. Quand j'étais gamin, mon grand-père me faisait boire un «petit coup». Il pensait que cela m'était bénéfique. Aujourd'hui, les aînés accordent encore à ces produits une valeur positive.

● **Qu'en est-il des dépenses en matière de loisirs et de vacances?**
Dans l'ensemble, les jeunes retraités sont de gros consommateurs de loisirs. Mais à partir de 75 ans, le boom des vacances se ralentit pour plusieurs raisons. Certains manquent d'argent. D'autres ne partent pas parce que ce n'est pas dans leurs habitudes. Cependant des problèmes de santé peuvent aussi survenir et intervenir dans leur décision.

● **Dans les achats, les appareils comme le magnétoscope ou le lecteur de disques compacts sont les grands absents. Avez-vous une explication?**
Les retraités achètent des équipements classiques: télévision, lave-linge, réfrigérateur. Mais ils ressentent peu le besoin d'acquérir des nouveautés. L'innovation technique ne les attire pas vraiment. «De notre temps, on n'avait pas besoin de toutes ces choses si compliquées», disent-ils. Ils n'aiment pas gaspiller non plus. Un jeune estimera que sa chaîne haute-fidélité est dépassée même si elle n'a que deux ans. Un aîné pense que les disques microsillons ne sont pas si anciens que cela. Il ne voit pas la nécessité de les changer. Le temps n'a pas la même valeur pour chacun.

● **Les aînés sont-ils gênés financièrement?**
Nos calculs nous permettent d'établir qu'un ménage retraité dispose d'un revenu par tête à peu près équivalent à 98,5 % de celui des actifs. Mais ses dépenses ne sont que de 93,5 %. Il manque donc 5 %. Si les seniors consacraient à la consommation la même proportion de leurs ressources que les autres catégories cela entraînerait 42 milliards de francs de dépenses supplémentaires. Une somme importante.

● **Quand les retraités épargnent, que font-ils de leurs économies?**
Ils redistribuent pas mal d'argent pour venir en aide à leurs enfants et petits-enfants. Cadeaux pour permettre aux jeunes ménages de s'installer ou soutien à ceux qui sont frappés par le chômage. Ces sommes-là, d'une certaine façon, sont réinvesties dans le circuit économique.

● **Les retraités dépensent en moyenne 72 000 F annuellement.**

● **A votre avis, les retraités peuvent-ils consommer plus?**
Oui, cela permettrait de participer à la relance de la consommation, donc à la meilleure santé de notre pays. Pour que l'économie tourne, il ne suffit pas de produire, il faut aussi acheter. On peut le déplorer mais c'est la loi du marché.

● **Quels sont les secteurs dans lesquels ils pourraient avoir plus d'influence?**

En investissant dans des nouveautés comme le magnétoscope, par exemple. Souvent, les seniors déplorent l'heure tardive réservée aux bonnes émissions de télévision. S'ils les enregistraient, ils pourraient en profiter quand ils le souhaitent. Ils découvriraient alors le plaisir du magnétoscope. A condition aussi que les constructeurs imaginent des appareils moins compliqués.

● **Quels autres services pourraient-ils utiliser?**

Déjà bons consommateurs de services, ils pourraient en utiliser encore plus: se faire aider pour entretenir leur jardin, pour se faire servir de l'essence, pour se faire livrer les courses à domicile. La difficulté, c'est que les retraités n'ont pas l'habitude que l'on intervienne ainsi dans leur vie privée. Payer pour la garde des enfants comme le font les jeunes femmes, aujourd'hui, ou pour tenir leur ménage leur semble encore impensable.

● **N'y a-t-il pas là aussi une crainte de voir un étranger entrer chez soi?**

Certainement. Mais on pourrait imaginer des systèmes de «labellisation». Les entreprises de services aux personnes âgées pourraient être parrainées soit par une municipalité, soit par une caisse de retraite ou, pourquoi pas? par le magazine *Notre Temps?* Cette marque de garantie inspirerait confiance. Les clubs du 3ᵉ âge pourraient aussi s'intéresser de plus près à la consommation des retraités et se lancer dans la promotion de certains produits ou services de qualité. Il y a là des pistes pleines d'avenir.

Notre Temps, n° 286, octobre 1993, pp. 10–11

G. Relevez les postes de consommation pour lesquels la consommation des retraités est supérieure à celle des actifs et essayez de justifier ces différences. Selon le journaliste, quel rôle ces retraités pourraient-ils jouer dans l'économie française? Comment?

Points de vue

Annie Ernaux: *La place* (extrait)

La narratrice retrace la vie de son père qui avait été ouvrier avant de tenir un café-alimentation dans un petit village de Seine-Maritime dans les années 60.

Le premier supermarché est apparu à Y..., attirant la clientèle ouvrière de partout, on pouvait enfin faire ses courses sans rien demander à personne. Mais on dérangeait toujours le petit épicier du coin pour le paquet de café oublié en ville, le lait cru et les malabars avant d'aller à l'école. Il a commencé d'envisager la vente de leur commerce. Ils s'installeraient dans une maison adjacente qu'ils avaient dû acheter autrefois en même temps que le fonds, deux pièces cuisine, un cellier. Il élèverait quelques poules pour les œufs frais. Ils viendraient nous voir en Haute-Savoie. Déjà, il avait la satisfaction d'avoir droit, à soixante-cinq ans, à la sécurité sociale. Quand il revenait de la pharmacie, il s'asseyait à table et collait les vignettes avec bonheur.

Annie ERNAUX, *La place,* © Editions GALLIMARD, p. 99

Ils consomment plus que les jeunes

«Les retraités vivent et consomment comme jamais», écrit Alain Moundlic, directeur de *Notre temps*. Les enquêtes comparatives 1989–1991 des grandes tendances de la consommation par tranche d'âge, menées par Seniorscopie en 1991, le prouvent. Hormis les secteurs beauté et photo-ciné-son, où ils investissent plutôt moins, les seniors consomment de la même manière ou plus. Secteur de pointe: le voyage, dont ils constituent le «new business». Indifférents à la crise, les plus de 50 ans sont de plus en plus nombreux à partir à l'étranger (+ 14 %), à utiliser l'avion (+ 46,5 %), à partir en voyage organisé (+19,4 %) et à séjourner à l'hôtel (+ 13,4 %). Les seniors ont aussi un comportement vis-à-vis de l'argent beaucoup moins frileux que leurs cadets. Ils utilisent davantage le crédit (+ 4 % entre 1989 et 1991), gardent plus longtemps que la moyenne leurs actions, sont plus nombreux qu'en 1989 à souscrire aux obligations, et délaissent l'épargne «sans risque ni profit». Ils sont également 6,7 % de plus à avoir un PEP (plan d'épargne populaire).

De plus, ils consomment volontiers le «superflu», tels l'alcool et les vêtements.

Contrairement aux autres Français, qui consomment moins ou différemment — les 15–24 ans font des choix, les 25–34 ans se restreignent, les 35–49 ans sélectionnent —, les 50 ans et plus ont choisi de ne pas se priver et représentent un poids de plus en plus incontournable dans la consommation des ménages. **L.B.**

L'Evénement du jeudi, 14–20 octobre 1993, p. 50

Marks & Spencer: des vêtements à essayer chez soi

Lorsque Michael Marks, jeune réfugié lituanien, débarque au Royaume-Uni en 1882, lorsqu'il colporte des articles ménagers dans les villages avec, pour toute devise, «Ne demandez pas le prix, c'est un penny», lorsque, en 1894, pour permettre à son affaire de s'agrandir, il s'associe à Tom Spencer, un caissier de Dewhirst, et baptise sa société Marks & Spencer... Ce même Michael Marks pouvait-il s'imaginer que, cent ans plus tard, sa petite affaire deviendrait la chouchoute de la Vermeil Génération? Et pour cause...

Au 35, boulevard Haussmann, ainsi que dans leurs nombreux magasins de province, règnent une atmosphère douce, un accueil privilégié. Des petits détails bien pensés y pullulent... Les tailles vont jusqu'au 50 dans tous les classiques, on trouve la même jupe en trois longueurs différentes, les ensembles se vendent séparément, les tailles des jupes et des pantalons sont souvent élastiques. En lingerie, les culottes blanches montantes en pur coton font la joie de nos grand-mères, ainsi que celle de leurs petites-filles. Pied de nez d'une mode me revoici, me revoilà...

Sans parler de cette jolie attention aux personnes âgées un peu fatiguées, qui n'ont pas forcément envie d'essayer des modèles dans l'étroitesse d'une cabine. Marks & Spencer les encourage à emporter chez elles leur shopping. Echange et remboursement sont ainsi pratiqués journellement et dans la bonne humeur.

Mais nous ne serions pas fair play de conclure sans évoquer «le» détail gourmand et attrayant de notre exquise lady: sa «british» épicerie qui regorge de cakes, biscuits au gingembre, marmelades en tout genre... Il n'existe pas un grand-parent qui n'y ait succombé!

A. de V.

L'Evénement du jeudi, 5–11 août 1993, p. 55

Le papy food: mythe ou réalité?

Ils consomment tranquillement de la chicorée mélangée au café, mais des spécialistes veulent les mettre aux sachets de lait de poule vitaminé à l'aube du troisième millénaire. Qui gagnera?

Les seniors continuent sans bruit et sans fureur une progression arithmétique tout à fait remarquable. Une population soucieuse de bien-être qui consacre près de 25 % de son budget aux dépenses alimentaires. Recalés de la crème antirides, ils se consolent d'un bol de Ricoré. Une étude du Crédoc (Centre de recherche pour l'étude et l'observation des conditions de vie), parue en décembre 1990, sur l'alimentation des personnes âgées, révèle que le mélange café-chicorée compte parmi les produits qu'ils affectionnent à partir de 65 ans. Au même titre d'ailleurs que le fromage fondu, les soupes en sachet, les biscottes, le fromage à la coupe, les pommes de terre en vrac, le lait en tube ou les conserves. Et les surgelés? Face à l'innovation, les rapporteurs de cette étude signalent *«une moins forte adaptabilité, une tendance à conserver ses habitudes d'autrefois (par nostalgie, conviction, ou simplement par inertie)».* Bref, plats cuisinés, boissons gazeuses ou sauces toutes prêtes ne remplissent guère les filets à provisions.

Serait-ce la faute des publicitaires? L'industrie agro-alimentaire ne croit pas encore à la capitalisation du secteur troisième âge, de peur de «ghettoïser» cette tranche de la population. Pour Suzanne Babet, du groupe Sopa-Nestlé, l'explication est évidente: *«A l'instar des jeunes qui cherchent à se différencier (exemple, le Yop de Danone), les seniors ne veulent pas se sentir exclus.»* Malgré le tabou suscité par cette génération dans les stratégies marketing, les industriels de la filière agro-alimentaire investissent chaque année des sommes considérables (plus de 4 milliards de francs pour Unilever) dans la recherche fondamentale en espérant découvrir le produit miracle. La prévention du vieillissement est bien le nerf de la guerre! Marie-Thérèse Juillet, responsable du service consom-mation d'Astra-Calvé, société du groupe Unilever, situe la réflexion *«non en terme de lancement mais liée aux besoins spécifiques des seniors».* Et poursuit: *«Nous ne voulons pas de produits bidon. Nous devons répondre à des besoins physiologiques essentiels et réels.»* L'occasion de rappeler que le sujet âgé ne doit pas restreindre ses apports protidiques (viande, poisson, œufs), sa consommation de lipides (huile, margarine) et qu'il doit, bien sûr, se régaler de laitages pour préserver son capital calcium. Et puisqu'il faut accepter une diminution de la marge d'adaptation à tous les niveaux, ajoutons au repas un fruit par jour — de la vitamine C en prévention de la cataracte. Sans oublier les fibres des céréales complètes, idéales pour le confort du transit intestinal. Vieillir harmonieusement, c'est aussi consacrer du temps à l'exercice physique qui, combiné à une alimentation équilibrée, aide à fixer le calcium. Les spécialistes recommandent la marche, la natation ou encore la bicyclette, sports préventifs de l'ostéoporose.

Nous avons découvert un pionnier du papy food, Marc Lesser, dont la société Aging développe et commercialise depuis fin septembre *«des produits alimentaires équilibrés et destinés aux personnes de plus de 60 ans».* Son produit leader? Un lait de poule vitaminé, une «recette de grand-mère» à base de lait, de sucre et d'œufs. Conditionné sous forme de sachet aromatisé vanille, chocolat et café-miel, ce produit reconstituant est vendu en petites et moyennes surfaces.

Le pouvoir d'achat plus élevé des seniors, un attachement aux produits traditionnels représentent des atouts, voire l'assurance d'un marché pour les professionnels de la gastronomie. *«En matière de vin, cette clientèle recherche des produits mieux ciblés, adaptés à chaque plat et confectionne une cave personnelle ou pour les enfants»,* explique Bernard Naot, du domaine de Pfaffenheim. Les réunions familiales, les sorties dominicales dans les restaurants gastronomiques, le confirment: retraite et bonne fourchette font la paire.

Corinne VILDER BOMPARD

L'Evénement du jeudi, 21–27 octobre 1993, p. 137

H. Commentez les points suivants:

1. Relevez dans chacun des documents les différents termes utilisés pour désigner les personnes âgées. Dites dans quel contexte ces mots apparaissent et justifiez leur emploi.
2. Faites la liste des produits de consommation préférés par les personnes âgées. Puis comparez ces produits à ceux que *vous* consommez.
3. Comparez l'attitude du petit épicier décrit par A. Ernaux et l'attitude des retraités des années 90.
4. En quoi cette attitude reflète-t-elle l'évolution de la société française? Quelles sont les explications proposées par les journalistes? Quelles sont les vôtres?

Analyse statistique

Faisons parler les chiffres!

Activités

Parmi ces différentes activités, y en a-t-il que vous avez débuté récemment ou que vous projetez de débuter dans les années à venir? (en %)	
• Une activité culturelle: visites, conférences, etc.	10
• Consacrer du temps à des personnes défavorisées	18
• Participer à la vie de votre commune	9
• Une activité artistique: peindre, jouer d'un instrument de musique...	8
• S'engager dans un mouvement à but humanitaire ou social	7
• Ecrire des souvenirs, des poésies, un roman	4
• Faire des voyages	44
• Reprendre des études	7
• S'engager dans un mouvement de sauvegarde de la nature ou des animaux	6
• Une activité artisanale: la menuiserie, la reliure	4
• Aucune	39
• Sans opinion	1

SOFRES notre temps. Sondage réalisé auprès de femmes de 50 ans et plus (22–28 mai 1985)

Régis Louvet & Colette Tournès, *Seniorscopie,* © Larousse, p. 218

Etat des lieux

Les occupations

Les occupations des personnes âgées

L'entrée dans la vieillesse a pu signifier, autrefois, l'immobilisation, le repli sur soi, la perte de contact avec le monde. Des changements importants s'opèrent depuis une vingtaine d'années, au point que l'on a pu parler de «la nouvelle vague des anciens». La télévision, qui a pu constituer une amélioration dans la condition des personnes âgées, et qui demeure très prisée par ces dernières (notamment certains jeux) n'est plus le seul pôle d'attraction.

Les retraités qui en ont les moyens se sont mis à voyager. Le troisième âge a constitué une véritable manne pour les agences de tourisme et l'hôtellerie, au point de devenir parfois un objet d'exploitation. Les retraités redécouvrent également les joies de l'école, avec les «universités du troisième âge» qui existent dans plusieurs universités depuis 1973, et permettent, sans aucune condition, de suivre une très large gamme d'«enseignements». Le sport n'est plus considéré comme incompatible avec l'âge, et bien des personnes qui n'avaient pas eu le loisir ou le goût de pratiquer un sport s'y adonnent une fois la retraite arrivée. Dans de nombreuses communes ont été instituées des offices municipaux des personnes âgées qui offrent à leurs adhérents des activités très variées.

La disponibilité du temps est également un facteur de la présence de plus en plus importante de retraités sur les listes sollicitant les suffrages des électeurs. Les élections à l'Assemblée nationale et au Sénat étant souvent le fait de «professionnels» de la politique qui y ont consacré leur vie (sans âge de départ à la retraite...) l'augmentation du nombre des inactifs est surtout sensible au sein des conseils municipaux.

Ch. Debbasch et J.-M. Pontier – *La société française, coll. des Etudes politiques, économiques et sociales,* Dalloz, 1989, p. 563

Des emplois nés du bénévolat

Les aînés du Nord-Pas-de-Calais remettent en selle un millier de chômeurs. Dans les Vosges, Marie-Louise relance l'animation locale. Un peu partout, les activités bénévoles des retraités s'avèrent fécondes.

Marie-Louise Perrin aurait été bien étonnée si on lui avait prédit qu'elle créerait des emplois. Et, pourtant, à sa manière, elle a mis sa goutte d'eau dans la mer. Tout a commencé le jour où elle a décidé avec les Aînés ruraux du club des Clochettes, à Thuillières, dans les Vosges, d'ouvrir un musée consacré à Eve Lavallière. L'actrice de la Belle Epoque avait passé ses dix dernières années dans ce village situé tout près de Vittel.

«Elle a eu une fulgurante vie mondaine, s'écrie Marie-Louise, puis elle s'est convertie au catholicisme et elle a mené ici une vie monacale d'une grande générosité. Peu de villages ont la chance d'avoir une femme de cette trempe. Il fallait donc faire quelque chose.» La mairie offre une salle et l'on y présente avec goût les souvenirs d'Eve: des photos, son fauteuil, ses gants, ses robes pailletées. Une vidéo complète l'ensemble. Les visiteurs affluent. Un chômeur est engagé à temps partiel pour assurer leur accueil. Une première création d'emploi donc. Mais ce n'est pas tout. Il existe à Thuillières une petite auberge lorraine. Elle est tenue par Françoise Gazet, jeune veuve mère de trois enfants. Au décès de son mari, Françoise avait failli abandonner l'affaire, faute d'avoir une clientèle suffisante. Quel dommage de laisser tomber un commerce qui met tant de vie dans un village de 156 habitants! songeait Marie-Louise. Toujours soutenue par ses amis du club, elle s'arme de son bâton de pèlerin et rend visite aux présidents des Aînés ruraux de chaque région de France.

LA CONCRÉTISATION DE PROJETS

Son discours est simple: «Nous avons un joli musée, un château et un pays ravissant. Emmenez donc vos adhérents chez nous. Avec halte gastronomique à l'Auberge lorraine», bien entendu. Les retraités ne se le font pas dire deux fois. Ils débarquent à Thuillières où l'aubergiste les régale. Depuis un an, Françoise Gazet a engagé, à son tour, une jeune femme du pays pour la seconder. Et de deux créations d'emploi ou même de trois, par ricochet... Et ce n'est pas fini. On a encore des projets au club des Clochettes qui conduiront certainement à embaucher un RMiste (personne touchant le Revenu minimum d'insertion). Cette belle histoire est loin d'être un cas unique. Les activités bénévoles des retraités sont souvent à la source de diverses créations d'emplois salariés. Ainsi, Interm'aide emploi, à Rouen, depuis sa création en avril 1993, peut se féliciter de son bilan: 225 000 heures de travail fournies à 500 personnes différentes pour un total de 6,5 millions de salaire.

Cette association, dirigée en grande partie par des bénévoles, offre du travail temporaire aux chômeurs: dépannage, jardinage, etc. [...]

Enquête D. Desouches,
R. Michel et
C. Lombardo à Lille

Notre Temps, n° 286, octobre 1993, pp. 13–14

Les papies de l'aventure

Ils étaient professeurs, bouchers ou chirurgiens. Retraités, ils s'ennuient. Heureusement, depuis dix ans, s'est créée l'association Agir. Son but: envoyer ces papies et ces mamies, très actifs, dans des pays du tiers-monde ou de l'Europe de l'Est pour des missions ponctuelles, de quinze jours à deux ans. Une retraitée a ainsi enseigné en Hongrie, un autre a créé un poulailler industriel au Cameroun, un troisième, ancien polytechnicien, est parti aux îles Cook. Adduction d'eau au Pérou, aide au démarrage d'hôtels à Madagascar, centres de soin en Roumanie, ces 2 500 adhérents savent tout faire, d'autant qu'ils ont souvent exercé plusieurs métiers. «En France, on n'emploie pas assez les retraités, explique la dynamique Madeleine Faucher, présidente d'Agir. *Alors, utilisez-nous.*»

© *LE NOUVEL OBSERVATEUR*, 15–21 avril 1993, p. 111

I. Après avoir lu ces deux articles, dites:

1. dans quels pays les retraités interviennent.
2. dans quels domaines ils agissent.
3. le rôle social qu'ils jouent.
4. quels sont leurs objectifs.

Universités du 3e âge
VINGT ANS ET PAS UNE RIDE

A la rentrée 1973, un professeur de droit international toulousain crée la première université du 3e âge. Vingt ans après, l'idée a fait son chemin. Ils sont 80 000 étudiants à se presser aujourd'hui dans 45 universités qui sont à deux doigts de refuser du monde, faute de place.

Aller à la faculté, c'est garder ses facultés.» Ce trait d'humour affiché à l'université interâge du Dauphiné, à Grenoble, résume à lui seul l'esprit de ces drôles d'universités où les étudiants ont depuis bien longtemps passé l'âge du certificat. Sans condition d'âge ou de diplôme, chacun peut ainsi nouer ou renouer avec le monde universitaire, en évitant l'appréhension des examens. Quelques rares élèves profitent de leur inscription à l'université tous âges pour accrocher les wagons de la «vraie» université, mais la plupart des étudiants viennent ici en auditeur libre. Pour le plaisir d'apprendre.

Tels Henri et Geneviève, plus de 150 ans à eux deux, qui viennent en couple à l'université de Créteil, prennent scrupuleusement des notes et discutent le soir en rentrant à la maison. Lui n'est pas allé bien longtemps à l'école. Alors, il «vient là pour savoir ce qu'il n'a jamais eu le temps d'apprendre».

UN ENSEIGNEMENT POUR TOUS

Des études interrompues trop tôt, l'envie de rompre un certain isolement, la volonté de s'entretenir les méninges, chacun des 80 000 étudiants des universités tous âges (label qui remplace petit à petit celui d'université du 3e âge) a trouvé une bonne raison de s'inscrire. L'idée du professeur Vellas était bonne. En 1973, ce professeur de droit international à Toulouse, spécialiste du tiers monde, découvre le «tiers monde intellectuel» de ce qu'on appelait alors les hospices. Il lance en mai un séminaire avec quarante étudiants retraités, qui se transformera en octobre suivant en véritable université, la première au monde. Depuis, l'ancêtre toulousain a eu une nombreuse descendance: on compte aujourd'hui pas moins de 45 universités qui recouvrent 200 antennes. Mais l'esprit de départ est toujours resté: un enseignement de qualité, à la portée de tous.

Ici, on ne veut pas d'une culture réservée à l'élite, il y en a pour tous les goûts et tous les niveaux. On peut suivre la conférence d'une sommité sur l'art mésopotamien ou sur la crise bosniaque, mais aussi participer à des conversations de langues, à des voyages archéologiques ou sportifs, à des cours de poterie, d'art floral, de jardinage, ou de... gymnastique. Chaque université dispose, en moyenne, d'une trentaine d'activités. Il suffit de choisir.

Mais attention, ces universités n'entendent pas non plus devenir des supermarchés de la culture où l'on vient une fois par semaine faire le plein de matière grise. Presque toutes sont engagées dans des projets qui, d'une manière ou d'une autre, rendent service à la société. A Toulouse, pionnière encore une fois, on a engagé depuis longtemps un programme d'études sur l'alimentation, à Nancy, des étudiants cinéastes réalisent des films sur l'architecture régionale, à Créteil dans la région parisienne, les étudiants en bureautique de l'université interâge ont pris en charge un programme de rééducation, par l'informatique, des traumatisés crâniens de l'hôpital... Bref, progressivement, les universités tous âges prennent une fonction dans la cité. Un «plus» convivial qui leur permet de lutter contre un danger hérité de leur succès: l'anonymat.

On est loin, en effet, des premières classes de jadis où une poignée d'étudiants enthousiastes pouvaient prolonger le cours une heure durant avec un professeur ébahi. [...]

Jean-François Fournel

Notre Temps, n° 286, octobre 1993, pp. 58–60

Les retraités changent de braquet

Simple phénomène de mode ou évolution naturelle vers une nouvelle société, les personnes âgées manifestent un engouement croissant pour les activités physiques. Quand le 3e âge passe au braquet supérieur...

Voilà seulement quelques dizaines d'années, l'heure de la retraite sonnait comme l'annonce d'un repos bien mérité. On prenait alors plaisir à se fondre dans la peau de l'aïeul tranquille, cantonnés pour les uns dans les travaux de jardinage, pour les autres dans la préparation des confitures.

Les temps ont bien changé. Aujourd'hui, l'on arrive à la retraite bien souvent plus jeune et en meilleure santé.

Sacrés champions

L'aspiration au confort matériel, intellectuel, et plus encore physique, se fait de plus en plus vivace. Des transformations qui s'accompagnent d'une profonde redéfinition de l'image de la retraite et de la vieillesse et se traduisent par l'apparition de comportements nouveaux.

Signe des temps: l'actuel engouement des plus de soixante ans pour les activités sportives.

Car si, il y a peu de temps encore, les personnes âgées pensaient n'avoir ni le temps, ni l'énergie, ni les moyens de pratiquer des activités physiques durant leurs — trop — rares loisirs, cette période est aujourd'hui révolue. Et de se mettre les uns à la gymnastique, les autres à la natation ou au footing. Repoussant toujours un peu plus loin les limites imposées par le vieillissement du corps. Comme cet athlète de 83 ans qui non seulement prend le départ d'un cross à la réputation nationale, mais achève l'épreuve à un rang plus qu'honorable. Ou ces époux qui, à respectivement 86 et 73 ans, totalisent à eux deux une douzaine de titres de vainqueurs de la coupe du monde de ski.

Des cas exceptionnels qui restent rares, mais ont valeur d'exemple, et jouent un rôle dans le développement du sport chez les personnes du 3e âge.

Quoique récente, cette vogue ne cesse de prendre de l'ampleur. Ainsi que l'a démontré l'enquête sur les loisirs conduite, en 1987–1988, par l'Institut national de la statistique et des études économiques, et selon laquelle le taux de pratique d'une activité physique chez les plus de soixante ans atteint les 18,9 %.

Des résultats d'autant plus encourageants que de nombreuses études cliniques, biologiques et épidémiologiques suggèrent que la pratique d'une activité physique chez les plus de 65 ans aurait des effets bénéfiques sur la santé, le maintien d'une autonomie fonctionnelle et l'évolution de diverses maladies chroniques.

Valeurs mutualistes, n° 151 de mars/avril 1993, p. 26

J. Après avoir lu ces deux documents, décrivez les caractéristiques essentielles des «universités du 3e âge». Ensuite dites quelles sont les activités physiques préférées des plus de soixante ans.

Le tourisme des seniors

Finie la sage image de la vieillesse au coin du feu, elle tricotant, lui plongé dans un journal. Les seniors voyagent beaucoup et voyageront de plus en plus dans les années à venir. Les tours-opérateurs se penchent donc sur leur cas, avec une bienveillance intéressée.

A l'un des derniers salons de tourisme, le thème d'une des tables rondes fut: «Le troisième âge nécessite-t-il une approche particulière?» La question est claire et l'important marché des loisirs et du tourisme des personnes du troisième âge mérite qu'on y réfléchisse: dans toute l'Europe, les plus de 55 ans effectuent 200 millions de voyages par an.

Une réponse s'ébauche, qui remporte tous les suffrages: *«Les plus âgés entendent pleinement jouir des loisirs mis à la disposition des plus jeunes, et refusent de se satisfaire de l'isolement dans lequel, durant des années, on a tenté de les enfermer.»* Bref, le «silver market», comme l'appellent les Américains — le marché des cheveux gris — ne veut plus d'une indépendance qui, en réalité, cachait leur exclusion, mais une complète intégration. En conséquence, les voyagistes «décloisonnent» de plus en plus les tranches d'âge en excluant les brochures spécifiquement réservées aux tempes grises. Simplement, ils conseillent les brochures où destinations, transports et hôtels ont tout le confort nécessaire aux besoins des personnes du troisième âge... comme à ceux de leurs petits-enfants. Toutes tranches d'âge confondues, donc, les tours-opérateurs proposent des itinéraires culturels, des randonnées, des découvertes d'une ville, etc., ouverts à tous. Cette tendance à l'intégration se vérifie naturellement dans les cures de thalassothérapie ou dans les stations thermales — qui étaient, il y a une dizaine d'années, le fief privilégié de ceux qui avaient dépassé toute limite d'âge. Aujourd'hui, une réelle cohabitation est en train de s'établir entre les 30-50 ans et ceux que l'on n'appelle plus les «vieux» mais les «seniors».

Comment voyagent les personnes âgées? Selon les statistiques de l'Insee, en automobile principalement, jusqu'à 65 ans. Après, plus on vieillit, plus on apprécie le train (28 % des plus de 70 ans contre 13,7 % pour les 60-64 ans) et le car. L'avion, lui, a environ 10 % d'adeptes. Ce qui est très peu, compte tenu du fait que toutes les compagnies aériennes proposent des tarifs réduits pour les plus de 60 ans.

Que choisissent-ils? Des circuits, organisés principalement par des associations sans but lucratif, mais également la découverte d'une ville, en France ou à l'étranger, et la mer (31 % des voyages à partir de 60 ans). Les voyages d'hiver à l'étranger sont plus fréquentés par les personnes âgées que par les autres, sauf pendant les petites vacances scolaires (décembre, février, avril). Voyageant donc «à contre-courant», ils bénéficient de tarifs avantageux, tant hôteliers que sur les transports, de la part des organismes de voyages, dont ils constituent un volant régulateur d'activité.

Où vont ces Européens globe-trotters âgés? Ils visitent la France, l'Allemagne (pour de courts séjours), l'Espagne et l'Italie (en villégiature). Dans l'ordre de préférence. Question de prix. L'abolition des frontières en Europe laisse présager aux voyagistes que, de plus en plus, les seniors circuleront entre les différents pays d'ici à l'an 2000. Leur carte Vermeil, presque universelle, leur accorde d'ailleurs de nombreuses réductions sur le prix d'entrée dans les musées et sur les autres activités culturelles partout en Europe.

L'Evénement du jeudi, 21–27 octobre 1993, p. 128

K. En vous aidant de la *Fiche méthodologique 2* (p. 28), faites l'analyse de la publicité d'Air Inter. Dites ensuite quel est l'argument principal avancé par Air Inter pour séduire la clientèle du 3ᵉ âge. Le rôle de cet argument est-il confirmé par l'article «Le tourisme des seniors»?

Points de vue

Georges Perec: «*Madame Moreau, chef d'entreprise*»

Ces extraits sont tirés du roman La vie mode d'emploi *(1978), par Georges Perec, où l'auteur fait un tableau de la vie des habitants d'un immeuble. Madame Moreau est une vieille dame qui habite l'immeuble depuis son arrivée à Paris. Elle s'y est installée quand elle a pris la direction de l'entreprise familiale après la mort de son mari.*

A quatre-vingt-trois ans, Madame Moreau est la doyenne de l'immeuble. Elle est venue y vivre vers mille neuf cent soixante, lorsque le développement de ses affaires la contraignit à quitter son petit village de Saint-Mouezy-sur-Eon (Indre) pour faire efficacement face à ses obligations de chef d'entreprise. Héritière d'une petite fabrique de bois tourné qui fournissait principalement les marchands de meubles du Faubourg Saint-Antoine, elle s'y révéla rapidement une remarquable femme d'affaires. Lorsque, au début des années cinquante, le marché du meuble s'effondra, n'offrant plus au bois tourné que des débouchés aussi onéreux qu'aléatoircs — balustrades d'escaliers et de loggias, pieds de lampe, barrières d'autels, toupies, bilboquets et yoyos — elle se reconvertit avec audace dans la fabrication, le conditionnement et la distribution de l'outillage individuel, pressentant que la hausse des prix des services aurait pour inévitable conséquence un considérable essor du marché du bricolage. Son hypothèse se confirma bien au-delà de ses espérances et son entreprise prospéra au point d'atteindre bientôt une envergure nationale et même de menacer directement ses redoutables concurrents allemands, britanniques et suisses qui ne tardèrent pas à lui proposer de fructueux contrats d'association.

[...] Aujourd'hui [...] veuve depuis quarante [...], sans enfant, [...] elle continue, du fond de son lit, à diriger d'une main de fer une société florissante dont le catalogue couvre la quasi-totalité des industries de la décoration et de l'installation d'appartements... [...]

Madame Moreau détestait Paris.

En Quarante, après la mort de son mari, elle avait pris la direction de la fabrique. C'était une toute petite affaire familiale dont son mari avait hérité après la guerre de Quatorze et qu'il avait gérée avec une nonchalance prospère, entouré de trois menuisiers débonnaires, pendant qu'elle tenait les écritures sur des grands registres quadrillés reliés de toile noire dont elle numérotait les pages à l'encre violette. Le reste du temps, elle menait une vie presque paysanne, s'occupait de la basse-cour et du potager, préparait des confitures et des pâtés.

Elle aurait mieux fait de tout liquider et de retourner dans la ferme où elle était née. Des poules, des lapins, quelques plantes de tomates, quelques carrés de salades et de choux, qu'avait-elle besoin de plus? Elle serait restée assise au coin de la cheminée, entourée de ses chats placides, écoutant le tic-tac de l'horloge, le bruit de la pluie... [...]

Au lieu de cela, elle avait développé, transformé, métamorphosé la petite entreprise. Elle ne savait pas pourquoi elle avait agi ainsi. Elle s'était dit que c'était par fidélité à la mémoire de son mari, mais son mari n'aurait pas reconnu ce qu'était devenu son atelier plein d'odeurs de copeaux: deux mille personnes, fraiseurs, tourneurs, ajusteurs, mécaniciens, monteurs, câbleurs, vérificateurs, dessinateurs, ébaucheurs, maquettistes, peintres, magasiniers, conditionneurs, emballeurs, chauffeurs, livreurs, contremaîtres, ingénieurs, secrétaires, publicistes, démarcheurs, [...], fabriquant et distribuant chaque année plus de quarante millions d'outils de toutes sortes et de tous calibres.

Elle était tenace et dure. Levée à cinq heures, couchée à onze, elle expédiait toutes ses affaires avec une ponctualité, une précision et une détermination exemplaires. Autoritaire, paternaliste, n'ayant confiance en personne, sûre de ses intuitions comme de ses raisonnements, elle avait éliminé tous ses concurrents, s'installant sur le marché avec une aisance qui dépassait tous les pronostics, comme si elle avait été en même temps maîtresse de l'offre et de la demande, comme si elle avait su, au fur et à mesure qu'elle lançait de nouveaux produits sur le marché, trouver d'instinct les débouchés qui s'imposaient.

Jusqu'à ces dernières années, jusqu'à ce que l'âge et la maladie lui interdisent pratiquement de quitter son lit, elle avait inlassablement partagé sa vie entre ses usines de Pantin et de Romainville, ses bureaux de l'avenue de la Grande Armée et cet appartement de prestige qui lui ressemblait si peu. Elle inspectait les ateliers au pas de course, terrorisait les comptables et les dactylos, insultait les fournisseurs qui ne respectaient pas les délais, et présidait avec une énergie inflexible des conseils d'administration où tout le monde baissait la tête dès qu'elle ouvrait la bouche.

Georges Perec, *La vie mode d'emploi,* © Hachette, 1978, pp. 101, 131, 132

Jean Rouaud: *Les champs d'honneur* (extrait)

Chaque été, grand-père et grand-mère passent l'été chez leur fille qui a épousé un Britannique. Celui-ci exploite une propriété agricole dans le Midi de la France et grand-père aime à s'asseoir à l'ombre d'un arbre pour observer ce qui se passe autour de lui.

Grand-père abandonne son poste de vigie à l'heure du déjeuner et de la longue sieste qui s'ensuit, au plus fort de l'après-midi, quand l'air excédé vibrionne comme sous le chalumeau d'un lance-flammes. Il y reviendra pour la cérémonie du thé, concession britannique de grand-mère qui déroge pour l'occasion à son café au lait [...]. Plus tard, à la fraîche, on dispute devant lui, sur le terre-plein balayé avec soin, d'interminables parties de boules. On lui emprunte cérémonieusement sa canne dans les litiges pour mesurer les écarts, juge-arbitre improvisé dont la seule présence incite les joueurs au bon esprit. A la tombée de la nuit, une nuée de moustiques chasse de sous son arbre notre saint Louis des boulistes.

© Editions de Minuit, 1990, p. 52

Une violoncelliste

Ce mois-ci, une violoncelliste de la Charente nous fait partager son plaisir de jouer de la musique. A 78 ans, elle fait partie de l'orchestre amateur d'Angoulême et passe plusieurs heures par jour à travailler ses partitions.

LA MUSIQUE N'A PAS D'ÂGE

Souvent, je reçois les confidences de certains anciens qui aimeraient reprendre la musique. Mais ils se disent: «Je ne pourrais jamais, il y a trop longtemps que je n'ai pas joué.» Je voudrais les détromper avec mon exemple. Je suis âgée de 78 ans et, comme violoncelliste, je fais toujours partie de l'orchestre d'amateurs du conservatoire d'Angoulême. Dans ma jeunesse, j'avais travaillé cet instrument. Il y a une douzaine d'années, j'ai appris que le directeur du conservatoire envisageait de former un orchestre amateur. Je suis allée aussitôt me faire inscrire. Depuis, chaque semaine, nous nous réunissons pour les répétitions. Le plus jeune d'entre nous est un violoniste de 21 ans. Notre doyenne, une altiste, vient de fêter ses 85 ans. Elle lit sa musique sans lunettes. Nous travaillons nos partitions seuls chez nous. J'y consacre plusieurs heures par jour et j'attends les répétitions avec impatience pour jouer avec des gens qui sont devenus mes nouveaux amis. Nous nous produisons dans différents établissements de personnes âgées qui sont ravies de nous recevoir et qui, après le concert, nous offrent boissons et petits gâteaux.

S.R. (CHARENTE).

Notre Temps, n° 286, octobre 1993, p. 88

L. Après avoir lu ces trois textes, trouvez pour chacun des personnages un ou deux adjectifs qui les qualifient. Justifiez votre choix. Ensuite dites en quoi chacun d'eux est différent des autres. Souhaiteriez-vous avoir l'un d'entre eux pour grand-père ou grand-mère? Lequel ou laquelle? Dites pour quelles raisons.

Analyse statistique

Faisons parler les chiffres!

La santé

Le spectre de la dépendance

La perte de l'autonomie physique ou intellectuelle est la menace la plus redoutée par les Français (49 %), devant la perte des capacités intellectuelles (43 %), la solitude (39 %), l'impossibilité de continuer à vivre chez soi (29 %), la douleur (27 %), la disparition des proches et des amis (26 %), la diminution des ressources financières (15 %), la peur de la mort (9 %). On estime qu'un million de personnes âgées sont dépendantes des autres pour leur survie; 600 000 personnes de plus de 65 ans souffrent de troubles du comportement ou de handicaps physiques ne leur permettant pas d'être autonomes. Les risques sont évidemment proportionnels à l'âge: 5 % des plus de 65 ans sont atteints de démence sénile, 20 % parmi les plus de quatre-vingts ans. Dans ce dernier groupe d'âge, 25 % seulement des personnes sont valides. Parmi les autres, les trois quarts sont plus ou moins handicapées, un tiers sont totalement dépendantes. La maladie d'Alzheimer, qui se manifeste par une perte progressive de la mémoire et des capacités intellectuelles, touche environ 400 000 personnes en France. Des méthodes de rééducation permettent de retarder ses effets, voire d'arrêter sa progression.

Gérard Mermet, *Francoscopie 1993,* © Larousse, p. 162

Etat des lieux

Micro-entretien

LOUIS BÉRIOT *

G.M. – *L'allongement de l'espérance de vie va-t-il se poursuivre?*

L.B. – Certains experts estiment que la détérioration de l'alimentation, la pollution, le stress vont ralentir le rythme de croissance de la durée de vie, voire l'arrêter. Mais la plupart considèrent qu'il n'y a aucune raison. D'abord, on est en train d'assister à un retournement dans la lutte contre la pollution. De plus, les industries agro-alimentaires reviennent à des produits plus sains. Surtout, les progrès fantastiques de la biologie cellulaire et moléculaire vont permettre de réparer nos cellules et nos gênes, donc d'éviter certaines maladies comme les 3 000 maladies héréditaires génétiques et de réparer en cours de vie des anomalies ou des accidents. Tout cela devrait prolonger la vie jusqu'à environ 120 ans.

RFI

* Journaliste, auteur notamment du *Grand défi; tous centenaires et en bonne santé* (Olivier Orban).

Gérard Mermet, *Francoscopie 1993,* © Larousse, p. 161

UNE ESPÈCE EN VOIE D'EXPANSION

La France a détenu le record du marathon de l'existence: la doyenne de l'humanité — l'Arlésienne Jeanne Calment, récemment disparue à 117 ans — y avait vu le jour. La majeure partie des plus de cent ans y conserve «bon pied bon œil» et cultive l'art du bien vieillir.

Le nombre des centenaires français a fait un bond prodigieux en quarante ans. Ils étaient 200 en 1953. Ils sont 6.000 aujourd'hui. Un habitant de l'Hexagone sur 10.000 a passé le cap des cent ans. Et ce n'est pas fini. «Il s'agit d'une espèce en voie d'expansion», assure le docteur Michel Allard, spécialiste de la longévité, qui vient de consacrer un ouvrage aux centenaires, *A la recherche du secret des centenaires* (Fayard).

L'espérance de vie dans les pays industrialisés a augmenté de 25 % au cours du dernier quart de siècle. C'est le cadeau de la médecine, qui a fait baisser la mortalité infantile de façon spectaculaire et a retardé l'échéance de la mort. Mais aussi des progrès de l'hygiène et de la diététique. [...]

PORTRAIT TYPE DU CENTENAIRE

Des centenaires, on en trouve dans tous les coins de France, et surtout en Dordogne, en Savoie, autour de la Garonne, dans le Gers et les Pyrénées.

Première constatation: les plus de cent ans, dans leur majorité, ont passé leur vie à une altitude d'environ 1.000 mètres où, selon certains scientifiques, la teneur de l'air en oxygène faciliterait les actions biochimiques de l'organisme. La vie est comparable à un feu qui brûle et nous ne serions que des bougies. Trop peu d'oxygène et celles-ci consument mal et finissent par s'éteindre prématurément. Trop d'oxygène et les bougies brûlent de façon accélérée.

Dans son ouvrage, le docteur Michel Allard conclut qu'en réalité, il n'existe aucune panacée pour atteindre cent ans. C'est le résultat d'un concert de causes qui assurent à l'organisme une évolution régulière. Sobriété à table, tempérance, grand air, lumière, exercice physique modéré, repos, sommeil.

«L'homme ne meurt pas, il se tue», affirme un adage. On pourrait y ajouter: «Finir ses jours à 85 ans, c'est mourir en cours de route».

Le docteur Allard a brossé le portrait type du centenaire français. Ce champion de l'existence est une femme: sur huit centenaires, on en compte sept du sexe féminin. Elle a passé sa vie loin des villes et sa situation sociale est plutôt modeste. Ce qui l'a mise à l'abri de certains excès.

La centenaire type est de petite taille et plutôt maigre. Elle a les yeux clairs: bleu ou gris-bleu et conserve ses dents naturelles! Elle a mené une existence dépourvue d'anxiété grâce à sa faible sensibilité aux chocs émotionnels.

Cette «longévive» a toujours pratiqué un exercice physique. Elle a poursuivi ses activités professionnelles ou ménagères bien au-delà de 70 ans. Malgré le poids des ans, cette centenaire est «en forme». Sa tension artérielle est basse, son pouls bat en moyenne à 75 pulsations-minute. De caractère optimiste, elle se laisse rarement gagner par la nostalgie ou la mélancolie. Elle aime la vie.

«LE BONHEUR S'EST ACHARNE SUR MOI!»

A ce propos, il faut rappeler que la doyenne de l'humanité récemment disparue était originaire de l'Hexagone. Toujours alerte, Jeanne Calment, venait d'entrer dans sa 117e année. Née en Arles en 1875, Jeanne avait connu une existence heureuse: «Dès mon plus jeune âge, le bonheur s'est acharné sur moi!» dit-elle. A cent ans passés, on pouvait encore la rencontrer juchée sur une bicyclette.

Elle avait conservé sa lucidité. Sa malice aussi: «Je n'ai qu'une seule ride et je suis assise dessus», disait-elle volontiers. Autoritaire, ayant plutôt «la dent dure», à l'égard des autres, elle aimait qu'on la serve mais elle détestait être assistée. Son dernier conseil: «Gardez toujours le sourire. C'est à lui que j'attribue ma longue vie.»

Pierre-Albert Lambert, *Journal français d'Amérique*, 1 octobre 1992

M. Faites la liste des éléments qui prédisposent un individu à devenir centenaire. Puis faites le portrait de Jeanne Calment. Enfin commentez la déclaration de Bériot: «Tout cela devrait prolonger la vie jusqu'à environ 120 ans.» Est-ce souhaitable? Justifiez votre réponse.

Points de vue

Françoise Giroud: *Le règne du "jeunisme"*

Quand les adultes cherchent à s'approprier les signes extérieurs de la jeunesse, c'est l'angoisse

[...] Au fait, qu'est-ce que vieillir, à part que c'est bien embêtant? Un médecin donna une bonne définition: la vieillesse, c'est le moment à partir duquel on perd ses facultés optimales dans certaines fonctions. Estelle Halliday (mannequin) écoutait, visiblement indifférente à ce phénomène qui allait un jour flétrir son teint, creuser ses joues, ternir son regard et qui lui paraissait pour l'heure proprement impensable. On ne s'imagine pas davantage vieux qu'on ne se souvient d'avoir été jeune. [...]

© *LE NOUVEL OBSERVATEUR*, 29 avril–5 mai 1993

Michel Déon: *Un déjeuner de soleil* (extrait)

Stanislas Beren, arrivé à Paris à l'âge de dix-sept ans et auteur d'un premier roman à l'âge de 22 ans, a connu le succès, une existence facile, des aventures amoureuses dont il est sorti indemne jusqu'à sa rencontre avec une certaine Audrey. Ses voyages le conduisent d'une capitale européenne à une autre. De passage à Paris, il rend visite au narrateur.

Michel Déon est un romancier qui partage son temps entre la Grèce, l'Irlande et la France. Ses romans les plus connus sont *Un taxi mauve*, *Les poneys sauvages* et *Un déjeuner de soleil*.

A Paris, il passe sans s'annoncer, rend une courte visite à Emeline Aureo qui, après une attaque, végète dans une clinique de Saint-Cloud, s'arrête à mon bureau et m'emmène déjeuner ou dîner. Nous remettons nos pas dans nos pas, sans en parler parce qu'il n'est pas besoin de rappeler que là venait Félicité, ici Audrey ou Mimi. A moins que nous nous installions à la terrasse d'un café de la place Auguste-Comte pour manger un sandwich et boire une bière. Je sais que parmi les étudiants qui sortent de la Sorbonne, il cherche la silhouette de celui qui fut son seul ami, André Garrett. Stanislas n'a pas vieilli physiquement, mais confesse des étrangetés!

— Je croyais être insensible au froid. Si j'y avais été sensible, j'aurais dû en crever dans mon enfance. Eh bien, tout d'un coup, j'ai des frissons. A Venise, à Londres, je vis les pieds dans le feu. A Paris, je n'ose plus ouvrir la fenêtre. Hier, à Lausanne le hall du Beau-Rivage m'a paru si glacial que j'ai voulu tâter les radiateurs: ils brûlaient. J'ai regardé autour de moi: il n'y avait que des vieillards jaunes et rabougris dans des fauteuils immenses, mains crispées sur les cannes ou les béquilles. J'étais parmi des moribonds dans une de ces maisons des morts comme il y en avait en Chine avant Mao. Les vieillards y arrivaient avec un balluchon, s'allongeaient sur une planche et s'éteignaient sans bruit. J'ai pris la fuite: je n'en suis tout de même pas là! L'avion Genève-Paris m'a sauvé de cette antichambre de la mort. Demain je pars pour Marrakech. Tout le monde me déconseille d'y aller. Il y fait horriblement chaud en juin, mais là, au moins, je revivrai. As-tu jamais lu un récit plus effrayant que *Maître et serviteur*, la mort de Vassili Andréitch, l'endormissement de Nikita et le cheval bai gelé debout entre ses brancards?

— Vous êtes malade.

— Pas du tout. En bon sexagénaire, je me surveille: cholestérol, urée, albumine, numération globulaire. C'est très amusant. Tous les six mois, on m'établit un bulletin de santé que j'ai appris à déchiffrer. Le diagnostic est parfaitement clair. Je ne souffre de rien. Sauf de ce froid...

— Vous avez froid parce que vous n'écrivez plus rien.

— J'avais des histoires à raconter. Je les ai racontées. Je n'en ai plus. Je me tais.

Michel DEON, *Un déjeuner de soleil*, © Editions GALLIMARD, pp. 318–319

N. Trouvez le mot clé de ce texte et justifiez votre choix. Puis dites en quoi cet extrait illustre le commentaire du *Nouvel Observateur*.

Etat des lieux

Lieux de vie: Où demeurent-ils?

Il vaut mieux être riche et bien portant

De plus en plus d'établissements se médicalisent et peuvent ainsi recevoir retraités
valides et invalides. Mais chaque service supplémentaire a son prix...

Combien coûtent les maisons de retraite? Entre 80 F et 800 F par jour, selon les services offerts et la région (1). Les établissements qui n'accueillent que les personnes en bonne santé sont souvent deux fois moins chers que ceux qui reçoivent les invalides. Mais, depuis 1978, les maisons de retraite sont autorisées à se médicaliser, et elles sont de plus en plus nombreuses à le faire. Aujourd'hui, les établissements qui reçoivent à la fois valides et invalides sont les plus fréquents. Une formule fait tout particulièrement florès: on reçoit des personnes valides en leur promettant de les garder si elles perdent leur autonomie. Evidemment, cette garantie est payante. Et plus l'éventail de médecins et de spécialistes au service de la maison est important, plus celle-ci coûte cher. Par ailleurs, les maisons de retraite ont chacune leurs particularités, toutes payantes, bien sûr. Dans l'une, on peut venir avec son propre mobilier, dans l'autre, avec son petit animal familier. Autre motif d'augmentation des prix, la présence d'un salon de coiffure, voire d'un manucure ou d'un pédicure... Et puis il y a l'animation, qui coûte cher, elle aussi. Du Loto au voyage de groupe, la diversité des prestations — donc des facturations — est, de même, énorme.

Enfin, à soins et confort égaux, les tarifs diffèrent selon les régions. Le Nord-Pas-de-Calais est la plus grande maison de retraite de France, et aussi l'une des moins chères: les établissements ont surtout un caractère social. Les prix doublent facilement au soleil. La région Provence-Alpes-Côte d'Azur attire un grand nombre de retraités, mais surtout parmi les plus aisés.

Question de prix? De mode de vie? Les retraités préfèrent rester le plus longtemps possible chez eux. Sur les 8,35 millions de Français âgés de plus de 65 ans, seuls 302 000 optent pour la maison de retraite. Les trois quarts d'entre eux sont des femmes. C'est le plus souvent la dépendance — ou la crainte de la dépendance — qui conduit les personnes âgées à quitter leur univers familier. Mais 80 % des retraités dépendants vivent actuellement chez eux.

Yamina ZOUTAT

(1) La Sécurité sociale ne prend en charge que les soins.
On peut consulter utilement le Guide national des établissements privés, 9, avenue Franklin-Roosevelt, 75008 Paris, ainsi que l'annuaire du Cedias, 5, rue Las-Cases, 75007 Paris.

L'Evénement du jeudi, 14–20 octobre 1993, p. 64

DOMICILE COLLECTIF POUR PERSONNES ÂGÉES

La municipalité de Saint-Herblain a choisi de favoriser l'autonomie et la liberté

En début d'après-midi, il n'y avait que quelques personnes lisant ou racontant des histoires. Au fil des heures, le cercle formé autour de Pascal, le responsable du domicile collectif pour personnes âgées dépendantes du Tillay à Saint-Herblain (Loire-Atlantique), s'est agrandi. D'autres locataires ont rejoint le groupe, des expansifs et des discrets, comme ces «deux jeunes amoureux» qui ont récemment fêté soixante-neuf ans de vie commune. [...]

Il y a deux ans que ce domicile collectif a ouvert ses portes. C'était une nécessité. En huit ans, le nombre des personnes âgées de plus de soixante-quinze ans est passé de 842 en 1982 à 1 498 en 1990. Les infrastructures ne répondaient plus à la demande. Plutôt que se lancer à l'aventure dans une politique gérontologique, Charles Gautier (PS), maire de Saint-Herblain, dans la banlieue de Nantes, a préféré organiser une commission de travail avec les différentes associations et institutions de la ville. Très vite les désirs des Herblaisois se sont manifestés: rester le plus longtemps chez eux et, lorsque ce n'est plus possible, trouver un logement, dans le quartier, pour y vivre en sécurité jusqu'au dernier jour dans un contexte stimulant pour préserver un maximum d'autonomie. Ainsi est née l'idée du domicile collectif.

Apporter la sécurité sans infantiliser

La construction d'un groupe de petits immeubles autour d'une nouvelle place et d'un centre commercial était programmée au Tillay. La commune, qui compte 42 774 habitants, a décidé d'y louer deux étages, qu'elle a transformés en quinze studios d'une trentaine de mètres carrés. Une mezzanine agrémente le premier étage et, au rez-de-chaussée, une vaste pièce commune regroupe, sans autre cloison que des plantes vertes, le salon, la salle à manger et la cuisine. Ascenseur et escalier joignent le premier à la pièce commune, des rampes le long des murs permettent d'évoluer. [...]

Apporter la sécurité sans infantiliser. Laisser chacun se débrouiller, en gardant un œil sur tous. Les réflexes poussent généralement à aider, pour aller plus vite ou pour être plus efficace. Au Tillay, pour le moment, l'expérience est réussie. [...]

Les repas du midi sont fournis par la ville et améliorés sur place. Le soir, chaque résident faisait sa propre cuisine. A leur demande, depuis le début du mois, ils font ensemble leur repas du soir. Alors chacun participe. Deux dames préfèrent rester chez elles et ne se joignent aux autres que pour les fêtes. Elles ne sont pas pour autant oubliées. L'agent de service ira leur apporter les crêpes.

"de notre envoyée spéciale à Saint-Herblain"
Christiane Chombeau

Le Monde, 21–22 février 1993, p. 19

LES RÉSIDENCES BLEUES

Vivez votre retraite au village du Domaine de Grandchêne.

A 30 km de Paris, pour la première fois en France, un nouveau projet de vie.

Vous avez atteint le temps de la retraite et vous rêvez de réaliser vos projets.

Au domaine de Grandchêne, à Saint-Rémy-lès-Chevreuse, tout est prévu pour vous aider à les concrétiser.

LIBRE : Vous êtes locataire d'un appartement de standing du studio au 4 pièces dans un petit immeuble ou dans une maison de

plain-pied à partir de 230 F par jour et par personne en fonction du type de logement choisi.

Vous y créez votre atmosphère en l'aménageant avec vos meubles. Vous êtes débarrassé des tracas quotidiens grâce à un ensemble de services de qualité. Trois restaurants vous attendent.

Des installations modernes sont à votre disposition : piscine, balnéothérapie, salle de gymnastique, salle de conférences.

SEREIN : Votre sécurité est garantie par un système de surveillance perfectionné. Vous bénéficiez d'une assistance médicale sur place dont les frais sont couverts par l'assurance-dépendance.

Si vous perdez votre autonomie, vous pourrez rester chez vous jusqu'à la fin ou dans le centre de soins du Domaine grâce à la prise en charge médicale et médico-sociale.

HEUREUX : Vous vivez dans une ambiance chaleureuse, à votre rythme, en participant quand vous le voulez à la vie du village. Vous recevez vos enfants et vos amis et s'ils sont trop nombreux pour votre logement, des chambres d'hôtes les accueillent.

LES RÉSIDENCES BLEUES créent le Domaine de Grandchêne pour tous ceux qui ont un projet de vie pour leur retraite.

Domaine de Grandchêne
Saint-Rémy-lès-Chevreuse

Aqua-gym, stretching, couture, théâtre

Ce couple très chic, qui totalise 28 000 F de retraite, a choisi un établissement de luxe: 14 000 F par mois. Plus les extras!

■ *«On est arrivé dans cette maison de retraite en bonne santé, tant mieux! Il y a tant de choses à faire ici.»* Depuis leur aménagement aux Résidences bleues, en mars dernier, Alphone Masson, costaud débonnaire de 73 ans, et sa femme Raymonde, 70 ans, toujours très chic, sont des retraités débordés. Aqua-gym, stretching, couture, théâtre: Raymonde n'a plus une seconde à elle. Près de Saint-Rémy-lès-Chevreuse, banlieue résidentielle du Sud parisien, on vit au rythme d'un village de vacances. *«Nous louons ici un trois-pièces, nous restons complètement indépendants. Nos amis et nos parents peuvent venir nous voir quand ils le veulent. Et nous sommes partis déjà trois fois en vacances depuis notre installation ici.»* Leur vie n'a pas tellement changé depuis que les Masson ont quitté leur 100 m² du 19e arrondissement de Paris. Ce qui les a guidés vers une maison de retraite? *«La certitude d'être gardés à vie, souligne Raymonde. Des tas de gens autour de nous ont été pris par une maladie. Et aujourd'hui, ils ne peuvent plus vivre seuls. On s'est dit qu'il vaut mieux tout prévoir*

tant qu'on est en bonne santé.» S'ils tombent malades, Alphonse et Raymonde savent qu'ils seront accueillis au centre de soins des Résidences. Ils ne seront transférés dans un hôpital que si leur état de santé l'oblige, et juste le temps qu'il faudra.

Cette sécurité se paie. *«A notre arrivée, nous avons déposé 190 000 F de caution,* précise Alphonse. *Et depuis, nous versons chaque mois 14 000 F, assurance dépendance comprise.»* Et le train de vie mené aux Résidences bleues appelle des dépenses supplémentaires: certains repas pris au restaurant commun, le coiffeur... Ancien représentant en parfumerie, Alphonse jouit d'une confortable retraite: 15 068 F par mois. Avant d'être licencié à 60 ans, il gagnait environ 40 000 F par mois, *«pas loin de 60 000 F d'aujourd'hui»*, précise-t-il. Raymonde a travaillé aux Impôts jusqu'à la naissance de leur fille. Elle a maintenant 12 687 F de retraite mensuelle. Et, avec la vente de leur appartement (1,8 million de francs) et les revenus de leurs capitaux (287 700 F prévus pour cette année), les Masson ont de quoi voir venir. **Y.Z.**

L'Evénement du jeudi, 21–27 octobre 1993, pp. 64–65

La solitude

— entretien de Gabrielle Balazs avec une personne âgée

« Une vieille grand-mère, qu'est-ce qu'on va en faire ? »

— J'aimerais que vous me parliez d'abord des difficultés que vous avez rencontrées...

Louise B. — (...) Je vous préviens, je suis assez fatiguée. Je suis arrivée ici vendredi à midi, un peu clopinante... et puis cette nuit j'ai très mal dormi parce que j'ai eu une visite qui m'a assez secouée. Il y a eu des déménagements je ne peux pas vous dire, je n'ai pas fermé l'œil... du bruit, tout ce que vous voulez! Alors ce matin j'étais pas très en forme et puis ça revient. On a un petit 38 ce matin. Alors... oui... j'ai pas cherché pourquoi, d'ailleurs, mais enfin... J'ai passé une nuit très pénible.

— Si vous êtes fatiguée on arrête. Vous me dites.

Louise B. — Non, voyez-vous, ça va...

— Vous me dites, si vous avez envie de parler ou pas, vous me dites... le Docteur m'a dit que vous étiez arrivée ici en urgence, mais que ensuite, vous ne vouliez pas retourner à la maison...

Louise B. — Je ne peux pas. *[Elle insiste sur peux].* C'est différent! *[rire crispé]*

— Oui. Et vous ne pouvez pas pourquoi? Comment ça se passe?

Louise B. — Je suis célibataire et avant j'étais assistante sociale, il y a 20 ans déjà de ça, bientôt 25, oui... disons là, non pas encore tout à fait, bon j'ai pris ma retraite... J'étais assistante sociale à Paris, assistante sociale aussi en campagne et j'aime beaucoup la campagne, j'aime beaucoup les gens qui travaillent en rural. On se connaît, on voit bien les difficultés des uns et des autres (on voit toute une famille); on les sent parce qu'on les voit chez le boulanger ou chez le boucher, peu importe. Enfin c'est un travail que j'aime beaucoup; que je ne regrette surtout pas d'avoir choisi.

— Et vous avez arrêté quand? La retraite c'était quand...?

Louise B. — En 71, mais avec une arthrose carabinée, très douloureuse à cause du service social, parce qu'on est sur les routes tout le temps, sur les routes de campagne en 2CV, oui. Et avant, ça a commencé en bicyclette. Dans les années 49, et puis finalement ça a commencé à... parce que j'ai fait du sana, enfin bon bref, ça a commencé à flancher, le service m'a quand même procuré avec les difficultés de ce moment-là, que vous ne connaissez pas, un solex. Et comme c'était un pays en côtes, le solex marchait ou il marchait pas, dans les côtes je le poussais ou... plutôt que lui me tirait. Enfin bon bref. Et puis après finalement, en 53 il y a eu la 2CV.

— Et alors après vous habitiez Paris, vous me dites qu'à partir de la retraite, vous habitiez Paris?

Louise B. — J'habite Paris, oui. Enfin je suis normande, mais... enfin j'ai pris ma retraite en campagne, près des amis. Et puis, quand j'ai trouvé que j'étais plus très jeune pour rester habiter seule en campagne... la voiture qu'il fallait pour aller n'importe où et que j'aimais bien, d'accord, mais enfin c'était plus possible (...) Alors ce petit pied-à-terre à Paris, je l'avais quand j'étais assistante sociale, voilà, parce que il fallait s'évader. Le dimanche, si vous alliez chercher votre pain *[imite son public d'assistés]* «ah Mademoiselle, ça y est? Vous avez touché mes allocations?», «Mademoiselle...», bon bref on vous rencontrait, c'était très gentil, remarquez, je dis ça, mais enfin il faut s'évader...*[presque sans voix].* Alors j'ai pu prendre ce petit pied-à-terre. Et j'y suis revenue quand j'ai trouvé que je ne pouvais plus vivre seule à la campagne. La voiture... qu'il faudrait un jour savoir dire non et... [...]

— Et vous aviez une aide à la maison? Comment vous faisiez pour vous organiser pour les courses, pour le ménage, vous aviez une aide à la maison?

Louise B. — A la retraite? J'avais ce petit pied-à-terre là et puis, mon Dieu, j'étais valide... [...]

— Et donc qu'est-ce que vous avez trouvé comme système à la maison pour vous aider?

Louise B. — [...] il y a les clubs de la mairie, alors là c'est vraiment très bien; il y en a un tout près de chez moi, dont je fais partie, alors on va y déjeuner toutes les fois qu'on veut, enfin on s'inscrit et on paye suivant les ressources... financières de chacun *[toux]*; et c'est très sympathique, c'est bien gentiment servi, enfin varié, ça représente des tas d'avantages. Et puis ce n'est pas mal, on parle de sa vie d'autrefois, c'est bien. Et puis, et puis, et puis évidemment le cœur est fatigué... Je suis tombée au mois de juin et je me suis cassé le bras, alors là ça a déclenché évidemment tout un ensemble. J'ai préféré passer quelques jours ici à l'hôpital à cause de ça, et puis je suis rentrée chez moi avec mon bras comme ça, vous voyez ces trois doigts là ne marchaient pas... Bon et puis, et puis et puis, j'ai repris l'habitude d'aller au club; ma petite femme de ménage me conduisait si besoin était, il y avait là (...), il y a un très bon esprit, très gentil, qui me ramenait ou m'aidait pour me couper ma viande parce que je peux pas...

La Misère du Monde, ouvrage collectif dirigé par Pierre Bourdieu, coll. *Libre examen,* © Editions du Seuil, 1993, pp. 896–897

O. Après avoir pris connaissance de l'ensemble des documents, complétez le tableau suivant concernant les lieux de vie des personnes âgées.

	Caractéristiques	Coût	Avantages	Inconvénients
Saint-Herblain				
Les Résidences Bleues				
Domicile personnel				
Maisons de retraite pour personnes valides				
Maisons médicalisées				

Points de vue

Plantu, *Wolfgang, tu feras informatique!*, La Découverte/Le Monde, 1988, p. 25

Jean Vautrin: «Tante Girafe»

La nouvelle intitulée «Signé Bondoufle» se déroule à la maison de retraite des Glycines et relate une brève et platonique histoire d'amour entre Tante Girafe et un certain Monsieur Bondoufle dont le métier consistait à goûter du vin de Bourgogne.

Ces temps derniers, Tante Girafe avait un peu perdu la boule. C'était souvent une déviance passagère — des absences concentrées, pendant lesquelles ses yeux de porcelaine se perdaient dans le vague du jardin, ou bien au contraire, des bouffées d'enthousiasme inopinées qui lui coloraient temporairement les joues d'un peu de confiture de rose. Les premières la basculaient dans un passé lointain où elle jouait à la poupée et conduisait des ânes, les secondes la projetaient dans de hasardeux projets pour son âge. Mais, j'insiste, il s'agissait la plupart du temps d'une folie douce et nullement encombrante pour les autres.

Tante Girafe se plaisait infiniment aux Glycines. Cette maison dévouée au troisième âge convenait à ses goûts. Elle y avait une chambre à part meublée par ses soins. Si l'envie lui en prenait, rien ne lui interdisait de se mêler aux activités communautaires. Elle prenait volontiers ses repas à la salle à manger d'en bas, qui regardait le parc, et elle ne faisait pas faute de régenter les plus passifs des pensionnaires, les entraînant, dès le café pris, dans d'interminables parties de scrabble où elle excellait.

Ce matin-là, alors que je la visitais, je la trouvai dans le hall où elle m'attendait avec impatience. Dès le début de l'entretien, je lui découvris un air fourbe de petite fille qui a caché du sucre dans le creux d'un fauteuil. Elle riait d'une manière subaiguë. Pour un rien, pour un oui. Elle arborait un drôle de nœud coque, noué crânement sur le côté pompadour de ses cheveux cendré à l'anglaise, un ruban rose et moiré, visiblement détourné de quelque boîte de chocolats fins.

Elle m'entraîna par le bras du côté de la salle des distractions communes. Malgré ses soixante-dix-huit ans, la malice lui tirait la peau. Elle souriait sans cesse. [...] A tous, Tante Girafe souriait délicieusement.

—Ils sont jaloux, dit-elle avec du miel sous la langue.

Et déboîtant inopinément son long cou de sa fraise claudine à dentelles, elle se pencha dans un effort télescopique vers la gauche.

—Il est là! susurra-t-elle en mouillant sa bouche maquillée en double file.

Elle ébaucha le geste d'applaudir, se reprit et se rongea un ongle.

—Regarde comme il a l'air triste, s'inquiéta-t-elle. Elle essayait de me faire voir un homme prostré sur une chaise. C'était un vieillard osseux avec un profil de médaille, des vêtements propres et des poings de travailleur noués l'un à l'autre.

—Monsieur Bondoufle est arrivé hier, dit-elle soudain. Je l'aime déjà.

—Qui te l'a présenté? demandai-je avec un empressement volontairement inquisiteur.

A ma grande satisfaction, Tante Girafe prit aussitôt l'air biais. Rien ne pouvait lui procurer plus de ce plaisir acide dont elle raffolait que la suspicion de son entourage. Ah! Que n'aurait-elle donné, chère Tante Girafe, pour être mystérieuse!

—Qui te l'a présenté? insistai-je.

Elle rosit de contentement trouble. En retapant ses cheveux, elle devint franchement impénétrable et lâcha comme s'il s'agissait de trois petites notes de musique:

—Je sais m'y prendre avec les hommes!

—Tu lui as parlé?

—Non, avoua-t-elle. D'ailleurs, il n'a adressé la parole à personne. [...]

—Monsieur Bondoufle a de grands yeux tristes, se pâma-t-elle.

Elle ressurgit de l'imbroglio végétal et ajouta:

—Ce sont ses neveux qui l'ont placé ici. Les sagouins! Pour le faire mourir! Pour profiter plus vite de sa maison!

—Tante Girafe, ne t'emporte pas! Tu vas gâcher ton cœur pour la journée.

—Mon cœur! Ma journée! Ces neveux-là sont des assassins de personne âgée!

—On a les neveux qu'on mérite... tu...

—Je hais l'intempérance de la jeunesse! trancha-t-elle. [...]

Baby-boom de Jean Vautrin, © Librairie Arthème Fayard 1985, pp. 119–123

P. Comparez la description des Glycines et de ses pensionnaires aux descriptions des diverses résidences évoquées aux pages 309–312 ainsi que dans le dessin de Plantu à la page 314. Ensuite analysez l'intention de Plantu et celle de Vautrin. Quels effets visent-ils? Quels moyens ont-ils choisis?

Etat des lieux

Portraits de la vieillesse

LES SENIORS PLEBISCITES

Pour Notre Temps, un sondage a été réalisé auprès de jeunes de 15 à 20 ans; les relations qu'ils entretiennent avec leurs aînés sont plutôt positives.

Pour vous, que représente la génération des seniors?

Des points de repère, des boussoles ....43 %
Des rassembleurs entre les générations ....34 %
Des gens qui vivent dans leur tour d'ivoire,
loin de vos préoccupations..22 %
Des gens auxquels vous aimeriez ressembler...............................17 %
Des gens que vous ne fréquentez pas ....15 %
Ne se prononcent pas...6 %

Le fossé entre les générations relèverait-il du fantasme? Dans leur majorité, les adolescents ont une vision très positive de leurs anciens. A la veille d'affronter les réalités d'un monde qui est de plus en plus complexe, les 15–20 ans, filles et garçons à égalité, les considèrent à 43 % comme des points de repère. Autre rôle plébiscité par 34 % des jeunes: celui de rassembleur, apte à dresser des passerelles entre les générations. Ce sont plutôt les filles (37 %) et les 18–20 ans (36 %) qui mettent en avant cette qualité. Mais attention, 22 % des personnes sondées — surtout les filles (24 %) et les 15 à 17 ans (25 %) —, vous trouvent trop éloignés de leurs préoccupations...

Si vous avez des grands-parents quel(s) projet(s) aimeriez-vous le plus faire avec eux?

Faire un voyage ....33 %
Aller visiter ensemble la région où vos grands-parents ont vécu
quand ils étaient jeunes et recueillir leurs souvenirs ....33 %
Apprendre leurs recettes de cuisine familiale ou leurs trucs de bricolage......24 %
Avoir des loisirs en commun (aller au cinéma ensemble, par exemple) ....15 %
Restaurer ou aménager une maison familiale................................14 %
Organiser une fête ....11 %
Ne se prononcent pas ....11 %

Les voyages forment la jeunesse! Pourquoi ne pas vous associer aux projets de vos petits-enfants? Ils sont 33 %, filles et garçons quasiment à égalité, à désirer partir vers d'autres horizons en votre compagnie. Autant sont prêts à explorer avec vous les lieux de votre jeunesse pour y partager vos souvenirs. Privilégiée par les 15–17 ans, la transmission, fût-elle ménagère, de l'expérience arrive en troisième position. Quant au rêve de la grande maison de famille à retaper, il a la vie dure et séduit toujours.

Les totaux dépassent 100, les interviewés ayant pu donner 2 réponses.

SONDAGE EXCLUSIF CSA/NOTRE TEMPS, RÉALISÉ DU 14 AU 19 JANVIER 1993 AUPRÈS DE 619 JEUNES DE 15 À 20 ANS.

Notre Temps, octobre 1993, p. 57

Images de la vieillesse

Le thème de la vieillesse est largement développé par la littérature. De ces ouvrages et réflexions ressortent des aspects très différents, voire contradictoires. A la vieillesse est associée fréquemment une certaine sérénité. Platon écrit ainsi dans *La République:* «La vieillesse fait naître en nous un sentiment immense de paix et de libération». A la sérénité on peut ajouter l'expérience, qui est sagesse. «Un vieillard prêt d'aller où la mort l'appelait» déclare à ses enfants «Voyez si vous romprez ces dards liés ensemble: /Je vous expliquerai le nœud qui les assemble». Le nœud, c'est la concorde que demande le père à ses enfants, et qui est vite oubliée par ces derniers (La Fontaine, *Le vieillard et ses enfants*). La sagesse, c'est également celle du riche laboureur qui confie à ses enfants, avant de mourir, qu'un trésor est caché dans le champ *(Le laboureur et ses enfants)*. Toujours chez La Fontaine, dont les fables évoquent souvent le thème de la vieillesse, celle-ci est aussi l'expérience du vieux rat qui «était expérimenté, /Et savait que la méfiance /Est mère de la sûreté» *(Le chat et un vieux rat)*. La sérénité du vieillard est encore celle que décrit V. Hugo dans le célèbre poème de Booz endormi: «Car le jeune homme est beau, mais le vieillard est grand /Et l'on voit de la flamme au yeux des jeunes gens, /Mais dans l'œil du vieillard on voit de la lumière».

Mais la vieillesse, c'est également une accentuation des défauts. *«Respice aetatem eius iam duram et intractabilem»,* écrivait déjà Sénèque. C'est la dureté de cœur: «une jeune souris de peu d'expérience» tente d'implorer la clémence d'un vieux chat. Mais celui-ci répond: «Chat et vieux pardonner? Cela n'arrive guère»; et La Fontaine termine la fable en disant «La vieillesse est impitoyable». Chez Molière les vieillards ne sont guère dignes d'estime: Harpagon *(L'Avare)* est un vieil usurier qui n'est pas seulement cynique et sordide, mais, de surcroît, a la naïveté de croire qu'il peut plaire à une jeune fille sans rien sacrifier de son avarice. Mme Pernelle *(Le Tartuffe)* est une vieille dame insupportable, têtue, rigide et dépassée.

La vieillesse, ce sont enfin les atteintes de l'âge, le drame de n'être plus ce qu'on était: le lion «terreur des forêts, /chargé d'ans, et pleurant son antique prouesse» est attaqué par ses propres sujets, l'âne lui-même accourant pour frapper le lion incapable de se défendre et qui lui déclare: «c'est mourir deux fois que souffrir tes atteintes» *(Le lion devenu vieux)*. Dans *Le Cid* Don Diègue, souffleté par Don Gormas déclame ces vers fameux «O Rage! ô désespoir! ô vieillesse ennemie! /N'ai-je donc tant vécu que pour cette infamie?». A l'époque contemporaine cet aspect dramatique s'accentue, et perd la grandeur qu'il pouvait avoir. Simone de Beauvoir évoque la «tragédie de la vieillesse». De Gaulle aurait dit, songeant à Pétain, que «la vieillesse est un naufrage». Le sentiment de décrépitude, de dégénérescence, d'inutilité, tend à l'emporter peut-être à notre époque sur les côtés favorables de la vieillesse, comme si l'on ne pouvait plus trouver les consolations d'autrefois, comme si l'irréductible et inévitable déchéance devenait plus insupportable qu'auparavant, parce qu'elle risque d'être le lot d'un beaucoup plus grand nombre de personnes.

Ch. Debbasch et J.-M. Pontier – *La société française, coll. des Etudes politiques, économiques et sociales,* Dalloz, 1989, pp. 547–549

Q. Après avoir lu «Images de la vieillesse», expliquez comment (type de personnage représentant la vieillesse, trait psychologique ou moral, mots associés à la vieillesse) chacun des écrivains suivants représente la vieillesse: Platon, Sénèque, La Fontaine, Corneille, Molière, Hugo, de Beauvoir, de Gaulle. Quel(s) personnage(s) vous inspire(nt) des sentiments positifs ou négatifs et pourquoi?

Points de vue

«L'abbé Pierre a le plus marqué la vie sociale»

L'abbé Pierre est la personnalité qui a le plus marqué la vie sociale française depuis 10 ans, loin devant l'ancien ministre de la Santé, Bernard Kouchner et François Mitterrand, selon un récent sondage.

Environ 64 % des personnes invitées à choisir un ou plusieurs noms dans une liste de 13 personnalités ont en effet désigné l'abbé Pierre. Bernard Kouchner recueille 37 % des suffrages, François Mitterrand vient en troisième position avec 27 % des voix. Il est suivi de près par l'actuel ministre de la Santé, Simone Veil.

L'abbé Pierre, pseudonyme pris par l'abbé Grouès pendant les années de clandestinité de la guerre, fait partie des mythes nationaux. Par les multiples actions qu'il a conduites depuis les années cinquante en faveur des défavorisés, cet homme a conquis le cœur des Français. Fondateur de la communauté des chiffonniers d'Emmaüs en 1954, communauté destinée à venir en aide aux sans-abri, il n'a cessé depuis de combattre l'exclusion sociale sous toutes ses formes. Aujourd'hui âgé de 80 ans, retiré dans une maison de sa communauté, il vient de publier un ouvrage intitulé *Testament* (1994).

Journal français d'Amérique, 25 juin 1993, n° 14, p. 28

Le savant et le saint

«La Marche du siècle»: rencontre entre le sociologue Pierre Bourdieu et l'abbé Pierre, qui s'interrogent sur la souffrance

N.O.– Vous serez confronté à l'abbé Pierre, un des hommes les plus populaires de France...

P. Bourdieu.– C'est comme dans un match de catch, il y a l'Ange blanc et le Bourreau de Béthune, le gentil et le méchant, Bourdieu et Bourdiable... L'abbé Pierre est une sorte de prophète, selon la définition de Weber. Il a tous les attributs du prédicateur. Il tient des discours provocants, extra-ordinaires. Nul doute que, s'ils avaient eu la télé, les prophètes d'Israël seraient passés à la télé, pour donner le maximum de force à leurs paroles. [...] Mais le prophète (comme le sociologue) a ses limites: il ne prêche que les convertis. [...]

© *LE NOUVEL OBSERVATEUR*, 8–14 avril 1993, pp. 30, 33

R. Commentez les points suivants:

1. En vous appuyant sur les textes concernant l'abbé Pierre, rédigez un portrait de cet homme très populaire en France.
2. Commentez la déclaration du sociologue Pierre Bourdieu que l'abbé Pierre est «une sorte de prophète».

Jean-Paul Sartre: *Les mots* (extrait)

Jean-Paul Sartre raconte ses souvenirs d'enfance. Il se souvient du bureau de son grand-père, Charles Schweitzer. Très jeune, il a compris quel était le pouvoir des mots.

J'étais le petit-fils d'un artisan spécialisé dans la fabrication des objets saints, aussi respectable qu'un facteur d'orgues, qu'un tailleur pour ecclésiastiques. Je le vis à l'œuvre: chaque année, on rééditait le *Deutsches Lesebuch.* Aux vacances, toute la famille attendait les épreuves impatiemment: Charles ne supportait pas l'inaction, il se fâchait pour passer le temps. Le facteur apportait enfin de gros paquets mous, on coupait les ficelles avec des ciseaux; mon grand-père dépliait les placards, les étalait sur la table de la salle à manger et les sabrait de traits rouges; à chaque faute d'impression il jurait le nom de Dieu entre ses dents mais il ne criait plus sauf quand la bonne prétendait mettre le couvert. Tout le monde était content. Debout sur une chaise, je contemplais dans l'extase ces lignes noires, striées de sang. Charles Schweitzer m'apprit qu'il avait un ennemi mortel, son Editeur. Mon grand-père n'avait jamais su compter: prodigue par insouciance, généreux par ostentation, il finit par tomber, beaucoup plus tard, dans cette maladie des octogénaires, l'avarice, effet de l'impotence et de la peur de mourir. A cette époque, elle ne s'annonçait que par une étrange méfiance: quand il recevait, par mandat, le montant de ses droits d'auteur, il levait les bras au ciel en criant qu'on lui coupait la gorge ou bien il entrait chez ma grand-mère et déclarait sombrement: «Mon éditeur me vole comme dans un bois.» Je découvris, stupéfait, l'exploitation de l'homme par l'homme. Sans cette abomination, heureusement circonscrite, le monde eût été bien fait, pourtant: les patrons donnaient selon leurs capacités aux ouvriers selon leurs mérites. Pourquoi fallait-il que les éditeurs, ces vampires, le déparassent en buvant le sang de mon pauvre grand-père? Mon respect s'accrut pour ce saint homme dont le dévouement ne trouvait pas de récompense: je fus préparé de bonne heure à traiter le professorat comme un sacerdoce et la littérature comme une passion.

Jean-Paul SARTRE, *Les mots,* © Editions GALLIMARD, pp. 38–40

Claire Gallois: *Une fille cousue de fil blanc* (extrait)

Claire Gallois, conseillère littéraire et critique à *Paris Match,* a publié huit romans.

La jeune narratrice (elle n'a pas quinze ans) jette un regard lucide sur le monde qui l'entoure et raconte ce que les adultes ne voient pas toujours.

Grand-mère a peur de tout. Elle remonte son châle noir sur ses genoux, ses mains qui ne peuvent plus s'ouvrir complètement ressemblent à une vieille salade, leurs dix doigts rassemblés et tournés vers le ciel et elle nous récite le monde tel qu'elle nous défend de le vivre:

1 Les divorces.
2 Les révolutions.
3 Les partis politiques, sauf le bon.
4 Les idoles et les gens sans moralité, même sympathiques.
5 Rester les bras ballants, les jambes pendantes, l'esprit flottant.
6 Les frites et le vin avant d'avoir quinze ans.
7 Les gros mots et ceux du dictionnaire médical.
8 Les faits divers.
9 Les films adultères.
10 Tous les auteurs s'ils ne sont pas décédés et membres de l'Académie Française.
11 Partir pour la lune même quand on trouvera des billets dans les agences de voyages parce que Dieu nous a créés pour la terre, un point c'est tout.
12 Le cancer, la tuberculose, les dépressions nerveuses, parce que cela n'existe pas dans notre famille.
13 Avoir l'esprit de conquête parce que c'est cela qui a perdu le monde.

— Si chacun était resté bien droit dans son petit trou à faire son devoir comme en 14, dit grand-mère, nous n'aurions pas un pied sur la lune et l'autre rongé par des métastases qui n'ont jamais fait mourir personne de mon temps. Ce que l'on ne connaît pas n'existe pas.

Claire Gallois, *Une fille cousue de fil blanc,* © Buchet-Chastel, pp. 119–121

Tahar Ben Jelloun: *Les amandiers sont morts de leurs blessures* (extrait)

Mourir comme elle

Ta grand-mère est morte hier. Elle est partie le matin, à l'aube. Heureuse et belle. Une étoile sur le front et un ange sur chaque épaule. Son dernier regard fut pour toi. Elle a même dit que le soleil ce jour était pour tes mains froides, loin du pays, et qu'il faudra que tu te maries. Elle a souri puis elle est partie sur un cheval. On pense que c'est un cheval ailé. Nous avons vu de notre terrasse le ciel s'ouvrir et accueillir au crépuscule une petite étoile. On peut la voir de partout. Tu nous as manqué. Ce fut une très belle fête. Nous avons respecté sa volonté: nous n'avons ni pleuré ni hurlé au moment où le cercueil passait le seuil de la maison. Nous nous sommes parfumés avec le bois fumé, encens du paradis. Le jardin où elle aimait prier était en fleurs.

Tu te rappelles ses silences entre deux prières; chaque ride était une tendresse. Il nous reste la sérénité et la lumière de cette journée. On l'a lavée et parfumée à l'eau de rose et de jasmin. Elle aimait sa fraîcheur. On l'a enveloppée dans ce linceul qu'elle avait acheté et il y a longtemps, peut-être avant que tu ne naisses. Elle le parfumait à chaque fête. C'est ce même linceul qu'elle envoya à La Mecque où il séjourna trois jours et trois nuits. Elle qui ne savait pas écrire avait dessiné sur ce drap des roses et des étoiles. Elle le gardait soigneuse-ment au fond de sa valise.

Tu te souviens? Elle nous disait:

«C'est dans la plus belle des robes que je désire arriver chez le prophète. Sa lumière, sa clarté, sa beauté méritent le bonheur de mourir. J'ai vécu heureuse dans la chaleur de vos bras, de vos mains. J'ai perdu mon mari et mon plus bel enfant, une fleur arrachée par le soleil du mois d'août. Je ne me suis jamais sentie veuve. J'avais ma maison, mon foyer, chez chacun de vous. J'ai un autre bonheur maintenant: partir dans le jardin de Dieu, là tout près du soleil. Je suis née il y a longtemps, bien avant l'arrivée des Chrétiens. Calcule, tu trouveras presque un siècle! La vieillesse! Qui parle de vieillesse? Si je n'avais le cœur un peu fatigué... D'ailleurs qu'importe!... Qu'elle vienne la mort, mais de l'azur et non des cendres.»

Elle n'est morte ni dans un hospice ni dans la solitude d'une chambre au fond d'un couloir. Elle s'est éteinte en douceur, chez elle, chez l'aîné de ses enfants.

Tahar Ben Jelloun, *Les amandiers sont morts de leurs blessures,* © Editions La Découverte, 1976, pp. 11–12

Charles Baudelaire: *«La fin de la journée»*

Sous une lumière blafarde
Court, danse et se tord sans raison
la Vie, impudente et criarde.
Aussi, sitôt qu'à l'horizon

la nuit voluptueuse monte,
Apaisant tout, même la faim,
Effaçant tout, même la honte,
le Poète se dit: «Enfin!

Mon esprit, comme mes vertèbres,
Invoque ardemment le repos;
le cœur plein de songes funèbres,

Je vais me coucher sur le dos
Et me rouler dans vos rideaux,
O rafraîchissantes ténèbres!»

Charles BEAUDELAIRE, *Les fleurs du mal,*
© Editions GALLIMARD

S. Dites quelles images de la vieillesse et de la mort sont véhiculées dans ces différents textes. Vous vous attacherez plus particulièrement à l'analyse des comparaisons et des métaphores.

Vue de l'extérieur

Tahar Ben Jelloun: *Jour de silence à Tanger* (extrait)

Par une journée pluvieuse à Tanger, un vieil homme malade, emmitouflé dans un burnous, s'ennuie. Certains de ses amis sont morts, il s'est fâché avec son plus vieil ami, il se sent seul.

[...] Il pense à toutes ces vieilles personnes qu'on retire de la vie en les isolant dans ces maisons d'attente, pas loin du cimetière. Ce «progrès»-là, heureusement n'a pas encore été introduit au Maroc. Puis il se dit que jamais ses enfants n'auraient fait une chose pareille. Il les a bien élevés et leur a appris le respect des parents qui vient juste après celui de Dieu. Et les enfants, même grands, croient à la bénédiciton du père et de la mère. Ils la désirent, veulent la mériter et en être fiers. D'ailleurs même si l'un d'eux avait osé le déplacer, il l'aurait maudit et ne se serait pas laissé faire.

L'isoler, ce serait le condamner à mourir vite et plein d'amertume. Il se dit que, mourir, ce n'est pas de tout repos, mais s'il faut partir avec un coup de pied dans le derrière donné par ses enfants, c'est criminel. Il se rend compte que ses fils ne sont pas là. Ils vivent loin de Tanger, mais lui téléphonent souvent. Il ne se plaint pas, les rassure sur son état. Il ne voudrait pas les déranger. Et puis s'ils viennent le voir en laissant leur travail, c'est qu'il est assez malade. Leur visite ne ferait qu'empirer la situation. Il ne faut surtout pas dramatiser.

Jour de silence à Tanger de Tahar Ben Jelloun, © Editions du Seuil, 1990, p. 30

Théodore Zeldin: *Les Français* (extrait)

Tomber amoureux implique généralement de quitter ses parents pour commencer une vie indépendante avec un autre. Bien souvent on voit là une rupture des traditions, alors qu'en fait, les foyers où cohabitent plusieurs générations de collatéraux n'existent plus en France depuis déjà des siècles. Mais le clan familial n'en subsiste pas moins. Le déjeuner dominical, présidé par une aïeule autoritaire chez qui dix ou même vingt descendants se réunissent par crainte de lui déplaire autant que par goût de sa cuisine, en est le vivant symbole. Car ces déjeuners subsistent toujours, même s'ils sont moins cérémonieux. Toutefois, l'aspect du clan familial s'est modifié du fait qu'on vit désormais plus longtemps et qu'on a moins d'enfants. Aujourd'hui, un nombre croissant de familles comptent quatre générations; les grands-parents et arrière-grands-parents sont plus nombreux, les frères et cousins moins abondants. Le rôle des grands-parents s'est renforcé: aujourd'hui, quand on leur demande à quoi ils souhaitent consacrer leur retraite, la réponse la plus fréquente est «à aider les enfants». La moitié de la population, estimant que l'éducation est l'affaire des parents, y voit une ingérence; l'autre moitié considère au contraire que c'est là leur rôle, sinon leur devoir. Il n'y a donc rien d'étonnant à ce fait que la moitié des Français perdent le contact avec leurs parents, tandis que les autres s'établissent dans un rayon de vingt kilomètres du lieu où vivent ceux-ci et leur rendent régulièrement visite. Un tiers des bébés sont confiés à leurs grands-parents, soit occasionnellement, soit pendant que leur mère travaille, et la moitié des enfants passent leurs vacances chez eux. A l'exception de Paris, plus la ville est grande et plus sont fréquents les échanges de visites, de services et de conseils entre mères et filles mariées. Sans doute s'agit-il là d'un moyen de lutter contre la solitude; en tout cas, l'urbanisation n'a pas tué le clan, et la voiture, le téléphone et l'abaissement de l'âge de la retraite contribuent à le renforcer. Dans ces clans, le partage de l'amour est inégal: les parents semblent offrir davantage qu'ils ne reçoivent, et les grands-parents, compenser leurs manques à l'égard de leurs propres enfants en entourant les rejetons de ceux-ci d'un délire d'affection. Par ailleurs, le divorce les rend plus actifs: souvent, ce sont eux qui prennent soin de leurs petits-enfants quand les parents ne peuvent pas s'en occuper.

"LES FRANÇAIS" de Théodore Zeldin, © 1983 by Librairie Arthème Fayard pour la traduction française, pp. 92–93

T. Dites le rôle joué par la culture dans la représentation que se fait un peuple de la vieillesse.

COMMENT PARLER COMME SES........... GRANDS-PARENTS

Les grand-mères remontent à la plus haute antiquité. [...] Il n'y a pas plus ancien que nos grands-parents. Même nos parents sont plus jeunes qu'eux, ce qui est remarquable.

La vieillesse est cet âge cruel où vos meilleurs amis commencent à mourir. De vieillesse en général. C'est pourquoi tant de centenaires parlent tout seuls. Pour s'assurer de ne rien oublier. Ils répètent tout cent fois, ressassent même les histoires qu'ils connaissent déjà. Plus leur vie fut longue, plus elle regorge d'épisodes mémorables, dont ils peinent à se souvenir.

Leurs enfants — c'est-à-dire nos parents — ont du mal à suivre. Le vocabulaire se perd, les zones scolaires sont mal étudiées. Résultat: ils ne se voient plus pendant les vacances, donc se parlent moins.

Bientôt, trop vite malheureusement, même nos parents auront l'air de grands-parents. Pour certains, il est déjà trop tard. Par chance, ils parlent encore. Mais de quelle manière! Coup de bol: le langage des parents ressemble beaucoup au français, dont il s'est détaché il y a une trentaine d'années. La syntaxe n'a guère varié. Seul le vocabulaire s'est perdu. C'est là que porteront nos plus gros efforts.

Philippe Vandel, *Dico Français/Français,* Lattès, 1992, #16

La communication entre générations se perd

Voici un texte en français presque courant et la traduction du texte en «langage des grands-parents».

◆ «20h33. Y'a qu'des pubs sur La Cinq. Trop naze la télé, j'fous Nova (101.5 FM). Ça me fait penser qu'faut qu'j'branche la FM sur mon Mountain-Bike... Alors, ce micro-ondes, il la crache, sa barquette?»

Traduction:
«Il est 20h33. Il n'y a que des publicités sur La Cinq. La télévision est vraiment trop mauvaise, je vais écouter Nova. Cela me fait penser qu'il faudrait que j'installe la modulation de fréquence sur mon vélo tout-terrain. Alors, combien de temps est-ce que ce four micro-ondes va mettre pour réchauffer mon plat cuisiné?»

Delphine Chartier

U. Après avoir lu les deux textes précédents, expliquez comment la vie des «seniors» a changé ces derniers temps. Comment s'est maintenu le contact entre générations et comment ce contact s'est-il modifié?

post-scriptum

Lisez l'ensemble des textes suivants. Puis faites la synthèse de ce que vous en avez retenu en orientant votre réflexion sur les deux points suivants:

1. l'état de la France
2. la France dans tous ses états

Jean-Paul Aron: *Qu'est-ce que la culture française?* (extrait)

La culture française? Un inventaire anthropologique: la sensibilité paysanne, la rapacité bourgeoise, la prépondérance parisienne, les monuments aux morts, la crainte de l'impôt? Un mythe chauvin, à l'époque des blessures d'orgueil, entre 1871 et 1914? [...]

Cette culture, paradoxalement, ne prend pas la peine de se dire. Elle se déploie en silence tant son paysage sans enseigne semble à ses familiers éloquent. C'est qu'elle vit depuis des siècles en régime autarcique, qu'elle prospère selon un étrange principe d'exclusion, à l'abri du reste, grossier, subalterne ou immature, dont il n'y a rien à déclarer. [...]

[...] Et tel est son impact, qu'à l'étranger, où l'idée de culture nationale est une chimère, inintelligible à des Italiens, des Allemands ou des Anglais, parce qu'elle dissimule une diversité réelle et des inspirations vivantes sous un étiquetage simplificateur, on célèbre jusqu'au début du XXe siècle la culture française, archétype des bons usages, entendus indistinctement en termes d'élégance, de manières et de langage.

Jean-Paul Aron, *Qu'est-ce que la culture française,* © Gonthier, 1975, p. 7

LA FRANCE DE 1993: CE QUI A CHANGE

Davantage d'unions libres, de femmes au travail, de jeunes dans l'enseignement supérieur, de personnes âgées ou assistées, de cancer et de sida. A cela ajoutez, moins de villages ruraux et d'agriculteurs, d'emplois stables, d'ouvriers d'usine. En une génération, les Français ont connu des mutations sans précédent.

En premier lieu, figure l'éclatement, en 20 ans, du modèle familial traditionnel. Le nombre de mariages, en baisse continue depuis 1972, va de pair avec la progression du divorce (un mariage sur trois) et l'union libre. Un million de femmes élèvent seules leurs enfants, deux fois plus qu'en 1968.

Autre tendance forte depuis 30 ans: la montée du travail des femmes. Les trois-quarts des femmes d'âge actif travaillent, alors qu'en 1962, seulement la moitié d'entre elles avaient un emploi hors du foyer. Cette poussée provoque l'essor des gardes d'enfants à l'extérieur: chaque jour 2,3 millions d'enfants de moins de trois ans sont confiés à une crèche, une nourrice ou une gardienne.

EMPLOIS PLUS PRECAIRES

Le marché de l'emploi a subi de profonds changements. A la suite des deux chocs pétroliers, le chômage a connu une forte progression entre 1979 et 1992, passant de 6 % à plus de 10 %.

Depuis 1985, on constate une montée de l'emploi précaire. Le nombre de contrats temporaires a doublé au cours des dernières années.

L'insertion des jeunes dans le monde du travail est un problème crucial. Au sortir des études, il devient difficile de trouver un emploi stable. Dans le recrutement, les différences de formation, de sexe et d'origine sociale ont pris de l'importance: emplois moins qualifiés plus fréquents pour les garçons, emplois précaires pour les filles.

Selon l'INSEE, la France devra aussi relever le «défi» que constitue l'augmentation des effectifs des lycées et la tendance vers un enseignement supérieur de masse. En effet, où trouver les emplois pour ces jeunes, de plus en plus instruits?

Comme dans les autres pays industrialisés, le paysage salarial s'est transformé en France. L'emploi ouvrier a fortement diminué dans les usines, tandis que le secteur tertiaire a gagné de nombreux emplois.

Les conditions de travail ont également changé: 60 % des cadres utilisent l'informatique, contre 36 % des employés. Depuis 1982, le nombre d'ingénieurs et cadres informatiques a triplé.

LA FRANCE RURALE S'EFFACE

La France rurale s'efface devant une civilisation «péri-urbaine» dévorante. Les 8.000 derniers villages de France tiendraient à l'intérieur du boulevard périphérique parisien.

Nombreux sont les Français persuadés qu'une retraite active est un gage de longévité.

Dans le domaine quotidien, les ménages français tentent d'améliorer leur confort: 76 % possèdent douche, WC et chauffage central, 37 % un magnétoscope, 31 % un lave-vaisselle.

Enfin, les Français vieillissent. Avec une fécondité qui n'assure pas le renouvellement des générations (taux 1,78 enfant par femme) même si on assiste à une émergence des maternités après 30 ans, le nombre de personnes âgées progresse. En 2050, les plus de 60 ans représenteront 34 % de la population.

Ce vieillissement est accentué par l'allongement continu de l'espérance de vie. Si en 1800, une Française pouvait espérer vivre 30 ans, elle peut vivre aujourd'hui 81 ans. Les Français détiennent d'ailleurs le record de longévité en Europe.

Ce plus récent rapport de l'INSEE traite aussi pour la première fois de deux maladies actuelles: le cancer qui ne cesse de progresser, notamment chez les fumeurs, et le sida, qui est en train de faire remonter les courbes épidémiologiques qu'avaient infléchies l'apparition des antibiotiques.

Séverine Gamazic, *Journal français d'Amérique,* 14–27 mai 1993, n° 11, p. 21

Pierre Bourdieu: *La misère du monde (post-scriptum)*

Le monde politique s'est fermé peu à peu sur soi, sur ses rivalités internes, ses problèmes et ses enjeux propres. Comme les grands tribuns, les hommes politiques capables de comprendre et d'exprimer les attentes et les revendications de leurs électeurs se font de plus en plus rares, et ils sont loin d'être au premier plan dans leurs formations. Les futurs dirigeants se désignent dans les débats de télévision ou les conclaves d'appareil. Les gouvernants sont prisonniers d'un entourage rassurant de jeunes technocrates qui ignorent souvent à peu près tout de la vie quotidienne de leurs concitoyens et à qui rien ne vient rappeler leur ignorance. Les journalistes, soumis aux contraintes que font peser sur eux les pressions ou les censures des pouvoirs internes et externes, et surtout la concurrence, donc l'urgence, qui n'a jamais favorisé la réflexion, proposent souvent, sur les problèmes les plus brûlants, des descriptions et des analyses hâtives, et souvent imprudentes; et l'effet qu'ils produisent, dans l'univers intellectuel autant que dans l'univers politique, est d'autant plus pernicieux, parfois, qu'ils sont en mesure de se faire valoir mutuellement et de contrôler la circulation des discours concurrents, comme ceux de la science sociale. Restent les intellectuels, dont on déplore le silence. Or il en est qui ne cessent de parler, souvent «trop tôt», sur l'immigration, sur la politique du logement, sur les relations de travail, sur la bureaucratie, sur le monde politique, mais pour dire des choses que l'on ne veut pas entendre, et dans leur langage, que l'on n'entend pas. On aime mieux, en définitive, prêter l'oreille, à tout hasard, et non sans quelque mépris, à ceux qui parlent à tort et à travers, sans s'inquiéter outre mesure des effets que peuvent produire des propos mal pensés sur des questions mal posées.

Et pourtant tous les signes sont là de tous les malaises qui, faute de trouver leur expression légitime dans le monde politique, se reconnaissent parfois dans les délires de la xénophobie et du racisme. Malaises inexprimés et souvent inexprimables, que les organisations politiques, qui ne disposent pour les penser que de la catégorie vieillotte du «social», ne peuvent ni percevoir ni, à plus forte raison, assumer. Elles ne pourraient le faire qu'à condition d'élargir la vision étriquée du «politique» qu'elles ont héritée du passé et d'y inscrire non seulement toutes les revendications insoupçonnées qui ont été portées sur la place publique par les mouvements écologiques, antiracistes ou féministes (entre autres), mais aussi toutes les attentes et les espérances diffuses qui, parce qu'elles touchent souvent à l'idée que les gens se font de leur identité et de leur dignité, semblent ressortir à l'ordre du privé, donc être légitimement exclues des débats politiques.

Une politique réellement démocratique doit se donner les moyens d'échapper à l'alternative de l'arrogance technocratique qui prétend faire le bonheur des hommes malgré eux et de la démission démagogique qui accepte telle quelle la sanction de la demande, qu'elle se manifeste à travers les enquêtes de marché, les scores de l'audimat ou les cotes de popularité. Les progrès de la «technologie sociale» sont tels en effet que l'on connaît trop bien, en un sens, la demande apparente, actuelle ou facile à actualiser. Mais si la science sociale peut rappeler les limites d'une technique qui, comme le sondage, simple moyen au service de toutes les fins possibles, risque de devenir l'instrument aveugle d'une forme rationalisée de démagogie, elle ne peut, à elle seule, combattre l'inclination des hommes politiques à donner satisfaction à la demande superficielle pour s'assurer le succès, faisant de la politique une forme à peine déguisée de marketing. [...]

Porter à la conscience des mécanismes qui rendent la vie douloureuse, voire invivable, ce n'est pas les neutraliser; porter au jour les contradictions, ce n'est pas les résoudre. Mais, pour si sceptique que l'on puisse être sur l'efficacité sociale du message sociologique, on ne peut tenir pour nul l'effet qu'il peut exercer en permettant à ceux qui souffrent de découvrir la possibilité d'imputer leur souffrance à des causes sociales et de se sentir ainsi disculpés; et en faisant connaître largement l'origine sociale, collectivement occultée, du malheur sous toutes ses formes, y compris les plus intimes et les plus secrètes.

Constat qui, malgré les apparences, n'a rien de désespérant: ce que le monde social a fait, le monde social peut, armé de ce savoir, le défaire. Ce qui est sûr, en tout cas, c'est que rien n'est moins innocent que le laisser-faire: s'il est vrai que la plupart des mécanismes économiques et sociaux qui sont au principe des souffrances les plus cruelles, notamment ceux qui règlent le marché du travail et le marché scolaire, ne sont pas faciles à enrayer ou à modifier, il reste que toute politique qui ne tire pas pleinement parti des possibilités, si réduites soient-elles, qui sont offertes à l'action, et que la science peut aider à découvrir, peut être considérée comme coupable de non-assistance à personne en danger.

Et il en va de même, bien que leur efficacité, donc leur responsabilité, soient moins grandes et en tout cas moins directes, de toutes les philosophies, aujourd'hui triomphantes, qui, souvent au nom des usages tyranniques qui ont pu être faits de la référence à la science et à la raison, visent à invalider toute intervention de la raison scientifique en politique: la science n'a que faire de l'alternative entre la démesure totalisatrice d'un rationalisme dogmatique et la démission esthète d'un irrationalisme nihiliste; elle se satisfait des vérités partielles et provisoires qu'elle peut conquérir contre la vision commune et contre la doxa intellectuelle et qui sont en mesure de procurer les seuls moyens rationnels d'utiliser pleinement les marges de manœuvre laissées à la liberté, c'est-à-dire à l'action politique.

La Misère du Monde, ouvrage collectif dirigé par Pierre Bourdieu, coll. *Libre examen*, © Editions du Seuil, 1993, pp. 941–944

LA FRANCE, UN PARADIS SUR TERRE?

Nous avons interrogé nos amis et lecteurs pour savoir quel est pour eux le symbole de la France, quelle est l'idée première qui leur vient à l'esprit quand ils pensent à la France ou lorsqu'elle est évoquée devant eux. Les réponses que vous lirez ci-dessous sont unanimement positives, à notre grande joie. Pourtant, nous nous attendions à quelques critiques, nous les avons même provoquées en lançant quelques questions orientées dans ce sens, mais non! La France est sans doute aimée pour sa gastronomie, sa tour Eiffel, mais aussi pour sa culture, pour son «énergie créatrice», sa «convivialité» et la «gentillesse» de ses habitants. Toute cette sympathie nous fait penser à une vieille chanson de Charles Trénet, «Douce France, cher pays de mon enfance... ».

Nous serions heureux d'avoir aussi votre avis sur ce sujet. Ecrivez-nous nombreux!

Nancy Downes
Psychologue
Est allée deux fois en France ces 5 dernières années

«Pour moi, le symbole de la France serait quelque chose de romantique, comme par exemple la tour Eiffel au printemps, avec les jardins alentours remplis de fleurs, des amoureux sur les bancs, et des enfants jouant au soleil.

Mais la France c'est aussi pour moi la gastronomie, la façon particulière des Français de faire les choses avec inspiration et surtout les siècles de culture. Imaginez-vous Benjamin Franklin débarquant en France, avec ses habits bruns de «Quaker»! Cet homme direct et sévère a pourtant été bien accepté par les Français qui ont reconnu en lui un fin penseur, un intellectuel.»

Elena Madiedo
Mathématicienne
Trois fois en France depuis 5 ans

«Lorsque je suis en France, je me sens bien et j'ai l'impression d'être chez moi (je suis originaire de Cuba). J'aime le mode de vie des Français. Je les trouve très sympathiques. Au début, on a l'impression qu'ils sont froids, mais ce n'est pas vrai et en fait ils sont très gentils. Je m'identifie beaucoup à eux. Ils ont des idées très logiques et j'aime leur façon de penser.

La vie française est très riche, il y a toujours des manifestations culturelles, beaucoup de musées, de théâtres, de festivals comme celui d'Avignon ou de Montpellier. J'aime la France pour tous ces aspects.»

Rocco Caruso
Producteur de films et vidéos
Se rend en France 3 fois par an

«Pour moi, évoquer la France c'est évoquer le Sud, la Riviera, un véritable paradis sur terre où l'énergie créatrice est tout simplement incroyable. Bon nombre d'artistes que j'apprécie particulièrement comme Cocteau ou Picasso en ont fait leur enclave.

La France, c'est aussi un grand savoir-vivre, une volonté d'ajouter un côté esthétique à toute chose et de le partager avec les autres. Tout Français est soucieux de la qualité de son environnement et veut le meilleur pour lui-même. C'est bien sûr une grande source d'inspiration.»

Debbie Weiss
Chef de produit marketing
Trois fois en France depuis 5 ans

«La France pour moi, c'est tout d'abord une diversité culinaire extraordinaire et une convivialité chaleureuse, le symbole de l'élégance, de la créativité et du style, mais aussi un pays au centre de l'histoire européenne dont la culture, en particulier littéraire, a influencé d'autres peuples.»

Judith Boyajian
Avocate
S'est rendue une seule fois en France

«J'aime vraiment beaucoup la France, j'en ai une très bonne opinion. Je suis intéressée par la politique, la littérature. Physiquement, c'est un très beau pays, Paris, la campagne... C'est aussi le pays du vin et de la gastronomie. La langue française est ma langue étrangère préférée et j'adore sa musique.

On m'avait dit, avant que j'y aille, que les gens n'étaient pas aimables alors que les ai trouvés très amicaux et bons-vivants; cela dépend bien sûr de la manière dont on les aborde. Je me réjouis de mon prochain séjour en France.»

Propos recueillis par Sonia Benjamin, Patricia Chaban de Santandreu, Hélène

Hélène Walter, *Journal français d'Amérique,* 16–20 avril 1993, n° 9, p. 5

René Philombe: «*L'homme qui te ressemble*»

René Philombe (1930–), un poète camerounais, a écrit ce poème qui implore le lecteur d'accepter tous les hommes, peu importe leur lieu d'origine ou leur apparence physique.

L'homme qui te ressemble

J'ai frappé à ta porte
J'ai frappé à ton cœur
pour avoir bon lit
pour avoir bon feu
pourquoi me repousser?
Ouvre-moi mon frère! ...

Pourquoi me demander
si je suis d'Afrique
si je suis d'Amérique
si je suis d'Asie
si je suis d'Europe?
Ouvre-moi mon frère! ...

Pourquoi me demander
la longueur de mon nez
l'épaisseur de ma bouche
la couleur de ma peau
et le nom de mes dieux?
Ouvre-moi mon frère! ...

Je ne suis pas un noir
je ne suis pas un rouge
je ne suis pas un jaune
je ne suis pas un blanc
mais je ne suis qu'un homme.
Ouvre-moi mon frère! ...

Ouvre-moi ta porte
Ouvre-moi ton cœur
car je suis un homme
l'homme de tous les temps
l'homme de tous les cieux
l'homme qui te ressemble! ...

Petites gouttes de chant pour créer l'homme,
Editions Nouvelles du Sud

p. 26   (1) Charles de Gaulle, *Mémoires de guerre, «L'appel»,* Plon; (2) Charles de Gaulle, *La France et son armée,* Plon; (3) Pierre Daninos, *Les carnets du Major Thompson,* Hachette; (4) Paul Guth, *Lettres à votre fils qui en a ras-le-bol,* Albin Michel; (5) Henri Le Bras et Emmanuel Todd, *L'invention de la France,* L.G.F.; (6) Henri de Bornier, *La fille de Roland,* Dentu; (7) Emmanuel Todd, *Le Fou et le Prolétaire,* Laffont; (8) *le Monde,* 10-11 juillet 1983; (9) François Mitterand, *Ici et maintenant,* Fayard

p. 27   (T & B) Courtesy of Monoprix

pp. 29-30   Text: Michèle Fitoussi, «Vive la France!», *Elle,* 13 juillet 1992; Illustrations: J.C. Beacco, S. Lieutaud, *Tours de France,* © Hachette

p. 31   Gérard Mermet, *Francoscopie 1995,* © Larousse 1994, p. 12

p. 32   *Les Dingodossiers,* tome 2, © Dargaud Editeur 1972 by Goscinny & Gotlib, p. 26

p. 33   (L) Pierre Combescot, «Le bon Français», *L'Express,* 13 mai 1993; (R) © Le Point, Ipsos in Gérard Mermet, *Francoscopie 1991,* © Larousse 1990

p. 34   (L) Sempé, *Quelques philosophes,* © copyright C. Charillon — Paris; (R) Gérard Mermet, *Francoscopie 1995,* © Larousse 1994, p. 111

p. 35   *Mythologies,* de Roland Barthes, coll. *Pierres vives,* © Editions du Seuil, 1957

p. 38   Oyono-Mbia, *Notre fille ne se mariera pas,* Ed. ORTF-D.R., in Rouche et Clavreuil, *Littératures nationales d'écriture française,* Bordas, 1987

p. 39   Rima Dragounova, «Comment peut-on être francais», *LE FRANÇAIS DANS LE MONDE,* n° 245, nov/déc 1991

p. 40   *Les gars de la marine,* © Glénat/Sanders

p. 41   Umberto Eco, *La guerre du faux,* © Editions Grasset, 1985, p. 18

p. 42   *L'Express,* 27 mars 1992, p. 39

p. 43   *L'Express,* 27 mars 1992, pp. 44-45

pp. 46-47   *Journal historique de la France,* de Y. Billard, J.-M. Dequeker-Fergon, F. et C. Lepagnot — Hatier, 1985, pp. 192, 296, 312, 326

p. 48   (T) Eugen Weber, *My France,* Belknap Press of Harvard University, pp. 17-18

pp. 48-49   *Journal historique de la France,* de Y. Billard, J.-M. Dequeker-Fergon, F. et C. Lepagnot — Hatier, 1985, p. 144

p. 49   (T) Jacques PREVERT, "L'éclipse", in *Paroles,* © Editions GALLIMARD; (B) Richard Bernstein, *Fragile Glory,* Alfred A. Knopf, 1990, p. 4

p. 51   *Journal historique de la France,* de Y. Billard, J.M. Dequeker-Fergon, F. et C. Lepagnot — Hatier, 1985, p. 173

p. 52   (B) *Journal français d'Amérique,* 25 juin-8 juillet 1993, p. 5

pp. 53-54   *La Révolution française au jour le jour,* de Denys Prache — Hatier, 1985, pp. 75, 77, 79, 81, 83, 84, 85

pp. 55-56   *La Révolution française au jour le jour,* de Denys Prache — Hatier, 1985, pp. 86, 87

p. 60   Anne Prah-Perochon, *Journal français d'Amérique,* 25 juin-8 juillet 1993, pp. 14-15, 17

p. 62   *Journal historique de la France,* de Y. Billard, J.M. Dequeker-Fergon, F. et C. Lepagnot — Hatier, 1985, p. 185

p. 64   *Journal historique de la France,* de Y. Billard, J.M. Dequeker-Fergon, F. et C. Lepagnot — Hatier, 1985, pp. 190, 193

p. 65   (T) Jacques PREVERT, "Composition française", in *Paroles,* © Editions GALLIMARD; (B) Honoré de Balzac, *La femme de trente ans,* 1831, pp. 59-60

pp. 67-68   *Journal historique de la France,* de Y. Billard, J.M. Dequeker-Fergon, F. et C. Lepagnot — Hatier, 1985, pp. 281, 285, 289, 291, 293

p. 69   Odile Rudell, *De Gaulle pour mémoire,* © Editions GALLIMARD, 1990, pp. 42-43

p. 70   Jean-Paul SARTRE, *Situations, III,* © Editions GALLIMARD, pp. 16, 17, 26, 27

p. 71   (T) Albert CAMUS, *Carnets (janvier 1942-mars 1951),* © Editions GALLIMARD; (B) Paul Eluard, *Au rendez-vous allemand,* © Editions de Minuit, 1944

p. 72   Marguerite Duras, *La douleur,* © P.O.L. 1985

p. 75   D. Lacorne, J. Rupnick, M.F. Toinet, *L'Amérique dans les têtes,* © Hachette, 1986, pp. 251-252

p. 76   (T) *Télérama,* n° 2199 du 4 mars 1992

pp. 76-77   «Devoir accompli», de Vincent Rémy, paru dans *Télérama,* n° 2199 du 4 mars 1992

p. 78   (L) A.-M. Filippi-Codaccioni, M. Fragonard, Y. Gauthier, P.-A. Rogues, P. Mignaval, *Histoire du 20ᵉ siècle,* Collection Les Actuels, © Bordas, Paris, 1991, p. 209; (R) *Journal historique de la France,* de Y. Billard, J.M. Dequeker-Fergon, F. et C. Lepagnot — Hatier, 1985, pp. 313, 316

p. 79   C. Brichant, *Charles de Gaulle: Artiste de l'action,* 1969. Reproduced with permission of McGraw-Hill.

p. 80   Anne Tristan, *Le silence du fleuve,* © Au Nom de la Mémoire, 1991, p. 13

p. 81   Anne Tristan, *Le silence du fleuve,* © Au Nom de la Mémoire, 1991

p. 82   Marguerite Duras, *Outside,* © P.O.L. 1984, pp. 17-18

p. 83   A.-M. Filippi-Codaccioni, M. Fragonard, Y. Gauthier, P.-A. Rogues, P. Mignaval, *Histoire du 20ᵉ siècle,* Collection Les Actuels, © Bordas, Paris, 1991, p. 210

pp. 84-85   André MALRAUX, *Hôtes de passage,* © Editions GALLIMARD

p. 86   A.-M. Filippi-Codaccioni, M. Fragonard, Y. Gauthier, P.-A. Rogues, P. Mignaval, *Histoire du 20ᵉ siècle,* Collection Les Actuels, © Bordas, Paris, 1991, pp. 119-120

pp. 86-87   C. Brichant, *Charles de Gaulle: Artiste de l'action,* 1969. Reproduced with permission of McGraw-Hill.

p. 87   Alain Kimmel, «De Gaulle et Mitterand: Portraits Croisés», *LE FRANÇAIS DANS LE MONDE,* n° 240, avril 1991, pp. 22, 23, 24

p. 88   Ch. Debbasch et J.-M. Pontier — *La société française,* coll. des Etudes politiques, économiques et sociales, Dalloz, 1989

p. 89   «Cohabitation mode d'emploi», *Les Clés de l'actualité,* © Milan Presse, n° 51, 8-14 avril 1993

p. 91   Alain Kimmel, «Identité nationale: La crispation des Français» / La France, les Français et l'Europe», *LE FRANÇAIS DANS LE MONDE,* n° 251, août-septembre 1992, p. 53

p. 92   (T) Alain Kimmel, «L'Europe à craindre ou à aimer?», *LE FRANÇAIS DANS LE MONDE,* n° 251, août-septembre 1992, p. 53; (M) *Time,* Oct. 5, 1992, p. 10

p. 93   *Journal français d'Amérique,* vol. 14, n° 20, 2-15 octobre 1992

p. 94   (T & B) *Journal français d'Amérique,* vol. 14, n° 20, 2-15 octobre 1992

p. 95   (T) *Journal français d'Amérique,* vol. 14, n° 20, 2-15 octobre 1992; (B) Commentaire par Alain Duhamel, *Le Point,* n° 1082, 12 juin 1993

p. 97   *Journal français d'Amérique,* 28 mai-10 juin 1993

p. 98   Richard F. Kuisel, "Coca-Cola and the Cold War: The French Face Americanization, 1948-1953," *French Historical Studies,* Vol. 17, No. 1 (Spring 1991)

p. 99   Fernand BRAUDEL, *L'identité de la France — Espace et histoire,* © Flammarion, coll. Champs, p. 116

p. 100   Alain Touraine, «Pourquoi la France patine...», *L'Express,* 13-19 mai 1993, p. xi

p. 102   (T) © 1993 Magellan Geographix; (B) G. QUÉNELLE/J. TOURNAIRE, *La France dans votre poche,* © HATIER, 1974

p. 107   (T) Frémy, Dominique et Michèle, *Quid 1994,* Paris: © Editions Robert Laffont, p. 597; (B) *Géographie première,* Coll. A. Frémont, © Bordas, Paris, 1988, p. 121

pp. 108-109   (T & B) La France et sa population, Michel Louis LEVY — *Cahiers français n° 259 — La Documentation française — Paris, 1993;* (M) *L'Express,* 18 mars 1993, pp. 39, 80

p. 110   (T) La France et sa population, Michel Louis LEVY — *Cahiers français n° 259 — La Documentation française — Paris, 1993,* p. 40; (B) Frémy, Dominique et Michèle, *Quid 1994,* Paris: © Editions Robert Laffont, p. 609

p. 111   (T) © Francoscopie/Sécodip in Gérard Mermet, *Francoscopie 1993,* © Larousse 1992, p. 19; (BL) *Géographie première,* Coll. A. Frémont, © Bordas, p. 82; (BR) Frémy, Dominique et Michèle, *Quid 1994,* Paris: © Editions Robert Laffont, p. 595

p. 112   James Walsh, "The New France," copyright 1991 Time Inc., p. 30. Reprinted by permission.

p. 113   (T) Ch. Debbasch et J.-M. Pontier — *La société française, coll. des Etudes politiques, économiques et sociales,* Dalloz, 1989, pp. 78-79; (B) «La France, Elle est comment», extrait de *La France vue par les Français,* Barrault, 1985, pp. 262-263

p. 114   G. QUÉNELLE/J. TOURNAIRE, *La France dans votre poche,* © HATIER, 1974, p. 16

p. 115   (T) *Géographie première,* Coll. A. Frémont, © Bordas, Paris, 1988, p. 90; (B) «La fin des paysans»: entretien avec Henri Mendras, *L'Histoire,* n° 154, avril 1992

p. 116   Alain DUHAMEL, *Les peurs françaises,* © Flammarion, 1993

p. 117   (T) *Géographie première,* Coll. A. Frémont, © Bordas, Paris, 1988, p. 215; (B) Ch. Debbasch et J.-M. Pontier — *La société française, coll. des Etudes politiques, économiques et sociales,* Dalloz, 1989, pp. 78-79

p. 118   (T & B) *Géographie première,* Coll. A. Frémont, © Bordas, Paris, 1988, pp. 216, 217

p. 119   (T) Gérard Mermet, *Francoscopie 1995,* © Larousse 1994, p. 70; (BL) *Géographie première,* Coll. A. Frémont, © Bordas, Paris, 1988, p. 101; (BR) «La langue bretonne», Yann Brékilien, *Vie quotidienne des paysans bretons au XIXe siècle,* Hachette

pp. 120-124   Henriette Walter, *Le français dans tous les sens,* © Editions Robert Laffont, 1988, pp. 137, 138, 151, 167, 200, 207, 213, 216, 217

p. 125   *Géographie première,* Coll. A. Frémont, © Bordas, Paris, 1988, p. 106

p. 126   *Géographie première,* Coll. A. Frémont, © Bordas, Paris, 1988, p. 110

p. 127   (TL) Gérard Mermet, *Francoscopie 1995,* © Larousse 1994, p. 254; (BL) Gérard Mermet, *Francoscopie 1995,* © Larousse 1994, p. 256

pp. 127-129   Gérard Mermet, *Francoscopie 1993,* © Larousse 1992, pp. 249-255

p. 128   (TL) © CREDOC; (BL) Concurrence

p. 129   (TR) Groupe Siquier Courcelle

p. 132   (B) Frémy, Dominique et Michèle, *Quid 1994,* Paris: © Editions Robert Laffont, p. 43

p. 133   (T) G. QUÉNELLE/J. TOURNAIRE, *La France dans votre poche,* © HATIER, 1974, p. 88; (B) *Géographie première,* Coll. A. Frémont, © Bordas, p. 171

p. 134   «Plus de 120 000 étrangers se sont installés en France en 1991», Philippe Bernard, *Le Monde,* 1 février 1993, p. 8

pp. 135-137   «Ce qu'ils disent...», Alain Kimmel, *LE FRANÇAIS DANS LE MONDE,* n° 241, pp. 56-57

p. 137   (B) Ch. Debbasch et J.-M. Pontier — *La société française, coll. des Etudes politiques, économiques et sociales,* Dalloz, 1989, pp. 78-79

p. 138   Michel Tournier, "L'arbre et le chemin" in *Petites proses,* © Editions GALLIMARD

p. 140   *Fleurs de ruine,* de Patrick Modiano, © Editions du Seuil, 1991, pp. 88-92

pp. 141-142   *Les passagers du Roissy-Express,* de François Maspero, coll. *Fiction & Cie,* © Editions du Seuil, 1990, pp. 260-265

p. 143   «Toulouse», Claude NOUGARO-Christian CHEVALLIER, © 1991 by les EDITIONS DU CHIFFRE NEUF et EMI MUSIC PUBLISHING FRANCE S.A.

p. 144   *L'Express,* 15 avril 1993, p. 72

p. 145   Gérard Mermet, *Francoscopie 1993,* © Larousse 1992, p. 231

p. 146   *Hospitalité française. Racisme et immigration maghrébine,* de Tahar Ben Jelloun, coll. *L'Histoire immédiate,* © Editions du Seuil, mars 1984, pp. 13-17

p. 147   (L) © RFI in Gérard Mermet, *Francoscopie 1993,* © Larousse 1992, p. 255; (R) Georges Perec: Frontières, *Espèces d'espaces,* éd. Gallilée, 1974, p. 99

p. 148   Alain DUHAMEL, *Les peurs françaises,* © Flammarion, 1993, pp. 81-83

p. 149   "ETRANGERS A NOUS-MEMES" de Julie KRISTEVA, © Librairie Arthème Fayard, 1988, pp. 57-60

p. 150   Claude Imberti, «La Nation dans tous ses états», *Le Point,* n° 1082, 12 juin 1993

p. 154   Courtesy of Peugeot. Agence de publicité, Eurocom, 1992.

p. 155 (L&R) © Institut de l'Enfant in Gérard Mermet, *Francoscopie 1993*, © Larousse 1992, pp. 154, 155

p. 156 *Journal français d'Amérique*, 18 septembre–10 octobre 1992, p. 3

p. 157 (TL & TR) "Ecoutez-nous, disent-ils", *Le Monde de l'éducation*, mars 1993, p. 14; (B) © Le Monde-MNEF–ONISEP/SCP, mai 1991, in Gérard Mermet, *Francoscopie 1993*, © Larousse 1992, p. 156

pp. 158-159 "Les ados choisissent les écolos", Marie-Laure de Léotard, *L'Express*, 11 mars 1993, p. 53

pp. 159-161 *Paroles pour adolescents* de Françoise DOLTO et Catherine DOLTO-TOLITCH, avec la collaboration de Colette Percheminier – Hatier 1989 – Chapitre sur LA LOI rédigé par Maître Michèle MONGHEAL

p. 161 *L'Express*, 20 mai 1993, p. 47

p. 162 *LA CROIX-L'Événement*, 13 mai 1993, p. 5

p. 164 © *LE NOUVEL OBSERVATEUR*, 6-12 mai 1993, pp. 94-95

pp. 165-166 Christian Delorme, «La chasse aux beurs est ouverte!», *Le Monde*, 15 mai 1993, p. 12

p. 166 Aïcha Benaïssa et Sophie Ponchelet, *Née en France: Histoire d'une jeune beur*, PAYOT, 1990, pp. 135-136

p. 167 Gérard Mermet, *Francoscopie 1995*, © Larousse 1994, p.158

pp. 167-168 Alain Kimmel, «Culture(s) jeune(s)», *LE FRANÇAIS DANS LE MONDE*, n° 246, janvier 1992, pp. 50-52

p. 169 Annie ERNAUX, *La place*, © Editions GALLIMARD, pp. 56-57

p. 170 Suzanne Prou, *La maison des champs*, © Editions Bernard Grasset, 1993, pp. 18-21

p. 171 Hélène Lassalle, *11 ans et demi*, © Autrement, septembre 1991, pp. 78, 83

p. 172 Courtesy of Onisep

p. 173 *Journal français d'Amérique*, 28 juin–11 juillet 1991, p. 12

p. 175 «La France qui planche», G. Courtois et J.-M. Dumay, *Le Monde*, 10 juin 1993, p. 1

p. 177 Jacques PREVERT, "Le cancre" in *Paroles*, © Editions GALLIMARD

p. 178 Plantu, *Wolfgang, tu feras informatique!*, Editions La Découverte, p. 42

p. 179 (T) Hélène Lassalle, *11 ans et demi*, © Autrement, septembre 1991, p. 85; (BR) Plantu, *Wolfgang, tu feras informatique!*, Editions La Découverte, p. 68

pp. 179-180 Daniel PENNAC, *Comme un roman*, © Editions GALLIMARD, pp. 105-108

p. 180 (TL) Claire Bretécher, *Agrippine*, 1993

pp. 180-181 *Béni ou le paradis privé*, d'Azouz Bégag, coll. *Point-Virgule*, © Editions du Seuil, 1989, pp. 40-43

p. 181 (BL) Plantu, *Wolfgang, tu feras informatique!*, Editions La Découverte, p. 33

pp. 182-183 *La vie des charançons est assez monotone* de Corinne Bouchard, © Calmann-Lévy 1992, pp. 45-53, 172

p. 184 (T) *Journal français d'Amérique*, 27 décembre–3 janvier 1992, p. 3; (B) Gérard Mermet, *Francoscopie 1993*, © Larousse 1992, pp. 158, 159

p. 185 Courtesy of NIKE France; *Photographe:* Enrique Badulescu, *Agence:* Wieden & Kennedy, *Directeur artistique:* Warren Eakins, *Concepteur/Rédacteur;* Janet Champ

p. 186 Courtesy of CLM/BBDO

p. 187 Martine Silber, «Marchands d'uniformes», *Le Monde*, 22 décembre 1992, p. 28

p. 188 (T) Autrement, p. 114; (B) Gérard Mermet, *Francoscopie 1995*, © Larousse 1994, pp. 404, 406, 407

p. 189 (T) *Le Monde*, 28 janvier 1993, p. 16; (BL & BR) © Ministère de la Culture et de la Communication, Secodip in Gérard Mermet, *Francoscopie 1995*, © Larousse 1994, pp. 398, 400

p. 190 Autrement, p. 113

p. 191 Hélène Lassalle, *11 ans et demi*, © Autrement, septembre 1991, pp. 79, 84

p. 192 Jean-Marc Dupuich, *Journal français d'Amérique*, 2-15 octobre 1992, p. 10

p. 193 *Journal français d'Amérique*, 2-15 octobre 1992, pp. 10-11

p. 194 «La culture basket», Jean-Jacques Bozonnet, *Le Monde*, 17 avril 1993, p. 1

p. 195 Gérard Mermet, *Francoscopie 1993*, © Larousse 1992, pp. 269-270

pp. 196-197 Jean-Laurent Del Bono, © *LE NOUVEL OBSERVATEUR*, 8-14 avril 1993, pp. 14-15

pp. 197-198 Alain Chouffan, © *LE NOUVEL OBSERVATEUR*, 28 janvier-3 février 1993, pp. 14-15

p. 199 *Journal français d'Amérique*, n° 20, 2-15 octobre 1992

p. 200 Avec l'aimable autorisation du journal Le Figaro, COPYRIGHT *LE FIGARO* 1993, par Philippe Cusin

p. 201 *Marie Claire*, avril 1991, pp. 82, 87

p. 202 *La Vie*, n° 2491 du 27 mai 1993, p. 79

p. 203 (T) INSERM in Gérard Mermet, *Francoscopie 1995*, © Larousse 1994, p. 87; (BL) Gérard Mermet, *Francoscopie 1995*, © Larousse 1994, p. 86; (BR) Impact médecin-FR3/Ifop Santé-Cera, juin 1991 in Gérard Mermet, *Francoscopie 1993*, © Larousse 1992, p. 84

p. 205 «Une action musclée d'Act-Up Paris», *Le Monde*, 11 juin 1993

p. 206 (T) Hervé GUIBERT, *A l'ami qui ne m'a pas sauvé la vie*, © Editions GALLIMARD, p. 9

pp. 206-207 Catherine VIGOR, *HAWA: L'AFRIQUE A PARIS*, © Flammarion, 1991, pp. 109-111

pp. 207-208 Calixthe Beyala, *Le petit prince de Belleville*, Ed. Albin Michel, 1992, pp. 9-13

p. 209 «Les 15-24 ans: les partis écologistes en tête», *Le Monde de l'éducation*, mars 1993, p. 75

p. 210 Dominique Le Guilledoux, «Rêves noirs», *Le Monde*, 12 mars 1993, p. 7

p. 211 Josette Alia (avec Anne Fohr), © *LE NOUVEL OBSERVATEUR*, 17 septembre 1992, pp. 30-32

p. 212 Anne Fohr, © *LE NOUVEL OBSERVATEUR*, 17 septembre 1992, p. 32

p. 216 (T) VSD/Louis Harris, février 1992 in Gérard Mermet, *Francoscopie 1993*, © Larousse 1992, p. 283; (B) Gérard Mermet, *Francoscopie 1993*, © Larousse 1992, p. 37

p. 217   © Francoscopie/Sofres in Gérard Mermet, *Francoscopie 1995,* © Larousse 1994, pp. 32-33

p. 218   (T) © INSEE, DEP in *LE NOUVEL OBSERVATEUR,* 15-21 avril 1993, p. 75; (B) Gérard Mermet, *Francoscopie 1995,* © Larousse 1994, p. 322

p. 221   (T) La chronologie de "la longue marche" de 1817 à 1992, parue dans le n° 2207 de *Télérama* du 29 avril 1992, pp. 11-15

p. 222   Gérard Mermet, *Francoscopie 1995,* © Larousse 1994, p. 265

p. 225   (TL & B) Plantu, *Wolfgang, tu feras informatique!,* Editions La Découverte, pp. 91, 101; (TR) *Les Français,* Zeldin, p. 201

p. 226   Claire Bretécher, *Les Frustrés,* n° 2, 1980

p. 227   «Partage du travail?», de Dominique Louise Pélegrin, paru dans *Télérama* n° 2255 du 31 mars 1993, p. 62

pp. 228-229   «Modes d'emplois partiels», de Valérie Péronnet, paru dans *Télérama* n° 2255 du 31 mars 1993, pp. 65-66

p. 229   Franquin, *La saga des gaffes,* Dupuis, 1982, p. 7

p. 230   (T) *L'Express,* 11 mars 1993, pp. 17-18

pp. 230-231   *L'écume des jours* de Boris VIAN, © Librairie Arthème Fayard, 1963, pp. 69-70

p. 231   Figaro Magazine/Sofres, septembre 1991 in Gérard Mermet, *Francoscopie 1993,* © Larousse 1992, p. 211

p. 232   «Des sentiments contradictoires», *Le Monde,* 26 février 1993, p. 12

p. 233   Sonacotra

p. 234   *L'Express,* 8 juillet 1993, pp. 14-15 and *L'Express,* 11 mars 1993, p. 18

p. 235   (T) Raymond DEVOS, *Sens dessus dessous,* © Editions Stock, p. 115; (B) Yves Cuau, «L'épicier arabe», *L'Express, Spécial 40 ans,* p. 150

p. 236   (T) INSEE in *L'Histoire,* n° 150 décembre 1991, p. 42; (B) INSEE in *Le Monde,* 17 février 1993 p. 28

pp 237-238   Anne Declèves, *La Vie,* n° 2491 du 27 mai 1993, pp. 51-54

pp. 238-239   Philippe SOLLERS, *Femmes,* © Editions GALLIMARD, pp. 16-17

p. 239   Jacques Faizant, copyright © C. Charillon — Paris

pp. 240-242   *Marie Claire,* mars 1993, pp. 62, 63, 66

p. 244   (T) Yves Simon, *Jours ordinaires,* © Editions Bernard Grasset, 1978, p. 54; (BL) CESP in Gérard Mermet, *Francoscopie 1993,* © Larousse 1992, p. 365; (BR) Secodip/Openers in Gérard Mermet, *Francoscopie 1993,* © Larousse 1992, p. 414

p. 247   Gérard Mermet, *Francoscopie 1993,* © Larousse 1992, pp. 410, 413

p. 248   Jacques PREVERT, "L'addition" in *Histoires,* © Editions GALLIMARD, pp. 828-829

p. 249   (T) Gérard Mermet, *Francoscopie 1993,* © Larousse 1992, p. 207; (B) Françoise Mallet-Joris, *L'empire céleste,* © Editions Julliard 1958, pp. 197-201

p. 250   *Journal français d'Amérique,* 19 mars-1er avril 1993, p. 8

p. 251   (T) Sempé, *Quelques médias et médiatisés,* copyright © C. Charillon — Paris; (B) F. Margerin, *Chez Lucien,* copyright "HUMANO SA/GENEVE— LES HUMANOIDES ASSOCIES", 1993

pp. 252-253   Alain Kimmel, *LE FRANÇAIS DANS LE MONDE,* n° 234, juillet 1990, pp. 19, 20, 21

p. 254   (T) Secodip/Openers in Gérard Mermet, *Francoscopie 1993,* © Larousse 1992, p. 407; (B) *Générations nostalgie,* juillet 1993, p. 30

p. 255   Courtesy of CABU, *Le Canard enchaîné,* mercredi 26 mai 1993

p. 256   Pierrette FLEUTIAUX, *Sauvée!,* © Editions GALLIMARD, pp. 11-12

p. 257   Pierre Sansot, *Les gens de peu,* Presses Universitaires de France, 1991, pp. 155, 156, 157, 158, 159

p. 258   (L) *Journal français d'Amérique,* 11-24 juin 1993, p. 16; (R) F. Margerin, *Chez Lucien,* copyright "HUMANO SA/GENEVE— LES HUMANOIDES ASSOCIES", 1993

p. 259   Gérard Mermet, *Francoscopie 1995,* © Larousse 1994, pp. 426-427

p. 260   Françoise Xenakis, *Moi, j'aime pas la mer,* © Balland, 1972, pp. 11, 12, 13

p. 261   Christiane Rochefort, *Les petits enfants du siècle,* © Editions Bernard Grasset, 1961, pp. 60-61

p. 262   Nathalie SARRAUTE, *Enfance,* © Editions GALLIMARD, p. 255

p. 263   (TL) INSEE in Gérard Mermet, *Francoscopie 1995,* © Larousse 1994, p. 134; (TR) Ministère de la Justice in Gérard Mermet, *Francoscopie 1995,* © Larousse 1994, p. 146; (B) INSEE, 1980 in Gérard Mermet, *Francoscopie 1995,* © Larousse 1994, p. 140

p. 264   Institut de l'enfant/Gérard Mermet in Gérard Mermet, *Francoscopie 1993,* © Larousse 1992, p. 172

p. 265   Alain DUHAMEL, *Les peurs françaises,* © Flammarion, pp. 136, 137, 138, 139

p. 266   (T) Christine Thomas, «Patriarche, comme papa», *L'Express,* 13 juin 1991, p. 73

pp. 266-267   *Journal français d'Amérique,* 2-15 octobre 1992, p. 13

p. 268   (L) *Le visuel presse de la compagnie EDF,* Compagnie Corporate 1993; (R) *LE NOUVEL OBSERVATEUR,* 10-16 juin 1993

p. 269   (T) Gérard Mermet, *Francoscopie 1995,* © Larousse 1994, p. 254; (B) Gérard Mermet, *Francoscopie 1993,* © Larousse 1992, p. 109

p. 270   Michel TOURNIER, *La goutte d'or,* © Editions GALLIMARD, pp. 140, 141, 142, 143

p. 271   Tahar Ben Jelloun, *Les amandiers sont morts de leurs blessures,* © Editions La Découverte, 1976, pp. 27-29

p. 272   Gérard Mermet, *Francoscopie 1995,* © Larousse 1994, p. 241

p. 273   Pierre Bourdieu, «Notre état de misère», *L'Express,* 18 mars 1993, p. 112

pp. 274-275   Sondage réalisé par l'Ifop pour *L'Express* et *Europe 1* in *L'Express,* 15 avril 1993, pp. 70-71

p. 279   (TL) Eurostat in Gérard Mermet, *Francoscopie 1995,* © Larousse 1994, p. 163; (BL & R) INSEE in Gérard Mermet, *Francoscopie 1995,* © Larousse 1994, pp. 162, 164

p. 280   (TL & R) *Notre Temps,* juin 1993, n° 242, p. 8; (BL) I.N.S.E.E. Recensement de 1992 in Régis Louvet & Colette Tournès, *Seniorscopie,* © Larousse 1987, p. 42

p. 281   Régis Louvet & Colette Tournès, *Seniorscopie*, © Larousse 1987, p. 8

p. 282   *Valeurs mutualistes*, n° 154 d'août/septembre 1993, pp. 42–43

p. 283   (T) *Journal français d'Amérique*, 25 juin–8 juillet 1993; (M) *Le Monde*, 16 mars 1993; (B) *Valeurs mutualistes*, n° 151 de mars/avril 1993, p. 27

p. 284   Frémy, Dominique et Michèle, *Quid 1994*, Paris: © Editions Robert Laffont, pp. 1409, 1412

pp. 285–286 La France et sa population. Didier Blanchet — *Cahiers français* n° 259 — La Documentation française — Paris, 1993

p. 287   *L'Evénement du jeudi*, 14–20 octobre 1993, p. 61

p. 288   Simone de BEAUVOIR, *La vieillesse*, © Editions GALLIMARD, 1970

p. 289   (TL) AXIVA/CERC/AGIRC in Gérard Mermet, *Francoscopie 1993*, © Larousse 1992, p. 165; (TR) Gérard Mermet, *Francoscopie 1993*, © Larousse 1992, p. 165; (B) Infographie Hughes Piolet d'après Annuaire rétrospectif de la France/INSEE

p. 290   (T) *L'Evénement du jeudi*, 14–20 octobre 1993, pp. 46–47

pp. 290–291 *L'Evénement du jeudi*, 14–20 octobre 1993, p. 47

p. 292   Hughes Piolet in *Notre Temps*, n° 286, octobre 1993

pp. 293–294 *Notre Temps*, n° 286, octobre 1993, pp. 10–11

p. 294   (B) Annie ERNAUX, *La place*, © Editions GALLIMARD, p. 99

p. 295   (T) *L'Evénement du jeudi*, 14–20 octobre 1993, p. 50; (B) *L'Evénement du jeudi*, 5–11 août 1993, p. 55

p. 296   *L'Evénement du jeudi*, 21–27 octobre 1993, p. 137

p. 297   *SOFRES notre temps* in Régis Louvet & Colette Tournès, *Seniorscopie*, © Larousse 1987, p. 218

pp. 297–298 Ch. Debbasch et J.-M. Pontier — *La société française*, coll. des Etudes politiques, économiques et sociales, Dalloz, 1989, p. 563

pp. 298–299 *Notre Temps*, n° 286, octobre 1993, pp. 13–14

p. 299   (B) © LE NOUVEL OBSERVATEUR, 15–21 avril 1993, p. 111

p. 300   *Notre Temps*, n° 286, octobre 1993, pp. 58–60

p. 301   *Valeurs mutualistes*, n° 151 de mars/avrill 1993, p. 26

p. 302   *L'Evénement du jeudi*, 21–27 octobre 1993, p. 128

p. 303   Copyright Air Inter 1993

p. 304   Georges Perec, *La vie mode d'emploi*, © Hachette, 1978, pp. 101, 131, 132

p. 305   (T) Jean Rouaud, *Les champs d'honneur*, © Editions de Minuit, 1990, p. 52; (B) *Notre Temps*, n° 286, octobre 1993, p. 88

p. 306   (T) Gérard Mermet, *Francoscopie 1993*, © Larousse 1992, p. 162; (B) RFI in Gérard Mermet, *Francoscopie 1993*, © Larousse 1992, p. 161

p. 307   Pierre-Albert Lambert, *Journal français d'Amérique*, 1 octobre 1992

p. 308   (T) © LE NOUVEL OBSERVATEUR, 29 avril–5 mai 1993; (B) Michel DEON, *Un déjeuner de soleil*, © Editions GALLIMARD, pp. 318–319

p. 309   *L'Evénement du jeudi*, 14–20 octobre 1993, p. 64

p. 310   Christiane Chombeau, «Domicile collectif pour personnes âgées», *Le Monde*, 21–22 février 1993, p. 19

p. 311   Courtesy of Les Résidences Bleues

p. 312   *L'Evénement du jeudi*, 21–27 octobre 1993, pp. 64–65

p. 313   *La Misère du Monde*, ouvrage collectif dirigé par Pierre Bourdieu, coll. *Libre examen*, © Editions du Seuil, 1993, pp. 896–897

p. 314   Plantu, *Wolfgang, tu feras informatique!*, Editions La Découverte, p. 25

p. 315   *Baby-boom* de Jean Vautrin, © Librairie Arthème Fayard 1985, pp. 119–123

p. 316   *Notre Temps*, octobre 1993, p. 57

p. 317   Ch. Debbasch et J.-M. Pontier — *La société française*, coll. des Etudes politiques, économiques et sociales, Dalloz, 1989, pp. 547–549

p. 318   (T) *Journal français d'Amérique*, 25 juin 1993, n° 14, p. 28; (B) © LE NOUVEL OBSERVATEUR, 8–14 avril 1993, pp. 30, 33

p. 319   (T) Jean-Paul SARTRE, *Les mots*, © Editions GALLIMARD, pp. 38–40; (B) Claire Gallois, *Une fille cousue de fil blanc*, © Buchet-Chastel, pp. 119–121

p. 320   (T) Tahar Ben Jelloun, *Les amandiers sont morts de leurs blessures*, © Editions La Découverte, 1976, pp. 11–12; (B) Charles Beaudelaire, *Les fleurs du mal*, © Editions GALLIMARD

p. 321   (T) *Jour de silence à Tanger* de Tahar Ben Jelloun, © Editions du Seuil, 1990, p. 30; (B) "LES FRANÇAIS" de Théodore Zeldin, © 1993 by Librairie Arthème Fayard pour la traduction française, pp. 92–93

p. 322   (T) Philippe Vandel, *Dico Français/Français*, Lattès, 1992, #16

p. 323   (T) Jean-Paul Aron, *Qu'est-ce que la culture française?*, Denoël/Gonthier, 1975, p. 7

pp. 323–324 Séverine Gamazic, *Journal français d'Amérique*, 14–27 mai 1993, n° 11, p. 21

p. 325   *La Misère du Monde*, ouvrage collectif dirigé par Pierre Bourdieu, coll. *Libre examen*, © Editions du Seuil, 1993, pp. 941–944

pp. 326–327 Hélène Walter, *Journal français d'Amérique*, 16–20 avril 1993, n° 9, p. 5

p. 328   René Philombe, *Petites gouttes de chant pour créer l'homme*, Editions Nouvelles du Sud